■2025年度高等学校受験用

桐光学園高等学校

収録内容

★この問題集は以下の収録内容となっています。また、編集の都合上、解説、解答用紙を省略させていただいている場合もございますのでご了承ください。

（○印は収録、一印は未収録）

入試問題と解説・解答の収録内容		解答用紙
2024年度	英語・数学・国語	○
2023年度	英語・数学・国語	○
2022年度	英語・数学・国語	○
2021年度	英語・数学・国語	○
2020年度	英語・数学・国語	○
2019年度	英語・数学・国語	○

★当問題集のバックナンバーは在庫がございません。あらかじめご了承ください。

●凡例●

【英語】

≪解答≫

〔　〕　①別解
　②置き換え可能な語句（なお下線は置き換える箇所が2語以上の場合）
　（例）I am〔I'm〕glad〔happy〕to～

（　）　省略可能な言葉

≪解説≫

1，2…　本文の段落（ただし本文が会話文の場合は話者の1つの発言）

〔　〕　置き換え可能な語句（なお〔　〕の前の下線は置き換える箇所が2語以上の場合）

（　）　①省略が可能な言葉
　（例）「(数が) いくつかの」
　②単語・代名詞の意味
　（例）「彼（＝警察官）が叫んだ」
　③言い換え可能な言葉
　（例）「いやなにおいがするなべにはふたをするべきだ（＝くさいものにはふたをしろ）」

//　訳文と解説の区切り

cf.　比較・参照

≒　ほぼ同じ意味

【数学】

≪解答≫

〔　〕　別解

≪解説≫

（　）　補足的指示
　（例）（右図1参照）など

〔　〕　①公式の文字部分
　（例）〔長方形の面積〕＝〔縦〕×〔横〕
　②面積・体積を表す場合
　（例）〔立方体ABCDEFGH〕

∴　ゆえに

≒　約、およそ

【社会】

≪解答≫

〔　〕　別解

（　）　省略可能な語

＿＿＿　使用を指示された語句

≪解説≫

〔　〕　別称・略称
　（例）政府開発援助〔ODA〕

（　）　①年号
　（例）壬申の乱が起きた（672年）。
　②意味・補足的説明
　（例）資本収支（海外への投資など）

【理科】

≪解答≫

〔　〕　別解

（　）　省略可能な語

＿＿＿　使用を指示された語句

≪解説≫

〔　〕　公式の文字部分

（　）　①単位
　②補足的説明
　③同義・言い換え可能な言葉
　（例）カエルの子（オタマジャクシ）

≒　約、およそ

【国語】

≪解答≫

〔　〕　別解

（　）　省略してもよい言葉

＿＿＿　使用を指示された語句

≪解説≫

〈　〉　課題文中の空所部分（現代語訳・通釈・書き下し文）

（　）　①引用文の指示語の内容
　（例）「それ（＝過去の経験）が～」
　②選択肢の正誤を示す場合
　（例）（ア，ウ…×）
　③現代語訳で主語などを補った部分
　（例）（女は）出てきた。

／　漢詩の書き下し文・現代語訳の改行部分

桐光学園高等学校

所在地	〒215-8555 神奈川県川崎市麻生区栗木3-12-1
電　話	044-987-0519(代)
ホームページ	http://www.toko.ed.jp
交通案内	小田急多摩線 栗平駅より徒歩12分 小田急多摩線 黒川駅・京王相模原線 若葉台駅よりスクールバス

普通科

男女別学

くわしい情報はホームページへ

応募状況

年度	募集数	受験数	合格数	倍率
2024	帰国　—	34名	19名	1.8倍
	推薦 40名	97名	97名	1.0倍
	1回 80名	359名	289名	1.2倍
	2回 60名	134名	102名	1.3倍
2023	帰国　—	29名	18名	1.6倍
	推薦 40名	108名	108名	1.0倍
	1回 80名	418名	334名	1.3倍
	2回 60名	147名	130名	1.1倍
2022	帰国　—	33名	21名	1.6倍
	推薦 40名	82名	82名	1.0倍
	1回 80名	415名	323名	1.3倍
	2回 60名	175名	129名	1.4倍

※帰国生と推薦(女子)の募集数は若干名。

試験科目（参考用：2024年度入試）

推薦：作文，面接

一般：国語・数学・英語

沿　革

昭和47年　学校法人桐光学園(理事長 小塚光治)，寺尾みどり幼稚園が認可。

昭和52年　桐光学園高等学校の設立が認可。

昭和53年　桐光学園高等学校開校。

昭和56年　桐光学園中学校の設立が認可。

平成3年　女子部新設。

平成8年　桐光学園小学校開校。

平成30年　創立40周年記念式典を挙行。

特　色

●ホームクラスと授業は「男女別学」を採用。男女による異なる理解プロセスに応じた教科指導を行い，学力を伸ばしていく。行事や生徒会活動などは互いに協力する場に位置づけている。

●コース／高校からの入学生は，1年次はSAコースに所属し，内進生と別クラスで学習。2年次から内進生と混合クラスとなり，希望進路に応じて「文Ⅰコース(国公立大文系)」「理Ⅰコース(国公立大理系)」「文Ⅱコース(私立大文系)」「理Ⅱコース(私立大理系)」の4コースに分かれる。なお，文Ⅰ・理Ⅰコースには最難関大を目指す選抜クラス(αクラス)を設置している。

●各自の進路や興味に応じた選択クラス(授業)は，少人数制で実施。また，難関および首都圏国公立大受験に対しては，個別に対応した講習も行っている。

●年間約600講座の講習を用意。また，土曜日の4時間目にはふだんの学習の枠を超え，学びの本質である知的好奇心や探究心の喚起を目的としたユニーク講習を実施。さらに，さまざまな学問分野の第一人者の先生方を招く「大学訪問授業」を，年間20回程度開催している。

●英語脳を育み，国際理解を促す多彩なプログラムを用意。海外修学旅行のほか，イートン校サマースクール，ニュージーランド・オーストラリアターム留学，北米グローバル研修，ケンブリッジ大リーダーズ研修，世界トップクラスの大学生などを招き交流するワークショップなどを行い，教育の国際化に取り組んでいる。

大学合格実績（2024年）

東京大5名，京都大4名，東京工業大5名，一橋大4名，北海道大2名，東北大7名，名古屋大2名，筑波大2名，早稲田大66名，慶應義塾大81名，上智大51名，東京理科大67名ほか。

編集部注―本書の内容は2024年5月現在のものであり，変更されている場合があります。正確な情報は，学校のホームページ等で必ずご確認ください。

出題傾向と今後への対策　英語

出題内容

	2024	2023	2022
大問数	8	8	8
小問数	41	41	41
リスニング	×	×	×

◎例年大問８題，小問数40～45問程度である。出題構成は，適語（句）選択１題，対話文完成１題，整序結合１題，和文英訳１～２題，長文読解２～３題などである。

2024年度の出題状況

1 長文読解―適語補充―伝記
2 適語（句）選択
3 対話文完成―適文選択
4 和文英訳―適語補充
5 整序結合
6 和文英訳―完全記述
7 長文読解総合―物語
8 長文読解総合―説明文

解答形式

2024年度	記　述（○）／マーク／併　用

出題傾向

単語問題，文法問題，長文読解，会話文と全分野からくまなく出題されている。傾向はほぼ一定しており，大きな変化は見られない。長文読解は２題で，やや長めで速読速解できることが求められる。また記述式なので正確な読解力と日本語の表現力が問われる。その他の問題は，レベルも設問も基礎的なものが中心である。

今後への対策

基本事項の復習が最も重要である。教科書にある単語，熟語，構文は全て頭に叩き込み書けるようにしておくこと。目で追うだけでは忘れやすいので音読し，実際に手で書くことをお勧めしたい。テストや問題集で間違った問題は放っておかず先生に質問するなどして疑問点を解消しておこう。最後に過去問題集で形式や時間配分を確認。

◆◆◆◆◆ 英語出題分野一覧表 ◆◆◆◆◆

分野		年度 2022	2023	2024	2025 予想※
音声	放送問題				
	単語の発音・アクセント				
	文の区切り・強勢・抑揚				
語彙・文法	単語の意味・綴り・関連知識	●			△
	適語（句）選択・補充	■	●	●	◎
	書き換え・同意文完成				
	語形変化				
	用法選択				
	正誤問題・誤文訂正				
	その他				
作文	整序結合	●	●	●	◎
	日本語英訳　適語（句）・適文選択				
	日本語英訳　部分・完全記述	■	■	■	◎
	条件作文				
	テーマ作文				
会話文	適文選択	●	●	●	◎
	適語（句）選択・補充				
	その他				
長文読解	内容把握　主題・表題				
	内容把握　内容真偽	■	■	●	◎
	内容把握　内容一致・要約文完成				
	内容把握　文脈・要旨把握	●	●	●	◎
	内容把握　英問英答				
	適語（句）選択・補充	●	■	■	◎
	適文選択・補充	●	●	●	◎
	文（章）整序		●		△
	英文・語句解釈（指示語など）	●	●	●	◎
	その他（適所補充）				

●印：１～５問出題，■印：６～10問出題，★印：11問以上出題。
※予想欄　◎印：出題されると思われるもの。　△印：出題されるかもしれないもの。

出題傾向と今後への対策　数学

出題内容

2024年度　証

大問５題，21問の出題。1は小問集合で，計算を主とする問題５問。2は小問集合で７問。各分野から出題。数の性質，空間図形，平面図形の計量題２問，データの活用，平面図形の証明問題。3は関数で，放物線と直線に関するもの。図形の知識も要するもので，直線の式，円の半径，円上の点の座標などが問われた。4はコインと正六角形を利用した確率題３問。5は空間図形で，立方体や直方体の内部にある球について，体積を求める計量題３問。

2023年度　証

大問５題，21問の出題。1は小問集合で，計算を主とする問題５問。2は小問集合で６問。各分野から出題。連立方程式の応用，関数，数の性質，データの活用，空間図形の計量題２問。3はカードを利用した確率題３問。4は関数で，放物線と直線に関するもの。図形の知識も要するもので，比例定数，三角形の面積，垂線の長さ，回転体の体積などが問われた。5は平面図形で，円と三角形について，証明問題と計量題２問。証明問題は三角形の相似を証明するもの。

作…作図問題　証…証明問題　グ…グラフ作成問題

解答形式

2024年度　記　述／マーク／併　用

出題傾向

大問５題，総設問数20問程度の出題。1〜2は小問集合で，1は計算を主とするもの５問前後，2は各分野から６問前後の出題。2は図形から３問程度出題される。基礎〜標準レベルの内容。3以降は，関数，図形，場合の数・確率となることが多い。やや難度の高い問題も含まれる。また，場合の数・確率は設定がやや複雑。

今後への対策

まずは教科書で基礎を確認し，そのうえで標準レベルの問題集で演習を多く積み，いろいろな考え方や解法を身につけていこう。できなかった問題はそのままにせずに時間をおいて改めて解き直すこと。問題を見きわめることも大事なので，実践的演習も忘れずに。

◆◆◆◆◆ 数学出題分野一覧表 ◆◆◆◆◆

分野	年度	2022	2023	2024	2025 予想※
数と式	計算，因数分解	★	★	■	◎
	数の性質，数の表し方	●	●	★	◎
	文字式の利用，等式変形				
	方程式の解法，解の利用	■	●	■	◎
	方程式の応用		●		△
関　数	比例・反比例，一次関数				
	関数$y=ax^2$とその他の関数	★	★	★	◎
	関数の利用，図形の移動と関数				
図　形	（平面）計　量	★	■	■	◎
	（平面）証明，作図	●	●	●	◎
	（平面）その他				
	（空間）計　量	●	■	★	◎
	（空間）頂点・辺・面，展開図			●	
	（空間）その他				
データの活用	場合の数，確率	★	★	★	◎
	データの分析・活用，標本調査		●	●	△
その他	不 等 式				
	特殊・新傾向問題など				
	融合問題				

●印：１問出題，■印：２問出題，★印：３問以上出題。
※予想欄　◎印：出題されると思われるもの。　△印：出題されるかもしれないもの。

出題傾向と今後への対策 国語

出題内容

2024年度

一 漢字　二 論説文　三 小説　四 古／漢文

課題文

二宇野重規『民主主義とは何か』
三高橋久美子『自販機のモスキート，宇宙のビート板』
四兼好法師『徒然草』／『荘子』

2023年度

一 漢字　二 論説文　三 小説　四 古／漢文

課題文

二戸谷洋志『スマートな悪』
三彩瀬まる『月がふたつ』
四『源平盛衰記』／『古列女伝』

2022年度

一 漢字　二 論説文　三 小説　四 古／漢文

課題文

二白井　聡「技術と社会」
三くどうれいん『氷柱の声』
四無住法師『沙石集』／『孝子伝』

解答形式

2024年度	記述（○）／マーク／併用

出題傾向

設問数は，現代文にそれぞれ８問前後，古典に６問程度となっており，全体で20～25問程度の出題となっている。漢字の設問は，読解問題の中に含まれることもある。課題文は，現代文・古典ともに，内容が高度で，分量も多めのものとなっている。設問の内容も，読解問題が中心で，レベル的にもかなり高度である。

今後への対策

現代文・古文とも，難しい内容の文章を速く読みこなす力がなければ，対処できない。こうした力をつけるには，日頃からの読書のほかに問題集で練習する必要がある。問題集は，応用力養成用のもので，記述式解答のものを選ぶこと。また，古文については，漢文も出されるので，基礎的な漢文の読解力・知識も身につけておくこと。

◆◆◆◆◆ 国語出題分野一覧表 ◆◆◆◆◆

分野		年度	2022	2023	2024	2025予想※
現代文	論説文 説明文	主題・要旨			●	△
		文脈・接続語・指示語・段落関係	●			△
		文章内容	●	●	●	◎
		表現	●	●		◎
	随筆 日記 手紙	主題・要旨				
		文脈・接続語・指示語・段落関係				
		文章内容				
		表現				
		心情				
	小説	主題・要旨				
		文脈・接続語・指示語・段落関係				
		文章内容	●	●	●	◎
		表現	●	●	●	◎
		心情	●	●	●	◎
		状況・情景				
韻文	詩	内容理解				
		形式・技法				
	俳句 和歌 短歌	内容理解				
		技法				
古典	古文	古語・内容理解・現代語訳	●	●	●	◎
		古典の知識・古典文法				
	漢文	（漢詩を含む）	●	●	●	◎
国語の知識	漢字 語句	漢字	●	●	●	◎
		語句・四字熟語		●		△
		慣用句・ことわざ・故事成語				
		熟語の構成・漢字の知識				
	文法	品詞				
		ことばの単位・文の組み立て				
		敬語・表現技法				
	文学史					
作文・文章の構成・資料						
その他						

※予想欄　◎印：出題されると思われるもの。　△印：出題されるかもしれないもの。

合格を勝ち取るための

本書の使い方

本書に掲載されている過去問をご覧になって，「難しそう」と感じたかもしれません。でも，大丈夫。ほとんどの受験生が同じように感じるのです。高校入試の出題範囲は中学校の定期テストに比べて広いですし，残りの中学校生活で学ぶはずの，まだ習っていない内容からも出題されているかもしれません。

ですから，初めて本書に取り組む際には，点数を気にする必要はありません。点数は本番で取れればいいのです。

過去問で重要なのは「間違えること」です。自分の弱点を知るために，過去問に取り組むのです。当然，間違った問題をそのままにしておいては意味がありません。

本書には，長年にわたって高校受験に関わってきたベテランスタッフによる詳細な解説がついています。間違えた問題は重点的に解説を読み，何度も解きなおしてください。時にはもう一度，教科書で復習するのもよいでしょう。

別冊として，抜き取って使える解答用紙を収録しました。表示してあるように拡大コピーをとれば，実際の入試と同じ条件で，何度でも過去問に取り組むことができます。特に記述問題では解答欄の大きさがヒントになる場合があります。そうした，本番で使える受験テクニックの練習ができるのも，本書の強みです。

前のページにある「出題傾向と今後への対策」もよく読んで，本校の出題傾向に慣れておきましょう。

2024年度 桐光学園高等学校

【英　語】（50分）〈満点：100点〉

注意　記述問題において句読点は１字扱いとします。また，数字は１けたにつき１字扱いとします。
（例：「２０２４年」は５字）

1　次の英文の下線部①～⑤の（　　）に入れるのに最もふさわしい語を答えなさい。ただし，与えられた文字で始まる語を書くこと。

Wolfgang Amadeus Mozart was ①(b　　) in 1756 in Austria. He was the seventh child in his ②(f　　), but all of Mozart's brothers and sisters died except for one sister. His father wrote music and played the violin.

From the beginning, people could see that the young Wolfgang was ③(d　　) from other children. He could play anything on the piano when he was only four years old. He also started writing his own music when he was five and learned to play the violin at the same time. Wolfgang's father began to think of ways to make extra money with the help of his musical children. By age 6, Mozart and his sister ④(t　　) around Europe and gave concerts to kings and ⑤(q　　).

2

次の(a)～(e)の文で，（　　　）に入れるのに最もふさわしいものを１～４の中から１つずつ選び，番号で答えなさい。

(a) He suddenly (　　　) up from his chair and left the room.

1. raised　　2. rose　　3. risen　　4. raise

(b) There are (　　　) fish in this river.

1. so much　　2. lot of　　3. only a little　　4. very few

(c) I want to buy (　　　) shoes today.

1. a pair　　2. a pair of　　3. another　　4. two pair of

(d) How many people (　　　) to the party?

1. invite　　2. invited　　3. were invited　　4. will invite

(e) Ms. Green told her students (　　　) in their homework by Monday.

1. to hand　　2. handing　　3. hand　　4. be hand

3 次の(a)〜(e)の会話文で，(　　　)に入れるのに最もふさわしいものを１〜４の中から１つずつ選び，番号で答えなさい。

(a) A：What's wrong, Ms. Brown?

B：I'm looking for my son. He was just with me a second ago.

A：Well, let's find him. What does he look like?

B：(　　　　　　　　　　)

1. He'll come back soon.
2. He's small and has brown hair.
3. He likes looking at pictures.
4. He's a baseball player.

(b) A：Tom, we'll take you to a restaurant tonight. What do you want to eat?

B：Ah... I'm not fond of seafood and I don't eat red meat.

A：Well, how about Kuriki Restaurant? (　　　　　　　　　　)

B：That's a good idea.

1. It's popular among meat lovers.
2. It has fresh and delicious seafood.
3. It's going to open next month.
4. It's famous for chicken ramen.

(c) A：I want to watch a soccer game this weekend.

B：Oh, really? (　　　　　　　　　　)

A：Great! Let's go together.

1. I didn't know that.
2. I went to the stadium last weekend.
3. I'm not good at playing soccer.
4. I have the same idea.

(d) A：Excuse me, but where is the Ueno Royal Museum?

B：The Ueno Royal Museum?　It's a little far from here.

A：I see.（　　　　　　　　　　　　）

B：No.　It's expensive and the roads are crowded, so it would be better to walk.

1. Should I take a taxi?
2. How long does it take by train?
3. Can I walk there?
4. Have you been there before?

(e) A：Cathy, what do you want for dinner tonight?

B：Mom,（　　　　　　　　　　　　）, so anything else is fine.

A：OK.　Let's make pizza together.

1. you are good at cooking
2. I want to make pizza with you
3. I'm going out tonight
4. I had Chinese food for lunch

4

次の(a)～(c)の日本文の意味に合うように英文をつくるとき，（　イ　）（　ロ　）に入れるのに最もふさわしい語をそれぞれ答えなさい。

(a) 私はただ一人にして欲しいだけだ。

（　イ　）I want is for you to leave me（　ロ　）.

(b) 週に2回オンライン会議に参加しています。

I take（　イ　）in online meetings（　ロ　）a week.

(c) その生徒たちは家に帰る途中で雨に降られました。

The students were（　イ　）in the rain on their（　ロ　）home.

5 次の(a)～(c)の日本文に合うように１～７を並べかえたとき，（ イ ）（ ロ ）に入れるものをそれぞれ番号で答えなさい。ただし，文頭に来る語(句)も小文字にしてあります。

(a) どれくらい前からあの生徒は職員室前で先生を待っているの。

（　　）（ イ ）（　　）（　　）（ ロ ）（　　）（　　）the teacher in front of the teachers' room?

1. waiting　　2. how　　3. for　　4. been
5. long　　6. has　　7. that student

(b) 私の母が私のために注文したドレスはいつ到着しますか。

When（　　）（　　）（ イ ）my（　　）（　　）（　　）（ ロ ）?

1. mother　　2. the dress　　3. arrive　　4. that
5. ordered　　6. will　　7. for me

(c) ゴールデンウィークはどこも人が多すぎるので，どこに行ったらいいかわからない。

I（　　）（ イ ）（　　）（　　）（ ロ ）（　　）（　　）during the Golden Week because there are too many people everywhere.

1. which　　2. visit　　3. places　　4. have
5. idea　　6. to　　7. no

6 次の日本文を英語に直しなさい。なお，（　　）内に与えられた語をそのままの形で順番通りに用いること。

私にもっと時間があれば，夕食を作るのを手伝ってあげるのに。（ If / you / make ）

7 次の英文を読み，設問に答えなさい。

*Nasreddin lived in Turkey. He was a good man, but not very rich, and his wife wasn't (A) about it. "You *pray to God every day, but nothing changes. We are always poor!" she said. "Perhaps God doesn't like us!"

"Of course God likes us," answered Nasreddin. "He loves everyone."

But his wife never stopped talking about money. In the end, Nasreddin prayed to God: "Please send me a thousand gold coins. Then my wife can be happy. But remember, I don't want nine hundred and ninety-nine, and I don't want one thousand and one. I want exactly one thousand coins."

Every morning Nasreddin prayed to God for his gold coins. His neighbour *Ahmet, a rich man, heard him over the garden wall every day. He smiled and said to his wife: "Listen! Nasreddin says he doesn't want nine hundred and ninety-nine gold coins. I can't understand him. I'm going to throw nine hundred and ninety-nine gold coins over the wall into his garden. What's he going to do then? Let's see."

The next morning, when Nasreddin began praying, a bag of gold coins suddenly came over the garden wall and hit Nasreddin on the head.

Nasreddin opened the bag and then smiled.

"Come here, wife," he called. "Look! God is listening to me." His wife laughed and sang.

An hour later, Ahmet came to the door.

"How are you, Nasreddin?" he asked. "I can hear laughing and singing in your house."

"We are (B)," answered Nasreddin, "because God is good to us. Look," he said and he opened the bag in his hand. "I asked God for gold and here it is."

Ahmet smiled.

"(イ) How many gold coins are in the bag exactly?" he asked. "You asked for one thousand, I think. Let's count them." "Why?" asked Nasreddin. "God can count, you know!"

But Ahmet didn't listen. He began to count carefully. Then he said, "You can't have this gold, Nasreddin. There are nine hundred and ninety-nine coins here, not a thousand."

"Is that right?" said Nasreddin. "Then God knows about it, and one more coin is going to come later today. I'm sure of it."

"Listen, Nasreddin," Ahmet said. "It's my gold. I threw it over the wall and you must give it back."

"I can't do that," answered Nasreddin. "You don't understand. God is working through you."

Now Ahmet was (C). "I'm going to take you to *court. I want my gold back!"

"All right," said Nasreddin. "Let's speak to the *judge about it. But I can't go to court in these poor, dirty clothes. Can I wear your coat?"

Ahmet wanted to go to court at once because he wanted to get his gold back that day. So he gave his coat to Nasreddin.

"Now, let's go," Ahmet said, and he walked out of the door.

"Wait a minute," said Nasreddin. "I'm an old man and the court is far from here."

Ahmet stopped. "It's not far," he said (D).

"It is for me," answered Nasreddin. "I have a bad leg."

"All right," said Ahmet. "You can have my horse for the day. Wait a minute."

(ロ) So〔 1. horse 2. for 3. brought 4. Ahmet 5. Nasreddin 6. his 〕to ride.

"Now we can go to court," said Ahmet. "I'm going to walk!"

Nasreddin and Ahmet arrived at the court.

When the judge saw them he asked, "Why are you here?" "Because," answered Ahmet, "this man, Nasreddin, has nine hundred and ninety-nine of my gold coins! He must give them back to me."

"Is this true?" the judge asked Nasreddin.

"No, it isn't," answered Nasreddin. "This money came to me from God because I prayed for it."

He went nearer to the judge and said quietly to him, "I'm sorry but this poor man, my neighbour, is *mad. All of my things are his things, he thinks. Ask him about this coat."

"Is this your coat?" the judge asked Ahmet.

"Of course it is," answered Ahmet. "I gave it to Nasreddin." "You see!" said Nasreddin quietly to the judge. "Now, ask him about the horse."

"Is this your horse, too?" asked the judge.

"Yes, it is," answered Ahmet.

"Poor man," said the judge. "You don't need a court. (ハ) You need a doctor. You must say sorry to Nasreddin, and give him one gold coin — at once!"

Nasreddin took the gold coin from Ahmet.

"I thank God for (ニ) this," he said (E). "Now I have the last of my thousand coins."

Nasreddin and Ahmet left the court and went home.

Later, Nasreddin gave back the coat, the horse, and the thousand gold coins to Ahmet.

"These are your things," said Nasreddin, and he (ホ) smiled. "But remember, never come between God and man again."

【注】 Nasreddin ナスレディン（人名）　pray 祈る

Ahmet アフメット（人名）　court 裁判所

judge 裁判官　mad 気の狂った

［設問］

(a) 空所（　A　）～（　E　）に次の１～４の語を補ったとき，２度使われるものを次の１～４の中から１つ選び，番号で答えなさい。

1. angry　2. happy　3. angrily　4. happily

(b) 下線部(イ)の言い換えとして最もふさわしいものを次の１～４の中から１つ選び，番号で答えなさい。

1. Why are you singing so much?
2. Will you give some money to me?
3. Did you really pray every day?
4. Is that really a gift from God?

(c) 下線部(ロ)が本文の内容に合う英文になるように，〔　　　〕の１～６の語を並べかえたとき，１番目と５番目に来るものを番号で答えなさい。

(d) 下線部(ハ)のように裁判官が発言した理由として最もふさわしいものを次の１～４の中から１つ選び，番号で答えなさい。

1. アフメットのような足が悪い老人には，今は裁判をするよりも治療をすすめたいと思ったから。
2. アフメットが遠い距離を歩いて体温が上昇しており，必要なのは上着ではなく，治療だと思ったから。
3. アフメットが他人の持ち物すら自分のものだと思い込んでおり，正気を失っていると思ったから。
4. アフメットが馬も上着も金も失ってしまい，ひどく落ち込んでいると思ったから。

(e) 下線部(ニ)の指す内容を「アフメット」という言葉を使って，与えられた書き出しの語句に続けて25字以上30字以内の日本語で答えなさい。

(f) 下線部(ホ)のようにナスレディンが笑った理由として最もふさわしいものを次の１～４の中から１つ選び，番号で答えなさい。

1. 信仰心をもてあそんだアフメットを十分にこらしめられたと思ったから。
2. 突然の裁判の結果，思わぬ大金が手に入り，裕福になって嬉しかったから。
3. 預かっていたものを相手に返すことができて，ほっとしたから。
4. 裁判で神と人間の間の領域に到達することができて，満足したから。

(g) 本文の内容と一致するものを次の１～６の中から２つ選び，番号で答えなさい。

1. Nasreddin and his wife believed in God and prayed every day.
2. Nasreddin asked God for money to show his wife God loves everyone.
3. Nasreddin wanted to go to court as quickly as possible, so he borrowed a horse.
4. In court, Ahmet paid Nasreddin one thousand coins at once.
5. Nasreddin kept believing in God until the end of the story.
6. In the end, Ahmet thought that there was no God.

8 次の英文を読み，設問に答えなさい。

Do you notice that the music is playing in the background when you're shopping in a supermarket? Do you care how the fruit and vegetables are arranged? Though we may not realize (イ) it, most of us pay attention to things like colors, sounds, and even smells when we shop. Shopping for *groceries in a supermarket is a good example of how stores control your shopping experience in order to *persuade you to buy more or to buy something you didn't know you wanted.

Supermarkets want you to spend as much time as possible in the store. They know that (ロ), so while you're there, they try to *distract you to make you spend a little more money. How do they do it? For one thing, when you enter a supermarket, it's not always easy to get out again, and that's not *accidental. Most supermarkets have only one entrance. To find the way out, (ハ), past *tempting *displays of products for sale.

When you're in the door, the first thing you'll see in most supermarkets is the fruit and vegetable section, with smells, colors, and *textures that make you feel hungry. This gives the supermarket a welcoming impression, a colorful place filled with natural foods that are fresh and good for you. The truth is that this section is the first of several carefully *organized areas. Special lights are used to make the fruit and vegetables on display appear bright and colorful. Even the (ニ) mist that often *sprays fruit and vegetables in some supermarkets is only there for effect. Though the spray makes fruit and vegetables look fresh, it actually causes them to go bad more quickly than normal.

Music also helps to keep shoppers *browsing. One study found that people spend up to 34% longer shopping in stores that play music. That's important. Research has also found that after about 40 minutes, people stop shopping *rationally and carefully. Instead, they shop *emotionally and buy things they didn't plan to buy.

Another trick is the *placement of goods for sale. In most supermarkets, the more expensive products are kept on shelves at eye level to be easily seen and reached. Cheaper goods are put closer to the floor, so you have to bend down to get them. The displays at the ends of *aisles, known as "(ホ) end-caps," are also designed to catch your eye and persuade you to buy the goods put there. Researchers have found that products sell eight times faster when they are put on end-caps in the store!

(へ) What can you do to avoid〔 1. all afternoon 2. things 3. buying 4. you 5. didn't 6. spending 〕want? If you want to shop *efficiently, make a list and *stick to it! Don't go shopping when you're hungry or because you're free. And keep your eyes and ears open. Don't buy something you don't need!

【注】 grocery 生活雑貨　persuade ～を説得する　distract ～の気を散らす
accidental 偶然の　tempting 誘惑する　display 陳列
textures 質感　organized 整えられた　spray 水を散布（する）
browse 商品をぶらぶら見て歩く　rationally 理性的に
emotionally 感情的に　placement 配置　aisle 通路
efficiently 効率的に　stick to ～にこだわる

［設問］

(a) 下線部(イ)の内容を25字以上40字以内の日本語で答えなさい。

(b) 空所(　ロ　)に入れるのに最もふさわしいものを次の1～4の中から1つ選び，番号で答えなさい。

1. if you walk around faster, you'll be more tired and want to take a longer rest
2. if you have more money, you'll eat more expensive vegetables to be healthier
3. if you stay longer, you'll see more and want to buy more
4. if you go shopping later, you'll find fewer goods and visit the store less often

(c) 空所(　ハ　)に入れるのに最もふさわしいものを次の1～4の中から1つ選び，番号で答えなさい。

1. you need to go to the information desk to know where you are
2. you're forced to walk through most of the store
3. you have to find someone who shows you around
4. you're ready to wait in line to pay for goods in the store

(d) 下線部(ニ)について本文中で述べられている内容と一致するものを次の1～4の中から1つ選び，番号で答えなさい。

1. 野菜や果物を明るく色彩に富んだように見せる効果がある。
2. 野菜や果物に定期的に水を散布することで新鮮さを保てる。
3. 野菜や果物を今朝収穫した鮮度のままで売ることができる。
4. 野菜や果物を通常に比べてより速く腐らせる結果になる。

(e) 本文で述べられている内容から判断し，下線部(ホ)の商品を購入した買い物客が述べた感想として最もふさわしいものを次の1～4の中から1つ選び，番号で答えなさい。

1.「商品棚の中央にあったので，少し高かったけど買ってしまったわ」
2.「たまたま下の商品棚に視線を向けたら，掘り出し物を発見したわ」
3.「商品棚の端のところに自然と目が行き，思わず買ってしまったわ」
4.「精肉売り場に行ったら，賞味期限が近いお肉が3割引きだったわ」

(f) 下線部(へ)が本文の内容に合う英文になるように，〔　　　〕の1～6の語(句)を並べかえたとき，3番目と5番目に来るものを番号で答えなさい。

(g) 本文の内容と一致するものを次の1～6の中から2つ選び，番号で答えなさい。

1. Supermarket store managers try to prevent you from buying things you have long wanted.
2. People always forget how fast time passes when they are shopping in supermarkets.
3. Most of the people are looking forward to listening to music played in supermarkets.
4. The time spent in stores has a close relationship with the amount of money shoppers spend.
5. Products that are put at the bottom of shelves are cheaper and sell quicker than goods on end-caps.
6. When you are hungry, you may buy more things than you want.

【数　学】（60分）〈満点：100点〉

注意　1．定規とコンパスは使用してはいけません。
　　　2．分数は最も簡単な分数で答えなさい。
　　　3．根号を用いた数は，最も簡単な式で答えなさい。
　　　4．円周率はπとします。

1　次の問いに答えなさい。

(1) $5\times51^2-45\times13^2$ を計算せよ。

(2) $\dfrac{30-10\sqrt{10}}{\sqrt{40}}+\sqrt{3}\left(2\sqrt{12}+\sqrt{\dfrac{5}{6}}\right)$ を計算せよ。

(3) 方程式 $3x+2y=5x+8=7x+10y+4$ を解け。

(4) 2次方程式 $2(x-1)(x-3)-(x-5)^2=3x-13$ を解け。

(5) $\dfrac{(\sqrt{15}-1)^2}{2}$ の小数部分を求めよ。

2 次の問いに答えなさい。

(1) $30 \times 29 \times 28 \times 27 \times \cdots \times 3 \times 2 \times 1$ を計算した整数は，一の位から 0 が何個連続して並ぶか，その個数を求めよ。

(2) $\sqrt{\dfrac{833n}{11}}$ が整数になるような最小の正の整数nの値を求めよ。

(3) 正十二面体の頂点の個数を求めよ。

(4) 図のように，正方形ABCDの辺ABを直径とする半円と，頂点Dと辺BC上の点Eを結んだ線分が接している。線分DEの長さが 6cmのとき，半円の面積を求めよ。

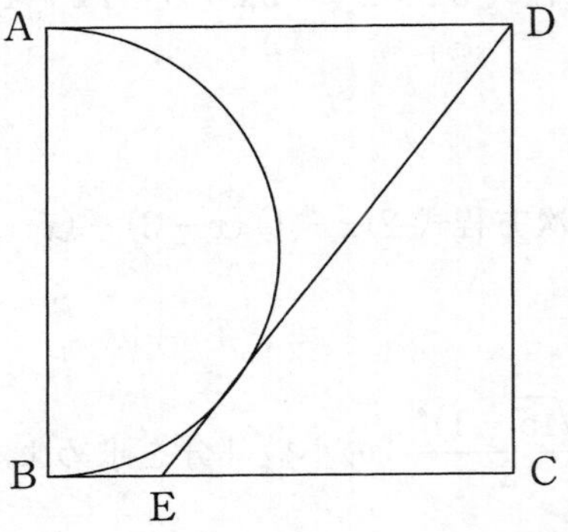

(5) 図のような △ABCにおいて，∠C の大きさは ∠A の大きさの 2 倍である。このとき，辺 AC の長さを求めよ。

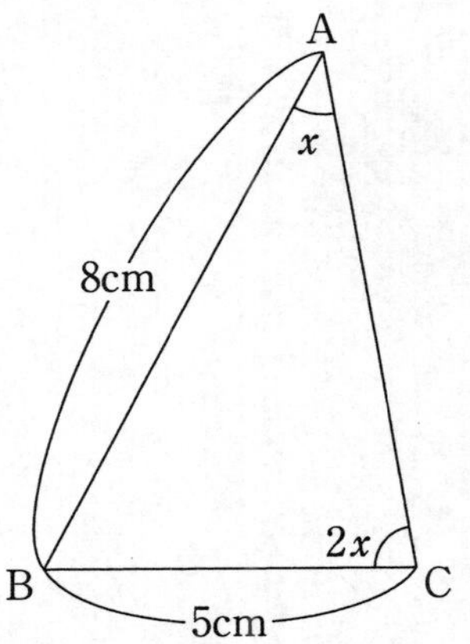

(6)　次のデータは，5人の生徒の一日の勉強時間である。

80，85，87，88，96　（分）

ところが，5つのデータの値のうち1つが間違っていることが分かった。正しい値にもとづいて中央値と平均値を求めたところ，それぞれ85分と86.8分となった。間違っている値を選び，正しい値を求めよ。

(7)　図のように，$\ell /\!/ m$ として，ℓ 上の点 A と m 上の点 B を結ぶ線分 AB の中点を O とする。点 O を通る直線 n が，ℓ，m と交わる点を，それぞれ P，Q とするとき，AP = BQ であることを，次のように証明した。

空欄をうめて，証明を完成させよ。

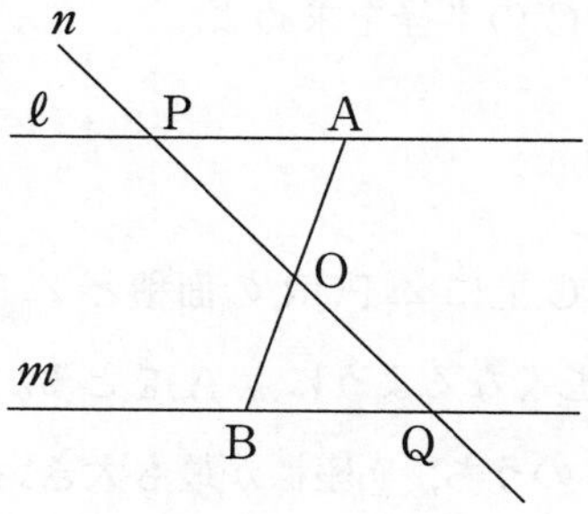

（証明）

△OAP と △OBQ において，

仮定より，O は AB の中点だから

AO = BO　　　　…　①

対頂角は等しいから

∠AOP = ∠BOQ　…　②

△OAP ≡ △OBQ

合同な図形では，対応する辺の長さは等しいので

AP = BQ　　　（終）

3 図のように，放物線 $y=x^2$ 上に x 座標が 1 である点 P をとる。
また，放物線 $y=-\frac{1}{2}x^2$ 上に x 座標が 1 である点 Q，点 Q と y 座標が等しい点 R をとる。△PQR の各頂点を通る円を C とするとき，次の問いに答えなさい。

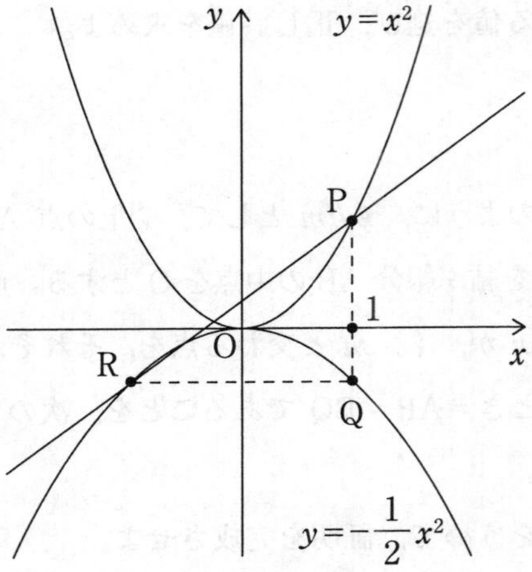

(1) 直線 PR の式を求めよ。

(2) 円 C の半径を求めよ。

(3) 円 C 上に △PQR の面積と △PAR の面積が等しくなるように点 A をとる。このような点 A のうち，y 座標が最も大きいものの座標を求めよ。

4 一辺が 1 cm の正六角形 ABCDEF の辺上を 2 点 P，Q が時計回りに動く。はじめ，点 P は点 A にあり，点 Q は点 D にある。点 P はコインを投げるごとに表が出れば 1 cm ，裏が出れば 2 cm ずつ動く。点 Q はコインを投げるごとにコインの表裏に関わらず 3 cm ずつ動く。このとき，次の問いに答えなさい。

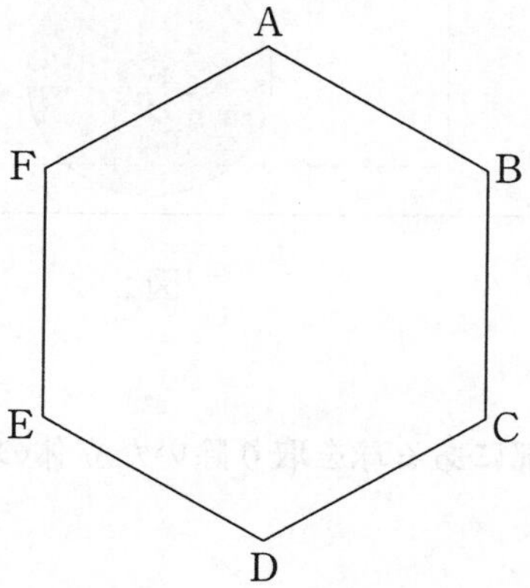

(1) コインを 2 回投げるとき，P と Q が同じ頂点にある確率を求めよ。

(2) コインを 3 回投げるとき，P と Q が同じ頂点にある確率を求めよ。

(3) コインを 6 回投げるとき，P と Q が少なくとも 1 回は同じ頂点にある確率を求めよ。

5 図のように半径 1 cm の球が立体の内部に入っている。図1 は 1 辺 2 cm の立方体，図2 は縦 2 cm，横 6 cm，高さ 2 cm の直方体，図3 は 1 辺 6 cm の立方体である。

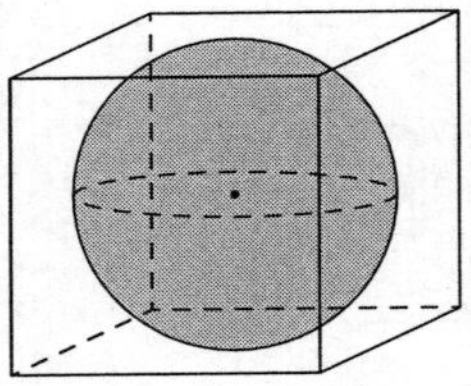

図 1

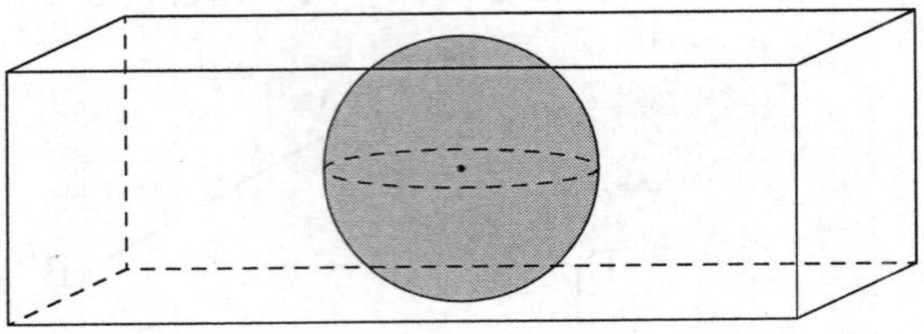

図 2

(1) 図1において，立方体から内部にある球を取り除いた立体の体積を求めよ。

(2) 図2において，球が直方体の内部を自由に動くとき，直方体から球が通過する部分を取り除いた立体の体積を求めよ。

(3) 図3において，球が立方体の面に触れながら内部を自由に動くとき，立方体から球が通過する部分を取り除いた立体の体積の合計を求めよ。

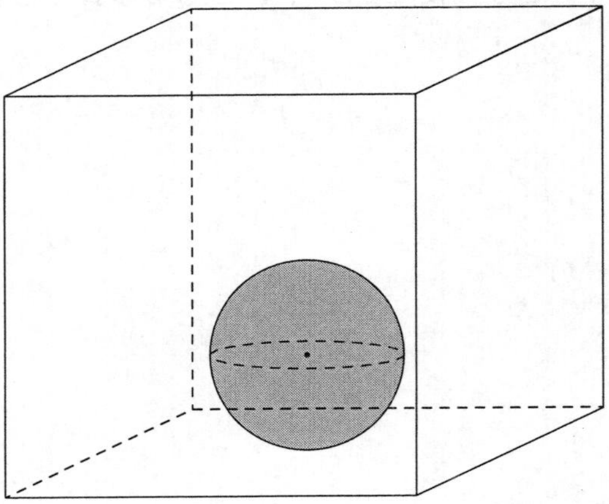

図 3

問五 ――線5「寿則多レ辱」とありますが、問題文〈甲〉においても同様の記述が見られ、その理由について述べられています。その理由として最も適当なものを次の中から選び、記号で答えなさい。

ア　生に執着するあまり情趣も感じられなくなるから。

イ　人との交際を疎ましく思うようになるから。

ウ　子の行く末を見守ることをやめるから。

エ　容貌の衰えが隠しきれなくなるから。

問六 ――線6「是三者」について。

(1) 「是三者」とは何か、文中から探し、過不足なく抜き出しなさい。

(2) 「堯」は「是三者」についてどのように捉えていますか。最も適当なものを次の中から選び、記号で答えなさい。

ア　際限なく欲しくなってしまうもの

イ　立派な王となるための妨げになるもの

ウ　すでに手に入れてしまっているもの

エ　王の立場としては関わりのないもの

問一　――線1「世はさだめなきこそいみじけれ」とありますが、その解釈として最も適当なものを次の中から選び、記号で答えなさい。

ア　この世は決まりごとがないからこそ楽しいのだ。
イ　この世は無常であるからこそすばらしいのだ。
ウ　この世は決めつけないことこそが大事なのだ。
エ　この世は不定であるからこそ悲しいのだ。

問二　――線2「かげろふの〜知らぬもあるぞかし」とありますが、その解釈として最も適当なものを次の中から選び、記号で答えなさい。

ア　かげろうが日中に、そして蟬が夏以外にどのようにしているのか知らない者もいるようだ。
イ　かげろうが夕方を待ち、蟬が春秋を知らないというようなことはあるまい。
ウ　かげろうが夕方を待ち、蟬が春秋を知らないのはなぜなのだろうか。
エ　かげろうは日中に命を終え、蟬は夏しか生きられないのだよ。

問三　――線3「祝聖人使聖人寿」とありますが、返り点の付け方と解釈の組み合わせとして最も適当なものを次の中から選び、記号で答えなさい。

ア　祝㆓聖人使聖人㆒寿
　あなた様が聖人となられたことを祝しつつ、あやかりたいと思います。
イ　祝㆓聖人㆒使㆓聖人寿㆒
　聖人であるあなた様のために祈り、長生きしていただこうと思います。
ウ　祝㆔聖人使㆓聖人寿㆒
　あなた様が聖人であることに感謝しつつ、末永く使っていただくことを望んでおります。
エ　祝㆓聖人使㆑聖人寿㆒
　聖人であるあなた様はもちろんのこと、あなた様の使者も優れていることに感嘆しております。

問四　――線4「辞」とありますが、これと同じ意味で用いられているものとして最も適当なものを次の中から選び、記号で答えなさい。

ア　固辞　　イ　賛辞
ウ　言辞　　エ　辞書

四

問題文〈甲〉・〈乙〉を読んで、後の問いに答えなさい。なお、問題文〈乙〉については設問の都合上、送り仮名や返り点を省略した部分があります。

〈甲〉

※1あだし野の露きゆる時なく、鳥部山《とりべ》の烟《けぶり》立ちさらでのみ住みはつるならひならば、いかにもののあはれもなからん。1世はさだめなきこそいみじけれ。

命あるものを見るに、人ばかり久しきはなし。2かげろふの夕を待ち、夏の蝉《せみ》の春秋《はるあき》を知らぬもあるぞかし。つくづくと一年《ひととせ》を暮らすほどだにも、こよなうのどけしや。あかず惜しと思はば、千年《ちとせ》を過すとも一夜の夢の心地こそせめ。住み果てぬ世に、みにくき姿を待ちえて何かはせん。命長ければ辱《はぢ》多し。長くとも四十《よそぢ》に足らぬほどにて死なんこそ、めやすかるべけれ。そのほど過ぎぬれば、かたちを恥づる心もなく、人に出でまじらはん事を思ひ、夕《ゆふべ》の陽《ひ》に子孫を愛して、栄《さか》ゆく末を見んまでの命をあらまし、ひたすら世をむさぼる心のみ深く、もののあはれも知らずなりゆくなん、あさましき。

（『徒然草』第七段より）

〈乙〉

古代中国の王である、「堯《ぎょう》」が出かけた際、その地の役人が敬意を表してさまざまな申し出をする。

堯観《※2あそブ》二乎※3華《ニ》一。華《ノ》※4封人曰《ハク》、「嘻《ああ》、聖人《ナリ》。請《フ》3祝聖人使聖人寿。」堯曰《ハク》、4「辞《スト》。」「使《メント》二聖人《ヲシテ》富《マ》一。」堯曰《ハク》、「辞《スト》。」「使《メント》三聖人《ヲシテ》多《カラ》二男子一。」曰《ハク》、「辞《スト》。」封人曰《ハク》、「寿《ト》富《ト》多《キトハ》二男子一、人之所《スル》レ欲也。女《なんぢ》独《リ》不《ルハ》レ欲《セ》何《ゾ》邪《やト》。」堯曰《ハク》、「多《ケレバ》二男子一則《チ》多《ク》レ懼《おそレ》、富《メバ》則《チ》多《ク》レ事、5寿《ナレバ》則《チ》多《シ》レ辱《はぢ》。6是《ノ》三者《ハ》非《ザル》三所《ゆゑん》二以《ニ》養《フ》レ徳《ヲ》也。故《ニ》辞《スト》。」

（『荘子』外篇 天地第十二より）

※1 あだし野の～立ちさらで…「あだし野」「鳥部山」はともに京都郊外の地名。墓地や火葬場が置かれた。

※2 観…領国を見てまわる。

※3 華…地名。

※4 封人…国境を守る者。

問五 ――線5「そんな気持ち悪いことを考えてしまう自分」とありますが、この時の「小夜子」の様子の説明として最も適当なものを次の中から選び、記号で答えなさい。

ア 柵のないバルコニーの端っこから落下するかもしれないという危うさを感じたが、落ちそうになったときは大澤くんが助けてくれるだろうと期待している。

イ 周囲の騒がしい世界から切り離されたバルコニーに、月明りの下、大澤くんと二人きりでいられることを無邪気に喜んでいる。

ウ 大澤くんが月明りに照らされたバルコニーの美しさに魅了されつつも、そばにいる自分のことを忘れないでほしいと切望している。

エ 大澤くんと自分がいるバルコニーが周りの世界と徐々に混ざり合うような一体感を覚えつつ、大澤くんもその感覚に酔っているだろうと確信している。

問六 ――線6「まぶしいな」・7「まぶしいね」とありますが、この場面での二人の違いを簡潔に説明しなさい。

問七 ――線8「耳元で蚊の飛ぶ音がした」とありますが、本文全体の内容を踏まえながら、この時の「小夜子」の様子の説明として最も適当なものを次の中から選び、記号で答えなさい。

ア 大澤くんと共に時間を過ごす中で、小夜子にとっては大澤くんの存在がどんどん大きいものになっていく一方で、自分は大澤くんにとって蚊のようにちっぽけな存在でしかないのだ、ということもわかっている。

イ 大澤くんとの距離はいつまで経っても縮まることはないということをはっきりと実感しつつも、普通の生活では見ることのできないような光景を見せてくれる大澤くんの存在の大きさを大切にしようとしている。

ウ 大澤くんと共に時間を過ごすことで大澤くんと小夜子との間に構築された特別な関係を実感しながら、いつまでも大澤くんに頼り切りになることをやめて、大人としての自己を形作っていこうと決意している。

エ 憧れている大澤くんと共に時間を過ごす中で気がついた、大澤くんと小夜子の間に存在する隔たりを思いながら、過ぎ去ってしまったあとは失われてしまう、まだ大人になりきらない時間を噛みしめている。

エ　普段は多くの友人から慕われて、大学の中でも明るく振る舞っているが、自分からあえて孤独な状況に身を置こうとする人物。

問三　――線3「ひどいショックを〜ほっとしていた」とありますが、この時の「小夜子」の心情の説明として最も適当なものを次の中から選び、記号で答えなさい。

ア　大澤くんが自分とは違う女性と交際していると聞いてひどく落胆したが、孤独な状況にいる大澤くんに支えとなる存在がいることに安心もしている。

イ　大澤くんが自分に対して隠し事をしていることに怒りを覚える一方で、もう大澤くんと同じ時間を過ごさなくていいと安心している。

ウ　大澤くんが以前から違う女性と付き合っていたという事実に驚きを隠せないでいるが、これからは大澤くんのことを気にせずにサークル活動に打ち込めると安堵している。

エ　大澤くんが自分ではない女性と付き合っていると聞いて落ち込みながらも、大澤くんが自分と似たような特徴を持つ女性を選んでいたことに安堵している。

問四　――線4「いつも頷いて〜手段だった」とありますが、その説明として最も適当なものを次の中から選び、記号で答えなさい。

ア　大澤くんが抱いている、他の人と仲間になりたいと思いつつも蔑《さげす》んでしまうという葛藤を、小夜子は大澤くんに寄り添うことで解消しようとしている。

イ　大澤くんを蔑む周囲の人々に対して小夜子が否定的な態度を取ることで、大澤くんに自分のことを味方と思ってもらい、精神的な苦痛を和らげようとしている。

ウ　周囲を蔑む態度をとることで自己を保とうとする大澤くんを支えようとするものの、小夜子は大澤くんの言動に共感を示すことしかできないでいる。

エ　小夜子は周囲を蔑む大澤くんをたしなめようと思っているものの、大澤くんが傷つくことを怖れて、大澤くんに反論できないでいる。

小夜子は心からそう言った。

この人とは結ばれないんだな、と何故かはっきりとわかった。いや、もっとずっと深いところで結ばれているのだと思いたかった。

こんな日もいつか消えてしまうのならば、今日の月と横顔をずっとずっと覚えていよう。小夜子は息を潜めてそっと眩いものたちを見つめていた。

大澤くんはコンクリートに寝転がって、

6「まぶしいな」

と言った。小夜子も隣に寝転がった。

「ほんとだ、7まぶしいね」

8耳元で蚊の飛ぶ音がした。

（高橋《たかはし》久美子《くみこ》『ぐるり』所収「自販機のモスキート、宇宙のビート板」筑摩書房より）

※1　コンバース…スニーカーのこと。

問一　――線1「コール音は三回半にしてみた」とありますが、この時の「小夜子」の様子の説明として最も適当なものを次の中から選び、記号で答えなさい。

ア　大澤くんとは頻繁に電話するほどの関係ではないので、電話に出ることが恥ずかしくなり、何度かコール音を聞きながら気持ちを落ち着かせている。

イ　大澤くんと早く話がしたかったのに、緊張のせいで電話に出ることをためらい、少ないコール数で電話を取ることができないでいる。

ウ　出ようと思えばもっと早く電話に出られるが、電話を待っていることを大澤くんに悟られないように、わざと少し時間を空けて電話に出ている。

エ　大澤くんと電話ができるのは嬉しいものの、大澤くんがおもしろいと思える話ができるかどうか不安になり、電話に出るまでに時間がかかっている。

問二　――線2「一見強い光で～彗星のような人」とありますが、ここから「小夜子」は「大澤くん」をどのような人物として見ているとわかりますか。その説明として最も適当なものを次の中から選び、記号で答えなさい。

ア　友人と楽しんでいるときには安定しているが、孤独な状況に陥ってしまったときに自分のことをどうすれば保つことができるかがわかっていない人物。

イ　大学にいるときは常に小夜子と行動を共にしていて、小夜子には優しい笑顔を見せる一方で、今にも知らない場所に行ってしまうのではないかと思わせる人物。

ウ　友人に囲まれているときには優しく振る舞っているが、小夜子と一緒にいるときには小夜子の気持ちを尊重しようとしない、自分本位な側面のある人物。

る。夜が暗くてよかったと心から思った。

あまり小夜子が行くことのない理工棟の裏口にたどり着くと、大澤くんはドアの横についた小さな正方形の箱を慣れた手つきで開ける。

「オ、シ、ニ、ク、イ。だから覚えとくといいよ」

0、4、2、9、1と暗証番号を押すとガチャっと音がしてロックが解除される。

「ね、勝手に入って大丈夫なの？」

「大丈夫でしょ。深夜まで研究してる人もいるしね」

まだ入学して半年しか経ってないのに、こういうこと誰に教えてもらうんだろう。非常灯の明かりを頼りに、大澤くんの後について階段を上っていく。彼女とはいつもどんな話をしているのだろう。ここじゃないなら、どんな場所に行くのだろう。クーラーの切れた建物の中はサウナみたいで、汗がTシャツの中で肌をつたって流れた。

三階に到着し長い廊下を進んでいく。スイミングスクールのカルキの匂いがする。両側に並ぶ研究室のドアの隙間からときどき光がこぼれて、プールの中に差し込む木漏れ日のようだ。二人が歩く足音だけが廊下に響いた。突き当りまで行くと、大澤くんは大きなドアの取っ手をゆっくりと回した。

「ここだけ鍵が壊れてんだよね」

鈍い音がして、ドアは開いた。

ドアの向こうから白い月光が差した。二人の間を夏の風が吹きぬける。目の前には二十畳ほどのコンクリートのバルコニーが広がっていた。出入り口の丁度上の屋根のひさしの部分で、柵も壁もなくて、うっかり踏み外したら下まで落ちてしまうような所だった。まるで真っ暗なプールに浮かぶビート板みたいだと思った。

「なんか、いいだろ？」

「うん。なんか、いいね」

こんなところに、いつも一人で来ている大澤くんが心配だった。

「小夜子さんもここに案内したいなって思ってたんだよ、前から」

大澤くんの顔が月明かりの下くっきりと浮かび上がって、月を見るふりをしてずっとその横顔を眺めた。夜のプールに浮かべたビート板が二人だけを乗せて、このまま風まかせに流れていけばいいのに、とかそんな気持ち悪いことを考えてしまう自分がひどく幼くて痛々しかった。

柵のないむき出しのバルコニーを大澤くんは躊躇《ちゅうちょ》なくスタスタと歩いていく。

「ねえ、危ないよ、あんまり端っこに行かないほうがいいよ」

後ろ姿が闇に吸い込まれていきそうで怖かった。

大澤くんは、端っこまで行くとすとんと座り、足をぶらぶらさせて空を見上げた。

「大丈夫だよ。小夜子さんもおいでよ」

小夜子も恐る恐る歩いていき、隣にゆっくり腰を下ろした。そしてもうぬるくなったジャワティーを飲む。丁度、街路樹が街灯の全てと重なって人工的な光はなくなり、月明かりだけになった。ざーっと風が木々を揺らす。もはやここは別の星なのかもしれなかった。ときどき隣の星からみんなの笑い声が、衛星をつたって流れるラジオ放送のように聞こえた。

「気持ちいいね」

嫌味がないので誰からも愛され、次期部長候補だとも聞く。飲みだしたら天体について熱く語りだす根っからの天文学オタクで、小夜子はそういう偏ったところにも惹《ひ》かれた。勇気を出して結菜に大澤くんの話をしてみたら、

「へー。小夜子も恋なんてするようになったかー」

と、目を細めてまるで母親のような顔をして、それから、

「まかせときな。彼女いないか偵察しといてあげるから！」

と言ってくれたけれど、結菜の性格上それはとても危険な気がしたので、やんわりと断っておいた。結菜がいつも集まりに引き込んでくれるようになったお陰で、小夜子はみんなと過ごす時間が増え、次第に部にとけこみ明るくなっていった。

気がつくと、潮が引いていくように大澤くんは小夜子の前から姿を消した。椚の下で待っていてくれることもなくなったし、メールや電話も途絶えた。

大澤くんが、時々しかサークルに顔を出さない大学院生と付き合っていると同級生に聞いたのは、それからしばらくしてのことだった。それも入学してすぐに付き合い出したという。全然気づかなかった。3ひどいショックを受けたはずなのに、小夜子はどこかほっとしていた。部会にその人が来たとき、さり気なく観察する。ちょうど学園祭のプラネタリウムライブの係を決めていたが、人が嫌がる仕事も引き受けてしまうような出来すぎた人で、笑うと両方のほっぺたにエクボができた。ショートカットの綺麗な首に小夜子なら絶対に選ばないような黒い糸でできた地味なネックレスをしていて、とても太刀打ちできそうになかった。

街灯の下、いまだ蟬が一匹だけ鳴いている。ジャワティーを持ったまま二人は湿気ったキャンバスを歩き続けた。なぜまた誘ってくれたのかは分からなかったが、きっとこれは彼の気まぐれだ。それでもいいやと思えるのは、夏が終わろうとしている今日だからなのだろう。相変わらずクラブ棟での飲み会は続いているらしく、騒ぎ声は定期的に聞こえた。

「大学なんて、小さな世界だってあいつら何で気づかないんだろう。すぐ腐った社会に出なきゃなんないのに、あんなはしゃいでさ」

その声はちょっとくぐもって不安気で、きっと自分に言い聞かせているのだと思った。

「そうだね」

4いつも頷いてあげることだけが、彼を救う手段だった。小夜子は悲しいふりをする。女友達と笑い合っているときだって、頭の片隅では、ばかばかしいなと思うように努力してきた。同じ種類の人間だと大澤くんに思っていてほしいから。誰よりも分かっていると思い合いたいから。

「ね、小夜子さんさ、俺、秘密の場所があるんだ。行ってみる？」

「秘密の場所？」

「うん、まだ誰にも教えてない。小夜子さんに教えてあげたいなって、ずっと思ってたんだよな」

こういうことを純粋に言えてしまう人だから、手に負えなかった。それなのに、その言葉を真に受けて、小夜子の体は沸騰しそうなほど熱くなり、それは顔にまで到達して、耳まで赤くなっているのが分か

ふいに大澤くんが喋ったから、脳みそがキャッチしそびれて
「え?」
と聞き返してしまった。
「飲み会。ほんと馬鹿らしいよね、学生のああいうの」
「あ、うん。苦手かな、私も」
小夜子も慌てて答える。

二人は、天文学サークルで出会った。小夜子は宇宙ものの映画やプラネタリウムが好きで入部してみたが、本気で宇宙を語るのは一部のマニアな先輩だけで、多くの人は月ではなく缶チューハイと漫画ばかり見ていた。

入学してしばらくしても小夜子は大学にもサークルにも馴染めずに、やっぱり気づいたら一人でいた。部会に行くのもやめてしまったある日、大講義室での授業終わりに声をかけてくれたのが大澤くんだった。一緒に部会に行こうと言ってくれて、それから毎週、部会の日はクラブ棟の裏の椚の木の下で待っていてくれた。三階にある部室まで並んで数分歩くだけなのに、緊張して殆《ほとん》ど何も話せなかった。大澤くんは部内でもみんなの人気ものだし、普通に輪の中に入ってにぎやかにもできるのに、なぜ自分にかまってくれるのか分からなかった。

やがてメールアドレスを交換して、宇宙ものの映画について朝までメールする日もあった。メールだと饒舌《じょうぜつ》になってしまう自分がとても恥ずかしかった。何度も何度も、好きだという気持ちを打っては消して、打っては消して、誰かが間違って送信ボタンを押してくれたらいいのにと思ったけど、そんな日はついに来なかった。

梅雨が終わる頃、「小夜子さんが心配だから」と言って、メールではなくひと月に一回、深夜に電話が来るようになった。そのために、月末の夜は早めにお風呂に入って充電器に携帯をさして、紅茶を飲みながら待った。

いつも緊張と嬉しさで吐きそうになった。すぐ出るのも待っていたみたいで恥ずかしいから、[1]コール音は三回半にしてみた。朝方まで喋った。授業のことや宇宙映画やブラックホールのことも。これが恋ではなく友情だというなら、一生このままでもいいかと思ってしまうくらい愉しかった。

部会や講義室で、みんなの中にいる彼をちらちら追いかけてしまう。先輩とふざけ合って無邪気にプロレスの技をかけあったりしているのに、目を離すと、白けた顔をして空を見ながら一人煙草を吸っているような人だった。小夜子が馴染めないのとは違う、意志のある孤独だった。

大澤くんは東京の大学に行っていたけれど、つまらなくて地元に帰ってきて受験し直したと噂で聞いた。小夜子と一緒にいるとき、無口で優しくていつもとは別の人のようだった。自分にだけ見せてくれている姿なのだと嬉しくなる反面、一人にするのが危ないのは自分ではなく、むしろ大澤くんの方ではないのかと思うようになっていた。[2]一見強い光で輝いているのに、放っておくと消えてしまいそうな彗星のような人だった。

夏になり、ようやく小夜子にも女友達ができはじめた。特に同じ天文学部で一つ年上の結菜《ゆいな》と仲良くなった。結菜は底抜けに明るく、部員みんなに気配りができる姉御肌だった。はっきりと物を言うけれど

三　次の文章を読んで、後の問いに答えなさい。

夜のキャンバスは、湿気《しけ》ったクラッカーの上みたいだ。今日を満月にしてくれた神様に小夜子《さやこ》は心の中で「ありがとう」と言った。鈍感すぎなければ、大澤くんは小夜子が自分を好きだと気づいているだろう。

ひょろりと背の高いこの肩の隣に並んで歩くのは、椚《くぬぎ》※1の木の下で待ち合わせた初夏以来だから、三ヵ月ぶりか。黒いコンバースが自分のために動いていた。

「なんか飲む？」

大澤くんが自販機の前で立ち止まる。

「あの、でも私、部室に財布置いてきちゃった」

小夜子は小声でおまけに早口で言った。大澤くんは黙ってズボンのポケットに手を入れて開くと、掌《てのひら》には何枚かの小銭が載《の》っている。左からも、お尻のポケットからも出して、それらの中から何枚かをリズムよく自販機に入れる。

「どうぞ」

「すごいね、マジシャンみたい」

小夜子は、緊張してもう胸のあたりがひどく苦しくって、ジュースの種類なんてちっとも頭に入らなかった。

「お、大澤くん先にどうぞ」

大澤くんは、ジャワティーを押した。多分選んでない。大講義室で見かけたとき、大体いつもそれを飲んでいる。他のは目に入っていないのだと思う。子犬が階段を駆け下りるみたいにおつりが出て、それをかき集め取り出す白い細い寂しそうな腕、その先の理想的な指先、整った短い爪。そしてまた小銭を滑り込ませる。

「どうぞ」

優しくて冷たい声。小夜子も今度は迷わずにジャワティーを押した。缶の落ちる音が夜の静寂《しじま》にこだまして、無人島みたいだね、と言いたかったけど、

「ありがとう。後でお金返すね」

と、とてもつまらない言葉しか出なかった。

今日は、いつものモスキート音が聞こえない。鳴らない自販機もあるのだろうか、それとも聞こえなくなってしまったのだろうか。自動販売機は、わざと若者にしか聞こえない、蚊の飛ぶときの嫌な高音が鳴るように作られていると先輩が言っていた。夜に青少年がたむろしないようにだそうだ。その音は、年とともに聞こえなくなるというから、小夜子は気が気じゃなかった。小学校の頃から苦手だった学校生活にやっと少しだけ馴染めてきたのに、まだ大人にはなりたくなかった。

二人は、ジャワティーを飲みながら歩いた。毎日行き来している道が夜になると表情を変えて、知らない場所のようだ。どこに行くとか言い合わないで、言葉を探すこともうやめにして、並木道を呼吸するように歩く。

さっきまでいたクラブ棟の方角からは、時折どっと笑い声が聞こえてきて、それが酷く幼稚なものに思えた。

「何が楽しいんだろうね？」

ア　感染の拡大を防ぎながら経済を保証するために、自分が所属する国家の中で結びつきを強化するようになる。

イ　個人情報を把握されることと引き替えに、経済活動を推進するための、グローバルな繋がりを構築するようになる。

ウ　個人情報を把握する国家や企業を監視するため、ＳＮＳの技術などによって国境を越えて連帯するようになる。

エ　個人情報を国家や企業によって把握されないために、他者との交流の機会を極力減らすようになる。

問六　――線６「最終的に問われるのは～問われるのです」とありますが、そのあとに、筆者は自身の主張についてまとめています。［Ｘ］～［Ｚ］にあてはまるものを次の中からそれぞれ選び、記号で答えなさい。

Ｘ
ア　匿名性の守秘
イ　公開による透明性
ウ　言葉による説得
エ　情報の普遍性

Ｙ
ア　通信技術を用いた社会参画
イ　時代を超えた連帯意識
ウ　参加を通じての当事者意識
エ　主体化の強制

Ｚ
ア　リーダーへの信頼
イ　平等化に伴う負担
ウ　民主化に向かう意思
エ　判断に伴う責任

問七　――線７「民主主義を～できるのか」とありますが、次のア～エは「民主主義」についての生徒たちの発言です。本文の内容を踏まえたものとして最も適当なものを次の中から選び、記号で答えなさい。

ア　生徒Ａ　第四次産業革命が進み新しい技術が生まれると同時に、社会は大きく変化するものだから、一時は専制主義に逆行しても、最終的には民主主義の発展につながると信じることが大切だと思う。

イ　生徒Ｂ　コロナ危機では政府が主導して対応を進めてくれたけど、これには個人情報の独占や個々人の意見の反映などの点において民主主義を危険にさらしてしまうところに不安を感じる。

ウ　生徒Ｃ　時代の変化とともに民主主義は色々なものと対立してきた。これからは感染症や独裁的指導者の台頭、さらには情報の平等化を促進するＳＮＳの技術との競争が続くのかもしれない。

エ　生徒Ｄ　コロナ危機は僕らに安全や生命の重要性を教えてくれた。でも、失業や休業で生活が脅かされるなら、安全を犠牲にしてもプライバシーや経済活動を優先しなければならない。

問三　――線３「今日のテクノロジーの発展はどうでしょうか」について、後の⑴・⑵の問いに答えなさい。

⑴「今日のテクノロジーの発展」によって実現したものとして最も適当なものを次の中から選び、記号で答えなさい。

ア　より多くの人々がアクセスできる環境。

イ　製品や作品を生み出すための巨大な資本。

ウ　個人が自ら情報を発信することが可能な社会。

エ　人間の労働をＡＩに代替させる政治。

⑵「今日のテクノロジーの発展」について筆者はどのように考えていますか。その説明として最も適当なものを次の中から選び、記号で答えなさい。

ア　市民が政治の透明化を目指すようになり、民主主義の発展のために市民が政治に関わる機会を増やしていくことが大切である。

イ　政治を透明化し、民主主義の質を高めて市民に利益を還元するためには、政治が主導してデジタル技術を管理し、進化させることが必要である。

ウ　市民の価値観の変革によって技術の変化と社会の変化の時差が縮まると、政治が身近なものとなり、理想的な民主主義の実現が可能となる。

エ　技術の独占によって民主主義を後退させるのではなく、新しい技術によって政治の意思決定のプロセスを明らかにし、市民と政治の距離を近づけるべきである。

問四　――線４「コロナ危機」について、後の⑴・⑵の問いに答えなさい。

⑴「コロナ危機」におけるリーダーの対応について筆者はどのように考えていますか。その説明として最も適当なものを次の中から選び、記号で答えなさい。

ア　独裁的なリーダーの判断に期待していても、ウィルスの感染を長期的に防ぐことができる有効な策を見いだすことはできない。

イ　コロナ危機に立ち向かうためのリーダーの判断は一時的に効果があるかもしれないが、長い目で見ると対応のバリエーションを減少させる。

ウ　安易なリーダーシップを排除しようとして議論を深めるあまり、対応の選択肢が増えすぎて、最善策を選ぶことができなくなる。

エ　リーダーは社会的弱者の負担を軽減する必要があるが、同時にリーダーシップに基づいて、さらに個人情報の把握に努めなければならない。

⑵「コロナ危機」における民主主義の問題を乗り越えるために、筆者は何が大切であると考えていますか。文中から十二字で探し、抜き出しなさい。

問五　――線５「人と人との新たな距離感」とありますが、その説明として最も適当なものを次の中から選び、記号で答えなさい。

間に生きがいと勇気を与えるのではないでしょうか。

個人は相互に自由かつ平等であり、それを可能にする政治・経済・社会の秩序を模索《もさく》し続けるのが人間の存在理由です。7民主主義をどこまで信じることができるのか、それがいま、問われています。

（宇野重規《うのしげき》『民主主義とは何か』講談社より）

※1　カースト化…身分によって序列が形成されること。

※2　トクヴィル…フランスの政治思想家・法律家・政治家。

※3　第四の…筆者はこれより前の文章で、民主主義の危機について三つの視点から論じている。

※4　トリレンマ…ここでは、三つの目標を同時に達成することができないという意味。

問一　――線1「人類の未来は〜ないでしょうか」とありますが、その説明として最も適当なものを次の中から選び、記号で答えなさい。

ア　AIとの関係を断ち切り、人と人との繋がりを重要視することで、失われてしまった人間固有の能力を復活させることが必要である。

イ　AIの技術が発展する中で、人間だけが持っている能力をあらためて考え直して明確にすることが、人類の未来を大きく左右する。

ウ　AIの技術と人間の能力をあえて同じものとして共存させて限界を規定しない中で、人間固有の能力を見出していくべきである。

エ　AIの技術が進歩していく速度を制限することで、人間だけが持っている能力は、AIに対して常に優位性を保ち続けられるだろう。

問二　――線2「多くの人々〜しまうのです」とありますが、その説明として最も適当なものを次の中から選び、記号で答えなさい。

ア　人々を隔てる存在を排除しようという意思に基づいて起こした行動ではなくても、それは結果的に平等化へ向かっていく流れを生む、ということ。

イ　たとえ権力欲が契機になったとしても、人間には無意識のうちに社会の平等化を目指したいという願望があり、結果的に権力者を排除することになる、ということ。

ウ　人々が平等化の妨げになる権力を打破すると、表面的には平等化が進むものの、社会の深部に存在する階層化が消えることはない、ということ。

エ　歴史の方向性を逆行させてしまう可能性があると承知した上で、人々は平等化を妨げる壁を打破するために協力することになる、ということ。

民主主義にとっての鍵《かぎ》は国家と社会の緊張ある関係です。二一世紀において、社会とはグローバルに連帯した市民社会を指すはずです。いまは国境の壁が閉ざされ、人々の自由な交流が妨げられ、自国中心的なメンタリティが横行していますが、いずれこれを乗り越える動きが生まれてくるでしょう。そのためにも、5人と人との新たな距離感に基づいて、人と人とを結びつける民主主義の技術を磨《みが》くべきです。

コロナ危機は、私たちに大切なものは何か、あらためて問い直すきっかけとなりました。何より大切なのは人々の安全でしょう。多くの生命が失われる危険に全力で立ち向かわなければならないことは明らかです。その一方、危機が長期化するとともに経済活動の停滞による影響も深刻化していきました。日々の生産や流通、消費の活動が大きく損なわれるなか、失業や休業によって生活を脅《おびや》かされる人も増加していきます。安全を優先すれば経済活動にとっての障害となりますが、安易に経済活動を再開すれば感染の再拡大は免《まぬが》れないでしょう。人々の自由や社会的公正も、安全や経済とは独立した、そしてそれに劣らない重要な価値です。安全を重視するあまり、個人のプライバシーを侵害《しんがい》することには最大限、警戒的《けいかいてき》であるべきです。同時に、感染のダメージは、社会のなかでより弱い立場の人に大きなものとなります。負担をいかに社会的に共有していくかも重要な課題です。安全、経済、自由は同時に実現が難しい、いわばトリレンマ※4です。いずれかを優先すれば、他のいずれかが必ず損なわれます。この難局を民主主義がいかに乗り越えていけるかが、今後の最大のテーマになるでしょう。

6最終的に問われるのは、私たちの信念ではないでしょうか。厳しい時代においてこそ、人は何を信じるかを問われるのです。

第一に、「 X 」です。古代ギリシアで成立した「政治」とは、公共の議論を通じて意思決定を行うことへの信念でした。力による強制でもなければ、利益による誘導でもなく、あくまで言葉を通じて説得し、納得した上で決定に従いたい。これこそが、自由な人間にとって何より大切であるとする理念を、現代に生きる私たちもまた共にしています。そのためにも、情報の公開やオープンデータはもちろん、政策決定過程をより透明度の高いものにしていく必要があります。

第二に、「 Y 」です。私たちは、自分と関わりのないことには、いくら強制されても力を出せません。これはまさに自分のなすべき仕事だ、自分たちにとってきわめて大切な事柄だと思えてはじめて、主体的に考え、自ら行動する動機が生じます。逆に自分に深く関わることに対して無力であり、影響を及ぼすことができないという感覚ほど、人を苛《さいな》むものはありません。私たちは身の回りのことから、環境問題など人類全体の問題にまで、生き生きした当事者意識をもちたいと願っています。民主主義とは、そのためにあるのです。

第三に、「 Z 」です。政治においては責任の問題が不可避《ふかひ》です。一つひとつの判断が社会や人類の将来に影響を与え、場合によっては多くの人々の暮らしや生死にかかわるだけに、政治的決定には責任が伴います。といっても、責任を問われるのは、特別なリーダーだけではありません。ごく普通の人々が、自らの可能な範囲で公共の任務に携《たずさ》わり、責任を分《わか》ちもつことが、民主主義にとって重要です。責任を負担として捉《とら》えるのではなく、自分たちにとって大切なものを預かり、担っているという感覚として理解するならば、それはむしろ人し、あるいは※1カースト化する仕組みを一つひとつ打破してきた歴史の方向性をひっくり返し、人々を隔てる構造を新たに打ち立てることはけっして容易ではないはずです。

※2トクヴィルが指摘したように、そのような平等化は、必ずしも人々の善意によって実現するわけではありません。自らの権力欲から貴族を打倒し、結果的に平等化への道を開いた国王のように、[2]多くの人々は、それと自覚することなしに、平等化に貢献《こうけん》してしまうのです。火器や戦争もまた、これまでの社会のあり方を突き崩《くず》すことで、社会の変化を加速させました。

トクヴィルは印刷術や郵便もまた平等化を促進《そくしん》したといいます。これらの発達は、それまで特定の集団に独占されていた知や情報へのアクセスを、より多くの人々へと開放するチャンネルとなったからです。そうだとすれば、[3]今日のテクノロジーの発展はどうでしょうか。

より多くの人々が情報やデータにアクセスするのみならず、自ら発信することを可能にするSNSの技術は、文字通り、人々を「デモクラタイズ（民主化）」します。巨大な資本や設備がなくても、人々が製品や作品を容易につくることを可能にする3Dプリンターのような機械は、大組織中心の社会をより「フラット」なものにするでしょう。AIは多くの人間の労働を代替《だいたい》し、あるいはより効率的なものとし、さらに人間の把握《はあく》や予測の能力を高めるという意味では、人間の能力を補完し、強化するものといえます。

そのようなテクノロジー進化の果実を独占することで、デジタル専制主義が実現するのか、あるいはAIによる民主主義のバージョンアップが達成されるかは予断を許しません。しかしながら、長期的には人々は新たな技術を通じて、政治の透明化を実現し、市民のアイディアをより直接的に政治や行政へと結びつける可能性を拡大していくことに、私たちは賭《か》けるしかないと思われます。

いずれにせよ、これまでの産業革命がそうであったように、技術の変化と社会の変化の間には時差があります。第四次産業革命によって、民主主義を含め、さまざまな政治や社会のあり方が変化し、人々の生活や価値観がそれに適応するまで、あと数十年を要するものと思われます。二〇世紀前半に自由民主主義が社会主義とファシズムの挑戦を受けたように、二一世紀前半も、自由民主主義とそのチャレンジャーの競争が続くのかもしれません。

最後に、※3第四の[4]コロナ危機です。これは現在進行中であり、予断を許しません。ただし、危機が続くことで、安易にリーダーシップに期待するだけでは問題が解決しないことに人々は気づき始めています。ウィルス感染の確実な防止策がまだない以上、今後も試行錯誤《しこうさくご》を続けていくしかありません。独裁的な対応は一時的には有効にみえても、自由で多様なアイディアの表出や実験を許さない以上、長期的には選択肢《せんたくし》を狭《せば》める結果になります。より重要なのは、一人ひとりの市民による自覚的な取り組みの強化であり、政府への信頼《しんらい》を高めることで、有効な取り組みを社会的に共有していくことではないでしょうか。

パンデミックを通じた国家権力の拡大、とくに追跡アプリを通じた個人情報の把握や、それに基づく個人の生の管理については、今後も慎重に監視していく必要があります。大量の個人情報を掌握《しょうあく》する国家や、グローバルなプラットフォーム企業による情報独占をチェックしていくためには、国境を超えた市民社会の強化が不可欠です。自由と

二〇二四年度 桐光学園高等学校

【国　語】（五〇分）〈満点：一〇〇点〉

注意　本文の表現については、作品を尊重し、そのままにしてありますが、設問の都合上、省略した部分、表記を改めた部分があります。
また、特に指示のないかぎり、句読点等も一字に数えます。

一

――線あ～おのひらがなを漢字に直しなさい。

1　図書館に展示場を(あ)へいせつする。
2　(い)ひょうしょう状の授与。
3　この度は(う)かんだいなご配慮を頂きありがとうございます。
4　こみあげる感情を(え)せいぎょできない。
5　失敗の責任を(お)てんかする。

二

次の文章を読んで、後の問いに答えなさい。

> この文章は二〇二〇年に書かれたもので、二〇二〇年に起きたトランプ前大統領選挙における民主主義の危機について、「ＡＩ（人工知能）技術」や「コロナ禍」の視点から述べたものである。

第四次産業革命とも呼ばれる技術革新とそれに対応する民主主義の構想は、本書の射程を大きく超えています。ＡＩによって人間の仕事が奪われ、無用となった多くの人々はデジタル専制に屈《くっ》するのではないかという暗鬱《あんうつ》な未来予想が語られるなか、あらためて「人間とは何か」が問い直されるべきでしょう。人間は言葉の論理だけでなく、その文脈や意味について考えることができます。他の人間を、その感情を含めて理解しようとし、意見を交わし、ケアすることができるのも人間固有の能力でしょう。そのような人間固有の能力をいかに見定め、発展させられるか。1人類の未来は、そこにかかっているのではないでしょうか。

民主主義を基軸《きじく》に人類の歴史を振り返ってきた本書の視座からすれば、平等化のメカニズムは停滞《ていたい》したり、一時的に逆行したりすることがあっても、最終的には平等化を隔てるさまざまな障壁《しょうへき》を破壊して前進していくはずだ、という前提がまず基本になるべきです。もちろん、このような流れを逆転するような大転換が現在起きている可能性を、完全に否定することは難しいでしょう。とはいえ、人間を階層化

英語解答

1 ① born ② family ③ different ④ travel(l)ed〔toured〕 ⑤ queens

2 (a) 2 (b) 4 (c) 2 (d) 3 (e) 1

3 (a) 2 (b) 4 (c) 4 (d) 1 (e) 4

4 (a) イ…All ロ…alone
(b) イ…part ロ…twice
(c) イ…caught ロ…way

5 (a) イ…5 ロ…4
(b) イ…4 ロ…3
(c) イ…7 ロ…3

6 If I had more time, I would〔could〕 help you (to) make dinner.

7 (a) 2 (b) 4
(c) 1番目…4 5番目…2
(d) 3
(e) アフメットを通して最後の1枚〔1000枚〕のコインを届けてくれたこと。(28字)
(f) 1 (g) 2, 5

8 (a) (私たちのほとんどは)買い物をするとき，色，音，においにさえ注意を払っていること。(30字)
(b) 3 (c) 2 (d) 4 (e) 3
(f) 3番目…3 5番目…4
(g) 4, 6

1〔長文読解─適語補充─伝記〕

≪全訳≫❶ヴォルフガング・アマデウス・モーツァルトは1756年にオーストリアで生まれた。彼は一家で7番目の子どもだったが，モーツァルトの兄や姉は1人の姉を除いて全員亡くなった。父親は作曲をし，バイオリンを弾いた。❷最初から人々には，幼いヴォルフガングがほかの子どもたちと違うことが見て取れた。彼はわずか4歳のときにピアノで何でも弾くことができた。また，5歳のときには自分で作曲も始め，同時にバイオリンを習った。ヴォルフガングの父親は，音楽家の子どもたちの助けを借りて，副収入を得る方法を考え始めた。6歳のときにはもう，モーツァルトは姉とともにヨーロッパ中を旅し，王や王妃の前でコンサートを開いた。

＜解説＞①be born「生まれる」 ②モーツァルトは第7子だったが，1人の姉を除いて兄と姉は全員亡くなったというように，モーツァルトの family「家族」について述べた文になっている。 ③be different from ～「～と異なる」 ④後に around Europe「ヨーロッパ中を」とあることや，コンサートを開いてお金を稼ぐための行動であることから，travel(l)ed〔toured〕「旅行した」が適切。 ⑤kings「王」と並立されるものとして，queens「王妃」が適切。

2〔適語(句)選択〕

(a)rise up で「立ち上がる」。後に left という動詞の過去形があるので，これに合わせて過去形の rose にする。なお，raise は「上げる，揚げる」。 rise－rose－risen 「彼は急に椅子から立ち上がり，部屋を出ていった」

(b)fish は単数形と複数形が同じ形だが，空所の直前に are があることから，空所の直後の fish が‘数えられる名詞’の複数形であるとわかる。‘few＋複数形’で「ほとんど～ない」といった意味になり，very にはこれを強調するはたらきがある。なお，much や little は複数形の前に置けない。

また，lot を用いて‘数えられる名詞’が「たくさん」という場合には，a lot of～や lots of～となる。　「この川には魚がほとんどいない」

(c)shoes「靴」や glasses「眼鏡」，gloves「手袋」のように２つで１組になっている物は，１組を‘a pair of＋複数形’という形で表す。　「今日は靴を１足買いたい」

(d)How many people「何人の人が」が主語になっているので，これに対応する動詞として「招待される」という受け身形が適する。受け身形は，‘be動詞＋過去分詞’でつくる。　「パーティーには何人の人が招待されましたか？」

(e)‘tell ～ to不定詞’「～に…するように言う」　hand in「提出する，手渡す」　「グリーン先生は生徒に月曜日までに宿題を提出するように言った」

3〔対話文完成─適文選択〕

(a)Ａ：どうしたんですか，ブラウン先生？／Ｂ：息子を捜しているんです。さっきまで一緒にいたのに。／Ａ：じゃあ，彼を捜しましょう。見た目はどんなですか？／Ｂ：小柄で，髪は茶色です。∥What を用いた疑問文で look like ～「～のように見える」を使うと，外見や見た目を問えるので，空所にはこれに答える内容が当てはまる。

(b)Ａ：トム，今夜はレストランに連れていってあげるよ。何が食べたい？／Ｂ：ううん…，魚介類は苦手だし，赤身の肉も食べないんだ。／Ａ：じゃあ，クリキ食堂はどう？　チキンラーメンが有名だよ。／Ｂ：それはいいね。∥最後のＢの返答から，Ａは魚介類も赤身の肉も食べないというＢでも食べられる物を提案したと考えられる。

(c)Ａ：今週末はサッカーの試合を見に行きたいな。／Ｂ：えっ，本当かい？　僕も同じ考えだよ。／Ａ：いいね！　一緒に行こう。∥サッカーの試合を見に行きたいというＡがＢを誘っていることから，Ｂもサッカーに行きたい，つまりＡと同じ考えを持っていると伝えたことがわかる。

(d)Ａ：すみません，上野の森美術館ってどこにありますか？／Ｂ：上野の森美術館ですか？　ここからちょっと遠いですよ。／Ａ：そうですか。タクシーに乗るべきでしょうか？／Ｂ：いや。高いし道も混んでいるので，歩いた方がいいでしょう。∥Ａの問いかけに No と答えたＢは，続けて「高いし道も混んでいる」と言っている。これはタクシーを移動手段に使った場合の難点といえるので，Ａはタクシーを使うべきか尋ねたのだとわかる。

(e)Ａ：キャシー，今日の晩ご飯は何がいい？／Ｂ：お母さん，お昼に中華料理を食べたから，それ以外なら何でもいいわ。／Ａ：オッケー。一緒にピザをつくりましょう。∥「それ以外なら何でもいい」というＢに対し，Ａはピザをつくろうと提案している。ここから，Ｂの言葉は，ピザ以外の食べ物を挙げたうえで，それを晩ご飯にしないよう伝える内容なのだとわかる。

4〔和文英訳─適語補充〕

(a)「私はただ一人にして欲しいだけだ」を「私が望む全てはあなたが私を一人にしてくれることだ」と読み換え，イに All を当てはめる。この All の後ろには，目的格の関係代名詞 that が省略されている。「私を一人にしてくれる」は，‘leave＋*A*＋*B*’「*A*を*B*のままにしておく」の形を使って leave me alone と表す。

(b)take part in ～「～に参加する」　twice「２回」

(c)「雨に降られる」や「夕立に遭う」などという場合には，catch を受け身形（‘be動詞＋過去分詞’）

で用いて be caught in ～と表す。　on ～'s〔the〕way「途中で」

5〔整序結合〕

(a)疑問文なので，疑問詞に当たる How long「どれくらい前から」で始める。語群から，この後は 'have/has＋been＋～ing' という現在完了進行形の疑問文がくると判断できる。wait for ～で「～を待つ」。　How long has that student been waiting for the teacher in front of the teachers' room?

(b)文の骨組みは When will the dress arrive?「ドレスはいつ到着しますか」で，the dress を my mother ordered for me「私の母が私のために注文した」というまとまりが後ろから修飾する形にすればよい。that は the dress と修飾部をつなぐ目的格の関係代名詞として，その間に置く。When will the dress that my mother ordered for me arrive?

(c)主語の I に続く部分として，「わからない」に当たる have no idea を置く。「どこに行ったらいいか」のように，疑問詞の意味に加えて「～したらよいか，～するべきか」という内容を表す場合には，'疑問詞＋to不定詞' の形が使える。ここでは，語群から「どこ」を「どの場所」と考えて which places と表し，これを疑問詞とする。　I have no idea which places to visit …

6〔和文英訳―完全記述〕

示された日本語は，'現在の事実に反する仮定' を表している。これは，'If＋主語＋過去形…，主語＋助動詞の過去形＋動詞の原形…' という仮定法過去の形で表せる。「もっと時間があれば」は「もっとたくさんの時間があれば」と考える。time「時間」のような '数えられない名詞' が「たくさん」という場合には much を用いるので，これを比較級の more にして If I had more time とする。「(あなたが)夕食を作るのを手伝ってあげる」は，'help＋人(＋to)＋動詞の原形' の形で help you (to) make dinner と表せばよい。

7〔長文読解総合―物語〕

≪全訳≫❶ナスレディンはトルコに住んでいた。彼は気のいい男だったが，あまり裕福ではなかったので，妻はそのことをよく思っていなかった。「あなたは毎日神様に祈っているのに，何も変わらないわね。私たちはいつだって貧乏じゃない！」と彼女は言った。「神様はたぶん私たちのことが好きじゃないのよ！」❷「神は当然私たちを好きでいらっしゃるよ」とナスレディンは答えた。「神は皆を愛していらっしゃる」❸しかし，妻がお金の話をやめることはなかった。結局，ナスレディンは神に祈った。「どうか私に1000枚の金貨をお送りください。そうすれば妻は幸せになれます。しかし，お忘れなさいますな，私が欲しいのは999枚でも1001枚でもありません。きっちり1000枚が欲しいのです」❹ナスレディンは毎朝，金貨のことを神に祈った。隣人の金持ちのアフメットは，毎日庭の塀越しに彼の声を聞いていた。彼は笑って妻に言った。「聞いてくれ！　ナスレディンは999枚の金貨はいらないと言っている。私は彼のことが理解できない。私は999枚の金貨を塀の上から彼の庭に投げ入れてみよう。そうしたら彼はどうするだろう？　見てみようじゃないか」❺翌朝，ナスレディンが祈り始めると，金貨の入った袋が突然庭の塀の上から投げ込まれ，ナスレディンの頭に当たった。❻ナスレディンは袋を開け，ほほ笑んだ。❼「妻よ，こっちへおいで」と彼は呼んだ。「見てごらん！　神は私の話を聞いていらっしゃるんだよ」　妻は笑って歌った。❽1時間後，アフメットが玄関にやってきた。❾「元気かい，ナスレディン？」と彼は尋ねた。「家の中から笑い声と歌声が聞こえたよ」❿「私たちは幸せだよ」とナスレディンは答えた。「神が私たちに善行を施してくださったものでね。ほら，見ておくれ」と言って彼は手の中の袋を開けた。「私は神に金貨をお願いして，ここに金貨があるというわけだよ」**11**アフメットは笑った。**12**「袋の中には正確には何枚の金貨が入っているんだ？」と彼は尋ねた。「君がお願いしたのは1000枚だったと思うんだが。数えてみようじゃないか」「どうしてかね？　神は数を数えられるじゃないか！」**13**しかしアフメットは耳を貸さなかった。彼は慎重に数え始めた。そして言った。「君がこの金貨を手にすることはできないな，ナスレディン。ここにある硬貨は999枚で，1000枚じゃない」**14**「本当か？」とナスレディンは言った。「それなら，神はそのことをご存じで，今日のうちにもう１枚くるだろう。きっとそうだ」**15**「いいか，ナスレディン」とアフメットが言った。「これは私の金貨なんだよ。私がこれを塀の上から投げ込み，君はそれを返さなければならないのさ」**16**「それはできない」とナスレディンは答えた。「君はわかっていないな。神は君を通して働いておられるのだ」**17**さて，アフメットは怒った。「裁判所に連れていくぞ。金貨を返してくれ！」**18**「いいだろう」とナスレディンは言った。「このことを裁判官に話そう。でも，こんな貧相で汚れた服で裁判所に行くわけにはいかない。君のコートを着てもいいかね？」**19**アフメットはその日のうちに金貨を取り戻したかったので，すぐに裁判所に行きたかった。そこで，彼はコートをナスレディンに与えた。**20**「さあ，行こう」とアフメットは言って，ドアから出ていった。**21**「ちょっと待ってくれ」とナスレディンは言った。「私は年寄りだし，裁判所はここから遠い」**22**アフメットは立ち止まった。「遠くないだろ」と彼は怒って言った。**23**「私には遠いんだよ」とナスレディンは答えた。「脚が悪くてね」**24**「わかったよ」とアフメットは言った。「今日は私の馬を使っていい。ちょっと待っててくれ」**25**そうしてアフメットはナスレディンを乗せる馬を連れてきた。**26**「これで裁判所に行けるな」とアフメットは言った。「私は歩く！」**27**ナスレディンとアフメットは裁判所に着いた。**28**裁判官は２人を見て，「なぜここへ来たのかね？」と尋ねた。「なぜなら」とアフメットは答えた。「この男，ナスレディンが私の金貨を999枚持っているからです！　彼はそれを私に返さなければならないのです」**29**「それは本当か？」と裁判官はナスレディンに尋ねた。**30**「いいえ，違います」とナスレディンは答えた。「この金貨は神から私のもとにきたのです，私がそう祈ったので」**31**彼は裁判官に近寄り，そっと言った。「気の毒なことに，このかわいそうな男，私の隣人は気が狂っているのです。私の物は全て自分の物だと，彼は思っています。このコートについてきいてみてください」**32**「これは君のコートかね？」と裁判官はアフメットに尋ねた。**33**「もちろんそうです」とアフメットは答えた。「ナスレディンにあげたのです」「これでおわかりでしょう！」とナスレディンは裁判官にそっと言った。「では，彼に馬のことを尋ねてください」**34**「これも君の馬かね？」と裁判官は尋ねた。**35**「ええ，そうです」とアフメットは答えた。**36**「かわいそうな男だ」と裁判官は言った。「君には裁判所は必要ない。君には医者が必要なのだ。ナスレディンに謝って，金貨を１枚渡しなさい――今すぐに！」**37**ナスレディンはアフメットから金貨を受け取った。**38**「このことを神に感謝します」と彼はうれしそうに言った。「これで1000枚の金貨の最後の１枚が手に入ったぞ」**39**ナスレディンとアフメットは裁判所を出て家に帰った。**40**その後，ナスレディンはコートと馬と1000枚の金貨をアフメットに返した。**41**「これらは君の物だからな」とナスレディンは言い，笑った。「でも，覚えておきたまえ，二度と神と人間の間に割って入らないことだ」

(a)＜**適語選択**＞Ａ．アフメットの妻はこの後，自分たちが貧しいことについて文句を言っているので，幸せではないのだとわかる。直前に be動詞があるので，形容詞の happy が当てはまる。　Ｂ．

第５～７段落から，ナスレディンと彼の妻が金貨を手に入れて幸せそうな様子が読み取れる。また，直前に be動詞があるので，ここにも形容詞の happy が当てはまる。　C．金貨を返そうとしないナスレディンに対して，アフメットはこの後，裁判所に連れていくぞ，金貨を返してくれと言っている。ここから，アフメットの怒りが読み取れる。直前に be動詞があるので，形容詞の angry が当てはまる。　D．アフメットは早く裁判所に行きたいが，ナスレディンはなかなか出発しようとしないという場面である。裁判所は遠いというナスレディンに対し，遠くはないと答えたアフメットの気持ちとして，いら立ちや怒りが考えられる。一般動詞の said を修飾する語なので，副詞の angrily が当てはまる。　E．最後の１枚を手に入れ，合計1000枚の金貨を手にしたナスレディンは，幸せな気持ちになったと考えられる。一般動詞の said を修飾する語なので，副詞の happily が当てはまる。

(b)＜英文解釈＞第３段落でナスレディンは，1000枚ちょうどの金貨を神に願った。第４段落では，これを聞いたアフメットが，わざと999枚の金貨をナスレディンに与えて，その反応を確かめようと考えている。第５段落以降ではこれが実行に移され，ナスレディンは金貨を神様の贈り物だと喜んだ。神様からの贈り物であれば1000枚ちょうどであるはずだが，アフメットは金貨が999枚であることを知っている。そこでアフメットは，「袋の中には正確には何枚の金貨が入っているんだ？」と尋ねて金貨を数えさせることで，金貨が神様からの贈り物ではないことをナスレディンにわからせようとしたのである。４．「それは本当に神様からの贈り物なのか？」が，この内容をよくまとめている。

(c)＜整序結合＞アフメットがナスレディンのために馬を用意する場面で，語群中の動詞が brought「連れてきた」なので，主語は Ahmet になる。brought の目的語として his horse をその後に置き，for Nasreddin to ride と続ける。この‘for ～＋to不定詞’の形では，‘～’が to不定詞の意味上の主語となっており，「～が…するための〔するために〕」といった意味になる。　So Ahmet brought his horse for Nasreddin to ride.

(d)＜文脈把握＞第31～35段落参照。ナスレディンは裁判官に，アフメットは気が狂っていると伝えた。そしてナスレディンの巧みな誘導により，アフメットはそれを裏づけるような言動をとってしまう。こうして，アフメットは正気を失っていると思い込まされた裁判官は，アフメットに対し，裁判所ではなく病院が必要だと言ったのである。

(e)＜文脈把握＞この this は直接には直前の文の内容，つまりナスレディンがアフメットから金貨を受け取ったことを指している。直後の文にもあるように，これによってナスレディンが祈った1000枚の金貨が手に入ったことになり，ナスレディンはこれを神の贈り物だと感謝したのである。第16段落から，ナスレディンは神がアフメットを通じて働いていると考えていることがわかるので，これを利用してまとめるとよい。

(f)＜文脈把握＞一連の出来事は，アフメットがナスレディンの信仰心をおもしろがったことから始まり，結果としてアフメットは散々な目に遭った。また，直後でナスレディンは「神と人間の間に」割って入るなと忠告しているが，これは神と人間の間が信仰心で結ばれており，それをもてあそぶようなことはするなという戒めだといえる。ここから，ナスレディンの笑みには，信仰心をもてあそんだアフメットに罰が下ったことに対する満足感のようなものが含まれていると考えられる。

(g)＜内容真偽＞1．「ナスレディンと妻は神を信じ，毎日祈っていた」…×　第1段落第2～最終文参照。ナスレディンの妻は神を信じていないと考えられる。　2．「ナスレディンは，神が全ての人を愛していることを妻に示すために，神にお金を求めた」…○　第2段落および第3段落第1～3文に一致する。　3．「ナスレディンはできるだけ早く裁判所に行きたかったので，馬を借りた」…×　第19～26段落参照。裁判所に早く行きたがったのはアフメットである。　4．「裁判所でアフメットはナスレディンにすぐに1000枚のコインを払った」…×　第36段落最終文および第37段落参照。アフメットが裁判所でナスレディンに渡した金貨は1枚である。　5．「ナスレディンは物語の最後まで神を信じ続けた」…○　第2段落で信仰心の強さを示したナスレディンは，最終段落でも神を重んじるような発言をしている。　6．「結局，アフメットは神などいないと思った」…×　このような記述はない。

8 〔長文読解総合─説明文〕

≪全訳≫❶スーパーマーケットで買い物をしているとき，後ろで音楽が流れていることに気づいているだろうか。果物や野菜がどのように並べられているか気にしているだろうか。そうと気づいていないかもしれないが，ほとんどの人は買い物をするとき，色，音，そしてにおいにさえ注意を払っている。スーパーマーケットで生活雑貨を買うことは，もっとたくさん，あるいは欲しくもなかった物を買うよう説得するため，店がどうやってあなたの買い物体験をコントロールしているかを示す好例だ。❷スーパーマーケットは，あなたが店内でできるだけ多くの時間を過ごすことを望んでいる。彼らはあなたが店により長くいれば，より多くの物を見て，より多くの買い物をするとわかっているので，店にいる間にもう少しお金を使わせようとして，あなたの気を散らそうとする。それはどうやって行われるのだろうか。一例を挙げると，スーパーマーケットに入ったら，また簡単に出られるとはかぎらず，それは偶然ではない。ほとんどのスーパーマーケットには入り口が1つしかない。出口を見つけるには，誘惑するように陳列されている商品のそばを通り過ぎながら，店内のほとんどの場所を歩くことを強いられる。❸入り口を入ると，ほとんどのスーパーマーケットで最初に目に入るのは果物と野菜の売り場で，においや色，そして質感が空腹感を呼び起こす。ここは新鮮で体にいい自然食品でいっぱいのカラフルな場所で，これはスーパーマーケットが歓迎してくれているような印象を抱かせる。実はこの売り場は，入念に整えられた複数のエリアのうちの最初のエリアなのだ。陳列されている果物や野菜を明るく色鮮やかに見せるため，特殊な照明が使われている。一部のスーパーマーケットでよく果物や野菜に水を吹きかけているミストさえ，演出のためだけにそこに設置されている。水の散布は果物や野菜を新鮮に見せるが，実際には通常よりも早く腐らせてしまうことになる。❹音楽もまた，買い物客が商品を見ながらぶらぶら歩き続けるのに一役買っている。ある調査から，音楽を流している店では買い物の時間が最大で34％も長くなることがわかった。これは重要なことだ。また，約40分たつと，人は理性的かつ注意深く買い物をしなくなることもわかっている。その代わり，感情的に買い物をし，買うつもりのなかったものを買ってしまうのだ。❺もうひとつの策略は売り物の配置である。たいていのスーパーマーケットでは，見やすく手が届きやすいように，高価な商品が目の高さの棚に置かれている。安い商品は床に近い場所に置かれているので，手に取るにはかがまなければならない。「エンドキャップ」として知られる，通路の端になされた陳列も，人の目を引き，そこに置かれた商品を買うよう説得するためにデザインされている。研究者によると，店内のエンドキャップに商品を置くと，8倍の速さで商品が売れるそうだ。**6**欲しくもない物を買うのに午後をまるごと費やすのを避けるためにはどうしたらよいのだろうか。効率よく買い物をしたかったら，リストをつくってそれにこだわることだ。空腹時に，あるいは暇だからという理由で買い物に行ってはならない。そして，しっかり目で見て耳で聞くことだ。必要のない物は買わないように。

(a)＜**指示語**＞it には後ろにある部分を指すはたらきがあり，この it もそのように用いられている。ここでは，直後の most から shop までの１文を指しているので，ここを日本語でまとめる。

(b)＜**適文選択**＞前後の内容から，スーパーマーケットは客により多くのお金を使わせるため，長居をさせようとしていることが読み取れる。長居をしてほしいのは，店にいる時間が長くなるほど，より多くの物が欲しくなるということを，スーパーマーケットがわかっているからである。

(c)＜**適文選択**＞直前の２文で，たいていのスーパーマーケットに入り口が１つしかなく，スーパーマーケットから出るのが簡単ではないが，それは意図的なものであることが説明されている。こうしたつくりのスーパーマーケットで出口を見つけようとした場合，客は魅力的な商品が並んでいるのを見ながら，店中を歩き回ることを強いられることになる。　be forced to ～「～することを強いられる」

(d)＜**内容真偽**＞第３段落最終文参照。野菜や果物を新鮮に見せる効果はあるが，実際には早く腐らせてしまうとある。

(e)＜**要旨把握**＞前後の内容から，「エンドキャップ」とは通路の端になされた陳列で，人目を引いて商品を買わせるためにデザインされたものだとわかる。これは，「自然と目が行き，思わず」買ってしまうという行動を促すためのものだといえる。

(f)＜**整序結合**＞avoid ～ing で「～を避ける」，'spend＋時間＋～ing' で「～して…を過ごす」を表せる。ここから，avoid spending all afternoon buying というまとまりがつくれる。残った語で buying の目的語として使えるのは things のみなのでこれを後に置き，最後を you didn't want とする。これは，名詞の things を you didn't want という '主語＋動詞…' のまとまりが後ろから修飾する形で，目的格の関係代名詞が省略されている。　What can you do to avoid spending all afternoon buying things you didn't want?

(g)＜**内容真偽**＞1．「スーパーマーケットの店長は，あなたがずっと欲しかった物を買わないようにしようとする」…×　このような記述はない。　2．「スーパーマーケットで買い物をしているとき，人はいつも時間がたつのがいかに早いかを忘れてしまう」…×　このような記述はない。　3．「ほとんどの人は，スーパーマーケットで流れる音楽を聴くのを楽しみにしている」…×　このような記述はない。　4．「店内で過ごす時間は，買い物客が使う金額と密接な関係がある」…○　第２段落に一致する。　5．「棚の一番下に置かれた商品は，エンドキャップに置かれた商品より安く，早く売れる」…×　第５段落最後の２文参照。　6．「空腹時には，求めているよりも多くの物を買ってしまうことがある」…○　第６段落第１文および第３文に一致する。

数学解答

1 (1) 5400　(2) $7+2\sqrt{10}$

(3) $x=-3$，$y=1$　(4) $x=-2$，3

(5) $4-\sqrt{15}$

2 (1) 7個　(2) 187　(3) 20個

(4) $\frac{72}{25}\pi\ \mathrm{cm}^2$　(5) $\frac{39}{5}$ cm

(6) 間違っている値…87　正しい値…85

(7) (例)$l /\!/ m$より，平行線の錯角は等しいから，∠OAP＝∠OBQ……③

①，②，③より，1組の辺とその両端の角がそれぞれ等しいので，

3 (1) $y=\frac{3}{4}x+\frac{1}{4}$　(2) $\frac{5}{4}$

(3) $\left(-\frac{11}{25},\ \frac{71}{50}\right)$

4 (1) $\frac{1}{2}$　(2) $\frac{1}{8}$　(3) $\frac{53}{64}$

5 (1) $8-\frac{4}{3}\pi\ \mathrm{cm}^3$　(2) $24-\frac{16}{3}\pi\ \mathrm{cm}^3$

(3) $64-\frac{40}{3}\pi\ \mathrm{cm}^3$

1 〔独立小問集合題〕

(1)＜数の計算＞与式$=5\times51^2-5\times9\times13^2=5\times(51^2-9\times13^2)=5\times(51^2-3^2\times13^2)=5\times(51^2-39^2)=5\times(51+39)\times(51-39)=5\times90\times12=5400$

(2)＜数の計算＞$\frac{30-10\sqrt{10}}{\sqrt{40}}=\frac{30-10\sqrt{10}}{2\sqrt{10}}=\frac{30}{2\sqrt{10}}-\frac{10\sqrt{10}}{2\sqrt{10}}=\frac{15}{\sqrt{10}}-5=\frac{15\times\sqrt{10}}{\sqrt{10}\times\sqrt{10}}-5=\frac{15\sqrt{10}}{10}-5=\frac{3\sqrt{10}}{2}-5$, $\sqrt{3}\left(2\sqrt{12}+\sqrt{\frac{5}{6}}\right)=\sqrt{3}\times2\times2\sqrt{3}+\sqrt{3}\times\sqrt{\frac{5}{6}}=4\times3+\sqrt{3\times\frac{5}{6}}=12+\sqrt{\frac{5}{2}}=12+\frac{\sqrt{5}\times\sqrt{2}}{\sqrt{2}\times\sqrt{2}}=12+\frac{\sqrt{10}}{2}$ より，与式$=\left(\frac{3\sqrt{10}}{2}-5\right)+\left(12+\frac{\sqrt{10}}{2}\right)=\frac{3\sqrt{10}}{2}-5+12+\frac{\sqrt{10}}{2}=7+2\sqrt{10}$ となる。

(3)＜連立方程式＞$3x+2y=5x+8$……①，$5x+8=7x+10y+4$……②とする。①より，$-2x+2y=8$，$-x+y=4$……①′　②より，$-2x-10y=-4$，$-x-5y=-2$……②′　①′－②′より，$y-(-5y)=4-(-2)$，$6y=6$　$\therefore y=1$　これを①′に代入して，$-x+1=4$，$-x=3$　$\therefore x=-3$

(4)＜二次方程式＞$2(x^2-4x+3)-(x^2-10x+25)=3x-13$，$2x^2-8x+6-x^2+10x-25=3x-13$，$x^2-x-6=0$，$(x+2)(x-3)=0$　$\therefore x=-2$，3

(5)＜数の性質＞$\frac{(\sqrt{15}-1)^2}{2}=\frac{15-2\sqrt{15}+1}{2}=\frac{16-2\sqrt{15}}{2}=8-\sqrt{15}$ である。$3^2=9$，$4^2=16$ より，$9<15<16$ だから，$\sqrt{9}<\sqrt{15}<\sqrt{16}$，$3<\sqrt{15}<4$ となる。よって，$8-\sqrt{15}$ の整数部分は4だから，小数部分は，$(8-\sqrt{15})-4=4-\sqrt{15}$ となる。

2 〔独立小問集合題〕

(1)＜数の性質＞一の位から連続して並ぶ0の個数は10でわり切れる回数と等しい。$10=2\times5$ であり，全ての偶数には素因数2が含まれ，素因数2の方が素因数5より多いから，素因数5の個数を調べればよい。1以上30以下の整数のうち，5の倍数は5，10，15，20，25，30の6個あり，このうち25は，$25=5^2$ より，素因数5を2個含むから，素因数5は7個含まれる。よって，10で7回わり切れるので，一の位から0が7個連続して並ぶ。

(2)＜数の性質＞$\sqrt{\frac{833n}{11}}$ が整数になるのは，$\frac{833n}{11}$ が整数の2乗のときである。833を素因数分解すると，$833=7^2\times17$ となるから，$\frac{833n}{11}=\frac{7^2\times17\times n}{11}$ が整数の2乗となるとき，$n=11\times17\times k^2$（kは正の整数）と表せる。よって，求める最小の正の整数nは，$k=1$ のときで，$n=11\times17\times1^2=187$ である。

(3)＜空間図形―正十二面体の頂点の個数＞正十二面体は合同な正五角形の面12個でできている。立体

ができるとき，1つの頂点には3個以上の面が集まり，頂点に集まる正五角形の角度の合計は360°未満になる。正五角形の1つの内角の大きさは $180°\times(5-2)\div5=108°$ だから，$108°\times3=324°$，$108°\times4=432°$ より，正十二面体の1つの頂点には面が3個集まっているので，1つの頂点には異なる正五角形の頂点3個が集まっている。よって，正十二面体の頂点の個数は $5\times12\div3=20$(個)である。

(4)＜平面図形―面積＞右図1で，半円の中心をO，半円と線分DEとの接点をPとする。OA＝OP，∠OAD＝∠OPD＝90°，OD＝ODより，直角三角形の斜辺と他の1辺がそれぞれ等しいので，△OAD≡△OPDとなる。これより，正方形ABCDの1辺の長さを x cmとすると，AD＝PD＝x であり，PE＝DE－PD＝$6-x$ となる。また，同様に，△OBE≡△OPEだから，BE＝PE＝$6-x$ である。よって，直角三角形DECにおいて，EC＝BC－BE＝$x-(6-x)=2x-6$，DC＝x，DE＝6だから，三平方の定理 $EC^2+DC^2=DE^2$ より，$(2x-6)^2+x^2=6^2$ が成り立つ。これを解くと，$4x^2-24x+36+x^2=36$，$5x^2-24x=0$，$x(5x-24)=0$　$\therefore x=0,\ \frac{24}{5}$　$x>0$ だから，$x=\frac{24}{5}$ である。したがって，半円の半径は $\frac{24}{5}\div2=\frac{12}{5}$ だから，半円の面積は $\pi\times\left(\frac{12}{5}\right)^2\times\frac{1}{2}=\frac{72}{25}\pi$ (cm^2)となる。

図1

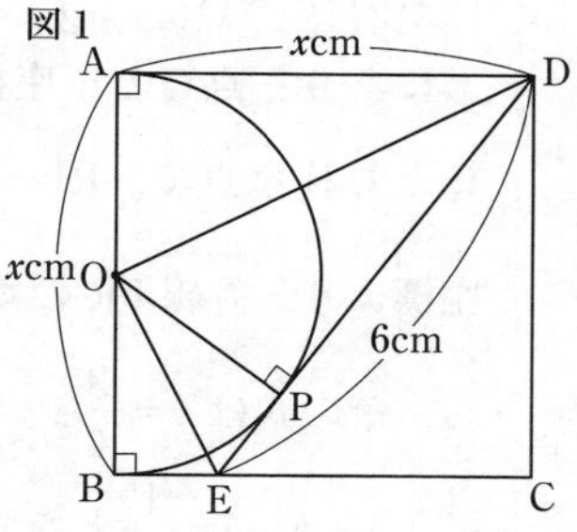

(5)＜平面図形―長さ＞右図2で，∠ACB＝2∠BAC＝$2x$ より，∠ACBの二等分線と辺ABとの交点をDとすると，∠BAC＝∠ACD＝∠BCD＝x となる。ここで，△ABC，△CBDにおいて，∠BAC＝∠BCD，∠ABC＝∠CBDより，2組の角がそれぞれ等しいから，△ABC∽△CBDである。よって，AC：CD＝AB：CBである。同様に，AB：CB＝BC：BDとなり，8：5＝5：BDが成り立ち，8BD＝5×5より，BD＝$\frac{25}{8}$ となるから，AD＝AB－BD＝$8-\frac{25}{8}=\frac{39}{8}$ である。また，∠BAC＝∠ACDより，△DACは二等辺三角形だから，CD＝AD＝$\frac{39}{8}$ となる。よって，AC：$\frac{39}{8}$＝8：5が成り立ち，5AC＝$\frac{39}{8}\times8$ より，AC＝$\frac{39}{5}$(cm)となる。

図2

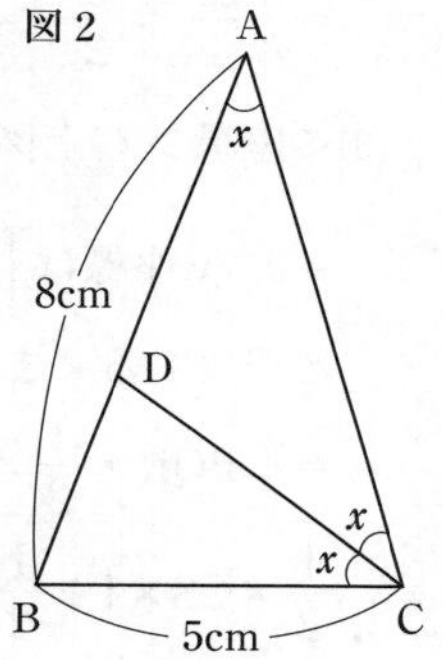

(6)＜データの活用―中央値，平均値＞データの値のうち1つが間違っているときの合計は $80+85+87+88+96=436$(分)であり，正しい値に基づいた平均値が86.8分より，正しい値の合計は $86.8\times5=434$(分)である。これより，正しい値は，間違っている値より，$436-434=2$(分)短い。よって，中央値が85分より，80分，85分，87分，88分，96分の5つの値のうち，1つの値を2分短くすると，中央値，つまり，小さい方から3番目の値が85分となる。このようになるのは，87分を85分にしたときだから，間違っている値は87分であり，正しい値は85分である。

(7)＜平面図形―証明＞右図3で，∠OAP＝∠OBQがいえれば，1組の辺とその両端の角がそれぞれ等しいことから，△OAP≡△OBQがいえる。解答参照。

図3

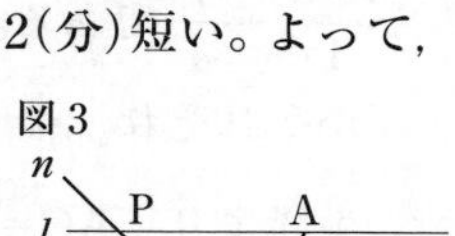

3　〔関数―関数 $y=ax^2$ と一次関数のグラフ〕

≪基本方針の決定≫(2)　∠PQR＝90°だから，線分PRが円Cの直径である。　(3)　y 軸上の直線PRより上側に，△PQRと面積が等しい三角形をつくってみる。

(1)＜**直線の式**＞右図で，点P，Qはそれぞれ放物線$y=x^2$，$y=-\dfrac{1}{2}x^2$上にあり，x座標は1だから，$y=1^2=1$，$y=-\dfrac{1}{2}\times1^2=-\dfrac{1}{2}$より，P(1，1)，Q$\left(1,\ -\dfrac{1}{2}\right)$である。また，点Rは放物線$y=-\dfrac{1}{2}x^2$上にあり，点Qと$y$座標が等しいので，点Rは$y$軸について点Qと対称な点で，R$\left(-1,\ -\dfrac{1}{2}\right)$となる。よって，2点P，Rの座標より，直線PRの傾きは$\left\{1-\left(-\dfrac{1}{2}\right)\right\}\div\{1-(-1)\}=\dfrac{3}{4}$だから，その式は$y=\dfrac{3}{4}x+b$とおける。これが点Pを通るので，$1=\dfrac{3}{4}\times1+b$，$b=\dfrac{1}{4}$となり，直線PRの式は$y=\dfrac{3}{4}x+\dfrac{1}{4}$である。

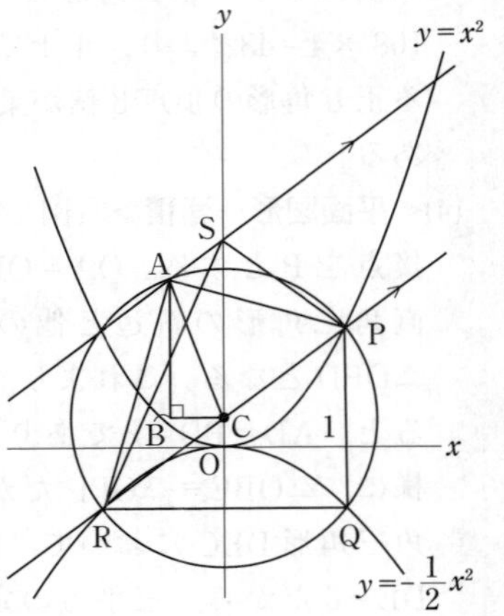

(2)＜**長さ**＞右上図で，PQ∥〔y軸〕，RQ∥〔x軸〕だから，∠PQR＝90°となり，3点P，Q，Rを通る円Cの直径は線分PRである。2点P，Qのy座標より，$\mathrm{PQ}=1-\left(-\dfrac{1}{2}\right)=\dfrac{3}{2}$，2点Q，Rの$x$座標より，$\mathrm{QR}=1-(-1)=2$だから，△PQRで三平方の定理より，$\mathrm{PR}=\sqrt{\mathrm{PQ}^2+\mathrm{QR}^2}=\sqrt{\left(\dfrac{3}{2}\right)^2+2^2}=\sqrt{\dfrac{25}{4}}=\dfrac{5}{2}$となる。よって，円Cの半径は，$\dfrac{1}{2}\mathrm{PR}=\dfrac{1}{2}\times\dfrac{5}{2}=\dfrac{5}{4}$である。

(3)＜**座標**＞右上図で，円Cの中心をCとすると，点Cは線分PRの中点だから，x座標は$\dfrac{1+(-1)}{2}=0$，y座標は$\left\{1+\left(-\dfrac{1}{2}\right)\right\}\div2=\dfrac{1}{4}$より，C$\left(0,\ \dfrac{1}{4}\right)$である。よって，点Cは直線PRと$y$軸の交点と一致する。また，△PQR＝△PSRとなるような点Sをy軸上の直線PRより上側にとると，$\triangle\mathrm{PSR}=\triangle\mathrm{PQR}=\dfrac{1}{2}\times\mathrm{PQ}\times\mathrm{QR}=\dfrac{1}{2}\times\dfrac{3}{2}\times2=\dfrac{3}{2}$となる。よって，△PSR＝△CSR＋△CSPより，$\dfrac{3}{2}=\dfrac{1}{2}\times\mathrm{CS}\times1+\dfrac{1}{2}\times\mathrm{CS}\times1$が成り立ち，これを解くと，$\mathrm{CS}=\dfrac{3}{2}$となるから，点Sの$y$座標は$\mathrm{OC}+\mathrm{CS}=\dfrac{1}{4}+\dfrac{3}{2}=\dfrac{7}{4}$である。点Sを通り，直線PRと平行な直線上に点Aがあるとき，△PAR＝△PSR＝△PQRとなるから，求める点Aの座標は，この直線と円Cの交点のうちy座標の大きい方の点の座標である。この直線は，傾きが直線PRの傾きと等しく$\dfrac{3}{4}$で，切片が$\dfrac{7}{4}$だから，その式は$y=\dfrac{3}{4}x+\dfrac{7}{4}$である。これより，点Aの$x$座標を$t$とおくと，A$\left(t,\ \dfrac{3}{4}t+\dfrac{7}{4}\right)$と表せる。2辺AB，BCがそれぞれ$y$軸，$x$軸に平行な直角三角形ABCをつくる。点Aは円Cの周上にあるから，円Cの半径より，$\mathrm{AC}=\dfrac{5}{4}$となる。2点A，Cのx座標の差より，$\mathrm{BC}=0-t=-t$，y座標の差より，$\mathrm{AB}=\left(\dfrac{3}{4}t+\dfrac{7}{4}\right)-\dfrac{1}{4}=\dfrac{3}{4}t+\dfrac{3}{2}$だから，△ABCで三平方の定理$\mathrm{BC}^2+\mathrm{AB}^2=\mathrm{AC}^2$より，$(-t)^2+\left(\dfrac{3}{4}t+\dfrac{3}{2}\right)^2=\left(\dfrac{5}{4}\right)^2$が成り立つ。これを解くと，$t^2+\dfrac{9}{16}t^2+\dfrac{9}{4}t+\dfrac{9}{4}=\dfrac{25}{16}$，$16t^2+9t^2+36t+36=25$，$25t^2+36t+11=0$，解の公式を利用して，$t=\dfrac{-36\pm\sqrt{36^2-4\times25\times11}}{2\times25}=\dfrac{-36\pm\sqrt{196}}{50}=\dfrac{-36\pm14}{50}$より，$t=\dfrac{-36-14}{50}=-1$，$t=\dfrac{-36+14}{50}=-\dfrac{11}{25}$となる。直線AS上の点は$x$座標が大きいほど$y$座標

も大きいので，y座標が最も大きい点Aのx座標は，$x=-\frac{11}{25}$である。これを$y=\frac{3}{4}x+\frac{7}{4}$に代入して，$y=\frac{3}{4}\times\left(-\frac{11}{25}\right)+\frac{7}{4}=\frac{71}{50}$より，$\mathrm{A}\left(-\frac{11}{25},\ \frac{71}{50}\right)$である。

4 〔データの活用―確率―コイン〕

≪基本方針の決定≫(3)　6回とも同じ頂点にない場合を考える。

(1)<確率>コインを2回投げたときの表裏の出方は，全部で2×2＝4(通り)ある。右図1で，点Qは初め点Dにあり，コインを投げるごとに3cm動くので，点Qは，コインを1回投げると点A，2回投げると点Dにある。よって，コインを2回投げて点Pと点Qが同じ頂点にあるのは，コインを2回投げて点Pが点Dにある場合であり，(1回目，2回目)＝(表，裏)，(裏，表)の2通りだから，求める確率は$\frac{2}{4}=\frac{1}{2}$となる。

図1

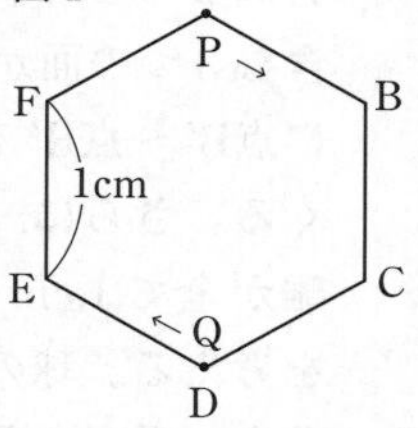

(2)<確率>コインを3回投げたときの表裏の出方は，全部で2×2×2＝8(通り)ある。コインを3回投げると点Qは点Aにあるので，コインを3回投げて点Pが点Aにある場合は，3回とも裏が出る場合の1通りである。よって，求める確率は$\frac{1}{8}$となる。

(3)<確率>コインを6回投げたときの表裏の出方は，全部で$2^6=64$(通り)ある。コインを6回投げて，点Pと点Qが1回も同じ頂点にない場合を考える。点Qはコインを1回，3回，5回投げると点Aにあり，2回，4回，6回投げると点Dにあるから，1回，3回，5回投げたとき点Pが点A以外の頂点にあり，2回，4回，6回投げたとき点Pが点D以外の頂点にある場合，点Pと点Qは1回も同じ頂点にない。この条件を満たす1回目から6回目のコインの表裏の出方と点Pの位置を調べると，右図2の樹形図のようになる。図2より，この条件を満たす6回の表裏の出方は11通りあるから，点Pと点Qが少なくとも1回は同じ頂点にある場合は64－11＝53(通り)ある。よって，求める確率は$\frac{53}{64}$となる。

図2

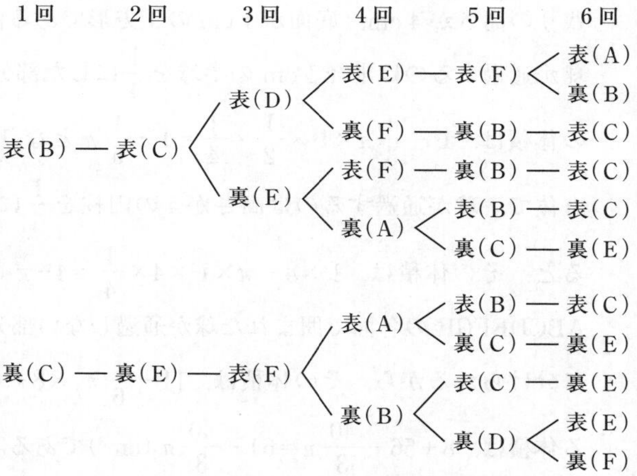

5 〔空間図形―球と立方体〕

(1)<体積>1辺2cmの立方体の体積は$2^3=8$，半径1cmの球の体積は$\frac{4}{3}\pi\times1^3=\frac{4}{3}\pi$だから，求める立体の体積は，$8-\frac{4}{3}\pi$ cm^{3}である。

(2)<体積>右図1で，直方体の各頂点をA～Hとする。直方体の縦と高さは2cmで，球の直径と等しいから，球は，直方体の面ABFE，面DCGHを除いた4つの面と常に接しながら動く。このとき，球が通過する部分は，図1の影をつけた部分となり，半径1cmの半球2個と，底面の半径が1cmで，高さが6－1×2

図1

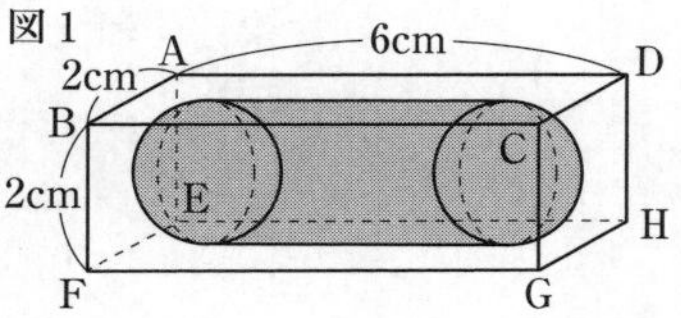

$=4$ の円柱を合わせた立体である。よって，その体積は $\frac{4}{3}\pi\times1^3\times\frac{1}{2}\times2+\pi\times1^2\times4=\frac{16}{3}\pi$ だから，

求める直方体から球が通過する部分を取り除いた立体の体積は，$2\times6\times2-\frac{16}{3}\pi=24-\frac{16}{3}\pi\ (\mathrm{cm}^3)$

となる。

(3)＜**体積**＞立方体の内部で球が通過しない部分の体積を求める。

図２

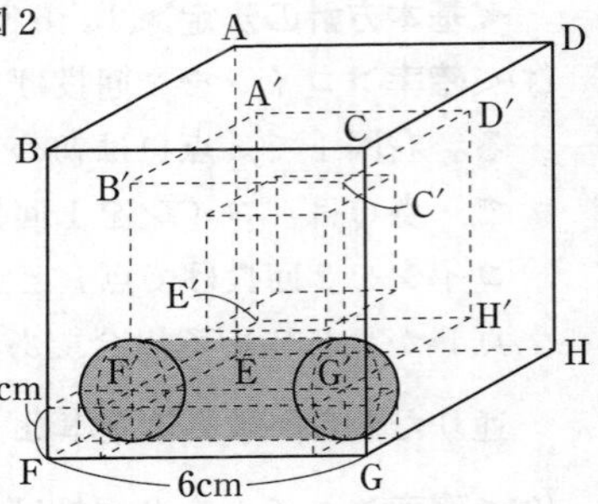

右図２のように，立方体の各頂点をＡ～Ｈとする。頂点Ａを含む３つの面からの距離が全て１cm である点をA′とし，同様に点B′～点H′を定め，１辺の長さが４cm の立方体を内部につくる。さらに，その内部に，頂点A′を含む３つの面からの距離が全て１cm である点を定め，１辺の長さが２cm の立方体を考える。球の中心は，立方体 A′B′C′D′E′F′G′H′ の各面上を動き，球は１辺２cm の立方体の各面に触れながら動くが，その内部を通過することはない。この球が通過しない部分の体積は $2^3=8$ である。次に，図２のように，高さが辺 FG，底面が１cm の正方形である直方体をつくり，この直方体の球が通過しない部分の体積を考える。図２より，球が通過する部分は，半径１cm の半球を $\frac{1}{4}$ にした部分２個と底面が半径１cm の円で，高さが $6-2=4$ の円柱を $\frac{1}{4}$ にした部分に分けられる。ここで，高さが辺 FG，底面が１cm の正方形である直方体を，点Ｆ，Ｇを頂点とする１辺が１cm の立方体２個と，残りの高さが４cm，底面が１cm の正方形である直方体に分ける。この１辺が１cm の立方体で，球が通過するのは半径１cm の半球を $\frac{1}{4}$ にした部分だから，球が通過しない部分をＸとすると，その体積は，$1^3-\frac{4}{3}\pi\times1^3\times\frac{1}{2}\times\frac{1}{4}=1-\frac{1}{6}\pi$ となり，高さが４cm，底面が１cm の正方形である直方体で，球が通過するのは高さが４の円柱を $\frac{1}{4}$ にした部分だから，球が通過しない部分をＹとすると，その体積は，$1^2\times4-\pi\times1^2\times4\times\frac{1}{4}=4-\pi$ となる。これより，球が通過する部分と立方体 ABCDEFGH の各面で囲まれた球が通過しない部分は，Ｘと合同な部分８個とＹと合同な部分12個に分けられるから，その体積は，$\left(1-\frac{1}{6}\pi\right)\times8+(4-\pi)\times12=56-\frac{40}{3}\pi$ となる。以上より，求める体積は，$8+56-\frac{40}{3}\pi=64-\frac{40}{3}\pi\ (\mathrm{cm}^3)$ である。

国語解答

一　あ　併設　い　表彰　う　寛大
　　え　制御　お　転嫁

二　問一　イ　問二　ア
　　問三　(1)…ウ　(2)…エ
　　問四　(1)…イ
　　　　　(2)　国家と社会の緊張ある関係
　　問五　ウ
　　問六　X…イ　Y…ウ　Z…エ
　　問七　イ

三　問一　ウ　問二　エ　問三　ア
　　問四　ウ　問五　イ
　　問六　大澤くんは月の光を見ているが，小夜子は月とともに大澤くんの横顔を見つめている。
　　問七　エ

四　問一　イ　問二　エ　問三　イ
　　問四　ア　問五　エ
　　問六　(1)　多男子／寿／富　(2)…イ

一〔漢字〕

あ主になるものにつけ加えて設置すること。　い善行や功績などをたたえ，世間に知らせること。　う心が広いさま。　え相手を押さえつけて，自分の思いどおりにすること。　お自分の過失や責任などを他人になすりつけること。

二〔論説文の読解―政治・経済学的分野―政治〕出典：宇野重規『民主主義とは何か』「民主主義の未来」。

≪本文の概要≫人類の歴史を振り返ってみると，これまでの技術の発展は，人間社会の平等化を促し，民主主義を支えてきた。今日のテクノロジーの発展も，政治や社会によい影響を及ぼすように用いていくべきである。人々は，新たな技術を通じて政治の透明化を実現し，市民のアイデアを直接的に政治や行政に結びつけられるようにしていくべきである。コロナ危機を通して，民主主義は，人や社会の安全，自由，経済をどうすれば同時に実現できるのかという問題に直面している。多くの国家で，主にリーダーが独断的に決定を行い，コロナ危機に対応してきたものの，独裁的な対応では，自由で多様なアイデアを取り入れることができないので，長期的に見れば，選択肢を狭める結果になりかねない。より重要なのは，市民の自覚的な取り組みの強化であり，政府への信頼を高めて有効な取り組みを社会に共有していくことである。そのためにも，私たちは，民主主義の技術を磨くべきである。政策決定過程を透明化し，人々が当事者意識を持って，政治決定に責任を分かち持つことが重要である。人間には，言葉で意見を交わす能力があるのだから，その能力をどのように生かすかが，今後の民主主義のあり方に大きく関わってくる。

問一＜文章内容＞AIの技術が発展し，人間の仕事がAIに奪われると語られる中で，「人間固有の能力をいかに見定め，発展させられるか」が，人類の未来のあり方に大きく影響する。

問二＜文章内容＞国王が自分の権力を強化するため貴族を排除しようとしたことが，「結果的に平等化への道を開いた」ように，平等化を意識していない行動でも，結果的に平等化を促すようになることがある。

問三＜文章内容＞(1)今日，より多くの人々が自ら情報を発信することを可能にしたSNSの技術は，人々を「デモクラタイズ(民主化)」するのに貢献している。　(2)新しい技術によって，人々が「政治の透明化を実現」し，政治や行政に対する「市民のアイディア」を出しやすくして，市民と政治や行政との距離を「結びつける可能性を拡大していく」と，私たちは信じるしかない。

問四＜文章内容＞(1)コロナ危機に迅速に対応するため，リーダーが独断的に物事を判断・決定してきたことは，「一時的には有効に」見えるが，このような決定過程では，「自由で多様なアイディア」が得られなくなるため，「長期的には選択肢を狭める」ことになりかねない。　(2)パンデミックによる国家権力の拡大には注意する必要があり，そのためにはグローバルな市民社会の強化が不可欠である。「自由と民主主義にとっての鍵」となる大事なことは，「国家と社会の緊張ある関係」である。

問五＜文章内容＞パンデミックを理由に国家や一部の企業によって個人情報が独占されないよう「チェックしていく」ためには，「グローバルに連帯した市民社会」が必要である。

問六＜文章内容＞Ｘ．古代ギリシャで成立した「政治」が，公共の議論を通じて意思決定を行ったように，「政策決定過程をより透明度の高いもの」にし，人々が納得できるようにすることが必要である。　Ｙ．私たちは，自分と関わりがない物事には「主体的に考え，自ら行動する動機」がないので，力を発揮しない。だから，身の回りの問題から人類全体の問題まで，私たちが「生き生きした当事者意識」を持てるために，民主主義が必要である。　Ｚ．民主主義においては，政治的決定の責任を政治家に全て任せるのではなく，一般の人々も，自分が「大切なものを預かり，担っているという感覚」を持ち，「責任を分ちもつこと」が重要である。

問七＜要旨＞コロナ危機下で，政府が独裁的な対応をすることは，「一時的には有効」に見えるが，自由で多様なアイデアの表出を妨げ，選択肢を狭めてしまう。また，「パンデミックを通じた国家権力の拡大」によって，国家が情報を把握し独占することは，民主主義の根底を揺るがす問題になりかねないので，監視していく必要がある。

三　〔小説の読解〕出典：高橋久美子『自販機のモスキート，宇宙のビート板』(『ぐるり』所収)。

問一＜文章内容＞小夜子は，大澤くんからの電話はうれしく，すぐに出たいと思うものの，すぐに出ると電話を「待っていた」と大澤くんに思われるのが「恥ずかしい」ので，コール音が三回半してから電話に出ることにした。

問二＜文章内容＞大澤くんは，みんなから人気があり，大勢の輪に入って「にぎやかにもできる」一方で，空を見ながら一人たばこを吸うような，自ら進んで「孤独」になろうとする人だった。

問三＜心情＞大澤くんにひそかに思いを寄せていた小夜子は，大澤くんにすでに恋人がいたことを知ってがっかりしたものの，「孤独」になる面を持つ彼を支えてくれる存在がいたことに安心した。

問四＜文章内容＞周囲を見下すような見方をし，自分にそう言い聞かせるように言う大澤くんに対し，小夜子は，「誰よりも分かっている」と示すことでしか，大澤くんを支えられないと考えた。

問五＜文章内容＞小夜子は，大澤くんには恋人がいるとわかっていても，周囲から切り離された幻想的な空間に二人だけでいることに，「ビート板が二人だけを乗せて，このまま風まかせに流れていけばいいのに」と，うれしく思うとともに，そんなふうに思う自分に嫌気を感じた。

問六＜文章内容＞コンクリートの上に寝転がった大澤くんは，月明かりを「まぶしい」と感じたのに対し，小夜子は，月明かりとそれに照らされた大澤くんの「横顔」を眺めていて，それに対して「まぶしい」と感じたのである。

問七＜表現＞「蚊の飛ぶ音」は，「若者にしか聞こえない」音として描かれている。小夜子は，大澤くんと時間を共有したことで，自分と大澤くんの間にある意識の差を感じつつ，「今日の月と横顔をずっとずっと覚えていよう」と，大人になりきらない時間を大切に思っている。

四　〔古文の読解─随筆／漢文の読解〕出典：〈甲〉兼好法師『徒然草』第七段／〈乙〉『荘子』天地第十二。

〈甲〉≪現代語訳≫あだし野に置く露の消えるときがなく，鳥部山の煙が立ち去らないでいるように(この世の中に，いつまでも)住みおおせる習わしであるならば，どんなにか(この世には)深い情趣もないことであろう。この世は無常であるからこそすばらしいのだ。／命あるものを見ると，人間ほど長生きをするものはない。かげろうは日中に命を終え，夏の蟬は夏しか生きられないのだよ。じっくりと一年（という期間）を暮らすだけでも，このうえもなくゆったりとしたものであることよ。いつまでも満足せずに惜しいと思うならば，千年を過ごしても，一夜の夢のように（短い）気持ちがするであろう。永久に住み続けることのできないこの世に（生きながらえて），醜い姿を得てなんの甲斐があろうか。命が長ければ恥（をかくこと）も多い。長くても四十歳に届かないぐらいで死ぬのが，見苦しくない（生き方）であろう。その時期を過ぎてしまうと，容貌（の衰え）を恥ずかしく思う心もなく，人前に出て交友することを願い，夕日の傾きかけたような老齢で子や孫を愛し，立身出世してゆくその将来を見届けるまでの命を期待し，ただやたらに世をむさぼる心ばかりが深くなって，この世の深い情趣もわからなくなっていくのは，全くあさましいことである。

〈乙〉**≪書き下し文≫**堯華に観ぶ。華の封人曰く，「嘻，聖人なり。請ふ聖人を祝し，聖人をして寿ならしめん」と。堯曰く，「辞す」と。「聖人をして富ましめん」と。堯曰く，「辞す」と。「聖人をして男子多からしめん」と。曰く，「辞す」と。封人曰く，「寿と富と男子多きとは，人の欲する所なり。女独り欲せざるは何ぞや」と。堯曰く，「男子多ければ，則ち懼れ多く，富めば則ち事多く，寿なれば則ち辱多し。是の三者は，徳を養ふ所以に非ざるなり。故に辞す」と。

≪現代語訳≫堯が華に出かけて領国を見てまわる。華の国境を守る役人は言った，「ああ，聖人よ。聖人であるあなた様のために祈り，長生きしていただこうと思います」と。堯が答えた，「断る」と。（役人は）「聖人が富を得られますように」と。堯が答えた，「断る」と。（役人は）「聖人に多くの男子が授かりますように」と。（堯が）答えた，「断る」と。役人が言った，「長寿と富と多くの息子を持つことは，誰もが望むものです。あなただけがお望みにならないのはどうしてですか」と。堯は答えた，「息子が多くいると心配ごとが多くなり，富を得ると面倒ごとが多くなり，長生きすれば恥をかくことが多くなる。この三つは，徳を養う手立てではない。だから，断るのだ」と。

問一＜現代語訳＞「さだめなし」は，無常である，という意味。「いみじ」は，すばらしい，という意味。

問二＜現代語訳＞「かげろふの夕を待ち」は，かげろうが夕方を待って死に，つまり日中で命を終える，という意味。「蟬の春秋を知らぬ」は，蟬が春や秋を知らない，つまり夏しか生きられない，という意味。

問三＜漢文の訓読＞「聖人」→「祝」→「聖人寿」→「使」の順に読む。一つ目の「聖人」は，「祝」の目的語になっている。「使聖人寿」の「使」は，返読文字で，（人をして）～しむ，と読む。下から上に二字以上返るときは，一二点を使う。

問四＜漢文の内容理解＞堯は，役人からの敬意を表すための祈りを断ったのである。「固辞」は，固く辞退すること。「賛辞」は，ほめ言葉のこと。「言辞」は，言葉遣いのこと。「辞書」は，言葉の意味・用法などを説明した本のこと。

問五＜古文の内容理解＞命が長ければ，恥をかくことも多くなる。人は，容貌を恥ずかしく思う心もなく，他者と交わることを願い，子や孫の将来を見届けるまでの命を期待し，世の中に生きることに執着して，この世の深い情趣もわからなくなってしまうのである。

問六＜漢文の内容理解＞⑴役人は，誰もが手に入れたいと望む，長寿・富・多くの息子を堯が持てるよう祈ろうとしたが，堯は，この三つを断った。　⑵多くの息子を持てば心配ごとが多くなり，富を得れば面倒ごとが多くなり，長生きすれば恥をかくことが多くなるので，堯は，王として必要な徳を養うことができないと考えたのである。

Memo

Memo

Memo

2023年度　桐光学園高等学校

【英　語】（50分）〈満点：100点〉

注意　記述問題において句読点は１字扱いとします。また，数字は１けたにつき１字扱いとします。
（例：「２０２３年」は５字）

1　以下の英文の下線部①～⑤の(　　　　)に入れるのに最もふさわしい語を答えなさい。ただし，与えられた文字で始まる語を書くこと。

First, I always wake up at 7:30. Then I get up and get dressed. I go to the bathroom and wash my face and ①(b　　　) my teeth. I always have bread for ②(b　　　).

After that, I usually walk to school. If I wake up late, I sometimes take the bus. My favorite ③(s　　　) is history. After class, I usually eat lunch in the school cafeteria. The food there is okay but it's not delicious. I like ④(W　　　) and Friday because we have pizza on those days. Pizza is my favorite.

When we finish lunch, we all play outside. We usually play basketball. It is a lot of fun. My best friend is Pamela. We are always on the same team…but we don't always win the games.

After school my mum ⑤(p　　　) me up and we drive home. I have dinner with my family. Everyone tells the story of their day. It is the best part of the day. I love my family more than I love pizza.

2 次の(a)〜(e)の文で，（　　　）に入れるのに最もふさわしいものを１〜４の中から１つずつ選び，番号で答えなさい。

(a) A：Are you looking for (　　　) special?

B：Yes, a nice shirt for my father.

1. very　　2. someone　　3. anything　　4. one

(b) A：Do you know the girl (　　　) to Ms. Smith over there?

B：Yes, she is a new student from California.

1. speak　　2. speaking　　3. is speaking　　4. speaks

(c) They finally met again, so they had many things (　　　).

1. that should talk of　　2. which they talk

3. they talk to　　4. to talk about

(d) I have (　　　) seen him since I left school ten years ago.

1. never　　2. yet　　3. always　　4. already

(e) A：Could you tell me (　　　) to take the medicine?

B：Three times a day, after every meal.

1. what　　2. when　　3. something　　4. often

3 次の(a)〜(e)の会話文で，（　　　）に入れるのに最もふさわしいものを１〜４の中から１つずつ選び，番号で答えなさい。

(a) A：When do you have to return these books?

B：I forgot. (　　　　　　　　　)

A：Oh, yeah. She works in the library.

1. Next Monday, I think.
2. Ms. Brown might know.
3. No, two weeks isn't enough.
4. My sister has visited the town.

(b) A：Hello. Blue Ocean Hotel. How can I help you?

B：Hi. I have a question about your hotel. (　　　　　　　　　)

A：No, I'm afraid not. You must pay $10 for any guest under 7 years old.

1. Can children stay for free?
2. Do you have a shuttle bus?
3. Can we check in late at night?
4. When does your restaurant close?

(c) A：Do you want me to clean out the closet today?

B：(　　　　　　　　　)

A：I see. Tell me if you need my help.

1. Yes, please. I need your help.
2. You can use the bathroom first.
3. I'll do it myself.
4. It's behind the shelf.

(d) A：How was your speech yesterday?

B：(   )

A：I'm glad to hear that.

1. I'm very excited but a little nervous.
2. It took long for me.
3. I thought it was successful.
4. He was a good speaker.

(e) A：Hey, Katie.　I heard that you have joined a volunteer activity.

B：You're right.　(   )

A：Oh, that sounds interesting.

B：I usually make snacks for the children there.

1. I play basketball with the children.
2. I help the children with their study.
3. I read stories to the children.
4. I work in the cafeteria at an elementary school.

4　次の(a)～(c)の日本文の意味に合うように英文をつくるとき，（　イ　）（　ロ　）に入れるのに最もふさわしい語をそれぞれ答えなさい。

(a) 明日の朝はいつもより早く起きないと，バスに乗り遅れるよ。

Get up earlier tomorrow morning, (　イ　) you'll (　ロ　) the bus.

(b) 今日はとても寒くて上着を脱げない。

It is (　イ　) cold to (　ロ　) off my coat today.

(c) 彼の考えは僕とは異なったが，最終的には彼に賛成した。

His idea was different from (　イ　), but (　ロ　) the end I agreed with him.

5 次の(a)～(c)の日本語に合うように１～７を並べかえたとき，（　イ　）（　ロ　）に入れるものをそれぞれ番号で答えなさい。ただし，文頭に来る語(句)も小文字にしてあります。

(a) ここから最寄り駅まで歩いて約30分かかります。

(　　　)(　　　)(　　　)(　イ　)(　　　)(　ロ　)(　　　) from here to the nearest station.

1. about　　2. to　　3. an hour　　4. it

5. half　　6. walk　　7. takes

(b) ポケットに手を入れたまま走らないで。

(　　　)(　　　)(　イ　)(　　　)(　　　)(　ロ　)(　　　).

1. your pockets　　2. with　　3. hands　　4. run

5. your　　6. don't　　7. in

(c) 誰がテニス部のキャプテンに選ばれたのですか。

(　　　)(　イ　)(　　　)(　ロ　)(　　　)(　　　)(　　　)?

1. captain　　2. club　　3. the tennis　　4. of

5. was　　6. chosen　　7. who

6 次の日本文を英語に直しなさい。なお，（　　）内に与えられた語をそのままの形で順番通りに用いること。

3月は2月ほどたくさん雪が降りません。(We / as / March)

7 次の英文を読み，設問に答えなさい。

“Ben, stop playing on the computer and come here! You must go to Sherry’s house and take care of the baby. She’s got toothache and I can’t take care of baby Sherman as I’ve got to go to work now. OK?”

It was not okay. Ben wanted to play ‘Enemy Invader’ on his computer and baby Sherman was the most boring person in the world although <u>(イ) maybe his sister Sherry was a very close second.</u>

“Oh no, not Sherman, Mum. All he does is to drink milk, *scream and drop his toys on the floor. He’s *horrible.”

“Exactly. Now, go to your sister Sherry’s house now. The poor girl is in great pain and must go to the dentist.”

Baby Sherman was screaming when he arrived at Sherry’s house. She gave the baby to him and left. Ben looked at the baby’s red face and closed his eyes as the noise from the baby’s mouth was very loud.

(A)

(B)

(C)

(D)

“Shall we play cars Sherman?”

Ben sat on the carpet and began to get toy cars out of a box, but when he looked around, the baby was not there.

“Oh no! Sherman!” He completely forgot that Sherman could *crawl now. He looked everywhere. He thought Sherry would be very angry if he lost her baby. She only had him for eight months and he was the centre of her life. He heard a laugh. He looked through the kitchen window. Sherman was in the garden and it was raining too. The very dirty and *muddy baby was putting *soil from the garden into his mouth.

“Are you eating soil, silly baby?”

He thought Sherry would be *furious and that Sherman might get ill. He took Sherman to the bathroom and put water in the bath. He put his elbow in the water to check it was not too hot. Sherry always did that. He put the baby’s dirty clothes in the washing basket and hoped Sherry would not notice they were muddy.

Sherman seemed to like his bath. Ben threw a little water at him. The little boy laughed and he copied Ben and shook his wet hand in Ben's face. Ben made an angry face and Sherman laughed even more. They played like this for a long time until Ben noticed that the bathroom carpet was wet. He thought Sherry would wonder why it was wet.

He dressed the baby then tried to dry the bathroom floor and watch Sherman at the same time. He looked round. Sherman was playing with his jacket.

"Oh no! Leave it alone Sherman!"

But the baby was holding something. It was a *twenty-pound note.

"(ロ) Heh! Clever baby!"

He lost the money a week before and he couldn't find it. But somehow Sherman found it. It probably slipped into the *lining of his jacket. It was lucky as he had no money at all and it was mum's birthday soon.

He was thirsty so Sherman must be too. He found some fruit juice in the fridge and gave some to Sherman in his baby cup and had some himself. They both had a biscuit too although the baby only *sucked on his as he had no teeth.

"Well this is a nice peaceful scene. (ハ) You must 〔 1. at 2. looking 3. be 4. good 5. babies 6. after 〕, Ben."

Sherry was back and she seemed happier.

"Hope it wasn't too boring for you."

Ben looked at his watch. It was 5 pm. He spent three and a half hours with Sherman.

"No. The time went (ニ). It wasn't boring at all."

He looked at Sherman. He began to laugh again.

"If you need a *babysitter, Sherry, I'll do it anytime."

"Thanks Uncle Ben."

"Uncle?"

Of course he was Sherman's uncle. Suddenly he felt (ホ) and knew he would visit Sherman again soon.

【注】 scream 泣き叫ぶ　horrible 最悪な　crawl ハイハイをする
muddy 泥だらけの　soil 土　furious 怒り狂う
twenty-pound note 20ポンド札　lining 内側
suck on 〜をしゃぶる　babysitter ベビーシッター

[設問]

(a) 下線部(イ)の内容を表すものとして最もふさわしいものを次の1～4の中から1つ選び，番号で答えなさい。

1. シェリーとベンは兄弟姉妹の中で2番目に仲が良い。
2. シェリーはベンにとってシャーマンと同じくらい退屈な人間だ。
3. シェリーはベンのことをシャーマンの次にかわいがっている。
4. シェリーはベンにとって母親のような存在だ。

(b) 空所(A)～(D)に入れる英文の順序として最もふさわしいものを次の1～4の中から1つ選び，番号で答えなさい。

ア．Then he began to laugh.

イ．For a minute, Ben almost liked Sherman.

ウ．Like magic, he stopped screaming and looked at Ben with round blue eyes.

エ．"Shut up Sherman."

1. ウ→エ→ア→イ　　2. ア→イ→エ→ウ
3. エ→ウ→ア→イ　　4. ウ→イ→ア→エ

(c) 下線部(ロ)のようにベンが言った理由を25字以上35字以内の日本語で説明しなさい。

(d) 下線部(ハ)が本文の内容に合う英文になるように，〔　〕の1～6の語を並べかえたとき，3番目と5番目に来るものを番号で答えなさい。

(e) 空所(　ニ　)に入れるのに最もふさわしいものを次の1～4の中から1つ選び，番号で答えなさい。

1. slowly　　2. early　　3. late　　4. fast

(f) 空所(　ホ　)に入れるのに最もふさわしいものを次の1～4の中から1つ選び，番号で答えなさい。

1. old and proud　　2. sick and tired
3. strict and careful　　4. serious and nervous

(g) 本文の内容と一致するものを次の１～６の中から２つ選び，番号で答えなさい。

1. Sherry's mother had to go to the dentist because of toothache.
2. Sherman and Ben enjoyed playing with toy cars for a long time.
3. Sherman moved outside in the rain by himself.
4. Because Ben was angry, he threw water at Sherman in the bathroom.
5. Ben thought he could do something for his mother's birthday with the twenty pounds.
6. Ben thought he would never be a babysitter in the future.

8　次の英文を読み，設問に答えなさい。

（　イ　）There are candy bars, cakes, ice cream, hearts for Valentine's Day, and even giant chocolate rabbits for Easter. People who really love chocolate are sometimes called "chocoholics." Many people don't know chocolate was first enjoyed almost 4,000 years ago in Central America. In fact, the word "chocolate" comes from the word "xocoatl" in the *Aztec language. The Aztecs controlled much of *present-day Mexico during the 1400s and early 1500s.

Recently, scientists found small amounts of chocolate on jars made in Mexico around 1900 BC. People first made chocolate from the beans of the cacao tree in Central America. But the first chocoholics did not eat chocolate. Instead, they drank it. Early chocolate drinks were not *sweetened like hot chocolate or chocolate milk. So they were bitterer than most chocolate drinks today. In fact, the word "xocoatl" means "（　ロ　）." Sometimes, these drinks were *fermented like wine and beer.

The *Toltec, *Maya, and Aztec peoples all loved chocolate. They believed chocolate was the food of the gods. So they used it for *religious purposes. Powerful Mayans were buried with bowls of chocolate to use after death. Cacao beans were also（　ハ　）. According to an Aztec document, one bean could be exchanged for a tamale, a Mexican food. One hundred beans could be exchanged for a *turkey. According to some stories, an Aztec king served chocolate to the Spanish *explorer, Hernando Cortes, in 1519.

At first, Spanish explorers did not like the taste of chocolate. But some tried mixing it with sugar or honey. This made the drink sweet and less bitter. By the late 1500s, chocolate drinks were popular with Spanish kings, queens, and *royalty.

(A)

(B)

(C)

(D)

At the time, this was enough money to buy more than 100 regular dinners.

Today, chocolate is much easier to find. It is grown in Central and South America. It is also grown in Southeast Asia and West African countries like the Ivory Coast. Each year, the world produces close to 4 billion kilograms of chocolate. So people eat more of it. Europeans eat the most chocolate per person. For years, the world's top chocolate eating country has been Switzerland. In 2012, the average Swiss person ate 12 kilograms of chocolate.

But tastes are changing. People in the United States and many European countries are now eating less chocolate than they did 10 years ago. However, (ホ) dark chocolate is more popular. Dark chocolate is stronger tasting, since it has less milk and sugar. It is also healthy. Several studies have shown eating small amounts of dark chocolate can lower your blood pressure, reduce stress, and stop some diseases.

People in Brazil, China, India, Russia, and Turkey are eating more chocolate than they did 10 years ago. Chocolate lovers in these countries will probably invent new *treats and uses for chocolate. This is similar to (ヘ) the thing Spanish explorers did to Aztec chocolate drinks. The 4,000-year history of chocolate shows chocoholics always want to try new things.

【注】 Aztec アステカ族の　present-day 現在の　sweeten ～を甘くする
ferment ～を発酵させる　Toltec トルテック族の　Maya マヤ族の
religious 宗教上の　turkey 七面鳥　explorer 探検家
royalty 王族　treats 調理法

［設問］

(a) 空所(イ)に入れるのに最もふさわしいものを次の1～4の中から1つ選び，番号で答えなさい。

1. Chocolate comes in all shapes and sizes.
2. Chocolate has been known for its good taste.
3. Chocolate can be a special snack between meals.
4. Chocolate is used to celebrate holidays.

(b) 空所(ロ)に入れるのに最もふさわしいものを次の1～4の中から1つ選び，番号で答えなさい。

1. sweet juice　　2. sweet cream
3. bitter water　　4. bitter butter

(c) 空所(ハ)に入れるのに最もふさわしいものを次の1～4の中から1つ選び，番号で答えなさい。

1. fed to animals　　2. used as money
3. given from the gods　　4. discovered by the Aztec

(d) 空所(A)～(D)に入れる英文の順序として最もふさわしいものを次の１～４の中から１つ選び，番号で答えなさい。

ア．It sold a pound of chocolate for 10 to 15 shillings.

イ．But chocolate remained very expensive until the 1800s.

ウ．For example, a chocolate store opened in London, England, in 1657.

エ．By the late 1600s, businesses in many European cities sold chocolate drinks.

1. イ→ア→ウ→エ　　2. ア→エ→ウ→イ

3. エ→ウ→イ→ア　　4. エ→イ→ウ→ア

(e) 下線部(ホ)について本文中で述べられている内容と一致するものを次の１～４の中から１つ選び，番号で答えなさい。

1. ダークチョコレートには砂糖とミルクが加えられているので抗ストレス作用があるということ。
2. ダークチョコレートと砂糖とミルクの摂取量を減らせば血圧が下がり，健康でいられるということ。
3. ダークチョコレートを少量摂取することによって発症を抑えられる病気もあるということ。
4. ダークチョコレートはカカオの含有量が多いため，大量に摂取しても体に悪影響はないということ。

(f) 下線部(へ)について，具体的な内容を15字以上30字以内の日本語で説明しなさい。

(g) 本文の内容と一致するものを次の１～６の中から２つ選び，番号で答えなさい。

1. People who ate chocolate 4,000 years ago were called “chocoholics.”
2. Mexican scientists discovered old jars made of chocolate.
3. In Spain chocolate drinks were enjoyed by rich and important people in the 1500s.
4. Getting chocolate is not difficult today because it is made in many places.
5. People in China and India are planning to start a new chocolate business.
6. Chocolate lovers always fail to try something new.

【数　学】 (60分) 〈満点：100点〉

注意　1．定規とコンパスは使用してはいけません。
　　　2．分数は最も簡単な分数で答えなさい。
　　　3．根号を用いた数は，最も簡単な式で答えなさい。
　　　4．円周率はπとします。

1　次の問いに答えなさい。

(1)　$\dfrac{27}{4}x^4y^3\times\left(-\dfrac{3}{2}xy^2\right)^2\div\left(-\dfrac{3}{4}xy^2\right)^3$ を計算せよ。

(2)　$\dfrac{3x+y+1}{3}+\dfrac{x+y-5}{6}-\dfrac{x-2y-1}{4}$ を計算せよ。

(3)　$9x^2-y^2+4y-4$ を因数分解せよ。

(4)　$\left(\sqrt{2}+3\right)\left(2\sqrt{2}-5\right)-\left(3+\sqrt{2}\right)^2$ を計算せよ。

(5)　2次方程式 $x^2+ax+b=0$ の2つの解にそれぞれ1を加えた数が，2次方程式 $x^2+x-12=0$ の解となるとき，定数a，bの値を求めよ。

2 次の問いに答えなさい。

(1) $x^2-y^2=105$ を満たす自然数 x, y の組 $(x,\ y)$ において，すべての組の x の値の和を求めよ。

(2) 1次関数 $y=-4x+2$ と2次関数 $y=2x^2$ において，x の値が a から $a+3$ まで増加するときの変化の割合が等しいとき，定数 a の値を求めよ。

(3) a は6で割ると5余る正の整数のとき，$9a$ を27で割ったときの余りを求めよ。

(4) あるクラスの生徒9人に数学のテストを行い，点数の低い順に並べると

35, 42, 56, 58, 62, 65, 78, 84, 98 (点)

となった。このとき，四分位範囲を求めよ。

(5) 底面は直径ABの円で $AB=2$，母線の長さが4，頂点をOとする円錐があり，母線OA上に $OC:OA=1:\sqrt{2}$ となる点Cをとる。図のように，この円錐の側面に点Aから反時計回りに点Cを通り点Bまでひもをかけるとき，ひもの最短の長さを求めよ。

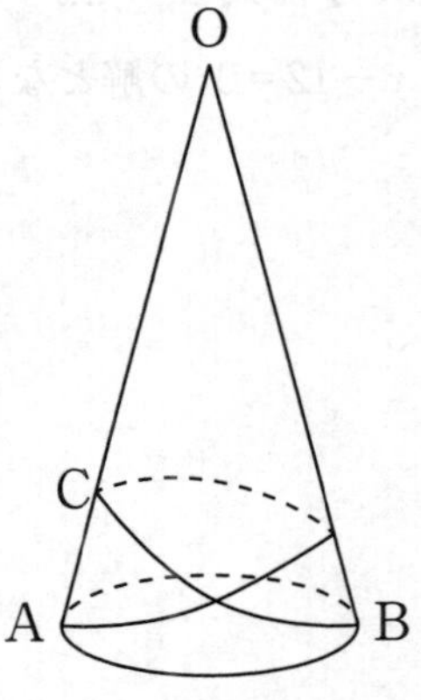

(6)　1辺の長さが4の立方体ABCD－EFGHがある。
点Bから3点D，E，Gを通る平面に下ろした垂線の長さを求めよ。

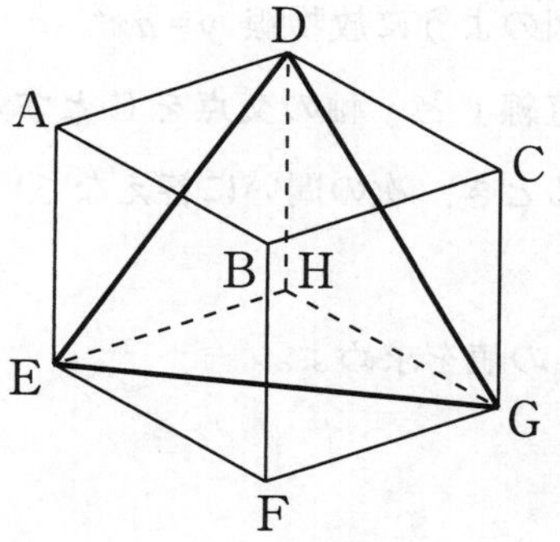

3

次のような3つの袋A，B，Cがある。

袋Aには0，1，2，3，4，5が書かれたカードが1枚ずつ合計6枚入っている。

袋Bには演算記号＋，－，×，÷が書かれたカードが1枚ずつ合計4枚入っている。

袋Cには1，2，3，4が書かれたカードが1枚ずつ合計4枚入っている。

袋A，B，Cから1枚ずつ取り出し，下の空欄のように数字または演算記号のカードを並べる。その計算を行い，その値をdとする。例えば，Aから5，Bから＋，Cから3が出たとき，$5+3=8$で$d=8$である。

A	B	C		
□	□	□	＝	d

このとき，次の問いに答えなさい。

(1)　$d<0$になる確率を求めよ。

(2)　$d=0$になる確率を求めよ。

(3)　dが素数になる確率を求めよ。

4

図のように放物線 $y=ax^2$ $(a>0)$ と直線 ℓ があり，その交点をA，Bとする。直線 ℓ と y 軸の交点をCとする。点Aの座標が(6，12)で，AC：BC＝2：1であるとき，次の問いに答えなさい。

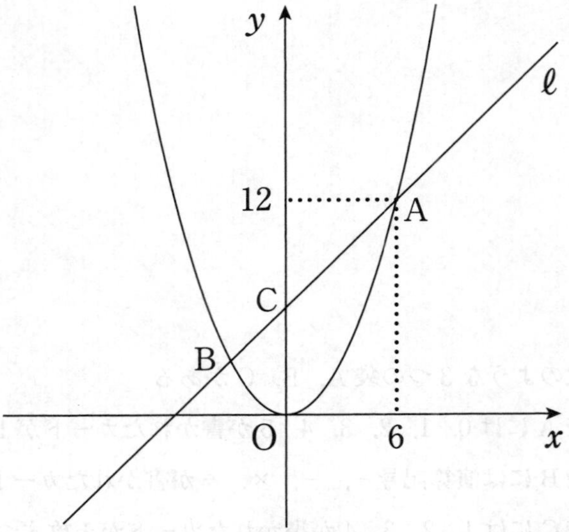

(1) a の値を求めよ。

(2) △OABの面積を求めよ。

(3) 原点Oから直線 ℓ に下ろした垂線の長さを求めよ。

(4) △OACを直線 ℓ を軸に1回転させてできた立体の体積を求めよ。

5

図のように，円Oの直径ABに垂直な弦CDとABの交点をEとする。弧CB上に∠BAF＝∠CBAとなる点Fをとり，AFとCDの交点をGとする。AB＝10，AC＝6のとき，次の問いに答えなさい。

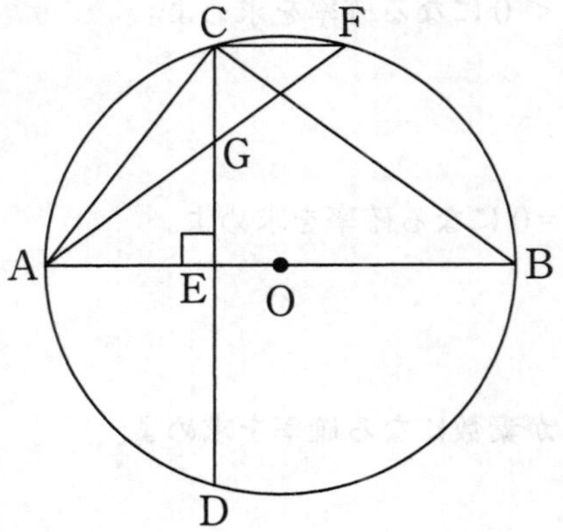

(1) △ABC∽△ACEを証明せよ。

(2) 線分AEの長さを求めよ。

(3) △CGFの面積を求めよ。

問二 [X]～[Z]に入る言葉の組み合わせとして最も適当なものを次の中から選び、記号で答えなさい。

ア　X＝西　Y＝東　Z＝東
イ　X＝東　Y＝西　Z＝西
ウ　X＝東　Y＝西　Z＝東
エ　X＝西　Y＝東　Z＝西

問三 ――線1「無道」とありますが、その説明として最も適当なものを次の中から選び、記号で答えなさい。

ア　節女は大昌里人の様子を伺っていたが、人を殺して恨まれるような人物には見えなかった。
イ　大昌里人は日ごろ敵と接していたが、命を奪われることはあるまいと思っていた。
ウ　敵は必ず思いを遂げられるはずだと信じていたが、大昌里人の警戒心は強かった。
エ　敵は大昌里人を殺す機会を狙っていたが、思い通りにはいかなかった。

問四 ――線2「不孝不義～欲以身当之」について。

(1) 「不孝不義」とありますが、その内容は問題文〈甲〉ではどのように表現されていますか。その一文を探し、最初の五字を抜き出しなさい。

(2) 「欲以身当之」は「身を以て之に当たらんと欲す」と訓読します。これを参考にして、解答欄に返り点を付けなさい。

問五 問題文〈甲〉・〈乙〉の説明として適当なものを次の中から二つ選び、記号で答えなさい。

ア　大昌里人の敵は、仇《あだ》討ちをするに際して大昌里人の父を人質に取ることを思いつき、それを実行に移した。
イ　節女の父は、親である自分の命と夫である大昌里人の命とのどちらを取るか、節女に対して選択を迫った。
ウ　節女は、実父の命を救うために大昌里人の首を敵に差し出す約束をしたことを恥じ、自ら命を絶とうと思った。
エ　実父に対しても夫に対しても忠孝忠義を果たし、身をもって夫を守ったことが、「節女」と称される所以《ゆえん》である。
オ　大昌里人の敵は、節女を身代わりとして生き延びた大昌里人を憎み、長きにわたって骨肉の争いを続けた。
カ　実父や大昌里人に対する節女の思いやりの心は、大昌里人の敵の心をも動かし、仇討ちは実行されずに済んだ。

〈乙〉

京師節女者《は》、長安大昌里ノ人之妻也。其ノ夫有リ二※5仇人《きうじん》一。欲スレドモレ報イント二其ノ夫ニ一而無シレ道1。径《こみち》ニ聞ク二其ノ妻之仁孝ニシテ有ルヲレ義。乃チ劫《さら》ヒ二其ノ妻之父ヲ一、使メントス下要《せま》リテ二其ノ女《むすめ》ニ一為《な》サ中※6中《ちゅう》詗《けい》ヲ上。父呼ビテ二其ノ女ヲ一告グレ之ヲ。女計リ念《おも》フニ、「不レバレ聴カ之ヲ則チ殺シテレ父ヲ、不孝ナリ。聴カバレ之ヲ則チ殺シテレ夫ヲ、不義ナリ2。不孝不義ナレバ、雖《いへど》モレ生クルト不レ可カラ三以テ行フ二於世ニ一。欲以身当之。乃チ且《かりそめ》ニ許シテ諾夜在リテ二楼上ニ一新タニ※7沐シテ、東首シテ臥スハ則チ是レナリ矣。妾請フ、開キテ二※8戸牖《こいう》ヲ一待タントレ之ヲ。」還リ二其ノ家ニ一、乃チ譎《たばか》リテ二其ノ夫ヲ一、使ムレ臥サ二他所ニ一。因リテ自ラ沐シテ居リ二楼上ニ一、東首シテ開キテ二戸牖ヲ一而臥ス。夜半、仇家果タシテ至リ、断チレ頭ヲ持チ去ル。明ケテ而視レバレ之ヲ、乃チ其ノ妻之頭也。仇人哀二‐痛シ之ヲ一、以テ為シレ有リト義、遂ニ釈《ゆる》シテ不レ殺サ二其ノ夫ヲ一。

（『古列女伝《これつじょでん》』巻五）

※1 東帰《とうき》の節女《せつじょ》…「東帰」は、問題文〈乙〉「京師（＝都）」に同じ。「節女」とは、孝心が篤《あつ》く、夫に尽くす女性のこと。
※2 妾《せう》…女性が自身をへりくだっていう表現。
※3 楼…二階。あるいは見晴らしの良い部屋。問題文〈乙〉の「楼」も同じ。
※4 偕老…夫婦が年をとっても仲良く暮らすこと。
※5 仇人《きうじん》…「仇」は、敵に同じ。「仇家」も、仇人と同じ。
※6 中詗《ちゅうけい》…中の様子を探る。
※7 沐…髪または体を洗う。
※8 戸牖《こいう》…入口。

問一 ——線a「すべからく」・b「いかがせん」とありますが、その解釈として最も適当なものを次の中からそれぞれ選び、記号で答えなさい。

a すべからく

ア かならず
イ まもなく
ウ すばやく
エ すかさず

b いかがせん

ア どうすればいいのだろうか
イ どうにかなってしまいそうだ
ウ 何のために生きてきたのだろう
エ 何もしていなかったというのに

問六　——線5「『ごはん食べな……』さい〜に戻った」とありますが、その理由として最も適当なものを次の中から選び、記号で答えなさい。

ア　遊び盛りの年頃にもかかわらず、夜遅くまで勉強して疲れている菜緒の嘘を許すことのできなかった自身の大人気なさを反省し、菜緒に許してもらおうとしたが、それも叶わないことを態度で示されたから。

イ　一方的に菜緒を責め立てた自身の至らなさに気づき、落ち着きを取り戻して声をかけに行ったが、自分を拒絶する菜緒の幼稚な態度を見て、勝手にすればいいと再び怒りが込み上げてきたから。

ウ　久しぶりに満足のいく料理を作れたものの、菜緒が口にしなかったことで自分が否定されたように思い、そんな自分の不安を見透かしたかのように振る舞う菜緒の姿を見て、これ以上声をかけても無駄だと悟ったから。

エ　頑なに自身の非を認めようとしない菜緒の態度に我を失ったものの、娘を気遣ってご飯を食べさせようと部屋を訪ねたが、今声をかけても同じやり取りを繰り返してしまうと思い、時間を置いて落ち着こうとしたから。

問七　——線X「黒い川に飲み込まれて」・Y「真っ黒い川にごぽりと沈む」とありますが、この二つはそれぞれ「茅乃」のどのような様子を表現したものですか。説明しなさい。

四

問題文〈甲〉・〈乙〉を読んで、後の問いに答えなさい。なお、問題文〈乙〉については設問の都合上、送り仮名や返り点を省略した部分があります。

〈甲〉

昔、唐《もろこし》に※1東帰《とうき》の節女《せつぢよ》と言ひけるは、長安の大昌里人《だいしやうりじん》といふ者が妻なりけり。その夫に敵《かたき》あり。常に伺ひけれども殺す事叶はず。敵、節女が父を縛つて女を呼びていはく、「汝が夫は我が大なる敵なり。その夫を我に与へずば汝が父を殺さん」と言ひければ、女答へていはく、※2「妾《せう》、夫を助けんために、いかでか生育《しやういく》の父を殺させん。速やかに汝がために妾が夫を殺さしめん。妾常に※3楼上に寝《い》ぬる。夫は[X]首に臥《ふ》し、妾は[Y]を枕とす。[a]すべからく来《きた》つて[Z]首を切れ」と教へて、家に帰つて思はく、父に恩愛の慈悲深し、夫に※4偕老の情の浅からず。夫の命を助けんとすれば父の命危し、父が身を育まんとすれば夫の身亡びなんとす。しかじ、父を助けんがために夫を敵に与へつ、我《われ》また夫が命に替はらんとて、自ら東首に臥して夫を西に枕せり。敵伺ひ入つて、忽《たちま》ちに東首を切つて家に帰りて、朝《あした》にこれを見れば、夫の首にあらず、妻が頭なり。敵大きに悲しみて、「この女父のために孝あり、夫がために忠あり。我[b]いかがせん」と言ふ。終《つひ》に節女が夫を招きて、長く骨肉の昵《むつ》びをなしけり。

（『源平盛衰記《げんぺいじようすいき》』巻十九）

ウ　病に侵されて望んだ生活を送ることができていない茅乃と、そんな茅乃とは違い、咲いたばかりの菜の花の向こう側にいる他愛もない日常を送る人々を表現している。

エ　咲いたばかりの菜の花の生命力を感じさせる姿に生きる希望を見出し始めた茅乃と、そのような花の力強さに気づくことがない人々を表現している。

問四　――線3「おばあちゃん～苦く笑う」とありますが、この時の「茅乃」の心情の説明として最も適当なものを次の中から選び、記号で答えなさい。

ア　偶然好みに合うお茶を見つけたように、日々を懸命に生きてさえいれば、新薬が開発されるかもしれないという希望を抱いている。

イ　今は余命など意識することのない人でも、先のことなど分からないという点においては自分と同じだということに気づいて、落ち着きを取り戻している。

ウ　将来への漠然とした不安を感じてその場を急いで離れようとしたが、意図せずふらついてしまったことが恥ずかしくなり、羞恥心を紛らわそうとしている。

エ　立ち上がるという、ごく普通の動作さえも身体を労わって行わなければならないということを受け容れざるを得ず、自嘲気味になっている。

問五　――線4「怒りが～痺れさせる」とありますが、この時の「茅乃」についての説明として最も適当なものを次の中から選び、記号で答えなさい。

ア　菜緒が嘘をついているのではないかと指摘したところ、強く反抗してきたことに突発的に憤慨《ふんがい》しており、冷静な対応ができなくなっている。

イ　菜緒のことを思って料理を作ったにもかかわらず、いつまでも食べようとしない娘の態度を目にして、誰も自分のことを心配してくれない事実から目を背けようとしている。

ウ　菜緒が昨晩叱られたことを根に持ち、こちらを試すような行動をとり続けていることに腹を立て、菜緒の嘘をどうすれば暴くことができるだろうかと思案している。

エ　自分の言う通りにしない菜緒を遠回しにたしなめたが、急に感情的に反発してきたことに驚き、頭が真っ白になっている。

問一 ――線a「わななく」・b「居たたまれない」とありますが、本文における意味として最も適当なものを次の中からそれぞれ選び、記号で答えなさい。

a わななく

ア 抵抗する
イ 静止する
ウ 震える
エ 力を失う

b 居たたまれない

ア 申し訳ない
イ 気の毒な
ウ 落ち着かない
エ 憂鬱な

問二 ――線1「菜緒は〜頷いた」とありますが、この時の「菜緒」の説明として最も適当なものを次の中から選び、記号で答えなさい。

ア 母が大病を患い、死んでしまうかもしれないという事実を受け入れられず恐れていたが、遠い未来にも母がそばにいてくれることを聞いてその思いが和らぎ、自らの不安な気持ちを何とかしてこらえようとしている。

イ 母の容体がすぐに生死に関わるものではないことを告げられ、過剰な心配をしてしまったと思う一方で、持病のことを告げずにいた母に対して、不信感を隠すことができないでいる。

ウ 自分が想定していたよりも母の病気は深刻で、ふさぎ込んでしまったが、そんな自分を気遣ってくれる母の言葉を素直に受け入れ、落ち込んでいる姿を見せまいとあえて陽気に振る舞っている。

エ 母から受けた病気の説明は、幼い自分にとって理解できない部分も多く、現実に起きている出来事とは思えなかったものの、正直に伝えてくれたことに感謝し、残りわずかな母との生活を充実したものにしようと決意している。

問三 ――線2「漠然と〜歩いていく」とありますが、この表現について述べたものとして最も適当なものを次の中から選び、記号で答えなさい。

ア 菜の花の主張しない美しさに夢中になっている茅乃と、そのような美しい菜の花とは対照的な、せわしなく通り過ぎるだけの人々を表現している。

イ 病気で苦しんでいる自分を誰も助けてくれないという事実から目をそらそうとして菜の花を見ている茅乃と、そんな茅乃の思いを知るよしもない人々を表現している。

増して、流されかけた膝が[a]わななく。つかめるものを探す手が水面に沈む。私は元気じゃないんだ。元気じゃないけど、頑張っている。

「あんたお母さんのこと殺したいの！」

こんなに冷え冷えとした憎しみを孕《はら》んだ自分の声を、聞いたことがない。菜緒は目を見開き、ふと、指がめり込んで割れてしまった卵みたいにくしゃりと顔を歪めて泣き始めた。——この子はすぐに泣く。自分が悪いくせに泣く。謝罪も反省もせず、泣けばいいと思っている。いやなずるさが染みついている。

「手が洗えないならもう食べなくていい！　自分の部屋に行きなさい！」

「や、やだ！　やだあ！」

「行きなさい！」

菜緒はうつむきがちに席を立ち、自分の部屋に入っていった。耳に障るテレビを消し、茅乃はソファに腰を下ろした。ふ、ふ、と弾む呼吸が次第に落ち着いていく。

体を取り巻く嵐のような怒りが急速に霧散《むさん》し、愕然《がくぜん》とした。テーブルには手つかずの料理が残っている。どうしてだ。私はあれを、菜緒に食べてもらいたかったのに。菜緒も、食べようとしていたのに。苦労をして出かけ、好物を買って、用意したのに。

泣き出した菜緒は、ずるいのではなくかわいそうだった。遅くまで勉強して、お腹を空かせて帰ってきたのだ。頭がずきずきする。深呼吸をして、痛み止めを飲んだ。[b]居たたまれない気分で廊下を歩き、菜緒の部屋へ向かう。扉越しに、すすり泣く声が漏れ出ている。ノックをして、扉を開ける。菜緒はベッドに入り、こちらに背を向けて蛹《さなぎ》のように掛け布団を自分の体に巻き付けていた。

[5]「ごはん食べな……」

さい、と続けられず、茅乃は布団のふくらみを見つめてリビングに戻った。痛み止めが効くまで、とにかく休むことにする。落ち着かなければ、菜緒が出てきてもまた口論になって終わりだ。ソファに横たわり、目をつむる。

そのまま、短く意識を失っていた。小さな話し声で目を覚ます。どうやら良輔が帰宅したようだ。玄関の方で、菜緒となにかを話し合っている。良輔は少し呆れたような、うんざりした口調で言った。

「そんなこと言ったってしょうがないだろ、病気なんだから」

良輔は病気という言葉を、ビョーキ、とまるで違う言葉のように発音した。これは聞かない方がいい。茅乃は目をつむった。どうして生きているんだろう。わざわざ苦しい思いをしながら命を引き延ばして、菜緒を打ちのめして、今日もなにもできなくて、どうして。

私が早く死んだ方が、夫も娘も楽になれるんじゃないか。

踏み出した足が深みにはまり、頭のてっぺんまで[Y]真っ黒い川にこぼりと沈む。

（彩瀬《あやせ》まる『新しい星』所収「月がふたつ」文藝春秋より）

に少しずつ飲んだら、吐き気をなだめてくれるかもしれない。効く効かないはともかくとして、心理的なお守りになる。

ふ、と良い香りのする息が唇から漏れる。

視野が狭くなっていたなと思う。余命は誰にもわからない。目の前を通り過ぎた見知らぬ人々がどんな人生を抱えているかなんて知らない。大学の頃から付き合いのある友人の娘は、生まれてたった二ヶ月で亡くなってしまった。どんな命も、先はわからないということだけが平等だ。自分だって、このお茶みたいに素晴らしく自分に合って、劇的に癌を小さくし、菜緒の結婚式どころか天寿を全うさせてくれる新薬が開発される期待を捨てずにいる。てのひらの一番深い位置で握り続けている。それを捨てたら、圧倒的な[X]黒い川に飲み込まれて、自分が自分ではなくなってしまう気がする。

水圧を感じ、ふらりと体が揺らいだ。もう行こう。ベンチの背に片手を当て、茅乃は腰痛に障らないよう慎重に立ち上がった。[3]おばあちゃんみたい、と苦く笑う。おばあちゃんになれないかもしれないのに、おばあちゃんみたい。私は、おばあちゃんになりたい。

菜緒を守らなければ。ともかく菜緒を、できるだけ偏差値が高くて荒れていない私立の中高一貫校に入れてやりたい。就活であまり苦労をせずに済む大学に入って、公務員になるといい。社会はしばらく不安定だろう。ずっと困らないでいてほしい。

花粉が辛いので洗濯物は室内に干し、休み休み夕飯を作った。塾を終えた菜緒が十九時半に帰ってくる。疲れているのだろう、顔が青い。表情が硬いのは、昨晩強く叱られたことを根に持っているのだろうか。

「早く手を洗ってきなさい」

「うんー……」

炊きたてのごはん。アサリと大根と葱の味噌汁。春キャベツとエリンギと豚肉の甘味噌炒め。さらに、公園で見た菜の花が美しかったので、甘めの炒り卵も作った。体調が悪いときは袋麺を使ったラーメンや、冷凍の餃子やチャーハンに頼りがちだ。今日は色どりもいいし、栄養もたっぷりある。頑張って買い出しに行ったかいがあった。久しぶりに自分がきちんと機能できた気がして、嬉しくなる。

菜緒がぼーっとした顔でダイニングチェアに座った。かわいい動物の動画を紹介するバラエティ番組を観ながら、箸をとろうとする。

「待って、手を洗ってないでしょう」

「……洗った」

どうして菜緒はつまらない嘘をつくのだろう。キッチンとダイニングを行き来していたとはいえ、水音がしていなかったのはなんとなくわかる。目を合わせようとすると、拗《す》ねた顔で横を向いた。

「ちゃんと洗ってきなさい。まだ感染予防は続けなきゃいけないんだよ。早く、ごはん冷めちゃうから」

「洗った！」

[4]怒りがじくじくとこめかみを這いあがり、脳を痺れさせる。乱暴に席を立ち、洗い場のタオルをにぎった。

「ぜんぜん濡れてない。なんでそんな嘘つくの！」

「端っこで拭いたの！」

「もういい、なんで手もまともに洗えないの！　お母さんが風邪ひいたら大変なの知ってるでしょう！」

つらい、と胸の内側で喘《あえ》ぐ声があった。川の水位が上がる。水圧が再発という現象について、なるべく嚙み砕いて説明した。

話し始めて三分も経たないうちに菜緒の表情が曇り、彼女の意識がみるみる内に閉じていくのがわかった。怖いのだ。母親が大病をしているなんて、子供は怖がって当たり前だろう。あまり理解できていないと承知でなんとか用意した内容を伝え、最後に、少しでも怯《おび》えを和らげたくて付け足した。

「でも、ママは菜緒の結婚式を見るまで死なないから。心配しないで大丈夫」

大人になって、私よりもあなたを愛する人が現れるまで死なない。あなたは生涯を通じてけっして一人にはならない。そう伝えたかった。結婚式、なんて遥か先のことだと思ったのだろう。1 菜緒はいくらか頬のこわばりをゆるめ、小さな唇をへの字にして頷いた。

長く生きよう、と思った。菜緒が恐ろしい思いをしないで済むように、彼女が自分を必要としなくなるまで、長く。

正しくて理性的な、そうありたい自分の像を握りしめているのは大切なことだ。

でも、それだけでは毎日を望む姿で越えていけない。

近所のスーパーで半割の春キャベツとエリンギと豚バラを買い、夕飯は甘い味噌炒めを作ることにした。朝によく飲まれるコーヒー牛乳とりんごジュースもカートに入れる。そうだ、卵も切れていた。豆腐とひき肉も買って、近いうちに菜緒が好きな麻婆豆腐を作ろう。旬のアサリもいいな。そうこう考えるうちに買い物かごの中身は増えていく。

重いキャリーを引くのに疲れ、帰りは公園のベンチでひと休みした。自販機でお茶を買い、呼吸が整うのを待って喉を潤す。そばの花壇に、菜の花が咲いていた。発光しているみたいな、底抜けに明るい黄色。

咲いたばかりなのだろう。花弁がとてもみずみずしい。子供の頃は雑草だと思っていたのに、大人になってからはこうしたなにげない花が好きになった。あと何度、とよせばいいのに考えてしまう。自分はあと何度、真新しい咲きたての菜の花を見られるだろう。そんな風に思った途端、あからさまに美しく見えてきていやになる。どんどん病人らしくなる。日野原茅乃――もしくは大橋茅乃？――という個人が病にのっとられ、社会から遠ざかっていく気分だ。悲しみが水のように湧き出し、胸に溜まる。重くて、苦しい。

2 漠然と眺めた黄色い花の向こう側を、周辺の住民が歩いていく。帰宅途中なのだろう制服姿の学生たち。自分と同じ、買い物帰りの中高年。スーツを着た勤め人。おそろいの帽子をかぶって集団下校をする小学生たち。このなかに、余命を意識するような大病をしている人はどれだけいるだろう。

この中で、やっぱり私が一番初めに死ぬのかなあ。

いやだなあ、と胸で呟《つぶや》き、茅乃はもう一口お茶を飲んだ。舌の奥で、思いがけず華やかな香りが咲いた。一口目は喉が渇いていたので、勢いよく飲んでしまって気がつかなかった。フルーティだけど甘くない、ずいぶん美味しいお茶だ。ラベルを見ると、南国を思わせる果物やヤシの木のイラストの中央に『スーパーフレッシュトロピカルティー無糖』と印刷されていた。もう一口。ちょっとびっくりするくらい嗜《し》好《こう》に合う。今度から、見かけたらこのお茶を買おう。体調が辛いとき

問八　――線8「痛みと不感症は一体なのである」とありますが、その具体的な事例として適当なものを次の中から二つ選び、それぞれ記号で答えなさい。

ア　高性能な地図アプリを使うことで、これまでよりも容易にたどり着けるようになった一方で、目的地以外の場所に対する意識は遮断され、予定になかった新たな気づきに至るという現象が生じにくくなる。

イ　メッセージアプリを使うことで、手紙や電話よりも容易に他者と連絡を取り合うことができるようになった一方で、安易な言葉遣いや想像力の欠如によって意図せず相手を傷つけ、その結果他者とのつながりが遮断されるという恐れがある。

ウ　検索エンジンを使用して自分が欲しい情報を手に入れようとする際に、検索上位の情報をすぐに選ぶ一方で、それが本当に正しい情報なのか、あるいは検索下位に含まれるサイトにより有効な情報がないか、ということを考慮しなくなる。

エ　SNSを利用することで、国内にいながら海外の最先端の流行を手に入れることができたり、海外で起きている事件をリアルタイムで知ることができたりする一方で、誤った情報や悪意が含まれる情報を拡散する主体になる可能性もある。

オ　動画サイトを使用する際に、自分の趣味に合致した動画が次々と紹介されることで、次にどの動画を見ればいいかを考える必要がなくなる一方で、動画を見ることに没頭するあまり、動画視聴を中断するタイミングを逃してしまう。

三　次の文章を読んで、後の問いに答えなさい。

「茅乃《かやの》」（＝大橋茅乃、旧姓、日野原茅乃）は夫の「良輔《りょうすけ》」と中学受験を控えた娘「菜緒《なお》」と三人で暮らしている。茅乃は乳癌の再発に伴って処方された薬の副作用で、身体が思うように動かないことに苦悩している。

再発と骨への転移が判明したのは、乳癌の手術から四年後のことだった。

新種のウイルスの蔓延に伴うイベントの中止で事業の継続が難しくなり、茅乃が勤めていた会社は大幅な人員削減を発表した。仕事と子育て、そして自分の体力との兼ね合いを鑑《かんが》みて、この機会に働き方を少し変えよう。夫の良輔とも相談して早期退職制度に応募し、転職活動を始めた矢先、半年ぶりの検診でそれが伝えられた。

ショックが深く、告知を受けた直後の記憶はずいぶん曖昧だ。転職活動をひとまず取りやめて、主治医と長期的な治療の計画を話し合った。

その時、菜緒は九歳だった。知らない誰かに曖昧な説明を受けるよりはと、茅乃は休日に二人きりになる時間を設けた。ママのおっぱいが片方ないのは、昔そこが病気になって、手術でとっちゃったから。そんな大雑把な理解をしていた娘に、癌という病気の仕組みについて、

ウ　ユーザーは多くの機能を持つスマートデバイスを一つ所持することによって、その他の雑多なデバイスを持つ必要がなくなり、同時にそれらを持つことに伴う煩わしさからも解放される。

エ　スマートデバイスの「賢さ」の本質はユーザーに対して様々なことを考える煩わしさを除去することにあり、それができなければ、たとえスペックが高かったとしてもデバイスはその本質から逸脱する。

問五　――線6「少なくとも〜反響が聴き取れる」とありますが、その説明として最も適当なものを次の中から選び、記号で答えなさい。

ア　社会の中から不必要なものを排除して、本当に必要なものだけで満たそうとする行為には、人間を受動的な存在にするテクノロジーを「スマート」という言葉で表現する感受性が反映されている。

イ　必要性を最重視して、人々がより質の高いサービスを享受できる社会を作ることには、人々がテクノロジーを利用することによって自分自身で考えを巡らせながら、人生を構築していきたいという願望がある。

ウ　社会には必要なものだけではなく、不必要なものも残さなければならないという考え方の背景には、テクノロジーの利用によって人々が受動的な存在になることに対する恐怖感がある。

エ　本当に必要なサービスだけで満たされている社会を築こうとする計画には、テクノロジーを利用することによって受動的な存在になるという事態に対する人々の抵抗の意志が表れている。

問六　――線7「『世界』」とありますが、ここでの「世界」とはどのようなものですか。文中の言葉を使って六〇字以内で説明しなさい。

問七　X に入る言葉として最も適当なものを次の中から選び、記号で答えなさい。

ア　悲観　イ　合理　ウ　必然　エ　逆説

問二　――線2「痛みを感じていない～感じている状態の違い」とありますが、「違い」を説明したものとして最も適当なものを次の中から選び、記号で答えなさい。

ア　痛みを感じていないときは、外部から様々な感覚が体に流入することによって集中力を欠くが、痛みを感じているときは、意識がすべて痛みに注がれて、その他の感覚とは無縁となる。

イ　痛みを感じていないときは、その空間の中で認識できるさまざまな感覚をうまく統一することができるが、痛みを感じているときは、痛み以外の感覚を統一することが難しくなる。

ウ　痛みを感じていないときは、その空間の中で認識することができる感覚全てに集中することができるが、痛みを感じているときは、痛み以外のことを何も考えられないくらいに意識が散漫になる。

エ　痛みを感じていないときは、痛みから逃れる必要がないために自分が集中したいと思う対象に集中力を注ぐことができるが、痛みを感じているときは、痛みから逃れるために強制的に他の感覚への意識が生じる。

問三　――線3「刃物が鋭い」、――線4「鋭い批判」とあるが、両者の「鋭い」という意味の類似点について述べたものとして最も適当なものを次の中から選び、記号で答えなさい。

ア　刃物を使用する者がよく注意すれば、切断する必要のないものを傷つけることなく対象物を切り分けられることと、批判された者が熟慮すれば、明確に反論できるということ。

イ　刃物を使用する者が持つ実力以上に対象物を綺麗に切り分けられることと、批判された者が今まで考えていなかった発想を手にすることができるということ。

ウ　刃物を使用する者が適切に切断できるか不安に思うことなく、必要な部分だけを切断できることと、批判された者が説明するために不要な思慮を重ねる必要がないということ。

エ　刃物を使用する者が切断したくない部分までも切断するということと、批判された者が本来はする必要のない説明を批判した者に対してしなければならなくなるということ。

問四　――線5「スマートなものの『賢さ』」とありますが、その述べたものとして適当でないものを次の中から一つ選び、記号で答えなさい。

ア　スマートデバイスの「賢さ」は、ユーザーとの余計な関係性を排除するというものであり、それは痛みが根源的に持っている、「それ以外のものが何もない」という特徴と類似している。

イ　ユーザーに対して余計なことを考えさせないということにスマートデバイスの「賢さ」は発揮され、デバイスの性能が向上すればするほど、排除される余計なことは比例して増加する。

文脈においては使わざるをえないものであり、そしてその使い方はすでに決定されているものである。[7]「世界」とはそうした製品がネットワークを織りなす空間に他ならない。アンダースによれば、そうした「提供される製品の世界」は私たちの「生活スタイル全体を徹底的に規定」している。しかし、それだけではなく、そのようにライフスタイルが製品によって規定されていることに対して、私たちが「気づくことも、それとして認めることもできない」という点に、製品の世界の脅威がある。

アンダースは、このように私たちが製品の世界に対して正常な感覚をもてないという事態を、「不感症」と呼ぶ。

スマートさの本質を考えようとするとき、その語源にある「痛み」と、アンダースがいう不感症は、表裏をなしている。痛みは人間を世界から切断する。それによって人間は痛み以外には何も感じられなくなる。同様に、スマートなテクノロジーは人間を様々な物とのかかわりから切断する。それによって人間は、自分が享受しているサービス以外には、何も感じることができなくなるのだ。この意味において、どれほど X 的に聞こえようとも、[8]痛みと不感症は一体なのである。

（戸谷洋志《とやひろし》『スマートな悪　技術と暴力について』講談社より）

※1　軌《き》を一《いつ》にしている…同じである様子。

問一　――線1「痛みが一挙に全身を支配する」とありますが、それはどのようなことですか。最も適当なものを次の中から選び、記号で答えなさい。

ア　部分的に与えられた激痛が痛みを受容する自分自身と「私」との関係以外のものを放棄させて、その後に部分的だった痛みが徐々に全身に広がっていき、やがて体中を痛みが侵食していくということ。

イ　一瞬にして体を占拠する痛みは、時間をかけて体に広がる痛みとは違って、痛みを与えた他者との関係すらも忘れさせ、痛みを認識する自分自身と「私」が関係するよう強要するということ。

ウ　一瞬で全身に広がる痛みは、痛みを与えた他者との関係はおろか、痛みを感じている主体としての「私」の存在すらも忘れさせ、最後には痛みという感覚だけが強調され続けるということ。

エ　時間を要することなく体中を駆け巡る痛みは、痛みという感覚以外のすべての現象、事実を「私」に捨てさせ、「私」の体を苦しめる激しい痛みを与えた他者との関係のみを強調するということ。

ように、余計なことを感じたり、考えたりする必要がなくなることである。したがってその賢さは、たとえば、計算速度の速さや、データ容量の大きさとは本質的に関係ない。そうしたスペックがどれだけ高かったとしても、人間に対してその使い方をあれこれ考えさせるのであれば、そのプロダクトはまったくスマートではない。反対に、たとえ低スペックであるのだとしても、それによって人間の生活から思い煩《わずら》いを除去するなら、それはスマートなのである。

　スマートさの本質を、余計なことからの解放として解釈することは、第5期科学技術基本計画の理念とも整合する。そこで超スマート社会は「必要なもの・サービスを、必要な人に、必要な時に、必要なだけ提供し、社会の様々なニーズにきめ細かに対応でき、あらゆる人が質の高いサービスを受けられ、年齢、性別、地域、言語といった様々な違いを乗り越え、活き活きと快適に暮らすことのできる社会」と定義されている。ここで畳みかけられるように語られる「必要な」という言葉には、人間が「不必要な」ものと関わる機会を徹底して排除しようとする意志が示されている。それがよいか悪いかはここでは問題ではない。しかし、[6]少なくともこのような必要性への執念のうちに、スマートさという言葉が抱える「痛み」の反響が聴き取れる。

　注目するべきは、この超スマート社会の定義において、人間は「サービスを受けられ」る存在としてしか位置づけられていない、ということだ。こうした人間の受動性もスマートさの語源である「痛み」と連続しているように思える。言うまでもなく、痛みは受動的である。痛みによって感覚が占拠されることを、私たちは自分で望んでいるわけではない。足を痛打したとき、「あ、これは足の痛みのほうが重要だから、他の感覚のことは無視しよう」と思考して、痛みに集中するわけではない。痛みは自動的に他の感覚を排除するのであり、その際に私たちはただ痛みを受け取るだけの存在になる。

　スマートなテクノロジーも同様である。私たちがあるテクノロジーをスマートだと感じるのは、そのテクノロジーを使用する際に、そもそも私たちが何も考えなくてもよいときである。自分で何かを思案したり、選択したりしなければならないものは、スマートではない。自分が望むだろう事柄を、先回りして達成したり、提案したりしてくれるテクノロジーこそが、スマートなのである。そのとき人間は文字通りただ受動的なだけの存在になる。

　二〇世紀の哲学者であるギュンター・アンダースは、科学技術文明におけるこうした人間の受動性を、次のように説明している。

> 提供される製品の世界が拘束力を持っているのは、その世界が、われわれの行なうこと、われわれが行なわねばならぬこと、行ないうることも行ないえないことも――要するに、われわれの生活スタイル全体を徹底的に規定し、われわれは規定されている状態を逃れようとする意志を失っているだけではなく（意志を有するためには、絶えず目覚めていなければならない）、自分が規定されている状態に気づくことも、それとして認めることもできないからである。

　アンダースによれば、そもそも製品とは、私たちが自由に使ったり、使い方を変えたりできるようなものではない。むしろそれは、特定のだからこそ、痛みに支配されているとき、人間は余計なことを感じることから解放されている。痛みは強制的に人間を痛みだけへと集中させるのである。

　このように考えるなら、それ以外のものが何もない、ということのうちに、痛みが認識に対して及ぼす独自の特徴を洞察することができるかも知れない。こうした意味合いが、「それ以外」＝「余計なこと」を配慮する必要がない、という形に理解されるようになり、ここから「鋭い」という意味への転化を引き起こしたのではないか。

3「刃物が鋭い」という表現において意図されているのは、刃物が物体を切断しようとするとき、何にも引っかからないということ、あるいは狙っていないものを傷つけないということであろう。たとえばトマトのヘタを実から切断するために、刃の摩耗した鉈《なた》を使ったら、ヘタと実の境を精確にヒットすることができず、両者を潰してしまう。その場合には、本来は食べられるはずだった実の部分を、余計に損耗してしまうことになる。これに対して、刃の鋭い包丁であれば、ヘタと実を精確に切り分けることができる。余計なものを傷つけることなく、目的を達成することができるのだ。だからこそ、鋭い刃を使っていれば、私たちは「実を潰してしまったらどうしよう」などと余計なことを考えなくて済むのである。

　こうした物体の形状の特徴としての「鋭い」が、人間のコミュニケーションに関わる事象に転用されるのも、同じ発想から説明できる。4「鋭い批判」とは何だろうか。それは核心を突いた批判だ。では核心を突いた批判とは何だろうか。それは、批判者の理解不足や誤解のために生じた批判ではなく、批判者が相手を十分に理解したうえでなされる批判である。もし、理解不足や誤解に基づいて批判がなされるなら、批判された者は、まずはもう一度同じことを説明しなければならなくなる。しかしそれはその議論にとって時間の無駄である。また、そうした説明をするとき、説明者は、どこから何を説明しなければならないのかを、あれこれ思案しなければならない。批判された者はそのときに、しっかりと説明を聞いてくれていれば話す必要がなかったこと、つまり余計なことを話さなければならなくなる。「鋭い批判」は、そうした余計な説明を省略させるからこそ、「鋭い」のである。

　ここから「賢い」が立ち現れてくるのは、もはや何も不可解ではないだろう。スマートフォンが「賢い」のは、それ以外に時計、カメラ、ウォークマン、メモ帳、ボイスレコーダーといった、余計なものをもたなくて済むからだ。スマートウォッチが「賢い」のは、それ以外に、万歩計、心拍数メーター、財布といった、余計なものをもたなくて済むからだ。スマートデバイスの本質は、余計なものと関わらなくて済む、という点にある。そしてそれは、痛みが私たちを他者との関係から切断することと連続している。スマホをポケットにいれさえすれば、私たちは、時計はもったか、カメラはもったか、ウォークマンはもったか、メモ帳はもったか、ボイスレコーダーはもったか、という心労から解放される。スマートフォンさえあれば何もいらないのであり、それ以外の道具についてあれこれ考えることは必要なくなるのだ。そしてそれは、激痛に襲われるとき、私たちがそれ以外の感覚を失うこと、※1軌《き》を一《いつ》にしているのだ。

5 スマートなものの「賢さ」は、痛みによる感覚の占拠がそうである

二〇二三年度　桐光学園高等学校

【国語】（五〇分）〈満点：一〇〇点〉

注意　本文の表現については、作品を尊重し、そのままにしてありますが、設問の都合上、省略した部分、表記を改めた部分があります。
また、特に指示のないかぎり、句読点等も一字に数えます。

一

――線あ～おのひらがなを漢字に直しなさい。

1　害虫を（あ）くちくする。
2　彼は（い）とくいな才能の持ち主だ。
3　知性を（う）かくとくする。
4　飛行機の（え）とうじょう口に向かう。
5　問題の解法が（お）かいもく見当もつかない。

二

次の文章を読んで、後の問いに答えなさい。

smartの語源である「痛み」は、その所在が肉体的苦痛から精神的苦痛に変わり、そしてそれが「刺すような」というニュアンスを帯び、「鋭い」という意味をもつことで、「賢さ」へと変化した。このような変遷を辿るとき、そこで意図されている痛みは、じわじわと蝕《むしば》まれるような痛みではなく、一挙に全身を支配する痛みである、と推察することができる。それはたとえば、刃物によってもたらされる痛み、神経を切断されることによる痛みである。

1 痛みが一挙に全身を支配する、ということは、言い換えるならそれが「私」の感覚を占拠し、痛み以外に何も感じなくなる、ということである。何かを感じる、ということは、外からの何らかの刺激を受容することであり、その意味で外界との関係を前提としている。何かを感じるとき、それによって私たちは、その感覚を与えた他者との関係を感じることになる。しかし痛みは他の感覚を排除することによって、そうした感覚に伴う他者との関係も排除する。この意味においてそれは、現在「私」が置かれている他者との関係を「私」に放棄させ、「私」を自分自身とだけ関係させるよう強いるのである。

2 痛みを感じていない状態と、痛みを感じている状態の違いは、散逸と集中の対比によっても理解できる。痛みを感じていないとき、私たちは雑多な感覚に包まれている。たとえば私たちが映画館にいるとき、目ではスクリーンの映像を感じ、耳ではその音声を感じ、舌ではポップコーンの塩気を感じている。しかしこれらは必ずしも統一されていない。たとえば隣の席でスマートフォンをいじっている観客がいれば、スクリーンに集中できなくなる。耳元で大きな音でポテトチップスを食べている人がいれば、登場人物のセリフが理解できなくなる。うっかりきつすぎる服を着てきたら、苦しくて映画に集中できなくなる。これが感覚の散逸した状態である。一つの感覚に集中しようとしても、そこに別の余計な感覚が介在し、そのために集中したいと思っているものに集中できない状態だ。だからこそ映画鑑賞を趣味として極めるためには、自分の集中力を鍛えることが必要なのである。

それに対して、痛みによって感覚が占拠されている状態とは、感覚が痛みに集中しており、痛みを遮る別の感覚が存在しない状態である。

2023年度／桐光学園高等学校

英語解答

1 ① brush　② breakfast
③ subject　④ Wednesday
⑤ picks

2 (a) 3　(b) 2　(c) 4　(d) 1
(e) 2

3 (a) 2　(b) 1　(c) 3　(d) 3
(e) 4

4 (a) イ…or　ロ…miss
(b) イ…too　ロ…take
(c) イ…mine　ロ…in

5 (a) イ…5　ロ…2
(b) イ…2　ロ…7
(c) イ…5　ロ…1

6 We don't have as much snow in March as (we do) in February.

7 (a) 2　(b) 3
(c) (例)ベンがなくした20ポンド札を，シャーマンが見つけたから。(28字)
(d) 3番目…1　5番目…6
(e) 4　(f) 1　(g) 3，5

8 (a) 1　(b) 3　(c) 2　(d) 4
(e) 3
(f) (例)チョコレートドリンクにハチミツや砂糖を加えて甘くしたこと。
(29字)
(g) 3，4

1〔長文読解─適語補充─エッセー〕

≪全訳≫**1**まず，私はいつも7時30分に目が覚める。その後起きて，服を着る。バスルームに行って顔を洗い，歯を磨く。いつも朝食にはパンを食べる。**2**その後，普通は学校まで歩いていく。遅く目が覚めたら，バスに乗ることもある。私の大好きな科目は歴史だ。授業後，普通は学校の食堂で昼食を食べる。そこの食べ物はまあまあだが，おいしくはない。ピザが食べられる日なので，水曜日と金曜日が好きだ。ピザは私の大好物だ。**3**昼食を終えると，私たちはみんなで外で遊ぶ。普通はバスケットボールをする。とても楽しい。私の親友はパメラだ。私たちはいつも同じチームにいるが，いつも試合に勝つわけではない。**4**学校が終わると，お母さんが私を迎えに来て，車で帰宅する。家族と一緒に夕食を食べる。みんながその日の話をする。それが1日で最もよい時間だ。私はピザ以上に家族が大好きだ。

＜解説＞①brush ～'s teeth「歯を磨く」　*cf.* toothbrush「歯ブラシ」　②7：30に起きて，have bread「パンを食べる」ので，breakfast「朝食」である。　③history「歴史」は学校のsubject「科目」の1つである。　④Friday「金曜日」と並ぶのは他の曜日であり，Wで始まるのでWednesday「水曜日」である。　⑤直後にdrive home「車で帰宅する」とあるので，pick ～ up「～を車で拾う」。主語がmy mumなので，3単現のsをつける。

2〔適語(句)選択〕

(a)「何か特別なもの」という意味になればよい。anythingなど，語尾が-thingで終わる代名詞は形容詞を後ろにとり‘-thing＋形容詞’の形で「～なもの」という意味を表す。　A：何か特別なものをお探しですか？／B：はい，父にいいシャツを探しています。

(b)「スミス先生と話している女の子」という意味になればよい。「～している」を表すのは現在分詞(～ing)。the girl speaking to …は現在分詞speakingで始まる語句が前の名詞を修飾する‘名詞

＋分詞＋その他の語句’の形。　over there「あそこで」　Ａ：あそこでスミス先生と話している女の子を知っていますか？／Ｂ：はい，彼女はカリフォルニアからの転入生です。

(c)many thingsがto talk aboutの目的語になっているので(to talk about many thingsといえる)，to talk aboutが前の名詞many thingsを修飾するto不定詞の形容詞的用法である。このようにto不定詞の形容詞的用法で最後に前置詞が置かれる形は次のように考える。　a house to live in「住む家」←live in a house「家に住む」／a pen to write with「書くペン」←write with a pen「ペンで書く」／paper to write on「書く紙」←write on paper「紙の上に書く」　「彼らはようやく再会したので，たくさん話すことがあった」

(d)現在完了(‘継続’用法)の否定文‘have/has never＋過去分詞’「～していない」の形。　「10年前に学校を出て以来，彼に一度も会っていない」

(e)この後Ｂは薬を飲む「とき」を答えている。‘疑問詞＋to不定詞’は，疑問詞に応じて「何を〔いつ，どこで，どのように〕～すべきか」という意味を表す。　Ａ：いつ薬を飲むべきか教えていただけますか？／Ｂ：１日３回，毎食後です。

3〔対話文完成―適文選択〕

(a)Ａ：あなたはこれらの本をいつまでに返さなくてはいけないのですか？／Ｂ：忘れました。ブラウンさんが知っているかもしれません。／Ａ：ああ，そうですね。彼女は図書館で働いていますね。//この後のSheに対応する語を含み，本の返却と関連のある内容が入る。

(b)Ａ：こんにちは。ブルーオーシャンホテルです。どういったご用件でしょうか？／Ｂ：こんにちは。こちらのホテルについて質問があります。子どもは無料で泊まれますか？／Ａ：いいえ，残念ながらできません。７歳未満の全てのお客様に10ドルかかります。//この後Ａは子どもの料金について説明している。I'm afraid not.は「残念ながらそうではない」という意味で，ここではI'm afraid (children can) not (stay for free).のかっこの部分が省略されていると考えられる。

(c)Ａ：今日，私にクローゼットを掃除してほしい？／Ｂ：自分でやるよ。／Ａ：わかったわ。私の助けが必要なら言ってね。//直後のＡの発言から，ＢはＡの申し出を断ったのだとわかる。

(d)Ａ：昨日のスピーチはどうだった？／Ｂ：うまくいったと思ったよ。／Ａ：それを聞いてうれしいよ。//successful「成功した」　be glad to ～「～してうれしい」

(e)Ａ：やあ，ケイティ。ボランティア活動に参加したって聞いたよ。／Ｂ：そうよ。小学校の食堂で働いてるの。／Ａ：へえ，それはおもしろそうだね。／Ｂ：ふだんはそこで子どもたちのために軽食をつくっているの。//最後のＢの発言にあるthere「そこで」がどこかを考える。

4〔和文英訳―適語補充〕

(a)(イ)‘命令文, or ～’「…しなさい，さもないと～」　*cf.*‘命令文, and ～’「…しなさい，そうすれば～」　(ロ)miss the bus「バスに乗り遅れる」　*cf.* catch the bus「バスに間に合う」

(b)(イ)‘too ～ to …’「とても～なので…できない」≒‘so ～ that＋主語＋can't/couldn't＋動詞…’

(ロ) take off ～「〈服〉を脱ぐ」　*cf.* put on ～「〈服〉を着る」

(c)(イ)His idea「彼の考え」とmy idea「僕の考え」を比べている。my ideaを１語で言うとmine「僕のもの」になる。　(ロ)in the end「最終的には」≒at last / finally

5〔整序結合〕

(a)'It takes＋時間＋to ～'「～するのに〈時間〉がかかる」の形をつくる。「30分」は half an hour で表せる。　It takes about half an hour to walk from here to the nearest station.

(b)「～しないで」は 'Don't＋動詞の原形…' の否定の命令文で表せる。「ポケットに手を入れたまま」は 'with＋名詞＋前置詞句'「～を…の状態で」の形にまとめる。この with は '付帯状況' を表す。Don't run with your hands in your pockets.

(c)「誰が選ばれたのですか」は Who を主語にした受け身の Who was chosen で始める。残りは captain of the tennis club とまとまる。これは 'choose *A* as〔for, to be〕*B*'「*A* を *B* に選ぶ」の受け身形。このように受け身形ではas〔for, to be〕が省略されることもある。なお，captain「キャプテン」や president「大統領」といった役職は通例無冠詞で使われる。　Who was chosen captain of the tennis club?

6 〔和文英訳─完全記述〕

Weが指定されているので，We don't haveで始める。「～ほど…ない」は 'not as＋形容詞〔副詞〕＋as ～' の形で表せるが，この表現で本問のように '量' について述べる場合は，'as much＋数えられない名詞＋as ～' の形になるので，as much snow as とする。比較するのは「３月(の雪の量)」と「２月(の雪の量)」なので as much snow in March as (we do) in February とする。この do は have の繰り返しを避ける代動詞。

7 〔長文読解総合─物語〕

≪全訳≫❶「ベン，パソコンで遊ぶのをやめて，こっちに来なさい！　あなたはシェリーの家に行って，赤ちゃんの面倒をみてあげなくちゃいけないのよ。シェリーは歯が痛くて，私は今，仕事に行かなくちゃいけないから，赤ちゃんのシャーマンの面倒をみられないの。いい？」❷いいはずはなかった。ベンはパソコンで「敵の侵略者」をやりたかったし，姉のシェリーが僅差で２位だったかもしれないが，赤ちゃんのシャーマンは世界で一番つまらない人間だった。❸「いや，ダメだよ，シャーマンはダメだよ，ママ。あの子はミルクを飲んで，泣き叫んで，おもちゃを床に落とすことしかしないんだから。あの子は最悪だよ」❹「そのとおりよ。さあ，今からお姉さんのシェリーの家に行きなさい。かわいそうなお姉さんはとても痛がっていて，歯医者に行かなければならないのよ」❺ベンがシェリーの家に着くと，赤ちゃんのシャーマンが泣き叫んでいた。シェリーは赤ちゃんを彼に渡して，出ていった。ベンは赤ちゃんの真っ赤な顔を見て，目を閉じた。赤ちゃんの口から出る音が，とてもうるさかったからだ。❻／→エ．「黙れ，シャーマン」／→ウ．魔法のように，シャーマンは泣き叫ぶのをやめ，丸い青い目でベンを見つめた。／→ア．そして，笑い始めた。／→イ．ちょっとの間，ベンはシャーマンを好きになりかけた。❼「車で遊ぼうか，シャーマン？」❽ベンはカーペットに座って，おもちゃの車を箱から出し始めたが，周りを見渡すと，赤ちゃんはそこにはいなかった。❾「大変だ！　シャーマン！」　ベンはシャーマンが今ではハイハイできることを完全に忘れていた。ベンはあちこちに目をやった。シャーマンがいなくなったら，シェリーはとても怒るだろうとベンは思った。シャーマンはまだ生後８か月で，シェリーの人生の中心だった。ベンは笑い声を耳にした。キッチンの窓越しに見てみた。シャーマンは庭にいて，雨も降っていた。とても汚い泥だらけの赤ちゃんが，庭の土を口に入れていた。❿「土を食べてるのかい，おバカな赤ちゃん？」⓫シェリーが怒り狂うだろうし，シャーマンが病気になるかもしれない，とベンは思った。そこで，シャーマンをバスルームに連れていき，お風呂にお湯を張った。ベンは肘をお湯の中に入れて，熱すぎないか確認した。シェリーがいつもそうしていたのだ。ベンはシャーマンの汚れた服を洗濯かごに入れて，服が泥だらけになったことにシェリーが気づかないように願った。12シャーマンはお風呂が好きなようだった。ベンは少しお湯をシャーマンにかけてみた。シャーマンは笑って，ベンの真似をして，ぬれた手をベンの顔の前で振った。ベンが怒った顔をすると，シャーマンはよりいっそう笑った。２人は長い間こんなふうに遊んでいたが，ベンはバスルームのカーペットがぬれているのに気づいた。シェリーはなぜぬれているのか不思議に思うだろう，とベンは思った。13ベンはシャーマンに服を着せて，それから，バスルームの床を乾かすのと同時にシャーマンを見ていようとした。ベンは辺りを見回した。シャーマンはベンのジャケットで遊んでいた。14「おいおい！　それはほっといてくれよ，シャーマン！」15しかし，シャーマンは何かを持っていた。それは20ポンド札だった。16「へーっ！　賢い赤ちゃんだ！」17ベンはそのお金を１週間前になくして，見つけられなかった。しかし，なぜかシャーマンがそれを見つけた。おそらく，ベンのジャケットの内側に滑り込んでいたのだろう。ベンはお金が全くなかったし，ママの誕生日も近かったから，これは幸運だった。18ベンは喉が渇いていたので，シャーマンもそうに違いない。冷蔵庫の中にフルーツジュースを見つけたので，シャーマンに赤ちゃん用のコップで飲ませて，自分も飲んだ。シャーマンは歯がないのでしゃぶるだけだったが，２人ともビスケットも食べた。19「あら，これは平和でいい光景ね。(ハ)あなたは赤ちゃんの世話をするのが得意に違いないわ，ベン」20シェリーが帰ってきて，前よりも幸せそうだった。21「退屈すぎるなんてことがなければよかったけど」22ベンは腕時計を見た。午後５時だった。シャーマンと３時間半過ごしていたのだ。23「いや。時間は速く過ぎたよ。全然退屈じゃなかったよ」24ベンはシャーマンを見た。シャーマンはまた笑い始めた。25「ベビーシッターが必要なら，いつでもやるよ，シェリー姉さん」26「ありがとう，ベンおじさん」27「おじさん？」28もちろん，ベンはシャーマンのおじさんだった。急にベンは年長者のように誇らしく感じ，自分がまたすぐにシャーマンのところに行くだろうとわかっていた。

(a)＜英文解釈＞下線部のcloseは「近い」という意味。この前でbaby Shermanをthe most boring person in the world「世界で一番つまらない人間」と言っているので，a very close secondとは「(それに)とても近い２番目」，つまり「同じくらい退屈だ」ということ。

(b)＜文整序＞直前でシャーマンがうるさい音を出しているので，まず，「黙れ」というエを置く。この後は，その結果，シャーマンが泣き叫ぶのをやめて笑い始めたと考え，ウ→アの順に並べ，最後にその様子を見たベンがシャーマンを好きになりかけたというイを置く。

(c)＜文脈把握＞下線部(ロ)はベンのジャケットから見つけた20ポンド札を持っているシャーマンに対してベンがかけた言葉。直後でそれはベンがなくしたものだったことが書かれている。

(d)＜整序結合＞下線部(ハ)を含む第19段落は，姉のシェリーが，ベンとシャーマンが仲良さそうにビスケットを食べている姿を見て発した言葉。助動詞のmustの後に動詞の原形のbeを置き，残りは(be) good at ～ing「～するのが得意だ」とlook(ing) after ～「～の世話をする(こと)」を組み合わせれば，ベンをたたえる内容になる。　You must be good at looking after babies, Ben.

(e)＜適語選択＞直後でベンは「全然退屈じゃなかった」と言っている。退屈でないのだから，時間は「速く」過ぎたのである。

(f)＜適語句選択＞uncle「おじさん」と呼ばれて，ベンがどう感じたかを考える。この後，自分がまたシャーマンの世話に行くと思っていることから，おじさんであることを前向きにとらえたのだとわかる。

(g)＜内容真偽＞1.「シェリーの母親は歯痛のせいで歯医者に行かなくてはならなかった」…× 第4段落参照。シェリーの母親ではなく，シェリーである。 2.「シャーマンとベンは長い間，おもちゃの車で遊んで楽しんでいた」…× 第8段落参照。すぐにシャーマンはどこかに行ってしまった。 3.「シャーマンは雨の中，自分で外に出ていった」…○ 第8，9段落の内容に一致する。 4.「ベンは怒ったので，バスルームでシャーマンにお湯をかけた」…× 第12段落参照。怒ったからではない。 5.「ベンは20ポンドで母の誕生日のために何かできると思っていた」…○ 第15～17段落の内容に一致する。 6.「ベンは将来，ベビーシッターをすることは決してないだろうと思った」…× 第25段落参照。

8〔長文読解総合―説明文〕

≪全訳≫❶イチョコレートにはあらゆる形や大きさがある。キャンディーバー，ケーキ，アイスクリーム，バレンタインデーのハート，さらにはイースターの巨大なチョコレートウサギがある。チョコレートを本当に愛する人は，「チョコホリック」と呼ばれることもある。チョコレートが4000年近く前の中央アメリカで初めて楽しまれたことを，多くの人は知らない。実は「チョコレート」という語は，アステカ語の「xocoatl」という語に由来している。アステカ族は1400年代から1500年代初頭にかけて，現在のメキシコの多くを支配していた。❷最近，科学者たちが，紀元前1900年頃にメキシコでつくられたつぼの表面に少量のチョコレートを発見した。人類は中央アメリカのカカオの木の豆から初めてチョコレートをつくった。しかし，最初のチョコホリックたちはチョコレートを食べなかった。その代わりに，チョコレートを飲んでいた。初期のチョコレート飲料は，ホットチョコレートやチョコレートミルクのように甘くされていなかった。そのため，現在の大半のチョコレート飲料よりも苦かった。実は「xocoatl」という語は「苦い水」を意味している。こうした飲料はワインやビールのように発酵させられることもあった。❸トルテック族，マヤ族，アステカ族は皆，チョコレートを愛した。チョコレートは神々の食べ物だと彼らは信じていた。だから，チョコレートを宗教上の目的で使っていた。マヤ族の有力者たちは，死後に使うためのチョコレートの鉢と一緒に埋葬された。カカオ豆はお金として使われてもいた。アステカ族の文書によると，カカオ豆1粒はメキシコ料理のタマーリ1個と交換できた。カカオ豆100粒は七面鳥1羽と交換できた。一部の話によれば，アステカ族のある王は1519年にスペインの探検家エルナンド・コルテスにチョコレートを振る舞っていた。❹当初，スペインの探検家たちはチョコレートの味を好まなかった。しかし，チョコレートを砂糖やハチミツと混ぜてみた人たちがいた。こうすることで，その飲み物は甘く，苦味が少なくなった。1500年代後半にはすでに，チョコレート飲料はスペインの王や女王，王族の間で人気だった。／→エ．1600年代後半には，ヨーロッパの多くの都市の企業がチョコレート飲料を販売していた。／→イ．しかし，チョコレートは1800年代までとても高価なままだった。／→ウ．例えば，チョコレート専門店が1657年にイギリスのロンドンに開店した。／→ア．その店はチョコレート1ポンドを10から15シリングで販売していた。／当時，これは通常の夕食を100食以上買うのに十分な金額だった。❺今日，チョコレートはもっと簡単に見つかる。チョコレートは中南米で栽培されている。さらに，東南アジアやコートジボワールなどの西アフリカ諸国でも栽培されている。毎年，世界で40億キロ近くのチョコレートが生産されている。だから，人々の食べるチョコレート量は増えている。ヨーロッパ人は，1人当たり最も多くのチョコレートを食べている。長年にわたって，世界で一番チョコレートを食べている国はスイスである。2012年，平均的なスイス人は12キロのチョコレートを食べていた。❻しかし，味覚は変化している。アメリカや多くのヨーロッパ諸国の人々は，今では10年前よりもチョコレートを食べる量が減っている。しかし，ダークチョコレートは人気が上がっている。ダークチョコレートは，ミルクや砂糖が少ないので，濃い味がする。健康的でもある。少量のダークチョコレートを食べると，血圧が下がり，ストレスが減り，いくつかの病気を予防できることを，いくつかの研究は示している。❼ブラジル，中国，インド，ロシア，トルコの人々は，10年前よりもチョコレートを食べる量が増えている。これらの国のチョコレート愛好家たちはおそらく，チョコレートの新しい調理法や使い方を発明するだろう。これは，スペインの探検家たちがアステカのチョコレート飲料に対してしたことと似ている。チョコレートの4000年の歴史は，チョコホリックたちが常に新しいことを試したがっていることを示している。

(a)＜適文選択＞直後の文が，空所に入る文の具体的な説明になっていることを読み取る。

(b)＜適語句選択＞前の文に当時のチョコレートは「苦かった」とあり，直後の文にThese drinksとある。

(c)＜適語句選択＞直後の2文から，カカオ豆が食べ物などと交換されていたことがわかる。つまりお金の役割を果たしていたのである。　‘exchange ～ for …’「～を…と交換する」

(d)＜文整序＞まず時系列で一番古い内容のエを置く。これで3か4に絞られるが，最後にくるアのItがsold「～を売っていた」の主語であることから，Itが指すのはイにあるchocolateではなく，ウにあるa chocolate store「チョコレート専門店」となるので，最後はウ→アの順になる。

(e)＜要旨把握＞ダークチョコレートの特徴と健康上の利点は，下線部(ホ)に続く3文に書かれている。3の内容がその3文目の内容に一致する。

(f)＜語句解釈＞下線部(ヘ)は「スペインの探検家たちがアステカのチョコレート飲料に対してしたこと」という意味。その具体的な内容は第4段落第2，3文に書かれているので，この内容をまとめる。　‘mix *A* with *B*’「*A*に*B*を混ぜる」

(g)＜内容真偽＞1.「4000年前にチョコレートを食べていた人は，『チョコホリック』と呼ばれていた」…×　第1段落第3文参照。　2.「メキシコの科学者たちが，チョコレートでできた古いつぼを発見した」…×　第2段落第1文参照。つぼがチョコレートでできていたわけではない。
3.「スペインでは，チョコレート飲料は1500年代に金持ちや重要人物に楽しまれていた」…○　第4段落第4文に一致する。　4.「チョコレートは多くの場所でつくられているので，それを手に入れるのは，今日では難しくはない」…○　第5段落前半に一致する。　5.「中国とインドの人々は，新たなチョコレート事業を始める計画をしている」…×　そのような記述はない。
6.「チョコレート愛好家たちは，いつも新しいことに挑戦できない」…×　最終段落最終文参照。fail to ～「～できない，～しない」

2023年度／桐光学園高等学校

数学解答

1 (1) $-36x^3y$　(2) $\frac{11x+12y-3}{12}$

(3) $(3x+y-2)(3x-y+2)$

(4) $-22-5\sqrt{2}$　(5) $a=3$，$b=-10$

2 (1) 96　(2) $-\frac{5}{2}$　(3) 18

(4) 32点　(5) $2\sqrt{6}+2\sqrt{2}$　(6) $\frac{8\sqrt{3}}{3}$

3 (1) $\frac{5}{48}$　(2) $\frac{1}{8}$　(3) $\frac{13}{48}$

4 (1) $\frac{1}{3}$　(2) 27　(3) $3\sqrt{2}$

(4) $36\sqrt{2}\pi$

5 (1) (例)△ABCと△ACEにおいて，半円の弧に対する円周角だから，∠ACB＝90°　仮定より，∠AEC＝90°　よって，∠ACB＝∠AEC……①　共通な角なので，∠BAC＝∠CAE……②　①，②より，2組の角がそれぞれ等しいので，△ABC∽△ACE

(2) $\frac{18}{5}$　(3) $\frac{147}{50}$

1〔独立小問集合題〕

(1)＜式の計算＞与式$=\frac{27}{4}x^4y^3\times\frac{9}{4}x^2y^4\div\left(-\frac{27}{64}x^3y^6\right)=\frac{27x^4y^3}{4}\times\frac{9x^2y^4}{4}\times\left(-\frac{64}{27x^3y^6}\right)=-36x^3y$

(2)＜式の計算＞与式$=\frac{4(3x+y+1)+2(x+y-5)-3(x-2y-1)}{12}=\frac{12x+4y+4+2x+2y-10-3x+6y+3}{12}=\frac{11x+12y-3}{12}$

(3)＜式の計算―因数分解＞与式$=9x^2-(y^2-4y+4)=(3x)^2-(y-2)^2$として，$3x=A$，$y-2=B$とおくと，与式$=A^2-B^2=(A+B)(A-B)$となる。$A$，$B$をもとに戻して，与式$=\{3x+(y-2)\}\{3x-(y-2)\}=(3x+y-2)(3x-y+2)$である。

(4)＜数の計算＞与式$=(4-5\sqrt{2}+6\sqrt{2}-15)-(9+6\sqrt{2}+2)=(-11+\sqrt{2})-(11+6\sqrt{2})=-11+\sqrt{2}-11-6\sqrt{2}=-22-5\sqrt{2}$

(5)＜二次方程式―解の利用＞$x^2+x-12=0$，$(x+4)(x-3)=0$　$\therefore x=-4,\ 3$　よって，二次方程式$x^2+ax+b=0$の2つの解は$x=-4-1=-5$と$x=3-1=2$だから，それぞれをxに代入すると，$(-5)^2+a\times(-5)+b=0$より，$25-5a+b=0$……①，$2^2+a\times2+b=0$より，$4+2a+b=0$……②となる。②－①より，$4+2a-(25-5a)=0$，$-21+7a=0$，$7a=21$　$\therefore a=3$　これを①に代入して，$25-5\times3+b=0$，$10+b=0$　$\therefore b=-10$

2〔独立小問集合題〕

(1)＜連立方程式の応用＞左辺を因数分解すると，$(x+y)(x-y)=105$となる。x，yは自然数だから，$x+y$，$x-y$はともに整数で，$x+y>0$である。また，$x+y>x-y$である。よって，$(x+y,\ x-y)$の組は，$(105,\ 1)$，$(35,\ 3)$，$(21,\ 5)$，$(15,\ 7)$となる。$(x+y,\ x-y)=(105,\ 1)$のとき，$x+y=105$……①，$x-y=1$……②として，①，②の連立方程式を解くと，$x=53$，$y=52$となる。同様に，$(x+y,\ x-y)=(35,\ 3)$のとき，$x=19$，$y=16$，$(x+y,\ x-y)=(21,\ 5)$のとき，$x=13$，$y=8$，$(x+y,\ x-y)=(15,\ 7)$のとき，$x=11$，$y=4$となる。よって，求めるxの値の和は$53+19+13+11=96$である。

(2)＜関数―変化の割合＞一次関数$y=-4x+2$の変化の割合は，傾きより，-4で一定である。関数$y=2x^2$において，xの値がaから$a+3$まで増加するとき，xの増加量は$(a+3)-a=3$，yの増加量は$2(a+3)^2-2a^2=2(a^2+6a+9)-2a^2=2a^2+12a+18-2a^2=12a+18$だから，変化の割合は$\frac{12a+18}{3}=4a+6$となる。よって，$4a+6=-4$が成り立ち，$a=-\frac{5}{2}$となる。

(3)<数の性質>aは6でわると5余る正の整数なので，nを0以上の整数とすると，$a=6n+5$と表せる。よって，$9a=9(6n+5)=54n+45=27\times2n+27+18=27\times(2n+1)+18$と表せ，$2n+1$は整数だから，$9a$を27でわったときの余りは18である。

(4)<データの活用―四分位範囲>〔四分位範囲〕=〔第3四分位数〕−〔第1四分位数〕である。データは9個あり，第1四分位数は低い方から1～4番目の点数の中央値だから，低い方から2番目と3番目の点数の平均で$(42+56)\div2=49$(点)である。第3四分位数は低い方から7番目と8番目の点数の平均で，$(78+84)\div2=81$(点)である。よって，四分位範囲は$81-49=32$(点)となる。

(5)<空間図形―長さ>円錐の側面を母線OAで切り開いた展開図は，右図1のようなおうぎ形となる。円錐の点Aに当たる点をA，A′，円錐の点Cに当たる点をC，C′とする。円錐の側面を点Aから点Cを通り点Bまでかけたひもの最短の長さは線分AC′の長さと線分CBの長さの和AC′+CBとなる。ここで，図1のおうぎ形の中心角をxとすると，底面の円の直径が2で，底面の円の周の長さとおうぎ形の弧の長さが等しいことから，$2\pi\times4\times\frac{x}{360^\circ}=2\pi$が成り立ち，$x=90^\circ$となる。よって，△AOC′は直角三角形で，$\mathrm{OC'}:\mathrm{OA'}=\mathrm{OC}:\mathrm{OA}=1:\sqrt{2}$より，$\mathrm{OC'}=\mathrm{OC}=\frac{1}{\sqrt{2}}\mathrm{OA}=\frac{1}{\sqrt{2}}\times4=2\sqrt{2}$だから，三平方の定理より，$\mathrm{AC'}=\sqrt{\mathrm{OA}^2+\mathrm{OC'}^2}=\sqrt{4^2+(2\sqrt{2})^2}=\sqrt{24}=2\sqrt{6}$となる。線分ABは円錐の底面の円の直径だから，図1で，$\overset{\frown}{\mathrm{AB}}=\overset{\frown}{\mathrm{A'B}}$であり，$\angle\mathrm{COB}=\frac{1}{2}\angle\mathrm{AOA'}=\frac{1}{2}\times90^\circ=45^\circ$となる。これと，$\mathrm{OC}:\mathrm{OB}=\mathrm{OC}:\mathrm{OA}=1:\sqrt{2}$より，△OCBは直角二等辺三角形だから，$\mathrm{CB}=\mathrm{OC}=2\sqrt{2}$である。したがって，求めるひもの長さは$2\sqrt{6}+2\sqrt{2}$である。

図1

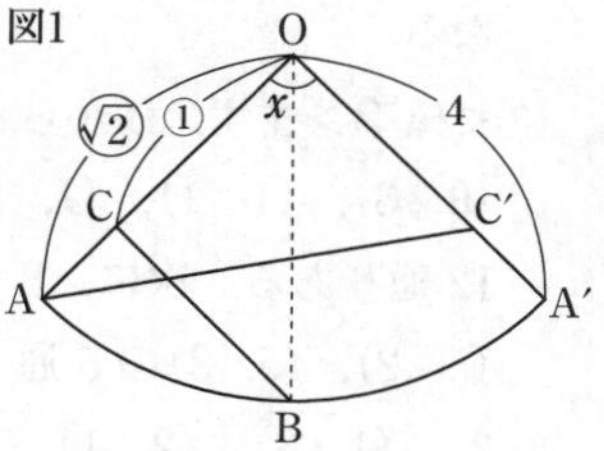

(6)<空間図形―長さ>右図2で，点Bから3点D，E，Gを通る平面に引いた垂線の長さは，三角錐B-DEGの底面を△DEGと見たときの高さである。三角錐B-DEGは立方体から4つの合同な三角錐A-BDE，C-BDG，F-BEG，H-DEGを除いた立体であり，三角錐A-BDEの底面を△ABDと見ると高さはAEとなるから，〔三角錐A-BDE〕$=\frac{1}{3}\times\left(\frac{1}{2}\times4\times4\right)\times4=\frac{32}{3}$となる。これより，〔三角錐B-DEG〕$=4^3-\frac{32}{3}\times4=\frac{64}{3}$である。また，DE，EG，DGはいずれも等しい辺の長さが4の直角二等辺三角形の斜辺で等しいから，△DEGは1辺が$\mathrm{DE}=\sqrt{2}\mathrm{AD}=\sqrt{2}\times4=4\sqrt{2}$の正三角形である。ここで，図2のように，点Eから辺DGに垂線EIを引くと，△EDIは3辺の比が$1:2:\sqrt{3}$の直角三角形となるから，△DEGの高さは$\frac{\sqrt{3}}{2}\mathrm{DE}=\frac{\sqrt{3}}{2}\times4\sqrt{2}=2\sqrt{6}$であり，$\triangle\mathrm{DEG}=\frac{1}{2}\times4\sqrt{2}\times2\sqrt{6}=8\sqrt{3}$となる。よって，求める垂線の長さを$h$とすると，$\frac{1}{3}\times\triangle\mathrm{DEG}\times h=$〔三角錐B-DEG〕より，$\frac{1}{3}\times8\sqrt{3}\times h=\frac{64}{3}$が成り立ち，$h=\frac{8\sqrt{3}}{3}$となる。

図2

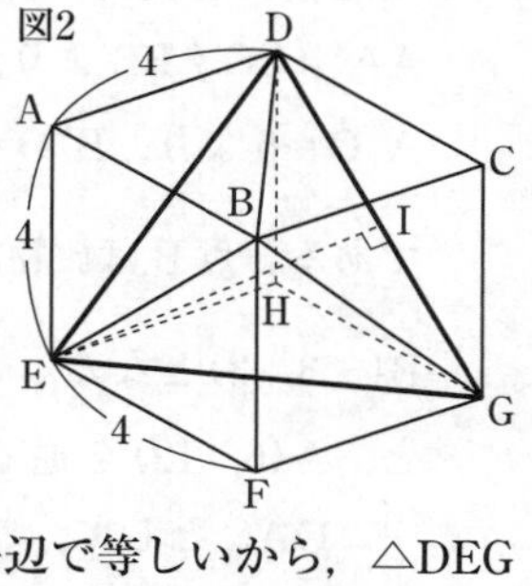

3 〔データの活用―確率―カード〕

(1)<確率>全てのカードの取り出し方は$6\times4\times4=96$(通り)ある。$d<0$となるのは，Bから−が書かれたカードを取り出し，Cから取り出したカードに書かれた数が，Aから取り出したカードに書か

れた数より大きい場合である。よって，Bからのカードの取り出し方は1通りで，A，Cからの取り出し方は(A，C)＝(0，1)，(0，2)，(0，3)，(0，4)，(1，2)，(1，3)，(1，4)，(2，3)，(2，4)，(3，4)の10通りあるから，$d<0$となる場合は$1\times10=10$(通り)あり，求める確率は$\frac{10}{96}=\frac{5}{48}$となる。

(2)＜確率＞まず，Bから＋が書かれたカードを取り出す場合，$d=0$になることはない。次に，Bから－が書かれたカードを取り出す場合，$d=0$になるのは，(A，C)＝(1，1)，(2，2)，(3，3)，(4，4)の4通りある。さらに，Bから×または÷のカードを取り出す場合，$d=0$になるのはどちらの場合もAから0を取り出すときだから，(A，C)＝(0，1)，(0，2)，(0，3)，(0，4)の4通りずつある。よって，$d=0$になるカードの取り出し方は$4+4\times2=12$(通り)あるので，求める確率は$\frac{12}{96}=\frac{1}{8}$となる。

(3)＜確率＞まず，Bから＋が書かれたカードを取り出す場合，dが素数となるのは，(A，C)＝(0，2)，(0，3)，(1，1)，(1，2)，(1，4)，(2，1)，(2，3)，(3，2)，(3，4)，(4，1)，(4，3)，(5，2)の12通りある。次に，Bから－が書かれたカードを取り出す場合，(A，C)＝(3，1)，(4，1)，(4，2)，(5，2)，(5，3)の5通りある。さらに，Bから × が書かれたカードを取り出す場合，(A，C)＝(1，2)，(1，3)，(2，1)，(3，1)，(5，1)の5通りあり，Bから ÷ が書かれたカードを取り出す場合，(A，C)＝(2，1)，(3，1)，(4，2)，(5，1)の4通りある。よって，dが素数となる取り出し方は$12+5+5+4=26$(通り)あるから，求める確率は$\frac{26}{96}=\frac{13}{48}$となる。

4 〔関数―関数$y=ax^2$と一次関数のグラフ〕

≪基本方針の決定≫(3)　OB⊥ABであることに気づきたい。

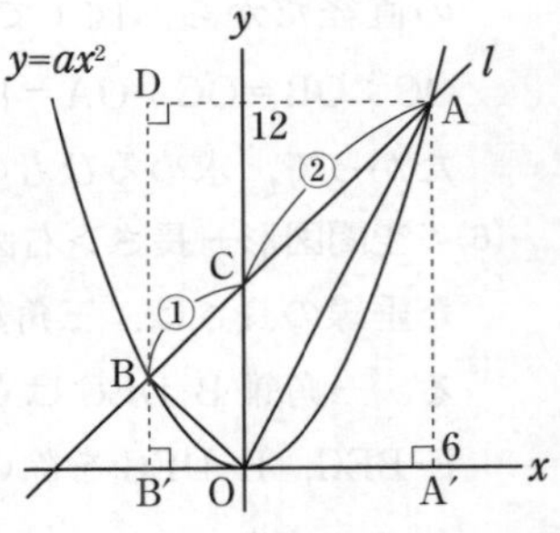

(1)＜比例定数＞右図で，A(6，12)が放物線$y=ax^2$上にあるので，$12=a\times6^2$より，$a=\frac{1}{3}$となる。

(2)＜面積＞右図で，点A，点Bからx軸に垂線AA′，BB′を引くと，AA′∥CO∥BB′より，A′O：B′O＝AC：BC＝2：1となる。よって，A′O＝6より，B′O＝$\frac{1}{2}$A′O＝$\frac{1}{2}\times6=3$だから，点Bのx座標は-3である。点Bは放物線$y=\frac{1}{3}x^2$上の点なので，$y=\frac{1}{3}\times(-3)^2=3$より，B($-3$，3)となる。これより，直線ABの傾きは$\frac{12-3}{6-(-3)}=1$だから，その式を$y=x+b$とおくと，A(6，12)を通るので，$12=6+b$，$b=6$より，OC＝6となる。したがって，△OAB＝△OBC＋△OACとして，△OBC，△OACの底辺をOC＝6とすると，それぞれの高さは点B，Aのx座標より，3，6となるから，△OAB＝$\frac{1}{2}\times6\times3+\frac{1}{2}\times6\times6=27$である。

(3)＜長さ＞右上図で，(2)より，B(-3，3)だから，△OB′Bは直角二等辺三角形であり，∠OBB′＝45°となる。また，点Aを通りx軸に平行な直線と直線BB′の交点をDとすると，D(-3，12)となり，AD＝$6-(-3)=9$，DB＝$12-3=9$より，△ADBはAD＝DBの直角二等辺三角形だから，∠ABD＝45°となる。よって，∠OBA＝180°－∠OBB′－∠ABD＝180°－45°－45°＝90°だから，OB⊥ABである。したがって，OB＝$\sqrt{2}$OB′＝$\sqrt{2}\times3=3\sqrt{2}$だから，求める垂線の長さは$3\sqrt{2}$となる。

≪別解≫図で，原点Oから直線lに引いた垂線の長さは，△OABで辺ABを底辺と見たときの高さである。よって，△ADBがAD＝DB＝9の直角二等辺三角形で，AB＝$\sqrt{2}$AD＝$\sqrt{2}\times9=9\sqrt{2}$より，求める垂線の長さを$h$とすると，△OABの面積について，$\frac{1}{2}\times 9\sqrt{2}\times h=27$が成り立ち，$h=3\sqrt{2}$となる。

(4)＜体積＞前ページの図で，△OACを直線lを軸に1回転させてできる立体は，(3)より$\angle OBA=90^\circ$だから，△OABを1回転させてできる円錐から△OBCを1回転させてできる円錐を除いた立体である。(3)より，$OB=3\sqrt{2}$，$AB=\sqrt{2}AD=\sqrt{2}\times 9=9\sqrt{2}$，$BC=\frac{1}{2+1}AB=\frac{1}{3}\times 9\sqrt{2}=3\sqrt{2}$なので，求める立体の体積は$\frac{1}{3}\pi\times(3\sqrt{2})^2\times 9\sqrt{2}-\frac{1}{3}\pi\times(3\sqrt{2})^2\times 3\sqrt{2}=36\sqrt{2}\pi$となる。

5〔平面図形―円と三角形〕

≪基本方針の決定≫(3)　△CGFと相似な三角形を見つけよう。

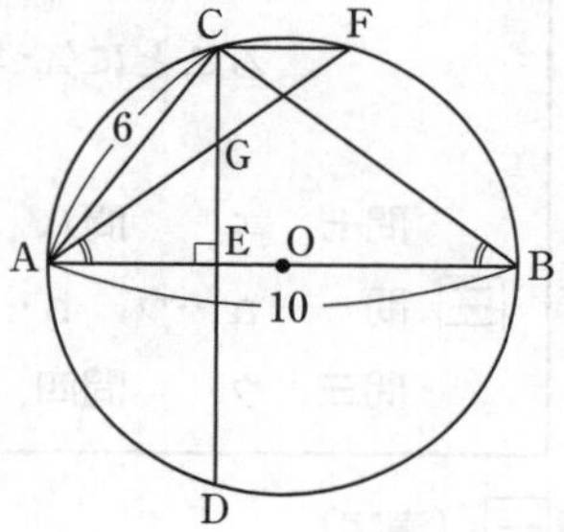

(1)＜証明＞右図で，線分ABは直径だから，$\angle ACB=90^\circ$である。解答参照。

(2)＜長さ＞右図で，△ABC∽△ACEより，$AC:AE=AB:AC=10:6=5:3$だから，$AE=\frac{3}{5}AC=\frac{3}{5}\times 6=\frac{18}{5}$である。

(3)＜面積＞右図で，△ABCは$\angle ACB=90^\circ$の直角三角形だから，三平方の定理より，$BC=\sqrt{AB^2-AC^2}=\sqrt{10^2-6^2}=\sqrt{64}=8$である。△ABC∽△ACEより，$BC:CE=AB:AC=5:3$だから，$CE=\frac{3}{5}BC=\frac{3}{5}\times 8=\frac{24}{5}$となる。また，△GAEと△ABCにおいて，$\angle GEA=\angle ACB=90^\circ$，$\angle GAE=\angle ABC$より，2組の角がそれぞれ等しいから，△GAE∽△ABCとなる。よって，$GE:AC=AE:BC=\frac{18}{5}:8=9:20$より，$GE=\frac{9}{20}AC=\frac{9}{20}\times 6=\frac{27}{10}$となり，$CG=CE-GE=\frac{24}{5}-\frac{27}{10}=\frac{21}{10}$である。さらに，△GFCと△GAEにおいて，$\angle CGF=\angle EGA$(対頂角)であり，$\overset{\frown}{AC}$に対する円周角より$\angle CFG=\angle ABC$となるから，$\angle EAG=\angle ABC$より，$\angle CFG=\angle EAG$である。よって，2組の角がそれぞれ等しいので，△GFC∽△GAEである。したがって，$\angle FCG=\angle AEG=90^\circ$で，$FC:AE=CG:EG=\frac{21}{10}:\frac{27}{10}=7:9$より，$FC=\frac{7}{9}AE=\frac{7}{9}\times\frac{18}{5}=\frac{14}{5}$となるから，$\triangle CGF=\frac{1}{2}\times CG\times FC=\frac{1}{2}\times\frac{21}{10}\times\frac{14}{5}=\frac{147}{50}$である。

国語解答

一　あ　駆逐　　い　特異　　う　獲得

え　搭乗　　お　皆目

二　問一　イ　　問二　ア　　問三　ウ

問四　イ　　問五　ア

問六　特定の文脈でしか使えない製品によって人々の生活が徹底的に規定され，しかも生活が規定されていることに気づかないような空間。（60字）

問七　エ　　問八　ア，ウ

三　問一　a…ウ　b…ウ　　問二　ア

問三　ウ　　問四　エ　　問五　ア

問六　エ

問七　X　生きようとする気力を失い，死の恐怖に襲われている様子。

Y　夫と娘の心ない言葉を聞いて，生きようとする気力を自ら放棄している様子。

四　問一　a…ア　b…ア

問二　ウ　　問三　エ

問四　(1)　夫の命を助

(2)　(右参照)

問五　エ，カ

欲二以レ身当レ之

一〔漢字〕

あ「駆逐」は，敵の勢力などを追い払うこと。　い「特異」は，他と比べて優れていること。　う「獲得」は，努力の結果として手に入れること。　え「搭乗」は，航空機などに乗り込むこと。　お「皆目」は，全く，という意味。

二〔論説文の読解―自然科学的分野―技術〕出典；戸谷洋志『スマートな悪　技術と暴力について』「『スマート』さの定義」。

≪本文の概要≫smartは「鋭い」，さらに「賢さ」という意味合いへと変化したが，語源は「痛み」である。この「痛み」は，刃物によってもたらされるような，一挙に全身を支配するものであり，強制的にその痛みだけに人間の意識を集中させる。「痛み」という語の持つ「余計なこと」を取り除くという意味合いから，「鋭い」という意味への転化が引き起こされたのではないかと考えられる。例えば，鋭い刃物が余計なものを傷つけることなく目的を達成することができるように，人間のコミュニケーションにおける「鋭い」も，相手に余計なことを話させないというニュアンスがある。スマートなものの「賢さ」とは，痛みによる感覚の占拠のように，余計なことを考えたり感じたりする必要がなくなることである。そのため人間は，自分の生活から思い煩いを取り除くため，スマートなテクノロジーや製品を受け入れようとする。その一方で，提供される製品は人間をさまざまなものとの関わりから切断し，人間は自分が享受しているサービス以外には何も感じられなくなる。このように，私たちが，スマートさを重視するテクノロジーによって生活スタイル全体までも徹底的に規定されており，それに気づかずにいることは，問題である。

問一＜文章内容＞刃物で切られたり，神経を切断されたりしたときの「一挙に全身を支配する痛み」は，それ以外の感覚を「私」から排除し，「『私』を自分自身とだけ関係させるよう強いる」ものである。

問二＜文章内容＞人は，痛みを感じていないときは，他の感覚によってもたらされる刺激により，なかなか一つの感覚に集中できない「感覚の散逸した状態」にある。一方，痛みを感じているときは，感覚が痛みに集中するので，痛み以外の感覚から解放された状態になる。

問三＜文章内容＞鋭い刃物が「余計なものを傷つけることなく，目的を達成することができる」ように，「鋭い批判」も，批判された者が「余計な説明を省略」できるような，核心を突くものである。いずれの「鋭い」も，「『余計なこと』を配慮する必要がない」という点で，共通している。

問四＜文章内容＞スマートデバイスの「賢さ」とは，ユーザーをさまざまな煩わしさから解放することに主眼があり，デバイスの性能が高くても，「人間に対してその使い方をあれこれ考えさせる」ようなものは，スマートとは呼べない。

問五＜文章内容＞テクノロジーによって人間社会の中で必要なものだけを残し，不必要なものを排除しようとする行為は，人間をサービスを受け取る受動的なだけの存在にするものであるが，そこでは，「スマートさ」の語源である「痛み」，つまり，無自覚のうちに感覚が占拠されるのと同じことが起きているのである。

問六＜文章内容＞特定の使い方が決まっている製品が提供されることで，人々の生活スタイル全体が徹底的に規定されているにもかかわらず，誰もライフスタイルが製品によって規定されていることに気づかなくなっているのである。

問七＜表現＞「痛み」を感じることと「不感症」は反対のように見えるが，自分の周囲とのさまざまな関わりを感じられなくなるという意味で，「痛み」と「不感症」は表裏一体の関係にあると考えられる。

問八＜文章内容＞「痛み」と「不感症」が，他の余計なものを考えられない状態であるのと同じように，スマートな製品は，自分が目的とする情報だけを容易に入手できるものの，目的を達成するまでの過程で得られるそれ以外の情報をいっさい遮断している。

三〔小説の読解〕出典；彩瀬まる『月がふたつ』（『新しい星』所収）。

問一＜語句＞ａ．「わななく」は，体や手足が恐怖や緊張で震える，という意味。　ｂ．「居たたまれない」は，その場にとどまっていられない気分であるさま。

問二＜文章内容＞菜緒は，母親が大病を患っており，死んでしまうかもしれないという事実に恐れを感じたが，母から「菜緒の結婚式を見るまで死なない」と言われ，母の死がまだ遠い先のことであると知り，少し安心したものの，それでも不安をこらえようと唇に力を入れて何とかうなずいた。

問三＜表現＞生命力あふれる菜の花を境として，健康的に日々を暮らしているように見える人々と，病に侵され思うような生活ができない茅乃の姿を対比することで，茅乃の抱く孤独感や悲しみが表現されている。

問四＜心情＞茅乃は，実際にはおばあちゃんになるまで生きられるかわからないのに，立ち上がる動作にさえ慎重さを強いられている自分の境遇が嫌になり，「おばあちゃんみたい」という言葉が口をついて出た。

問五＜文章内容＞うそをついていると指摘すると反発してきた菜緒の態度に，茅乃はいらだちを感じ，「乱暴に席を立ち，洗い場のタオルをにぎっ」て問い直すほど，感情的になったのである。

問六＜文章内容＞茅乃は，菜緒に対して「自分が悪いくせに泣く」ような「いやなずるさが染みついている」とまで感じるほどの「嵐のような怒り」を覚えていたが，菜緒にご飯を食べてもらいたいという気持ちを取り戻した。しかし，かたくなに閉じこもった菜緒の姿を見ると，今声をかけて菜緒が出てきても，先ほどと同じように「また口論になって終わりだ」と思い，少し時間を置いた方がお互いに冷静に話せるのではないかと考えた。

問七＜表現＞Xでは，茅乃は，新薬の開発というわずかな可能性に期待して，「黒い川」という自分の死の恐怖に立ち向かい，生きる気力を失わないでいようという意欲を何とか保てている。しかし，Yでは，手を洗わないことすら命の危機につながりかねないことを理解しない菜緒の振る舞いや「うんざりした口調」で茅乃のことを話す良輔の言葉に接して，「私が早く死んだ方が，夫も娘も楽になれるんじゃないか」と生きることを諦めそうになっている。

四〔古文の読解─物語／漢文の読解〕出典；〈甲〉『源平盛衰記』巻十九／〈乙〉『古列女伝』巻五。

〈甲〉≪現代語訳≫昔，唐で東帰の節女と言われたのは，長安の大昌里人という者の妻であった。その夫に敵がいた。常に(大昌里人の様子を)探っていたけれども殺すことができない。敵は，節女の父を縛って節女を呼び出して，「お前の夫は私の大敵である。その夫を私に差し出さなければお前の父を殺そう」と言ったので，節女が答えて言うことには，「私は，夫を助けるために，どうして育ての父を殺させましょうか。すぐにあなたのために私の夫を殺させましょう。私はいつも二階で寝ています。夫は〈東〉向きに寝て，私は〈西〉向きに寝ています。(あなたは)必ず来て〈東〉向き(に横になっている方)を切りなさい」と教えて，家に帰って(節女が)思うことには，父には愛情深く育ててくれた感謝の心が深く，夫には長年連れ添ってきた愛情が浅くない。夫の命を助けようとすれば父の命を危険にし，父の身を守ろうとすれば夫の身をほろぼすことになる。しかし，父を助けるために夫を敵に与えた，私もまた夫の命の代わりになろうとして，自ら東を向いて寝て，夫を西向きに寝かせた。敵が(部屋に)入ってきて，すぐに東向き(に寝ている者の首)を切って家に帰り，朝になってこれを見たところ，夫の首ではなく，妻の頭である。敵は大いに悲しんで，「この女は父のための孝行の心があり，夫のための忠義の心がある。私はどうすればいいのだろうか」と言う。とうとう節女の夫を招いて，長く続いた骨肉の争いの和解をした。

〈乙〉≪書き下し文≫京師節女は，長安大昌里の人の妻なり。其の夫に仇人有り。其の夫に報いんと欲すれども道無し。径に其の妻の仁孝にして義有るを聞く。乃ち其の妻の父を劫ひ，其の女に要りて中譋を為さしめんとす。父其の女を呼びて之を告ぐ。女計り念ふに，「之を聴かざれば則ち父を殺して，不孝なり。之を聴かば則ち夫を殺して，不義なり。不孝不義なれば，生くると雖も以て世に行ふべからずと。身を以て之に当たらんと欲す。乃ち且に許諾して夜楼上に在りて新たに沐して，東首して臥すは則ち是れなり。妾請ふ，戸牖を開きて之を待たん」と。其の家に還り，乃ち其の夫を譎りて，他所に臥さしむ。因りて自ら沐して楼上に居り，東首して戸牖を開きて臥す。夜半，仇家果たして至り，頭を断ち持ち去る。明けて之を視れば，乃ち其の妻の頭なり。仇人之を哀痛し，以て義有りと為し，遂に釈して其の夫を殺さず。

≪現代語訳≫京師の節女は，長安の大昌里の人の妻である。その夫に敵がいた。(敵は)その夫(＝大昌里人)に報復しようとしていたが思いどおりにはいかなかった。(敵は)道端で彼の妻が思いやりや孝行心があって義を重んじる人であると聞いた。そこで(敵は)その妻の父を誘拐し，その娘(＝大昌里人の妻)に家の中の様子を探らせようとした。父はその娘を呼んでこれ(＝敵の要求)を言った。女はあれこれ考えを巡らせ，「これを聞かなければ父を殺すことになり，不孝である。これを聞き入れれば夫を殺すことになり，不義である。不孝と不義であるので，（父か夫のどちらが）生きるとしても従うことはできない。我が身をもってこれに当たろうと思う。そこで（敵の要求を）受け入れると見せかけて夜に二階に上がり洗髪して，東に向いて横になればこれ（＝夫）に見せかけることができる。私は入口を開け，どうかこれ（＝敵）が来るように待とう」と（考えた）。（妻は）家に帰り，そういうわけで夫をだまして，よその部屋に寝かせた。そこで自ら洗髪して二階に上がり，東を向いて入口を開けて寝た。真夜中に，敵が案の定家にやってきて，頭を切り落として持ち去った。夜が明けてこれを見ると，大昌里人の妻の頭である。敵はこれをとても悲しみ，義を示そうとして，その結果（夫を）許して彼女の夫を殺さなかった。

問一＜古語＞ａ．「すべからく」は，当然，ぜひとも，必ず，という意味。節女は父の命を救うため，大昌里人の敵に，必ず来て夫を殺すように言ったのである。　ｂ．「いかがせん」は，ここでは，どうしたらいいのだろうか，という意味。敵は，節女が父と夫を守るためにその身を犠牲にしたことを知って，自分はどうすればいいのかと嘆いたのである。

問二＜古文の内容理解＞節女は，敵に，夫が東向き，節女が西向きに寝ると教えたが，夫の身代わりになるため，自分が東向きに横になり，夫を西向きに寝かせたのである。

問三＜漢文の内容理解＞大昌里人の敵は，彼を殺そうと狙っていたが，その機会がなかなか得られないままであったので，大昌里人の妻の父を人質に取ることを思いついたのである。

問四⑴＜古文の内容理解＞節女は，夫を助けるために父を見捨てる行為は「不孝」であり，父を救うために夫を裏切る行為は「不義」であると考えた。　⑵＜漢文の訓読＞「身」→「以」→「之」→「当」→「欲」の順に読む。「身を以て」は，「身」から「以」に一字返るので，「以」にレ点を打つ。「之に当たらんと欲す」は，「之」から「当」に一字返るため，「当」にレ点を打つ。さらに「当」から「欲」に二字以上返るので，「当」に一点，「欲」に二点を打つ。

問五＜古文の内容理解・漢文の内容理解＞大昌里人の敵が人質にしたのは，大昌里人の妻の父である（ア…×）。大昌里人の敵が節女に迫ったのは，自分の父の命と夫の命のどちらを取るか，という選択である（イ…×）。節女は，父の命を救うため，夫の首を差し出すふりをした（ウ…×）。自らを犠牲にした大昌里人の妻の行為は，父に対して孝を，夫に対して義を示すものだったので，「節女」と称えられた（エ…○）。節女は，自らの意志で夫の身代わりとなったのである（オ…×）。父や夫に対する節女の思いやりに心を打たれた大昌里人の敵は，仇討ちを断念した（カ…○）。

Memo

Memo

Memo

2022年度 桐光学園高等学校

【英　語】（50分）〈満点：100点〉

注意　記述問題において句読点は１字扱いとします。また，数字は１けたにつき１字扱いとします。
（例：「２０２２年」は５字）

1　日本文を参考にしながら，以下の英文の下線部①～⑤の(　　　　)に入れるのに最もふさわしい語を答えなさい。ただし，与えられた文字で始まる語を書くこと。

For more than two ①(h　　　) years, in the traditional American classroom, a teacher stood at the ②(f　　　) of the class and lectured on a topic. Students sat in their chairs, listened and took notes. For homework students ③(r　　　) their textbooks. They memorized information and took tests to show what they learned. Traditional education taught people to believe that being intelligent meant remembering information and writing about it. Society thought that people without strong ④(l　　　) or mathematical skills were less intelligent, even if they had other abilities such as ⑤(d　　　), building, or working with animals.

200年以上もの間，従来のアメリカの教室では，教師がクラスの前に立ち，ある話題について講義をした。生徒は椅子に座って話を聞き，メモを取った。宿題をするために生徒は教科書を読んだ。彼らは知識を記憶し，テストを受けて覚えたことを示した。従来の教育では，人々は，知能が高いということは知識を記憶し，それについて書くことができるということを意味すると信じるよう教わった。社会は，たとえ絵を描いたり，ものを造ったり，動物と一緒に仕事ができるといった別の能力があったとしても，言語や数学の優れた能力がない人は知能が低いと考えていた。

2 次の(a)～(e)の文で，（　　　　）に入れるのに最も ふさわしいものを１～４の中から１つずつ選び，番号で答えなさい。

(a) A：Andy, can I (　　　　) your dictionary?

B：Sure.　You can use the one on my desk.

1. bring　　2. borrow　　3. look　　4. lent

(b) Sam watched TV (　　　　) his mother told him to go to bed.

1. that　　2. during　　3. still　　4. until

(c) A：Excuse me, but where is the Smithsonian National Zoo?

B：Go straight (　　　　) this street for three blocks, and you'll see it on your right.

1. ahead　　2. above　　3. along　　4. about

(d) This old car is more expensive than (　　　　) other car in this shop.

1. all　　2. any　　3. each　　4. else

(e) Let's have lunch at the restaurant after the meeting is (　　　　).

1. over　　2. away　　3. down　　4. on

3 次の(a)～(e)の会話文で，（　　　　）に入れるのに最もふさわしいものを１～４の中から１つずつ選び，番号で答えなさい。

(a) A：May I take your order?

B：(　　　　　　　　　　) What is today's special?

A：Today, it's roast chicken.

1. No, thank you.
2. Check, please.
3. Let me see.
4. Yes, I do.

(b) A：Have you seen Judy recently?

B：Not since last week.　Why?

A：(　　　　　　　　　　　)

B：Really?　That's news to me.

1. I hope so.
2. I'm just asking.
3. I thought you knew the news.
4. I heard she's moving.

(c) A：Nice weather today, isn't it?

B：(　　　　　　　　　　　)

A：That's perfect for cycling.

1. And we will go up a lot of hills.
2. And there's no wind.
3. And my tires need air.
4. And it will be rainy soon.

(d) A：I'm thinking about giving Jack a coffee machine for his birthday.

B：(　　　　　　　　　　　)

A：Really?　Then I'll find something else.

1. He got one last month.
2. He likes coffee very much.
3. He will like the machine.
4. He may use the machine.

(e) A：I thought you were going to the library today.

B：I wanted to, but I have no car.

A：That's too bad. I can drive you there.

B：(　　　　　　　　　　)

1. That'll be a great help.
2. I don't know how to drive.
3. I wanted to walk alone.
4. My car will take us to the library.

4

次の(a)〜(c)の日本文の意味に合うように英文をつくるとき，（　イ　）（　ロ　）に入れるのに最もふさわしい語をそれぞれ答えなさい。

(a) 私は富士山のふもとで生まれ育った。

I was born and brought（　イ　）at the（　ロ　）of Mt. Fuji.

(b) ケンはなんてテニスが上手なんでしょう。

（　イ　）（　ロ　）Ken plays tennis!

(c) 私はこれからは健康に気をつけようと思う。

I will take care of（　イ　）（　ロ　）now on.

5

次の(a)〜(c)の日本文に合うように１〜７を並べかえて英文をつくるとき，（　イ　）（　ロ　）に入れるものをそれぞれ番号で答えなさい。ただし，文頭にくるものも小文字にしてあります。

(a) 私はあなたの手紙を受け取ってうれしいです。

（　　）（　　）（　　）（　イ　）（　　）（　ロ　）（　　）.

1. from	2. happy	3. me	4. you
5. has	6. the letter	7. made	

(b) 昨日は一昨日よりもずっと気分が良かった。

I felt (イ) (　　) (ロ) (　　) (　　) (　　) yesterday.

1. than　　2. before　　3. better　　4. the

5. much　　6. day　　7. yesterday

(c) 私たちは10年前に知り合いました。

(　　) (　　) (イ) (　　) (　　) (ロ) (　　) years.

1. known　　2. other　　3. ten　　4. have

5. we　　6. for　　7. each

6 次の日本文を英語に直しなさい。なお，(　　)に与えられた語をそのままの形で順に用いること。

この動物は英語で何と呼ぶか知っていますか。

(you / called)

7 次の英文を読み，設問に答えなさい。

Alex walked the several blocks to his house as quickly as he could. When he finally got home, he closed the door behind him and *leaned against it. He was tired. His wife was already asleep in bed. His dinner was on the table, but it was cold. As he took his jacket off and put his bag down, he *sighed. It was a terrible day.

Just then, he noticed his 5-year-old son standing at the door.

"Daddy, why do you always come home so late?" his son asked.

"I was working on something very important, Son," Alex said, with another sigh.

"How much money do you make an hour, Daddy?" his son asked.

"(イ) That's none of your business!" Alex said, angrily. "What are you doing up so late! You should be in bed now! Go to bed!" The boy was surprised by his father's anger. He started crying and ran up the stairs.

Alex went to the table and started to eat his cold dinner. After a moment, (ロ). "Was I too hard on him? I had a bad day, but it was not because of him. I didn't spend much time with him. I should be nicer to him." Alex thought.

Alex went upstairs and knocked on the door to his son's room.

"Son? Are you still *awake?" he asked.

"Yeah," his son said quietly.

"Can I come in?" Alex asked.

"Yeah," his son said again.

Alex opened the door and walked in. His son was in bed. Now he was not crying, but his eyes were still wet with tears.

"I'm sorry I got angry with you. I didn't mean it. It's just that Daddy's working on something very important and today was a very difficult day," Alex said.

His son nodded, but didn't say anything.

"If you want to know, I make twenty dollars an hour," Alex said.

"Could I have ten dollars, then?" his son asked.

"What?" Alex said angrily. "(ハ) Well, that explains it. You wanted to ask me for money, right?"

His son started to cry again. Alex *immediately felt bad about getting angry again. He was so tired. He didn't understand why his son was asking for money, but he was too tired to care. He just wanted to go to sleep. He had another long day ahead of him tomorrow. He had a lot of work to do.

"(ニ) Look, Son, I'm sorry. Here's ten dollars," he said. He pulled a *bill out of his wallet and gave it to his son. His son immediately stopped crying. (ホ) With an excited face, he took the ten-dollar bill. Then, he reached under his *pillow and pulled out ten *wrinkled one-dollar bills. He put the money together and *held it out to his father.

"Can I buy an hour of your time, Daddy?" the son asked.

Alex was surprised. He had no idea that the boy missed him. He told his son to keep the money, and that there would be time to play together tomorrow.

"Do you promise, Daddy?" the boy asked.

"Yes Son, I promise. We'll play tomorrow. As many hours as you like," Alex said. He tucked his son into bed and gave him a kiss. As Alex got into bed, he said to his sleeping wife, "(ヘ) I'm going to call in sick tomorrow..."

【注】 lean 寄りかかる　sigh ため息・ため息をつく
awake 起きている　immediately すぐに　bill 紙幣
pillow 枕　wrinkled しわくちゃの　hold ～ out ～を差し出す

［設問］

(a) 下線部(イ)の意味に最も近いものを次の１～４の中から１つ選び，番号で答えなさい。

1. No one in my family knows about my business!
2. You're not old enough to work for a company!
3. I don't make as much money as you!
4. It's not something that you need to know!

(b) 空所（　ロ　）に入れるのに最もふさわしいものを次の１～４の中から１つ選び，番号で答えなさい。

1. he put his fork down
2. he felt angry at his son again
3. he counted his money
4. he forgot all about it

(c) 下線部(ハ)の意味に最も近いものを次の１～４の中から１つ選び，番号で答えなさい。

1. そのお金が必要な理由を言いなさい。
2. 私の給料を聞いたのはお金が欲しいからだろう。
3. お前が知りたいのはお金のことではなかったのだな。
4. お前は私にお金を稼いできて欲しいだけなのか。

(d) 下線部(ニ)のように言ったときの Alex の気持ちとして，最もふさわしいものを次の１～４の中から１つ選び，番号で答えなさい。

1. 息子の気持ちに応えてあげたい。
2. このやりとりを早く終わらせたい。
3. 息子を驚かせてやりたい。
4. 誤解していたことを許してもらいたい。

(e) 下線部(ホ)のように息子が反応した理由を 30 字以上 50 字以内の日本語で説明しなさい。**ただし，「１０ドル」という表現を必ず用いること。**

(f) 下線部(へ)の内容に最も近いものを次の１～４の中から１つ選び，番号で答えなさい。

1. I'm not going to work tomorrow.
2. I'm afraid I'll have a more difficult day tomorrow.
3. I'm going to see a doctor tomorrow.
4. I hope you will be better tomorrow.

(g) 本文の内容と一致するものを次の１～８の中から３つ選び，番号で答えなさい。

1. Alex was too busy at work to have much time with his family.
2. The son couldn't sleep well because he was worried about his father's health.
3. Alex didn't want his son to know that he made very little money.
4. The son couldn't tell his father his feelings at first when the father was angry.
5. Alex felt so terrible after a hard day's work that he was hard on his son.
6. The son put the money under the pillow as soon as he took it.
7. The son had a mistaken idea about his father's job.
8. Alex never understood why his son talked about money.

8 次の英文を読み，設問に答えなさい。

More and more research into the human-animal *bond shows how various cultures relate to animals and why. In all parts of the world, how people relate to animals depends on society, culture, and personal values.

The value a society gives to animals depends in large part on *economics. The human-animal bond is stronger in rich nations such as the United States, Canada, Germany, and England. The basic needs of people in these countries are satisfied, so they have enough money to take care of pets. (イ) They are also〔1. interested 2. be 3. in 4. position 5. a 6. to〕in animal *welfare and animal rights. In less-developed countries food, education, and health care are *scarce, and people are more likely to think that animals are important because they are useful.

Take a look at the human-animal bond *on a regional basis. In North America people don't seem to have a *consistent view of animals. Pets are family members for many people. For others, (ロ) they don't have any value at all.

Western Europeans have a more consistent view of animals than North Americans. Pets often go to stores and restaurants with their owners. There are *strict pet *ownership laws, and homeless animals are (ハ). Farm animals have greater *legal protection, and the animal rights movement is very (ニ).

Because Japan doesn't have much extra space, not many Japanese own pets, so pets are an expensive *luxury. As a result, the Japanese try to satisfy their wish for animal *companionship by renting dogs or buying one of the popular robotic pets.

The human-animal bond is weaker in parts of Southeast Asia. In some places, dogs are companions, but some Asian cultures use them as food.

In other parts of the world, especially in areas with little food, animals are not luxuries but are needed for (ホ). Africans think of animals as important tools because they are useful in their daily life. They use animals for *transportation, and cattle (cows and bulls) are a sign of *wealth.

When people first got interested in the human-animal bond, there wasn't much serious research, but that's changing. At the past two *International Conferences on Human-Animal Interactions most of the research was about positive views of the bond. These included the role of service animals and the human health *benefits of animal ownership. Some studies looked at the negative views including possible problems of pet ownership and dog phobia, or fear of dogs. Dr. Beaver is happy that scientists are doing research on the human-animal bond to find out what is good for people and good for animals, too.

【注】 bond 絆　　economics 経済　　welfare 幸福
scarce 不十分な　　on a regional basis 地域別で
consistent view 一貫した見方　　strict 厳しい　　ownership 所有
legal 法的な　　luxury ぜいたく品　　companionship 交友
transportation 輸送　　wealth 富
International Conferences on Human-Animal Interactions
ヒトと動物の関係に関する国際会議
benefit 利点

［設問］

(a) 下線部(イ)を本文の内容に合う英文になるように，〔　　　〕の１～６の語を並べかえたとき，３番目と５番目にくるものを番号で答えなさい。

(b) 下線部(ロ)の示す内容として，最もふさわしいものを次の１～４の中から１つ選び，番号で答えなさい。

1. family members　　2. many people

3. people in North America　　4. pets

(c) 空所（　ハ　），（　ニ　）に入れる語句の組み合わせとして，最もふさわしいものを次の１～４の中から１つ選び，番号で答えなさい。

1. (ハ) not seen　(ニ) slow　　2. (ハ) not common　(ニ) active

3. (ハ) often seen　(ニ) quick　　4. (ハ) common　(ニ) positive

(d) 空所（　ホ　）に入れるのに，最もふさわしいものを次の１～４の中から１つ選び，番号で答えなさい。

1. the friendship　2. the environment　3. survival　4. law

(e) 本文の内容と一致するものを次の１～８の中から３つ選び，番号で答えなさい。

1. In developed countries the human-animal bond is always stronger than in other countries.
2. In North America, more people own expensive pets as a sign of wealth.
3. In Japan, there are fewer pet owners than in other countries because they are satisfied with having popular robotic pets.
4. In Asian countries, animals are too expensive for ordinary people to own.
5. In some Asian cultures, animals such as dogs are eaten by people.
6. In Africa, animals are helpful and play important roles in their daily life.
7. The problems of pet ownership and dog phobia have become less serious.
8. Recently there have been studies on the human-animal bond that will show what brings happiness to both people and animals.

【数　学】（60分）〈満点：100点〉

注意　1．定規とコンパスは使用してはいけません。
　　　2．分数は最も簡単な分数で答えなさい。
　　　3．根号を用いた数は，最も簡単な式で答えなさい。
　　　4．円周率はπとします。

1　次の問いに答えなさい。

(1)　$\left(-\frac{3}{4}x^3y\right)^2\times 4xy\div\left(-\frac{3}{2}x^4y^3\right)$ を計算せよ。

(2)　$(\sqrt{3}+\sqrt{2})^2(\sqrt{3}-\sqrt{2})-\sqrt{2}$ を計算せよ。

(3)　$8x^2-8xy+2y^2$ を因数分解せよ。

(4)　連立方程式 $\begin{cases} 3x-y=5 \\ \frac{2x+y}{2}-\frac{y-x}{3}=1 \end{cases}$ を解け。

(5)　2次方程式 $\frac{1}{4}(x-1)^2+\frac{1}{2}(x-1)-\frac{3}{4}=0$ を解け。

2 次の問いに答えなさい。

(1) $\sqrt{27(15-2n)}$ が整数となるとき，自然数 n の値を求めよ。

(2) 関数 $y=-2x^2$ で，x の変域が $-1<x<3$ のとき，y の変域を求めよ。

(3) 6個の数字0，1，2，3，4，5がある。この中から異なる4個の数字を取り出して並べてできる4桁の整数のうち，奇数は全部で何個あるか。

(4) 図で，点Oは円の中心である。∠x の大きさを求めよ。

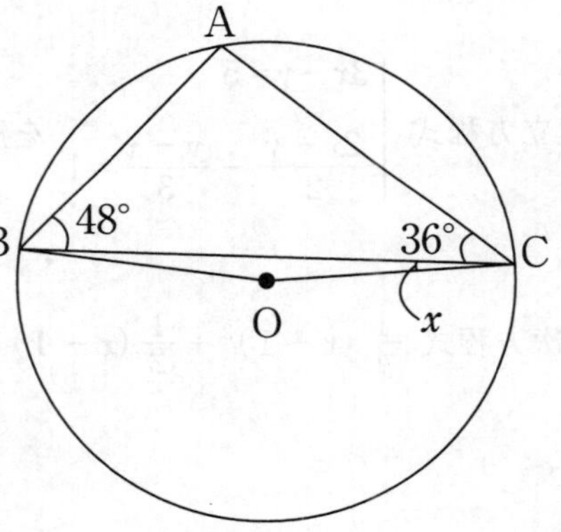

(5) 図のように，1辺の長さが4である正四面体ABCDがあり，辺ABの中点をMとする。点Mから平面ACDに下ろした垂線の長さを求めよ。

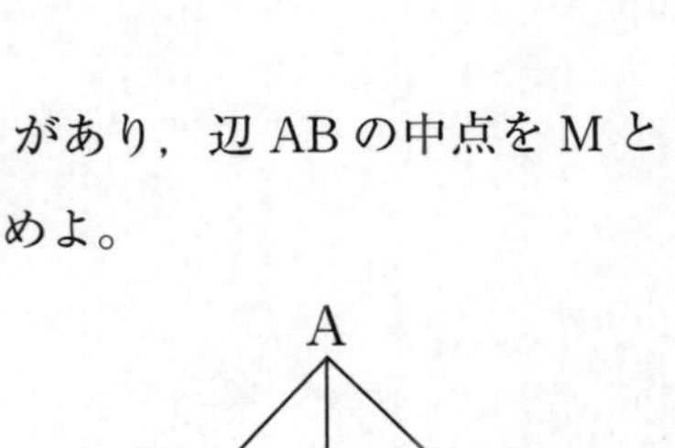

(6)　図のように，BC＝14，AC＝7の△ABCがある。辺BC上にBD＝6となる点Dをとり，点Aと結ぶとAD＝7となった。さらに線分AD上にAE＝3となる点Eをとり，EとCを結ぶ。

このとき，△ABC∽△ECDであることを次のように証明した。空欄アに当てはまるものを<u>下の選択肢㋐～㋓から</u>選び，空欄イに当てはまる三角形の相似条件を記入せよ。

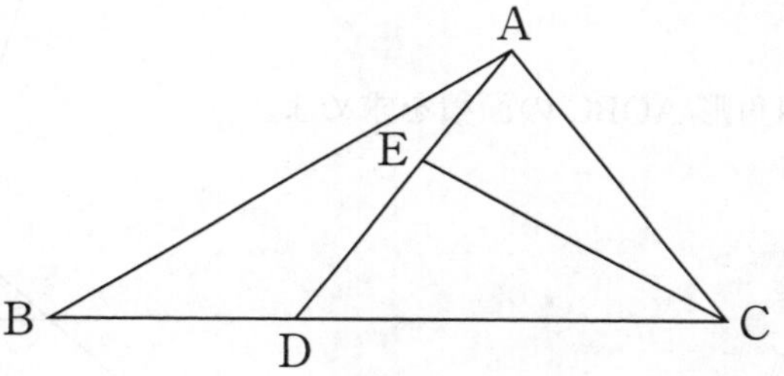

(証明)

△ABCと△ECDにおいて

仮定より

AC : ED ＝ 7 : 4　　……①

BC : CD ＝ 14 : 8 ＝ 7 : 4　　……②

△ADCは［　ア　］なので，

∠ACB ＝∠EDC　　……③

①，②，③より

［　　　　イ　　　　］。

よって，△ABC∽△ECD　　　　(終)

空欄アの選択肢

㋐直角二等辺三角形　㋑正三角形　㋒二等辺三角形　㋓直角三角形

3　大中小の3個のさいころを同時に投げ，出た目の数の積を考える。このとき，次の問いに答えなさい。

(1)　出た目の数の積が奇数となる確率を求めよ。

(2)　出た目の数の積が5の倍数となる確率を求めよ。

(3)　出た目の数の積が8の倍数となる確率を求めよ。

4　図のように，関数 $y=\frac{1}{2}x^2$ のグラフ上に３点Ａ，Ｂ，Ｃがあり，x 座標はそれぞれ -2，１，４である。２点Ａ，Ｃを通る直線を l とするとき，次の問いに答えなさい。

⑴　直線 l の式を求めよ。

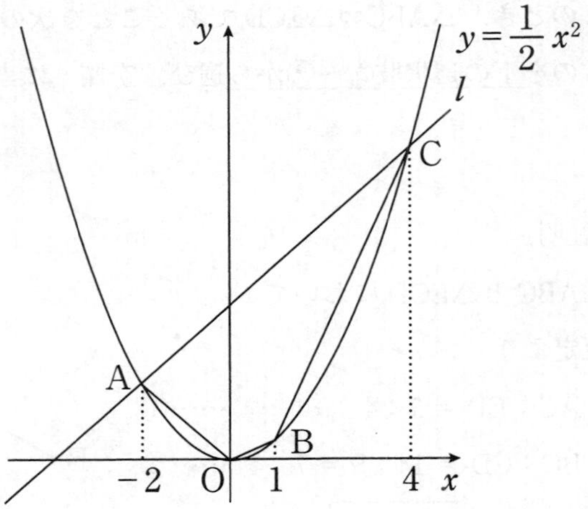

⑵　四角形AOBCの面積を求めよ。

⑶　点Ｐは直線 l 上にあり，その x 座標を a とする。四角形AOBCの面積と△OPAの面積が等しくなるとき，a の値を求めよ。ただし，$a>4$ とする。

5　図のように，ABを直径とする半径５の円Ｏがある。円周上に点Ｃをとり，△ABCの３つの辺に接する円の中心を点Ｐとする。$BP=2\sqrt{10}$ のとき，次の問いに答えなさい。

⑴　∠ACBの大きさを求めよ。

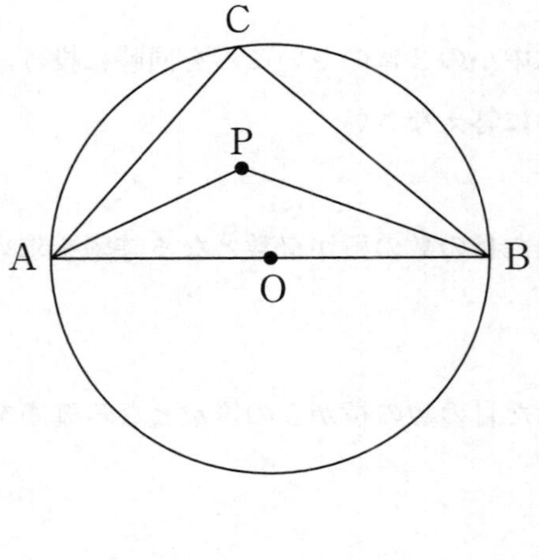

⑵　∠APBの大きさを求めよ。

⑶　線分APの長さを求めよ。

⑷　△ABCの３つの辺に接する円の半径を求めよ。

問三　――線2「不能更作」は「更に作る能はず」と読みます。これを参考にして、解答欄に返り点を付けなさい。

問四　===線「父を諫むる計《はか》りごと」とありますが、その内容は問題文〈乙〉ではどこに当たりますか。最も適当なものを次の中から選び、記号で答えなさい。

ア　常厭二父之不レ死
イ　作レ輦入レ父
ウ　齎下来載二祖父一輦上
エ　更還将二祖父一帰レ家

問五　問題文〈甲〉・〈乙〉を比較するといくつかの相違点が見られますが、その説明として最も適当なものを次の中から選び、記号で答えなさい。

ア　〈甲〉では「孝孫」の父が年老いた親を疎ましく思う気持ちから山へ捨てたとするのに対し、〈乙〉では父が妻に言われたから捨てたとする点が異なる。
イ　〈甲〉では「孝孫」が帰宅後に手輿（＝輦）を山へ取りに行って持ち帰ろうとしたのに対し、〈乙〉では山から帰る際に持ち帰っている点が異なる。
ウ　〈甲〉では「孝孫」が「父を捨てる時もこの手輿（＝輦）を使うために持ち帰る」と語るのに対し、〈乙〉では「新たに作れないから持ち帰る」と語る点が異なる。
エ　〈甲〉では父の誤った認識を改めさせた「孝孫」に注目しているのに対し、〈乙〉では命を軽んじるわが子をとがめる父に注目している点が異なる。

問六　元啓（＝原谷）は、なぜ「孝孫」と呼ばれたのですか。その理由として適当なものを次の中から二つ選び、記号で答えなさい。

ア　仲違いする親たちの間をうまく取り持ったから。
イ　親不幸な父の考え方を改めさせたから。
ウ　手輿（＝輦）を持ち帰り再利用したから。
エ　父の行動から将来取るべき行動を悟ったから。
オ　祖父の命が失われるのを防いだから。

四　問題文〈甲〉・〈乙〉を読んで、後の問いに答えなさい。なお、問題文〈乙〉については設問の都合上、送り仮名や返り点を省略した部分があります。

〈甲〉

漢朝に孝孫といふ者ありけり。年十三歳なりけるが、父、妻が詞《ことば》につきて、年たけたる親を山へ送つて捨てぬ。孝孫幼かりけれども心ある者にて、父を諫《いさ》めけれども父用ゐず。※1元啓《げんけい》と二人、親を※2手輿《たこし》に載せて山へ送りて捨てて帰る。元啓この輿を持ちて帰らんとす。父がいはく、「持ちて帰りて何かせん」とa制してければ、「父の年たけたまひたらん時、持ちて捨てんため」と言ひけるにb心づきて、我、父を捨てば、また我を学びて、我が捨てられんことを思ひて、また親を具して帰りて養ひけり。父を諫むる計《はか》りごと、まことに智恵深くこそ。

（『沙石集』巻第三）

〈乙〉

孝孫原谷者《は》楚人也。其ノ父不孝ナリ、常ニ厭《いと》フ㆓父之不ルヲ㆑死セ㆒。時ニ父作リ㆑輦《てぐるま》ヲ入レ㆑父ヲ、与《と》㆓原谷㆒共ニ担《にな》ヒテ、棄㆓置キテ山中ニ㆒還ル㆑家ニ。原谷走リ還リ、齎《も》テ㆘来《きた》レリ載セシ㆓祖父ヲ㆒輦ヲ㆖。1呵嘖シテ云フ、「何故ニ其レヲ持チ来ル耶《か》ト。」原谷答ヘテ云フ、「人ノ子ハ老父ヲ棄ツル㆑山ニ者也、我ガ父老イタル時、入レテ㆑之ニ将ニ㆑棄テントす。2不能更作。」爰《ここ》ニ父思㆓惟シ之ヲ㆒、更ニ還リ将《ひき》キテ㆓祖父ヲ㆒帰リ㆑家ニ、還《また》タ為《な》ス㆓孝子ト㆒。

（『孝子伝』舟橋家本）

※1　元啓《げんけい》…孝孫と呼ばれた者の名。〈乙〉では「原谷」とする。

※2　手輿《たこし》…人や荷物を載せ、人力で担ぐ車。〈乙〉の「輦」もこれに同じ。

問一　――線a「制してければ」・b「心づきて」とありますが、本文における意味として最も適当なものを次の中からそれぞれ選び、記号で答えなさい。

a　制してければ

ア　尋ねたところ

イ　止めたところ

ウ　忠告したところ

エ　押さえつけたところ

b　心づきて

ア　感心して

イ　思い悩んで

ウ　思い至って

エ　恐ろしくなって

問二　――線1「呵嘖云」とありますが、その主語として最も適当なものを次の中から選び、記号で答えなさい。

ア　原谷の父

イ　原谷の母

ウ　原谷の祖父

エ　原谷

の絵を描いていた時の自分の思いと共通する部分もあると感じている。

エ　最優秀賞を受賞した人のスピーチから、その人と震災との関係を知り、作品自体の良し悪しよりも、その作者の境遇が審査に影響しているのではないだろうかという疑念を抱いている。

オ　震災をテーマにした絵画コンクールであるにも関わらず、震災がどのような被害をもたらしたのかを明確に言葉にできないような東京の大人が審査を行うことについて、違和感を持っている。

問六　――線6「私から私が剝《は》がれていく感覚がした」とありますが、この時の「私」を説明したものとして最も適当なものを次の中から選び、記号で答えなさい。

ア　榊とのやりとりで、津波によって大きな被害を受けた人々がいるのに、水が押し寄せるような滝を題材として選んだ自分が無神経に感じられ、うろたえている。

イ　榊に自分の描いた絵をほめられ、賞を獲れなかったことは自分の画力の問題ではないと自信を取り戻し、安心して力が抜けていくような感覚になっている。

ウ　榊の言葉で、賞を獲れなかったのは自分が選んだ滝という題材のせいだと理解し、これまで信じていたものがなくなっていくような無力感におそわれている。

エ　勝手に美術室に入り、作者が目の前にいることにも気付かずに絵について持論を述べて去っていった榊の無遠慮な振舞いに対して、いらだちを抑えきれないでいる。

問七　――線7「蹴とばそう、と思った」・8「私は私の滝を抱きしめていた」とありますが、この間の「私」についての説明として最も適当なものを次の中から選び、記号で答えなさい。

ア　榊は絵をほめてくれたものの、コンクールでは昨年よりも下の賞だったことを思い出し、悔しさを晴らすため絵を蹴とばそうとしたが、その気持ちを原動力にしてさらに技術を高め、周囲に自分の画力を認めさせようと思い直し、絵を抱きしめている。

イ　これまで自分が真剣に絵に向き合ってきたことが馬鹿らしく感じられ、絵を壊してしまえばこんな気持ちになることもないだろうと思って蹴ろうとしたが、必死に描いてきた作品も自分自身の努力も否定しきれず、絵を抱きしめることで自分の複雑な感情を受け止めようとしている。

ウ　記者の質問やコンクールの審査基準など、腑《ふ》に落ちないことばかり続いたことに加え、榊の言葉にもいらだちを感じ、絵を描くことや絵そのものが嫌になって絵を蹴ろうとしたが、一生懸命に描いた絵が壊れてしまうのはもったいないと思い直し、絵を抱きしめている。

エ　自分が描きたいものではなく、周囲が求めるような題材を選ぶべきだったという後悔から絵を蹴り壊そうとしたが、絵そのものを評価してくれたみかちゃんや榊のことが頭をよぎり、あわてて絵を抱き留め、その人たちを大切にしようという思いを強くしている。

の場をやり過ごそうとしている。

イ　自分の思い通りの記事になるように質問の答えを誘導しようとする記者の態度に、いら立ちを募らせながらも、質問に本心を偽ることなく答えようとしている。

ウ　記者が、絵の技法に関する専門的なことや題材については何も質問してこないことに対して気分を害して、投げやりな返答ばかりしている。

エ　取材に緊張し、体もこわばっていたため、早く取材を終わらせてこの気持ちから解放されようと、質問にいい加減に答えてしまっている。

問三　――線3「私はこの絵を～言われたかったのだ」とありますが、これはどういうことですか。その説明として最も適当なものを次の中から選び、記号で答えなさい。

ア　絵を見た被災地の人々を元気づける力を持った絵であると認めてほしかったのだということ。

イ　コンクールに出展する絵を描きながらこの絵を描いた自分の努力を評価してほしかったのだということ。

ウ　作品集の表紙になるほどの絵を描いた自分の画力を認めてほしかったのだということ。

エ　作者やタイトルではなく、構図や技法など、絵そのものを評価してほしかったのだということ。

問四　――線4「この心につかえる～描き足した」とありますが、これはどういうことですか。その説明として最も適当なものを次の中から選び、記号で答えなさい。

ア　同級生や親戚たちなど、多くの人から注目を集めることを重圧に感じており、そのような感情を押し殺して、絵を描くことに神経を集中させようとしている。

イ　周りの人々は、自分の絵ではなく記者が書いた言葉に注目しているように感じられ、そんな自分の考えを打ち消そうとして絵を描くことに打ち込んでいる。

ウ　自分の描いた絵をほめてもらいたいという気持ちを浅ましいものと考え、そのような気持ちを抑えて純粋に絵を描くことと向き合おうとしている。

エ　震災で傷付いた人々の苦しみや悲しみを完全に理解することはできないが、そういった人々が希望を得られるような前向きな気持ちを、絵に表現しようとしている。

問五　――線5「高校生活最後のコンクール」とありますが、これに対する「私」の気持ちを述べたものとして適当なものを次の中から二つ選び、記号で答えなさい。

ア　コンクールに向けて、長い時間をかけて熱心に制作に取り組んできた自分に比べて、最優秀賞を受賞した人は、しばらく絵を描いていなかったことを知り、そんな人に自分が負けたことを悔しく思っている。

イ　優秀賞を受賞した絵も最優秀賞を受賞した絵も、どちらも自分より高い画力があると認められるが、最優秀賞を受賞した絵はメッセージ性に欠けており、なぜ自分の絵がこの絵に負けてしまったのか、納得できずにいる。

ウ　自分の絵よりも最優秀賞を受賞した絵が優れているとは思えなかったが、受賞した人がスピーチで述べた言葉には、滝を、描けば。

「この絵を見て元気が湧いたり、明るい気持ちになって、頑張ろうって思ってもらえたらうれしいです」

と、小さく声に出して言う。言って、左足を下げて、助走をつけて絵に向かって走る。迫力のある滝のしぶきに私が近づいていく。[7]蹴とばそう、と思った。こんなもの、こんなものこんなもの！　私は思い切り右足を後ろに振り上げて、その反動を使って勢いよく蹴った。いや、蹴ろうとした。「んら！」と、声が出た。しかし私は絵を蹴ることができなかった。咄嗟《とっさ》に的をずらし、イーゼルを蹴った。蹴り上げられたイーゼルの左の脚が動いてバランスが崩れ、キャンバスの滝がぐらり、と大きく揺れた。私は倒れ込もうとする滝へ駆け寄った。両手でキャンバスの両端を支えて持ち上げると、イーゼルだけが鋭い音を響かせて床へ倒れた。

吹奏楽部の金管楽器が、ぱほおー、と、さっきから同じ音ばかりを出している。それがそういう練習だと知っていても、間抜けなものだった。夕方の美術室にひとりきり、[8]私は私の滝を抱きしめていた。

（くどうれいん『氷柱《つらら》の声』講談社所収「滝の絵（二〇一二）」より）

※1　顧問のみかちゃん…美術部を担当する教員。

※2　ディテール…全体に対して、細かい部分。

※3　ライフライン…生活や生命を維持するための、水道・ガス・電気などのことを指す。

※4　怒濤《どとう》…荒れ狂い、激しく打ち寄せる大波のこと。

※5　写実的とは言いにくいモチーフ…現実をありのままに表現したとは言えないような図柄。

※6　未曾有《みぞう》…これまでに一度もなかったこと。非常にめずらしいこと。

※7　イーゼル…絵を描くときにキャンバスを固定するための台。

※8　CG…コンピューターグラフィックスの略。コンピューターによって製作された画像。

問一　――線1「……描いた方がいいですか」とありますが、「私」が絵を描くことをためらっているのはなぜですか。その理由として最も適当なものを次の中から選び、記号で答えなさい。

ア　高校最後のコンクールに出展する絵に集中したい時期であるにも関わらず、同時に別の作品を描かなければならないことを負担に感じたから。

イ　連盟の人の提案する題材はどれも自分が描きたいと思えるようなものではないのに、その題材で自分に絵を描かせようとする顧問に対して反感を覚えたから。

ウ　中学の時に賞を獲ったのは確かだが、高校三年生の今になって、どうして自分がこの取り組みに推薦されたのか、理解できなかったから。

エ　現在は震災前と変わらない生活をしている自分の描いた絵に、大きな被害を受けた人の心を癒《いや》したり、希望を抱かせたりする力があるとは思えなかったから。

問二　――線2「そのあと〜と答えた」とありますが、この時の「私」の説明として最も適当なものを次の中から選び、記号で答えなさい。

ア　記者は絵ではなく、被災者を励まそうとする高校生に関心があるのだと気付き、そのことに違和感を覚えながらも、そすることができました。暗いがれきの中で泣いて、怒って、悲しんでいたはずの、どこに向かえばよいかわからなくなっていたわたしは、それでも最後にこの双葉を、気が付いたら、描いていました。こんな栄誉ある賞をいただき、どうしていいのか……」

と、彼女は手元のメモをちらちら見ながら、押し出すようにとぎれとぎれに言った。審査員席に並んでいる六十代くらいの女性は、ハンカチで目元を押さえていた。私も喉の奥がぐっとせりあがってきて、熱くて苦しかった。彼女の言葉には不動の滝を描いていた時の自分とどこか重なるものがある。それなのに、私は、それでも。ああ。やっぱ絵じゃないんだ。と思った。審査されているのは純粋にこの作品ではなく、「この作品を描いた高校生」なのではないか。作品と作者の不遇を紐《ひも》づけてその感動を評価に加点するならば「特別震災復興賞」という賞でも新設すればよかったのに、とすら思った。

「あのお、本当に、こういった、ね、たいへんな、未曾有《みぞう》※6の、あのお、そういう、事が起きたわけですが。こういった状況の中で、えー、筆を持つことを、うん。あきらめなかった彼女に、審査員一同、希望のひかり、そして絵の持つ力を再認識しました」

と、審査員のひとりは言った。その審査員は東京の高校の美術教師だった。震災のことを「あのお、そういう、事が起きた」としか言えないような人が言う「希望のひかり」って、いったい何なのだろう。

無冠の絵となってしまったものの、私は滝の絵をとても気に入っていた。返却された絵を改めて美術室に運び入れ、イーゼル※7の上にのせる。水面に向かって茂っている深緑色の木々。その闇を分かつような白い滝。目を閉じれば音が聞こえてくるような水しぶき。その絵の上流から下流まで三度なぞり、二歩下がってもう一度眺めた。いい絵だ、と思った。どうしてこれがあの絵に負けてしまったのか、本当はまだ納得がいかなかった。

お手洗いから戻ると、下校確認の巡回をしていた世界史の、たしか榊《さかき》という名の教師がノックもせずに美術室に入ってきて、私の絵を見た。

「CGみてえな絵だな、これ、リアリティがよ。部員が描いたのか？」※8

私は自分の絵だというのが気恥ずかしくて「そうみたいです」と答えた。

「立派な絵だよな。ちょっと、今このご時世で水がドーンっと押し寄せてきて、おまけにタイトルが『怒濤』ってのは、ちょっときつすぎるけど、俺は意外とこういう絵がすきなんだよ」

榊はキャンバスの下につけていたキャプションの紙の「怒濤」という文字を、人差し指でちろちろと弄《もてあそ》んでから、イオッシ！　早く帰れよな、と言って、次の見回りへ行った。

榊が出ていったあと、私はしばらくこの絵に近づくことができなかった。五歩くらい離れた場所から絵を睨《にら》んでは、さっき榊が言っていた言葉を何度も頭の中で繰り返した。右足が自然に浮いて、地面について、それを繰り返す。大きな貧乏ゆすりをしている自分がいた。何度も足をあげ、おろす、あげ、おろす。指定靴のスニーカーの底の白いゴムが床につくたびに、きょ、きょ、きょ、と間抜けな音がした。なるほどね。だから、だから私の滝の絵は賞を獲れなかったってことね。[6]私から私が剝《は》がれていく感覚がした。あーあ、そういうことだった。だった。でした。はい。なるほどね。なるほど、なの？　黙ってニセアカシアの絵を描けばよかったんだろうか。心が安らぐような、夢を抱けるような、希望や絆があって前向きなもの。鳥や、花や、空私は、早く終わってほしい、と、そればかり考えていた。描かなければよかったと、そう思った。2そのあと、沿岸での思い出はあるか、将来は画家になりたいのかどうかなど聞かれて、私はそのほとんどを「いえ、とくに」と答えた。そばにいたみかちゃんは手元のファイルに目線を落として、私のほうを見ようとしなかった。記者が来週までには掲載されますので、と言いながら帰って行って、私は、みかちゃんとふたりになった。深く息を吐き、吸い、「描かなければよかったです」と、まさに言おうとしたそのとき、

「このさ、見上げるような構図。木のてっぺんから地面まで平等に、花が降っているところがすごい迫力なんだよね。光の線も、やりすぎじゃないのにちゃんと光として見える、控えめなのに力強くてさ。伊智花の絵はすごいよ。すごい」

と、みかちゃんはしみじみ言った。

「そう、なんですよ。がんばりました」

と答えて、それが涙声になっているのが分かって、お手洗いへ駆け込んで泣いた。悔しいよりも、うれしいが来た。3私はこの絵を見た人に、そう言われたかったのだ。

それからの一ヵ月間、私は不動の滝の絵を力いっぱい描いた。同級生や親戚から「新聞見たよ」と連絡が来て、そのたびに私は滝の絵に没頭した。

〈この絵を見て元気が湧いたり、明るい気持ちになって、頑張ろうって思ってもらえたらうれしいです。と、加藤伊智花（いちか）さん（盛岡大鵬《たいほう》高等学校三年）は笑顔を見せた。〉

と、その記事には書かれていた。ニセアカシアの絵のことを考えるとからだも頭も重くなるから、私は滝の絵に没頭した。光をはらんだ水しぶきに筆を重ねるごとに、それはほとばしる怒りであるような心地がした。流れろ。流れろ。流れろ。念じるように水の動きを描き加える。4この心につかえる黒い靄《もや》をすべて押し流すように、真っ白な光を、水を、描き足した。亡くなった祖母のことや賞のことは、もはや頭になかった。私は気持ちを真っ白に塗《ぬ》りなおすように、絵の前に向かった。

描き終えて、キャンバスの前に仁王立ちする。深緑の森を真っ二つに割るように、強く美しい不動の滝が、目の前に現れていた。滝だった。私が今までに描いたすべての絵の中でいちばん力強い絵だった。

※4「怒濤《どとう》」と名付けて、出展した。

5高校生活最後のコンクールは昨年の優秀賞よりもワンランク下がって、優良賞だった。私よりもどう見ても画力のある他校の一年生の描いた校舎の窓の絵や、着実に技術を伸ばした同学年の猫の絵が、上位に食い込んでいた。最優秀賞は、私と同じ岩手県の沿岸、大船渡《おおふなと》市の女子生徒のものだった。ごみごみとしてどす黒いがれきの下で、双葉が朝露を湛えて芽吹く絵だった。あまりにも作為的で、※5写実的とは言いにくいモチーフだった。色使いも、陰影と角材の黒の塗り分けが曖昧《あいまい》で、朝露の水滴の光り方もかなり不自然。これが最優秀賞。そんなの可笑《おか》しいだろうと思った。最優秀賞を受賞した生徒は高い位置にポニーテールをして、肌がこんがり焼けていて、明るそうな人だった。東京で行われた授賞式で、私は初めてその人の顔を見た。

「わたしはあの日、家と母を亡くしました。避難所でしばらく暮らしていて思ったのは『絵を描きたい』という強い思いでした。いまはテニス部だし、しばらく描くことから離れていました。そんなわたしでも、絵を描いている間、わたしはわたしの内側にあるきもちと対話を

花に名指しでぜひ描かないかって学校に連絡があって」

「はあ」

「県民会館で飾って貰えるらしいし、画集にして被災地にも送るんだって」

「被災地に、絵を？」

「そう」

「絆って、なんなんですかね。テレビもそればっかりじゃないですか」

「支え合うってこと、っていうか」

「本当に大変な思いをした人に、ちょっと電気が止まったくらいのわたしが『応援』なんて、なにをすればいいのかわかんないですよ」

「そうだね、むずかしい。でも絵を描ける伊智花だからこそ、絵の力を信じている伊智花だからこそできることもあるんじゃないか、って、わたしは思ったりもするのよ」

「じゃあ、何を描けば」

「鳥とか、空とか、花とか、心が安らぐような、夢を抱けるような、希望や絆があって前向きなもの、って、連盟の人は言ってた」

[1]「……描いた方がいいですか」

「描いた方が、いろいろと、いいと思う、かな」

それから私は不動の滝の絵を描きながら、〈心が安らぐような、夢を抱けるような、希望や絆があって前向きなもの〉のことを考えた。虹や、双葉が芽吹くようなものは、いくらなんでも「希望っぽすぎる」と思ってやめた。そもそも、内陸でほとんど被害を受けていない私が何を描くのもとても失礼な気がした。考えて、考えて、結局締切ぎりぎりになって、通学の道中にあるニセアカシアの白い花が降る絵を描いた。その大樹のニセアカシアは、毎年本当に雪のように降る。あまりの花の多さに、花が降るたびに顔をあげてしまう。顔をあげるから前向きな絵、と思ったが、花が散るのは不謹慎だろうか、と描きながら思って、まぶしい光の線を描き足し、タイトルを「顔をあげて」とした。みかちゃんは「これは、すごいわ」と言ってその絵を出展した。私の絵は集められた絵画の作品集の表紙になった。その作品集が被災地に届けられ、県民会館で作品展が開かれるとなったら新聞社が学校まで取材に来た。

「〈顔をあげて〉このタイトルに込めた思いはなんですか？」

と、若い女性の記者はまぶしい笑顔で言う。あ。絵じゃないんだ。と思った。枝葉のディテール[※2]や、影の描き方や、見上げるような構図のことじゃないんだ。時間がない中で、結構頑張って描いたのにな。取材に緊張してこわばるからだから、力がすいっと抜けていく感覚がした。この人たちは、絵ではなくて、被災地に向けてメッセージを届けようとする高校生によろこんでいるんだ。そう思ったら胃の底がぐっと低くなって、からだにずっしりとした重力がかかっているような気がしてきた。記者はいますぐ走り書きができるようにペンを構えて、期待を湛《たた》えてこちらを見ている。

「申し訳ない、というきもちです。わたしはすこしライフライン[※3]が止まったくらいで、たくさんのものを失った人に対して、絆なんて、がんばろうなんて、言えないです」

記者は「ンなるほど、」と言ってから、しばらくペンを親指の腹と人差し指の腹でくにくに触り、それから表紙の絵を掲《かか》げるようにして見て、言った。

「うーん。でも、この絵を見ると元気が湧いてきて、明るい気持ちになって、頑張ろうって思えると思うんですよ。この絵を見た人にどんな思いを届けたいですか？」

「そういうふうに、思ってもらえたら、うれしいですけど」

ら、このままでは第三者による善悪の判断や責任能力が操作可能になるのではないかという懸念が強まり、技術の進歩が及ぼす悪影響について警鐘が鳴らされてきたこと。

ウ　人工授精によって生命を誕生させることが可能となったことで、生殖における偶然性についての捉え直しが起こり、今日に至るまで普遍的なものとみなされてきた人間の定義に対する懐疑的な見方が生まれてきたこと。

エ　遺伝子操作の技術が一般化し、遺伝子組み換え食品が世界的な規模で流通する今もなお、それを食べることによる人体への悪影響など、食の安全を危惧する声が上がり、「自然とは何か」という議論が繰り返し行われてきたこと。

問五　――線3「こうした〜吹き飛ばす」とありますが、どのようなことですか。「こうした現実」の内容を明らかにして、説明しなさい。

問六　――線4「技術決定論〜関数なのです」とありますが、どのようなことですか。その説明として最も適当なものを次の中から選び、記号で答えなさい。

ア　一見、ある技術が発達し、社会を変容させているように見えることがあるが、実際には、社会がその技術を必要なものとして意味づけ、発展させるのだと捉えるべきだということ。

イ　近代以降、社会は利用可能な技術をすべて利用することで飛躍的な進歩を遂げたが、一方では、そうした社会の進歩によって、技術も進歩を促されたという側面もあるということ。

ウ　社会全体が新たな時代に向かう中で、ある技術を必要とすることがあるが、それは技術が社会を根底から変革する力を潜在的に持っていることの、何よりの証であるということ。

エ　技術を限りなく進化するものと捉える近代の価値観は誤りではあるが、結果として、技術が近代以降の社会のあり方を常に変えてきたことは、紛れもない事実であるということ。

三　次の文章を読んで、後の問いに答えなさい。

「私（＝加藤伊智花《かとういちか》）」は、岩手県内陸部の高校に通う、美術部の生徒である。高校最後の絵画コンクールには、亡くなった祖母が好きだった「不動の滝」の絵を描こうと決め、制作を始めたが、その直後に東日本大震災が発生する。幸い伊智花の住む地域の被害は数日停電した程度で、すぐに通常の生活に戻ることができていた。

七月のある日、顧問[※1]のみかちゃんが一枚のプリントを持ってきた。

「やる気、ある？」

みかちゃんは、懇願のような謝罪のような何とも複雑な表情をしていた。そのプリントには〈♧絵画で被災地に届けよう、絆《きずな》のメッセージ♧　〜がんばろう岩手〜〉と書いてある。

「これは」

「教育委員会がらみの連盟のほうでそういう取り組みがあるみたいで、高校生や中学生の油絵描く子たちに声かけてるんだって。伊智花、中学の時に賞獲ってるでしょう。その時審査員だった連盟の人が、伊智くて、その技術を利用する社会の在り方なのです。[4]技術決定論の主張とは逆に、社会の在り方が独立変数であり、技術はその関数なのです。

（内田《うちだ》　樹《たつる》編著『ポストコロナ期を生きるきみたちへ』晶文社所収　白井《しらい》　聡《さとし》「技術と社会」より）

※1　喧伝《けんでん》…世間に広く知らせること。

※2　いわんや…もちろん。言うまでもなく。

※3　免疫系…生体内にある、病気から体を守るシステム。

※4　好事家《こうずか》…変わったことに興味を持つ人。物好き。

問一　**Ⅰ～Ⅲに当てはまる言葉として適当なものをそれぞれ選び、記号で答えなさい。（ただし、同じ記号を二度使ってはいけません。）**

ア　しかし　イ　次々と

ウ　つまり　エ　例えば

オ　おそらく　カ　また

問二　**——線1「『ポスト・ヒューマン』という概念・言葉」とありますが、これについて述べたものとして最も適当なものを次の中から選び、記号で答えなさい。**

ア　世界の中心は科学技術であると見なすものとして、人類がAI（人工知能）の支配下に置かれている状況から生まれた概念だが、科学技術を生んだ人間の万能性を根拠に、この認識が誤りだとする指摘も存在する。

イ　人間が世界の中心ではなくなったことを示す言葉だが、現代人が科学技術によってあらゆる問題を解決してきたという事実に着目すれば、科学技術中心の世界は人間中心の世界に他ならないという反論が成り立つ。

ウ　人間中心主義の時代の終わりを示すものとして、科学技術の発展を背景に登場した言葉だが、科学技術の源は人間の知性にあるという観点から、依然として世界の中心にあるのは人間だと見ることも可能である。

エ　世界の中心にあるのは人間が生み出した科学技術だという概念だが、近年、人間の万能性を証明しようとすることによって、人類に対する科学技術の優位性が明らかになってしまうという事態が生じている。

問三　**X・Yに入る言葉の組み合わせとして最も適当なものを次の中から選び、記号で答えなさい。**

ア　X＝近代の人間中心主義　Y＝現代の人間中心主義

イ　X＝真の人間中心主義　Y＝極端な人間中心主義

ウ　X＝倫理的人間中心主義　Y＝非人間中心主義

エ　X＝脱人間中心主義　Y＝究極の人間中心主義

問四　**——線2「私たちの内なる自然～変わってきた」とありますが、筆者の考えを踏まえつつ、その具体例として最も適当なものを次の中から選び、記号で答えなさい。**

ア　技術の発展によって臓器移植が可能になったことで、人間の死のあり方や、臓器を移植する者と移植される者との尊厳について問い直しがなされたことをきっかけに、生命の尊さを強調する近代の人間観が再評価されてきたこと。

イ　近代の始まりとともに、脳科学が飛躍的に発展したことかいません。
　そして、今回の新型コロナウイルスの登場です。いま世界中の専門家がこのウイルスの研究に取り組んでいますが、一筋縄ではいきません。なにせウイルスは次々と変異し、強毒化することもあれば、弱毒化することもあります。ですから、対処として何が正解であるのかも一概には言えません。ロックダウンのために、欧米ではGDPが30％以上も下落しました。日本のGDPも30％近い下落をマークしました。それほどまでに私たちは活動を縮小させて新型コロナウイルスに打ち克とうとしてきたわけですが、このやり方が正しかったのかどうかもよくわかりません。仮に新型コロナの致死率がそれほど上がらないならば、経済縮小のために自殺に追い込まれる人の方が多くなってしまうかもしれません。もしもそうならば、活動の縮小などしない方が正解だったということになります（現にスウェーデンはそのような判断を下して実行しています）。ですが、私たちは、あまりにもわからないことが多すぎて、「仮に」とか「もしも」とかいったかたちでしか考えられないのです。また、致死率を予測することもできなければ、ロックダウンがもたらす経済的苦境による自殺者の数も予測困難です。※2いわんや、それらを比較することなどできるはずがありません。後遺症の重症度や発生率もまだわかっていません。安全なワクチンができるかどうかも、まだわかりません。本当にわからないこと尽くしです。
　3こうした現実は、「私たちは自然を征服した」という「ポスト・ヒューマン」の観念を吹き飛ばすに十分なものではないでしょうか。AIが人間の思考を無用のものとする日を想像するよりも、ウイルスの変異メカニズムや、新型コロナウイルスをきわめて危険な感染症としている理由であるところの人間の免疫系の※3過剰反応（サイトカインストーム）の発生メカニズムを解明することの方が、はるかに重大な課題であることは言うまでもないでしょう。
　もっと言えば、新型コロナによる危機が訪れる前、私たちはなぜ、「科学技術による自然の征服」という妄想にとり憑《つ》かれていたのか、立ち止まって考えてみるべきではないでしょうか。私たちはいま、常識に引き戻されたのです。
　技術の発展は社会の在り方をどんどん変えてゆく、すなわち社会の在り方はその社会の持つ技術によって決定される、という考え方は「技術決定論」と呼ばれます。新聞記事などでよく見かける「AIの進化によって社会は激変する！」といった考えは、典型的な技術決定論です。技術決定論は、技術を独立変数として設定し、社会の在り方をその関数としてとらえます。そして、技術は進化し続けるものと想定されます。ですから、「ポスト・ヒューマン」の観念も技術決定論の一種、そのかなり極端なヴァージョンであると言えるでしょう。技術は進化し続けて、人間に成り代わって世界の中心になると言うのですから。
　Ⅱ、この考え方は真実ではありません。なぜなら、社会はその時々に利用可能な技術をすべて利用するわけではないからです。例えば、日本の江戸時代には正確に時を刻むことのできる時計がすでにありました。しかしそれは広く使われることはなく、※4好事家《こうずか》の珍しい玩具として流通しただけでした。なぜなら、江戸時代の人々は、正確な時間を知る必要のある生活を送っていなかったからです。工業社会化しない限り、分単位の正確な時間を知ることなど全く必要ではないのです。
　Ⅲ、利用可能な技術のうち、どの技術が用いられ、どの技術が用いられないかを決めているのは、その社会の在り方なのです。このことは、技術の発展にも当てはまります。どんな技術が盛んに発展し、どんな技術が発展しないのかを決めているのは、技術そのものではなめたわけですが、現代世界で起こった重要な変化は、人間の外界としての自然だけでなく、2私たちの内なる自然、つまり「自然としての人間」に対する態度が変わってきた、ということです。それは、自然物としての人間に対して手を入れる技術が飛躍的に発展してきたことと関係しています。臓器移植、遺伝子治療、遺伝子操作、脳科学による脳の操作等々、「生命の神秘」にかかわる領域の操作可能性が大幅に高まってきたのです。

これらの新しい技術発展による人間の身体に対する操作可能性は、近代社会が約束事として合意してきた「人間とは何か」という定義とぶつかり、その定義によって支えられてきた社会的ルールを揺るがせ、倫理的な葛藤を生じさせることになります。

例えば、「人間には理性がある（ゆえに、善悪の判断ができ、したがって罪を犯したときには責任を問われる）」という定義は、脳科学の使い方次第で変更可能になります。あるいは、人間の生殖・出生は操作できないからこそ、一人一人の人間の人としての価値には区別をつけられず、したがってあらゆる人間に対して等しく人権が認められるべきだという考えが通用してきたと思われますが、遺伝子操作によって生殖・出生に介入できるとなると、この考えが揺らいでくることにもなるはずです。どんな子供が生まれてくるかは偶然に委ねるほかないという意味で、生殖・出生はまさに強固な他者性を有していたはずなのですが、それが消滅しつつあるのです。いずれのケースも、ある人々を「非人間」と認定して社会から排除する（あるいは生まれさせない）ような状況が生じてくる可能性を示唆しています。

総じて言えば、AIをめぐる狂騒、遺伝子テクノロジーをめぐる狂騒といった、※1喧伝《けんでん》されてきた「外なる自然の征服」と「内なる自然の征服」のプロジェクトは、新技術によって「より便利で安全で快適な暮らし」が可能になることを夢見させつつ、私たちの懐《いだ》いてきた人間の定義をグラグラと揺るがせるがゆえに、漠然とした不安の感情を行き渡らせてきたように思われます。

私の考えでは、新型コロナによる危機が吹き飛ばしたのは、こうした「人間の開発した技術は世界の謎を解明し尽くして、思うがままに自然を改変することができる」といった観念ではなかったでしょうか。繰り返しますが、感染症に対する人類の知識が限られていることには、驚きを禁じ得ません。新型コロナ危機に促されて、私も専門家が書いた本を読むなど感染症に関するにわか勉強を少々してみましたが、そこですぐにわかったことは、「感染症というものはよくわからないものだ」ということでした。

人類が意図的な努力によって撲滅できた感染症は天然痘ただ一つにすぎず、ペスト、エイズ、結核、エボラ等々の多様な感染症の問題は、画期的な薬やワクチンの開発によってその被害を食い止めることができるようになったものも多いとはいえ、根本的には何ら解決されていないのです。気が遠くなるほどの長い歳月にわたって、多くの優れた知性が時に自らの命を危険にさらしながら感染症の脅威と戦い、その正体を見極めようと努力を重ねてきたにもかかわらずいまだにわからないことだらけで、ある感染症の流行が収束した理由もよくわからないものがほとんどなのです。［Ⅰ］、約100年前に起こったインフルエンザのパンデミック、いわゆるスペイン風邪（1918〜1920年）は、全世界で1700万人から5000万人もの命を奪ったと見られますが、これが収まったのも集団免疫の獲得によってであろうということまではわかっていますが、なぜそのタイミングで、どのようにして収束したのか、またウイルスの起源も、いまだわかって

二〇二二年度 桐光学園高等学校

【国語】（五〇分）〈満点：一〇〇点〉

注意 本文の表現については、作品を尊重し、そのままにしてありますが、設問の都合上、省略した部分、表記を改めた部分があります。また、特に指示のないかぎり、句読点等も一字に数えます。

一

――線あ～おのひらがなを漢字に直しなさい。

1 （あ）せいこう雨読の生活。
2 （い）きひん席で食事する。
3 事の（う）しんぎを確かめる。
4 船が定時に（え）しゅっぱんする。
5 ゴッホの（お）ありゅうにある絵。

二

次の文章を読んで、後の問いに答えなさい。なお、出典は二〇二〇年十一月初版の本であり、文中における新型コロナウイルスについての記述は当時のものです。

ここ10年程の間、学問の世界では1「ポスト・ヒューマン」という概念・言葉がキーワードになってきていました。これは、近代＝人間中心主義（ヒューマニズム）の時代が終わったという時代認識を示しています。

前近代が神中心の時代だったのに対して、近代は人間中心の時代である。人間を世界の中心に据えたからこそ、「神をも畏《おそ》れぬ」仕方で自然に手を入れられるようになり、自然の法則を解明してそこに介入する技術が飛躍的に発展してきました。その結果、私たちの日常生活の有り様は、次々に激変してきたわけですが、多くの場合、これらの変化は「便利で安全で快適になった」ととらえられています。

こうして技術発展の万能性が信奉《しんぽう》されるようになると、今度は世界の中心を占めるのは人間ではなく科学技術である、ということになってきます。こうした考え方の典型が、ＡＩ（人工知能）は人間を超えるといったような議論です。一部の論者によると、人間がやってきたさまざまな知的活動は、ＡＩによってことごとくとって代わられるのだそうです。もう人間は「世界の中心」ではない――これが「ポスト・ヒューマン」という言葉の核心にある考え方です。

しかし、「ポスト・ヒューマン」は同時に、極端なまでの人間中心主義（ヒューマニズム）でもあるのです。なぜなら、科学技術をつくり出すのはもちろん人間なのですから、科学技術が万能だとすれば、それは人間の万能性を意味するからです。

ただし、「ポスト・ヒューマン」を［X］と見るにせよ、［Y］と見るにせよ、ひとつのことは確実に言えると思います。それは、「ポスト・ヒューマン」とは、「他者としての自然」が消滅した状況を指している、ということです。ここで言う「他者」とは、「自分の思う通りにはどうしてもならない相手」というような意味だととりあえず了解してください。近代の人間中心主義は、自然の他者性をどんどん縮減してきました。たとえ自然の成り立ちにわからないところがあっても、それは「まだ」わからないにすぎない（＝いつか必ずわかる）ものとしてとらえられるわけで、近代自然科学は自然の他者性を原理的には消去しているわけです。

こうして、近代の始まりと同時に自然の他者性は原理的に縮減し始

2022年度／桐光学園高等学校

英語解答

1 ① hundred　② front
③ read　④ language
⑤ drawing

2 (a) 2　(b) 4　(c) 3　(d) 2
(e) 1

3 (a) 3　(b) 4　(c) 2　(d) 1
(e) 1

4 (a) イ…up　ロ…foot
(b) イ…How　ロ…well
(c) イ…myself　ロ…from

5 (a) イ…5　ロ…3
(b) イ…5　ロ…7
(c) イ…1　ロ…6

6 Do you know what this animal is called in English?

7 (a) 4　(b) 1　(c) 2　(d) 2
(e) ためていた10ドルと父からもらった10ドルで父の時間を買って，一緒に遊ぶことができると思ったから。
(49字)
(f) 1　(g) 1，4，5

8 (a) 3番目…4　5番目…2
(b) 4　(c) 2　(d) 3
(e) 5，6，8

1〔適語補充〕

それぞれの対応する日本語を示す。　①「200年以上もの間」　②「教師がクラスの前に立ち」　③「生徒は教科書を読んだ」　read[ri:d]－read[red]－read[red]　④「言語や数学の」　⑤「たとえ絵を描いたり」　such asの後なので動名詞drawingで表す。

2〔適語選択〕

(a)Bが「僕の机の上にあるのを使っていい」と答えているので，辞書を借りていいかきいたのだとわかる。Bの2文目にあるoneはdictionaryの代わりとなる代名詞。　A：アンディ，辞書を借りてもいい？／B：いいよ。僕の机の上にあるのを使っていいよ。

(b)文が成立するのはuntil「～まで(ずっと)」だけ。　'tell＋人＋to ～'「〈人〉に～するように言う」「サムは母親が寝るように言うまでテレビを見た」

(c)道案内の表現。along this streetで「この通りに沿って」となる。　A：すみませんが，スミソニアン国立動物園はどこですか？／B：この通りをまっすぐ3ブロック進めば，右側に見えますよ。

(d)'比較級＋than any other＋単数名詞'「他のどの～より…」の形。　「この古い車は，この店の他のどの車よりも高価だ」

(e)be overで「終わる」という意味を表せる。　「会議が終わった後，レストランで昼食をとりましょう」

3〔対話文完成―適文選択〕

(a)A：ご注文はお決まりですか？／B：ええと。本日のおすすめ料理は何ですか？／A：本日は，ローストチキンです。／／Let me see.は「ええと，そうですね」と会話の間をつなぐ表現。

(b)A：最近ジュディを見かけた？／B：先週から見てないわ。なぜ？／A：彼女が引っ越すって聞いたんだ。／B：本当？　それは初耳だわ。／／BのThat's news to me.のThatが受ける内容として適切なものを選ぶ。

(c)A：今日はいい天気だね。／B：風も全く吹いていないし。／A：サイクリングには最適だね。//サイクリングに最適な天気を表す内容が入る。　there's〔there is〕no ～「全然～がない」

(d)A：誕生日にジャックにコーヒーメーカーをあげようと思っているんだ。／B：彼は先月それを買ったわよ。／A：本当？　じゃあ，何か他の物を探そう。//He got one last month. の one は，直前でAが言った a coffee machine を受けている。

(e)A：君は今日，図書館に行くと思っていたよ。／B：そうしたかったけど，車がないのよ。／A：それは残念だね。僕がそこまで車で乗せていってあげるよ。／B：そうしてもらえるとてても助かるわ。//That'll be a great help. は，話し相手からの申し出に対して「それはとても助かる」と応じるときの表現。ここでの That は車に乗せていくというAによる申し出を受けている。

4〔和文英訳—適語補充〕

(a)bring up ～で「～を育てる」という意味を表す。ここでは受け身で使われている。このように動詞句の受け身形は，過去分詞の後ろにその動詞句を構成する語(句)をそのままの順で置くことに注意。「～のふもとで」は at the foot of ～で表せる。

(b)感嘆文には 'How＋副詞＋主語＋動詞…!' または 'What（a/an）＋形容詞＋名詞＋主語＋動詞…!' という2つの形がある。

(c)「健康に気をつける」は take care of ～self，「これからは」は from now on で表せる。

5〔整序結合〕

(a)語群に made，me，happy があるので，「あなたの手紙が私をうれしくさせた」と読み換えて 'make＋目的語＋形容詞'「～を…(の状態)にする」の形を用いる。主語の「あなたの手紙」は，「あなたからの手紙」ということ。動詞は has と made があるので 'have/has＋過去分詞' の現在完了形にする。　The letter from you has made me happy.

(b)「昨日は気分が良かった」を I felt better yesterday とまとめ，この後に than を置く。「一昨日」は the day before yesterday。残った much は「ずっと」という意味で比較級を強調する副詞として比較級 better の前に置く。　I felt much better yesterday than the day before yesterday.

(c)語群から「私たちは10年間お互いに知っている」と読み換えて，現在完了('継続' 用法)で表す。each other「お互い」　We have known each other for ten years.

6〔和文英訳—完全記述〕

「～知っていますか」なので Do you know で始め，know の目的語となる「この動物は英語で何と呼ぶか」を '疑問詞＋主語＋動詞…' の間接疑問で表す。called が与えられているので「何と呼ぶか」は「何と呼ばれるか」と読み換えて受け身形で表す。「英語で」は in English で表せる。

7〔長文読解総合—物語〕

≪全訳≫❶アレックスは自宅に向かい数ブロックをできるだけ速く歩いた。ようやく家に着くと，彼は背後のドアを閉めてそれに寄りかかった。彼は疲れていた。妻はすでにベッドで寝ていた。彼の夕食が食卓にあったが，それは冷めていた。上着を脱ぎ，かばんを置きながら，彼はため息をついた。ひどい1日だった。❷ちょうどそのとき，彼はドアの所に5歳の息子が立っているのに気づいた。❸「パパ，なんでいつもこんなに遅く家に帰ってくるの？」と息子が尋ねた。**4**「とても重要なお仕事に取り組んでいたんだよ」とアレックスは言って，またため息をついた。**5**「時給はいくらなの，パパ？」と息子が尋ねた。**6**「お前には関係ないだろ！」とアレックスは怒りながら言った。「お前こそこんなに遅くまで起きて何をしてるんだ！　今すぐベッドに入りなさい！　寝なさい！」　少年は父親の怒りに驚いた。彼は泣き出して，階段をかけ上がった。**7**アレックスは食卓に行き，冷めた夕食を食べ始めた。しばらくして，ロフォークを置いた。「あの子にきつく言いすぎたかな？　ひどい日だったけど，それは彼のせいじゃない。あの子とあまり一緒に時間を過ごしていない。もっと優しく彼に接しなくては」とアレックスは思った。**8**アレックスは2階へ行き，息子の部屋のドアをノックした。**9**「おい？　まだ起きているかい？」と彼は尋ねた。**10**「うん」と息子は静かに言った。**11**「入ってもいいかな？」とアレックスは尋ねた。**12**「うん」と息子は再び言った。**13**アレックスはドアを開けて中に入った。息子はベッドの中にいた。もう泣いてはいなかったが，まだ目を潤ませていた。**14**「怒ってしまってごめんな。そのつもりはなかったんだ。ただ，パパはとても重要なお仕事に取り組んでいて，今日はとっても大変な日だったんだよ」とアレックスは言った。**15**息子はうなずいたが，何も言わなかった。**16**「知りたければ，父さんの時給は20ドルだ」とアレックスは言った。**17**「じゃあ，10ドルもらってもいい？」と息子が尋ねた。**18**「何だって？」とアレックスは怒りながら言った。「ああ，そういうことか。お前はお金が欲しかったんだな？」**19**息子はまた泣き出した。アレックスはすぐにまた怒ってしまったことを後悔した。彼はとても疲れていた。なぜ息子がお金を欲しがっているのかわからなかったが，彼はあまりにも疲れていてどうでもよかった。ただ眠りたかった。彼の前には明日，また長い1日が待っていた。彼にはやるべき仕事がたくさんあった。**20**「おい，ごめんな。ほら，10ドルだ」と彼は言った。彼は財布から紙幣を抜き出して，息子に与えた。息子はすぐに泣きやんだ。わくわくした顔で彼は10ドル札を手に取った。それから，彼は枕の下に手を伸ばして，しわくちゃの1ドル札を10枚取り出した。彼はそのお金をまとめて，父親に差し出した。**21**「パパの時間を1時間買ってもいい？」と息子が尋ねた。**22**アレックスは驚いた。自分がいなくて息子が寂しがっているとは思ってもみなかった。息子にそのお金をとっておくように言い，明日は一緒に遊ぶ時間があると言った。**23**「約束する，パパ？」と少年は尋ねた。**24**「ああ，約束するよ。明日一緒に遊ぼう。好きなだけ何時間でも」とアレックスは言った。彼は息子をベッドに入れてあげて，キスをした。アレックスはベッドに入りながら，眠っている妻に言った。「明日は病気で休むと電話するよ…」

(a)<英文解釈>That’s none of your business! は「それはあなたには関係ない，余計なお世話だ」という意味を表す定型表現。この意味に最も近いのは，4．「それはあなたが知る必要があることではない」。

(b)<適文選択>前の文より，アレックスは夕食中であることがわかる。またこの後に続く内容から，アレックスは食事の手を止めて息子との関係について思案したのだと考えられる。　put ～ down「～を置く」

(c)<英文解釈>下線部の1文目の that explains it は，「それで説明がつく」「そういうことか」という意味。that は，息子が10ドルをせがんだことを，it は息子が父親の時給をきいたことをそれぞれ指している。2文目の ‘ask ～ for …’ は「～に…を求める」という意味。

(d)<文脈把握>前の段落で描写されている，仕事であまりにも疲れていたため，息子の相手を早く切り上げて明日の仕事のためにすぐに寝たがっているアレックスの様子から，息子に謝ってお金を渡すことで，息子とのやりとりを早く終わらせたいと思っていると考えられる。

(e)＜文脈把握＞下線部の後で描かれている息子が取った行動から，その理由が読み取れる。息子は，父親からもらった10ドル札と自分でためていた10ドルを合わせて差し出し，父親の時間を1時間買ってもいいか尋ねている。息子は父親の時給が20ドルとわかったため，そのお金で父親の時間を買って一緒に遊べると思い，わくわくしたのである。

(f)＜英文解釈＞父親はこの前で，明日は好きなだけ一緒に遊べると息子に伝えていることから，仕事を休むつもりであるとわかる。この意味を表すのは，1.「私は明日，仕事に行かない」。call in sick は「病気で休むと電話する」という意味。

(g)＜内容真偽＞1.「アレックスは仕事であまりにも忙しすぎて，家族とあまり時間を過ごせなかった」…○　第1段落および第7段落第5文の内容に一致する。　2.「息子は父親の健康が心配だったので，よく眠れなかった」…×　このような記述はない。　3.「アレックスは息子に，ほんのわずかなお金しか稼いでいないことを知られたくなかった」…×　このような記述はない。　4.「息子は最初に父親が怒ったときに，自分の気持ちを伝えられなかった」…○　第6段落の内容に一致する。　5.「アレックスは大変な1日を終えてとてもひどい気分だったので，息子につらくあたった」…○　第1段落および第7段落第3，4文の内容に一致する。　6.「息子はお金をもらうとすぐに，枕の下に入れた」…×　第20段落参照。息子はお金をもらうと枕の下から自分でためていたお金を取り出した。　7.「息子は父親の仕事に関して誤った考えを持っていた」…×　このような記述はない。　8.「アレックスはなぜ息子がお金について話したのか全くわからなかった」…×　第21，22段落参照。息子がお金を差し出して自分の時間を買いたいと言ったとき，アレックスは息子が寂しがっていることに気づいた。

8〔長文読解総合―説明文〕

≪全訳≫❶ヒトと動物の絆《きずな》に関するますます多くの研究が，さまざまな文化がどのように動物と関わっているか，そしてそれはなぜかということを示している。世界中のあらゆる所で，人々がどのように動物に関わるかは，社会や文化，個人の価値観によって決まる。❷社会が動物に与える価値は，大部分が経済による。ヒトと動物の絆は，アメリカやカナダ，ドイツ，イギリスといった豊かな国でより強い。これらの国々では人々は基本的欲求が満たされているので，ペットの世話をする十分なお金がある。(イ)彼らは動物の幸福や動物の権利に関心がある立場にもある。発展途上国では食料や教育，医療が不十分であるため，人々は動物が役に立つから重要だと考える傾向が強い。❸ヒトと動物の絆を地域別で見てみよう。北米では，人々は動物に対する一貫した見方はないようだ。多くの人々にとってペットは家族の一員だ。他の人々にとっては，それらは全く価値がない。❹西欧人は北米人よりも動物に対して一貫した見方を持っている。ペットは飼い主とよく店やレストランに行く。厳格なペット所有法があるため，飼い主のいない動物はあまりいない。家畜は法的に一層保護されているので，動物の権利運動は大変活発だ。❺日本は余分な空間があまりなく，ペットを飼う日本人は多くないので，ペットは高価なぜいたく品である。その結果，日本人は犬を借りたり，人気のあるロボット型ペットの1つを買ったりすることで，動物との交友という願いをかなえようとする。❻ヒトと動物の絆は東南アジアの地域ではより弱い。犬を仲間とする地域もあるが，食物として犬を利用するアジア文化もある。❼世界の他の地域，特にわずかな食料しかない地域では，動物はぜいたく品ではなく，生き延びるために必要とされている。アフリカの人々は，動物は日常生活において役に立つので動物を重要な道具と考えている。彼らは動物を輸送に使い，牛（雌牛や雄牛）は富の印だ。8人々が最初にヒトと動物の絆に興味を持ったとき，本格的な研究はあまりなかったが，それは変わりつつある。過去に２度行われたヒトと動物の関係に関する国際会議では，研究の大半はその絆に関する肯定的見解についてであった。これらには，介助動物の役割や動物を飼っているヒトの健康効果が含まれていた。ペットを飼うことで起こりうる問題や犬恐怖症などの否定的見解について考察した研究もあった。ビーバー博士は，人々にとって良いこと，そして動物にとっても良いことを解明するために，科学者がヒトと動物の絆に関する研究を行っていることをうれしく思っている。

(a)＜整序結合＞be interested in ～「～に興味〔関心〕がある」をどこに置くかを考える。They are also interested in としてしまうと後が続かないので，直後の in と合わせて to不定詞で to be interested in animal welfare …とする。すると残りは in a position とまとまり，to 以下につながる。be in a position to ～で「～する立場にある」という意味を表す。 They are also in a position to be interested in animal welfare and animal rights.

(b)＜指示語＞they なので，前に出ている複数名詞を探す。前にある複数名詞の中で下線部の they に当てはめて意味が通るものを選ぶ。

(c)＜適語(句)選択＞どちらの空所も文の前半と後半が and という‘順接’でつながれていることに着目すれば，前半の内容に矛盾しない内容が入ると考えられる。「厳格なペット所有法がある」→「飼い主のいない動物はあまりいない」，「家畜は法的に保護されている」→「動物の権利運動が活発」という関係を読み取る。

(d)＜適語(句)選択＞直後に続く２文が空所を含む文の説明とその具体例になっている。日常生活で役に立つ動物を重要な道具と見なし，輸送に利用するという内容から，動物が「生きていくこと」のために必要であるということがわかる。 survival「生き残ること」

(e)＜内容真偽＞1．「先進国では，他国よりもヒトと動物の絆は常に強い」…× 第３段落参照。北米では，ペットには価値がないと考える人もいるため，ヒトと動物の絆が「常に」強いとは言えない。 2．「北米では，より多くの人々が富の印として高額なペットを飼っている」…× このような記述はない。 3．「日本が他国よりペットの飼い主が少ないのは，人気のあるロボット型ペットを持つことに満足しているからだ」…× 第５段落参照。 4．「アジア諸国では，庶民にとって動物はあまりにも高額で飼うことができない」…× このような記述はない。 5．「アジア文化の中には，犬などの動物が人々によって食べられているものもある」…○ 第６段落最終文の内容に一致する。 6．「アフリカでは，動物は日常生活において役立ち，重要な役割を果たしている」…○ 第７段落第２，３文の内容に一致する。 7．「ペットを飼うことや犬恐怖症の問題は，それほど深刻になっていない」…× このような記述はない。 8．「近年では，人々と動物の両方に幸福をもたらすことを示す，ヒトと動物の絆に関する研究がある」…○ 第８段落の内容に一致する。

数学解答

1 (1) $-\dfrac{3}{2}x^3$　(2) $\sqrt{3}$　(3) $2(2x-y)^2$

(4) $x=1$, $y=-2$　(5) $x=\pm2$

2 (1) 6　(2) $-18<y\leqq0$

(3) 144個　(4) 6°　(5) $\dfrac{2\sqrt{6}}{3}$

(6) ア…㋒

イ…2組の辺の比とその間の角がそれぞれ等しい

3 (1) $\dfrac{1}{8}$　(2) $\dfrac{91}{216}$　(3) $\dfrac{1}{3}$

4 (1) $y=x+4$　(2) 15　(3) $\dfrac{11}{2}$

5 (1) 90°　(2) 135°　(3) $2\sqrt{5}$

(4) 2

1〔独立小問集合題〕

(1)＜式の計算＞与式$=\dfrac{9}{16}x^6y^2\times4xy\times\left(-\dfrac{2}{3x^4y^3}\right)=-\dfrac{9x^6y^2\times4xy\times2}{16\times3x^4y^3}=-\dfrac{3}{2}x^3$

(2)＜数の計算＞与式$=(\sqrt{3}+\sqrt{2})\{(\sqrt{3}+\sqrt{2})(\sqrt{3}-\sqrt{2})\}-\sqrt{2}=(\sqrt{3}+\sqrt{2})\times(3-2)-\sqrt{2}=(\sqrt{3}+\sqrt{2})\times1-\sqrt{2}=\sqrt{3}+\sqrt{2}-\sqrt{2}=\sqrt{3}$

(3)＜式の計算―因数分解＞与式$=2(4x^2-4xy+y^2)=2\{(2x)^2-2\times2x\times y+y^2\}=2(2x-y)^2$

(4)＜連立方程式＞$3x-y=5$……①，$\dfrac{2x+y}{2}-\dfrac{y-x}{3}=1$……②とする。②×6より，$3(2x+y)-2(y-x)=6$，$6x+3y-2y+2x=6$，$8x+y=6$……②′　①＋②′より，$3x+8x=5+6$，$11x=11$　$\therefore x=1$　これを①に代入して，$3-y=5$，$-y=2$　$\therefore y=-2$

(5)＜二次方程式＞両辺を4倍して，$(x-1)^2+2(x-1)-3=0$，$x^2-2x+1+2x-2-3=0$，$x^2-4=0$，$x^2=4$　$\therefore x=\pm2$

≪別解≫$x-1=X$とおくと，$\dfrac{1}{4}X^2+\dfrac{1}{2}X-\dfrac{3}{4}=0$，$X^2+2X-3=0$，$(X-1)(X+3)=0$，$(x-1-1)(x-1+3)=0$，$(x-2)(x+2)=0$　$\therefore x=2,\ -2$

2〔独立小問集合題〕

(1)＜数の性質＞$\sqrt{27(15-2n)}=\sqrt{3^3(15-2n)}$となり，$n$が自然数より，$15-2n$は整数だから，$\sqrt{27(15-2n)}$が整数になるとき，$k$を0以上の整数として，$15-2n=3k^2$と表せる。$k=0$のとき，$15-2n=0$より，$2n=15$，$n=\dfrac{15}{2}$となり，自然数にならないので，適さない。$k=1$のとき，$15-2n=3\times1^2$より，$15-2n=3$，$-2n=-12$，$n=6$となり，自然数だから，適する。$k=2$のとき，$15-2n=3\times2^2$より，$15-2n=12$，$-2n=-3$，$n=\dfrac{3}{2}$となり，適さない。$k=3$のとき，$15-2n=3\times3^2$より，$15-2n=27$，$-2n=12$，$n=-6$となり，適さない。$k\geqq4$のときも同様に，$n$は自然数にならないので，適さない。よって，求める自然数nは$n=6$である。

(2)＜関数―変域＞関数$y=-2x^2$は，xの絶対値が大きくなると，yの値が小さくなる関数である。xの変域が$-1<x<3$より，絶対値が最小の$x=0$のときyは最大で，$y=0$である。また，xの値が3に近い値のとき，yは最小となる。$x=3$とすると，$y=-2\times3^2=-18$だから，yは-18より大きい値をとる。よって，yの変域は$-18<y\leqq0$となる。

(3)＜場合の数＞4けたの整数が奇数になるとき，一の位の数字は1，3，5である。一の位の数字が1のとき，千の位の数字は，2，3，4，5の4通りある。それぞれについて，百の位の数字は，1と千の位の数字以外の4通り，十の位の数字は，1と千の位，百の位の数字以外の3通りあるから，一の位の数字が1である4けたの奇数は$4\times4\times3=48$(個)ある。一の位の数字が3，5である4けたの奇数も同様に48個ずつあるので，奇数は$48\times3=144$(個)ある。

(4)＜平面図形―角度＞右図1のように，中心Oと点Aを結ぶと，$\overset{\frown}{AC}$に対する円周角と中心角の関係より，$\angle AOC=2\angle ABC=2\times48^\circ=96^\circ$となる。△OACは$OA=OC$の二等辺三角形だから，$\angle OCA=\angle OAC=(180^\circ-\angle AOC)\div2=(180^\circ-96^\circ)\div2=42^\circ$となり，$\angle x=\angle OCA-\angle ACB=42^\circ-36^\circ=6^\circ$である。

図1

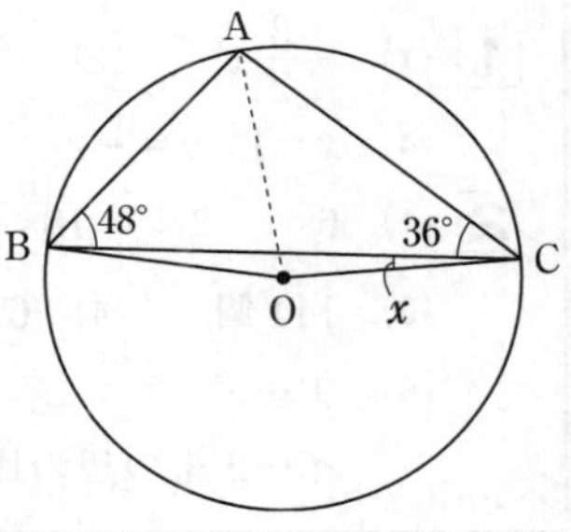

(5)＜空間図形―長さ＞右下図2で，辺CDの中点をNとすると，△ACD，△BCDが正三角形より，$AN\perp CD$，$BN\perp CD$だから，$CD\perp$〔面ABN〕となる。これより，〔面ACD〕$\perp$〔面ABN〕となるので，点Mから面ACDに引いた垂線をMHとすると，点Hは線分AN上の点となる。また，$AN=BN$となるから，△ABNは二等辺三角形であり，点Mは辺ABの中点だから，$NM\perp AB$となる。よって，$\angle AHM=\angle AMN=90^\circ$，$\angle MAH=\angle NAM$より，$\triangle AMH\backsim\triangle ANM$となるから，$MH:NM=AM:AN$である。$AM=\frac{1}{2}AB=\frac{1}{2}\times4=2$であり，△ACNは3辺の比が$1:2:\sqrt{3}$の直角三角形だから，$AN=\frac{\sqrt{3}}{2}AC=\frac{\sqrt{3}}{2}\times4=2\sqrt{3}$である。△ANMで三平方の定理より，$NM=\sqrt{AN^2-AM^2}=\sqrt{(2\sqrt{3})^2-2^2}=\sqrt{8}=2\sqrt{2}$となるから，$MH:2\sqrt{2}=2:2\sqrt{3}$が成り立つ。これを解いて，$MH\times2\sqrt{3}=2\sqrt{2}\times2$，$MH=\frac{2\sqrt{6}}{3}$となる。

図2

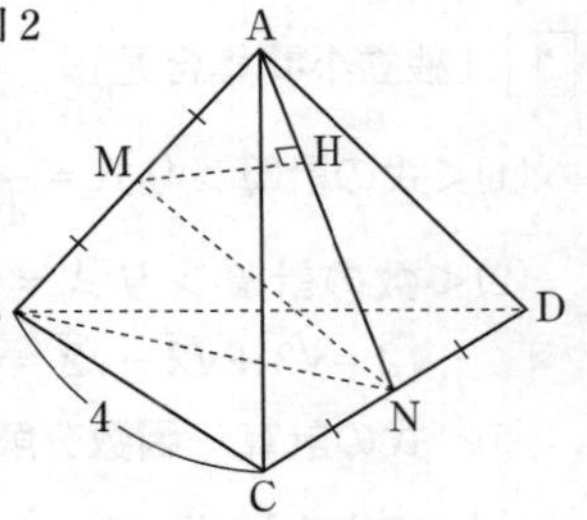

(6)＜平面図形―証明＞右図3で，$AD=AC=7$，$CD=14-6=8$なので，△ADCは二等辺三角形である。△ABCと△ECDにおいて，①の$AC:ED=7:4$，②の$BC:CD=14:8=7:4$より，$AC:ED=BC:CD$がいえるので，①，②と，③の$\angle ACB=\angle EDC$より，2組の辺の比とその間の角がそれぞれ等しい。よって，$\triangle ABC\backsim\triangle ECD$である。

図3

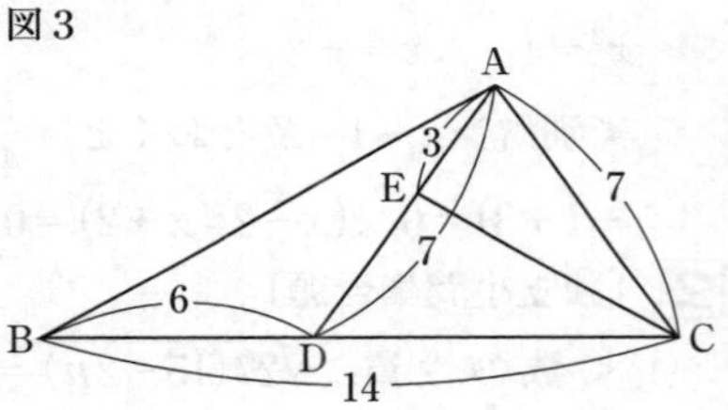

3〔データの活用―確率―さいころ〕

(1)＜確率＞大，中，小の3個のさいころを同時に投げるとき，それぞれ6通りの目の出方があるので，目の出方は全部で$6\times6\times6=216$(通り)ある。このうち，出た目の数の積が奇数となるのは，3個とも奇数の目が出る場合である。奇数の目は1，3，5の3通りあるので，出た目の数の積が奇数となる場合は$3\times3\times3=27$(通り)あり，求める確率は$\frac{27}{216}=\frac{1}{8}$である。

(2)＜確率＞216通りの目の出方のうち，出た目の数の積が5の倍数となるのは，5の目が少なくとも1個出る場合である。よって，出た目の数の積が5の倍数にならない場合を考えると，これは，5の目が1個も出ない場合となる。5以外の目は1，2，3，4，6の5通りだから，5の目が1個も出ない場合は$5\times5\times5=125$(通り)ある。したがって，出た目の数の積が5の倍数となる場合は$216-125=91$(通り)あるから，求める確率は$\frac{91}{216}$となる。

(3)＜確率＞$8=2^3$より，3個とも偶数の目が出ると，出た目の数の積は8の倍数になる。偶数の目は2，4，6の3通りだから，このときの目の出方は$3\times3\times3=27$(通り)ある。次に，奇数の目が1個出る場合，$8=4\times2$だから，他のさいころの目は，1個が4，もう1個が偶数である。大のさいころの目が1のとき，中，小のさいころの目の組は，(中，小)＝(2，4)，(4，2)，(4，4)，(4，6)，(6，4)

の5通りある。大のさいころの目が3，5のときも同様だから，大のさいころの目が奇数のときは $5\times3=15$(通り)ある。中のさいころの目が奇数のとき，小のさいころの目が奇数のときも同様に15通りずつあるから，奇数の目が1個出る場合で，出た目の数の積が8の倍数となるのは $15\times3=45$(通り)ある。奇数の目が2個出る場合で，出た目の数の積が8の倍数になることはない。以上より，出た目の数の積が8の倍数となる場合は $27+45=72$(通り)あるから，求める確率は $\frac{72}{216}=\frac{1}{3}$ となる。

4 〔関数―関数 $y=ax^2$ と一次関数のグラフ〕

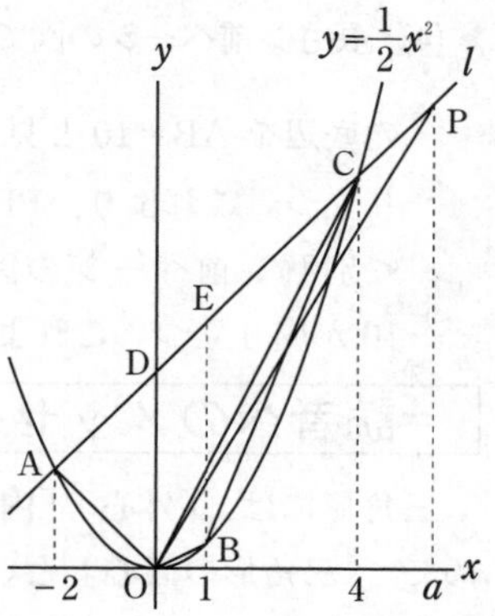

(1)＜直線の式＞右図で，2点A，Cは放物線 $y=\frac{1}{2}x^2$ 上にあり，x 座標がそれぞれ -2，4なので，$y=\frac{1}{2}\times(-2)^2=2$，$y=\frac{1}{2}\times4^2=8$ より，A$(-2,\ 2)$，C$(4,\ 8)$ である。よって，直線 l の傾きは $\frac{8-2}{4-(-2)}=1$ だから，その式は $y=x+b$ とおける。点Cを通るので，$8=4+b$ より，$b=4$ となり，直線 l の式は $y=x+4$ である。

(2)＜面積＞右図で，直線 l と y 軸の交点をDとし，点Bを通り y 軸に平行な直線と直線 l の交点をEとする。(1)より直線 l の切片は4なので，D$(0,\ 4)$ であり，$\mathrm{OD}=4$ である。点Bの x 座標が1より点Eの x 座標も1だから，$y=1+4=5$ より，E$(1,\ 5)$ となる。点Bは放物線 $y=\frac{1}{2}x^2$ 上にあるので，$y=\frac{1}{2}\times1^2=\frac{1}{2}$ より，B$\left(1,\ \frac{1}{2}\right)$ である。よって，$\mathrm{BE}=5-\frac{1}{2}=\frac{9}{2}$ となる。△OADは，底辺をODと見ると，高さは2だから，$\triangle\mathrm{OAD}=\frac{1}{2}\times4\times2=4$ である。四角形OBEDは台形であり，高さは1だから，〔台形OBED〕$=\frac{1}{2}\times\left(4+\frac{9}{2}\right)\times1=\frac{17}{4}$ となる。△BCEは，底辺をBEと見ると，高さは $4-1=3$ だから，$\triangle\mathrm{BCE}=\frac{1}{2}\times\frac{9}{2}\times3=\frac{27}{4}$ となる。以上より，四角形AOBCの面積は，△OAD＋〔台形OBED〕＋△BCE $=4+\frac{17}{4}+\frac{27}{4}=15$ となる。

(3)＜x 座標＞右上図で，(2)より，△OPA＝〔四角形AOBC〕＝15である。△OAD＝4だから，△ODP＝△OPA－△OAD＝15－4＝11となる。△ODPの底辺をOD＝4と見ると，高さは a だから，$\frac{1}{2}\times4\times a=11$ が成り立ち，$a=\frac{11}{2}$ となる。

5 〔平面図形―円と三角形〕

≪基本方針の決定≫(3)　線分APを延長して直角三角形をつくる。

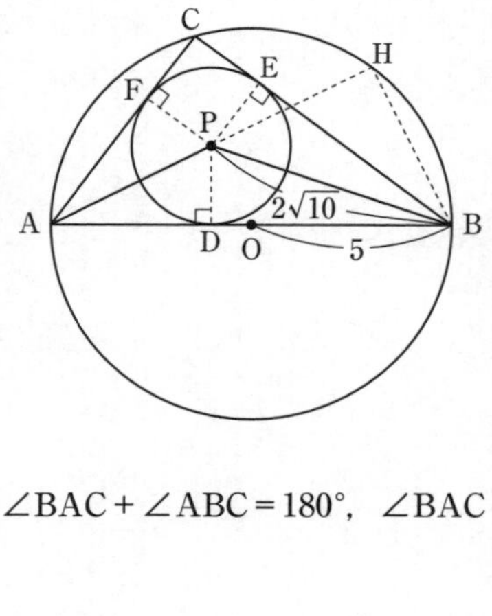

(1)＜角度＞右図で，線分ABは円Oの直径だから，半円の弧に対する円周角より，∠ACB＝90°となる。

(2)＜角度＞右図のように，円Pと3辺AB，BC，CAの接点をそれぞれD，E，Fとする。PD＝PF，AP＝AP，∠ADP＝∠AFP＝90°より，△ADP≡△AFPだから，$\angle\mathrm{DAP}=\angle\mathrm{FAP}=\frac{1}{2}\angle\mathrm{BAC}$ である。同様にして，△BDP≡△BEPだから，$\angle\mathrm{DBP}=\angle\mathrm{EBP}=\frac{1}{2}\angle\mathrm{ABC}$ である。よって，△ABPで，$\angle\mathrm{APB}=180^\circ-\angle\mathrm{DAP}-\angle\mathrm{DBP}=180^\circ-\frac{1}{2}\angle\mathrm{BAC}-\frac{1}{2}\angle\mathrm{ABC}=180^\circ-\frac{1}{2}(\angle\mathrm{BAC}+\angle\mathrm{ABC})$ となる。△ABCで，∠ACB＋∠BAC＋∠ABC＝180°より，90°＋∠BAC＋∠ABC＝180°，∠BAC

$+\angle \mathrm{ABC}=90^\circ$だから，$\angle \mathrm{APB}=180^\circ-\dfrac{1}{2}\times 90^\circ=135^\circ$となる。

(3)＜長さ＞前ページの図で，APの延長と円Oの交点をHとすると，線分ABが円Oの直径だから，$\angle \mathrm{PHB}=90^\circ$となる。(2)より，$\angle \mathrm{BPH}=180^\circ-\angle \mathrm{APB}=180^\circ-135^\circ=45^\circ$となるので，△BPHは直角二等辺三角形である。よって，$\mathrm{PH}=\mathrm{BH}=\dfrac{1}{\sqrt{2}}\mathrm{BP}=\dfrac{1}{\sqrt{2}}\times 2\sqrt{10}=2\sqrt{5}$である。$\mathrm{AB}=2\mathrm{OB}=2\times 5=10$だから，△AHBで三平方の定理より，$\mathrm{AH}=\sqrt{\mathrm{AB}^2-\mathrm{BH}^2}=\sqrt{10^2-(2\sqrt{5})^2}=\sqrt{80}=4\sqrt{5}$となる。したがって，$\mathrm{AP}=\mathrm{AH}-\mathrm{PH}=4\sqrt{5}-2\sqrt{5}=2\sqrt{5}$である。

(4)＜長さ＞前ページの図で，$\angle \mathrm{AHB}=90^\circ$より，$\triangle \mathrm{ABP}=\dfrac{1}{2}\times \mathrm{AP}\times \mathrm{BH}=\dfrac{1}{2}\times 2\sqrt{5}\times 2\sqrt{5}=10$である。△ABPの底辺を$\mathrm{AB}=10$と見ると高さは線分PDだから，△ABPの面積について，$\dfrac{1}{2}\times 10\times \mathrm{PD}=10$が成り立つ。これより，$\mathrm{PD}=2$となるので，円Pの半径は2である。

≪別解≫前ページの図で，$\triangle \mathrm{ADP}\backsim\triangle \mathrm{AHB}$だから，$\mathrm{PD}:\mathrm{BH}=\mathrm{AP}:\mathrm{AB}$より，$\mathrm{PD}:2\sqrt{5}=2\sqrt{5}:10$が成り立つ。これより，$\mathrm{PD}\times 10=(2\sqrt{5})^2$，$\mathrm{PD}=2$である。

＝読者へのメッセージ＝

三角形には，「外心」「内心」「重心」「垂心」「傍心」という5つの点があります。これらの点をまとめて，「三角形の五心」といいます。5の点Oは△ABCの「外心」，点Pは△ABCの「内心」です。

2022年度／桐光学園高等学校

国語解答

一 ㋐ 晴耕　㋑ 貴賓　㋒ 真偽
㋓ 出帆　㋔ 亜流

二 問一 Ⅰ…エ　Ⅱ…ア　Ⅲ…ウ
問二 ウ　問三 エ　問四 ウ
問五 新型コロナがもたらした危機は，予測困難なものがあまりにも多く，科学技術によってあらゆることを思いどおりにできるという人間の考え方を根底から覆すものだということ。
問六 ア

三 問一 エ　問二 ア　問三 エ
問四 イ　問五 ウ，エ　問六 ウ
問七 イ

四 問一 a…イ　b…ウ　問二 ア
問三 （右参照）　問四 ウ
問五 ウ　問六 イ，オ

不レ能二更作一

一〔漢字〕
㋐「晴耕雨読」は，晴れた日には畑を耕し，雨の日には読書をして穏やかに暮らすこと。　㋑「貴賓」は，身分の高い客のこと。　㋒「真偽」は，本当のことと偽りのこと。　㋓「出帆」は，船が港を出ること。　㋔「亜流」は，同じ流派に属するもののこと。

二〔論説文の読解─社会学的分野─現代文明〕出典；白井聡「技術と社会」（『ポストコロナ期を生きるきみたちへ』所収）。

≪本文の概要≫近代以降，人間は，自らを世界の中心と考えるようになり，科学技術による社会の発展を成し遂げてきた。その結果，人々は，しだいに科学技術を重視する姿勢を強めていき，今では科学技術そのものが世界の中心であるという「ポスト・ヒューマン」の概念が浸透しつつある。この「ポスト・ヒューマン」の価値観においては，科学技術によって理解できないものは存在せず，外界の自然だけでなく人間の身体という内側の自然さえもつくり変え，支配することができると考えられている。しかし，昨今の新型コロナウイルスの流行は，いまだに感染症や人体について理解できないことが数多くあるという事実を明らかにした。技術の発展が社会の在り方を変えていくという考え方を「技術決定論」というが，その考え方は真実ではなく，技術はあくまでも社会を発展させるための手段である。人々は，今一度，社会と科学技術の関係を問い直すべきであろう。

問一＜接続語＞Ⅰ．これまでの歴史で，感染症の流行が収束したにもかかわらず，その理由がわかっていないものの例として，スペイン風邪が挙げられる。　Ⅱ．「ポスト・ヒューマン」は，人間に代わって技術が世界の中心になるという考え方であるが，この考え方は，社会は利用可能な技術を全て利用するわけではないことをふまえると，正しいとはいえない。　Ⅲ．江戸時代には，正確な時を刻む時計があったが，正確な時間を知る必要のない生活をしていたので，そうした時計が広く使われることがなかったということは，要するに，利用可能な技術のうち，どの技術を使うかを決めるのは，社会の在り方なのだということである。

問二＜文章内容＞「ポスト・ヒューマン」の概念は，世界の中心が人間からＡＩのような科学技術に移り変わるとする考え方である。しかし，科学技術をつくり出すのは人間であるという点をふまえると，「ポスト・ヒューマン」は極端な人間中心主義ということも可能である。

問三＜文章内容＞Ｘ．「ポスト・ヒューマン」の概念では，人間ではなく科学技術が世界の中心であるとされる。この点では，人間中心主義を脱しているものと考えることができる。　Ｙ．「ポスト・ヒューマン」の概念は，科学技術の万能性を信奉する。科学技術の万能性は，技術を生み出す人間の万能性を示すものでもあるため，この点では極端な人間中心主義ととらえることもできる。

問四＜文章内容＞一人ひとりの人間が人権を持つとされ，区別なく尊重されてきたのは，生殖や出生は偶然に委ねるしかなかったためである。しかし，技術の発展により生殖や出生にも介入できるようになると，人間という存在のとらえ方が変化してしまう恐れがある。

問五＜文章内容＞「ポスト・ヒューマン」の概念は，科学技術の万能性によって人間をも操作し，あらゆる自然を征服できるという考え方である。しかし，科学技術をもってしても予測や対策が困難である新型コロナウイルスの流行は，「ポスト・ヒューマン」的な価値観が通用しない現実が存在することを人々に突きつけたのである。

問六＜文章内容＞「ポスト・ヒューマン」をはじめとする技術決定論は，技術の発展が社会の在り方を決定するという考え方である。しかし，分単位の正確な時間を知る必要のなかった江戸時代において正確な時計が用いられなかったように，実際は社会の側がどの技術を利用するかを決定しているため，技術決定論は，人間社会の現実とは反する価値観なのである。

三〔小説の読解〕出典；くどうれいん『氷柱の声』「滝の絵(二〇一一)」。

問一＜文章内容＞伊智花は，「内陸でほとんど被害を受けていない」自分が，震災で大きな被害を受けた人々の心を動かし，安らぎや希望を与える作品を描けるとは思えなかったのである。

問二＜心情＞伊智花は，記者が絵そのものには興味がなく，「被災地に向けてメッセージを届けようとする高校生」という話題性を求めているだけであると気づいた。そのため，そっけない返事を繰り返すことで記者からの取材を早く終わらせたいと考えたのである。

問三＜心情＞タイトルや作者の思いばかりに興味を示す記者の取材に，伊智花はうんざりしていた。しかし，みかちゃんは構図や光の表現など，絵そのものの工夫や魅力について褒めたため，伊智花は救われた気分になったのである。

問四＜文章内容＞伊智花の記事は，記者が求める「被災地に向けてメッセージを届けようとする高校生」のイメージに沿った書かれ方をしており，実際の取材の内容とはかけ離れていた。しかし，その記事を読んだ周囲の人々から注目されてしまい，絵そのものへの関心が向けられないやるせなさを一層感じることになったため，伊智花は不動の滝の絵にひたすら打ち込もうとしたのである。

問五＜心情＞コンクールの最優秀賞は大船渡市の女子生徒であったが，作品自体の完成度は高くなかった。「どこに向かえばよいかわからなくなっていた」気持ちと対話しながら絵を描いたという女子生徒のスピーチを聞いた伊智花は，「不動の滝を描いていた時の自分とどこか重なるものがある」と思ったものの(…ウ)，作者の不遇さが審査に大きく影響しているのではないかという不信感も抱いた(…エ)。

問六＜表現＞伊智花は，「今このご時世で水がドーンっと押し寄せてきて，おまけにタイトルが『怒濤』ってのは，ちょっときつすぎる」という榊の何気ない言葉から，自分が津波を連想させる題材を選んでいたのだと気づいた。伊智花は，賞をとれなかった原因が題材にあると理解したが，作品そのもののよさが純粋に評価されるわけではないという現実を思い知り，虚脱感を覚えた。

問七＜心情＞伊智花は，作品そのもののよさではなく，題材や作者の境遇ばかりが評価されるという現実に怒りを覚え，真剣に絵に取り組んでいた自分がばかばかしくなった。その感情を滝の絵にぶつけようとしたが，作品に打ち込んだ自分の思いや作品に対する愛着は捨てきれず，自分のやるせない感情を受けいれようとしたのである。

四〔古文の読解―説話／漢文の読解〕出典；〈甲〉無住法師『沙石集』巻第三ノ四／〈乙〉『孝子伝』舟橋家本。

〈甲〉≪現代語訳≫漢王朝の時代に孝孫と呼ばれる者がいた。十三才の時のことであったが，父が，妻の言うことに従って，年老いた(自分の)親を山へ運んで捨て(ようと考え)た。孝孫は幼かったけれども正しい心の持ち主で，父をいさめたが父に相手にされなかった。(父は，この孝孫と呼ばれた)元啓と二人で，(父の)親を手輿に乗せて山へ運んで捨てて帰る(ことにした)。(すると)元啓はこの手輿を持って帰ろうとした。父が，「持ち帰ってどうするのか」と言って止めたところ，(元啓が)「父が年老いなさったとき，(また山へ)運んで捨てるため」と言ったので(父は)思い至って，私が，父を捨てれば，(息子は)また私(のやり方)をまねて，(いずれ)私自身が捨てられてしまうだろうということを考え，また(自分の)親を連れて帰って養ったのであった。父をいさめるための機転は，本当に知恵深いものであるよ。

〈乙〉≪書き下し文≫孝孫原谷は楚人なり。其の父不孝なり，常に父の死せざるを厭ふ。時に父輦を作り父を入れ，原谷と共に担ひ，山中に棄て置きて家に還る。原谷走り還り，祖父を載せし輦を齎て来れり。呵噴して云ふ，「何故其れを持ち来るか」と。原谷答へて云ふ，「人の子は老父を山に棄つる者なり，我が父老いたる時，之に入れて将に棄てんとす。更に作る能はず」と。爰に父之を思惟し，更に還り祖父を将ゐて家に帰り，還た孝子と為す。

≪現代語訳≫孝孫と呼ばれる原谷は楚の人である。その父は親不孝者で，(自分の親であるにもかかわらず，)(自分の)父が死なないことを常に嫌がっていた。あるとき父は手輿をつくり(自分の)父を入れ，原谷と二人で担ぎ，山中に捨て置いて家に帰った。(すると)原谷は走って(山に)戻り，祖父を乗せていた手輿を持って帰ってきた。(父は)怒って，「なぜそれを持って帰ってきたのか」と言った。原谷は，「人の子は年老いた父を山に捨てるの(だとわかりましたの)で，私も(自分の)父が年老いたとき，(同じように)これに入れて(父を)捨てようと思います。新たにつくることもできませんので」と答えた。そこで父はこれについてよく考え，もう一度(山に)戻って祖父を連れて家に帰り，再び親孝行をする者になったという。

問一＜古語＞ａ．「制す」は，おさえとどめる，という意味。　ｂ．「心づく」は，気づく，という意味。

問二＜漢文の内容理解＞原谷は，原谷の祖父を山に捨てるのに使った手輿を山から持ち帰った。それを見た原谷の父は怒り，なぜそれを持ち帰ったのかと言った。

問三＜漢文の訓読＞「更」→「作」→「能」→「不」の順に読む。「作」から「能」に一・二点で返り，レ点で「能」から「不」に返る。漢文の訓読の際，助動詞となる漢字はひらがなに直すため，「不」は「ず」とし，「更に作る能はず」となる。

問四＜漢文の内容理解＞〈甲〉の元啓と〈乙〉の原谷はいずれも，祖父を山に捨てるのに使った手輿を持ち帰ることで，父の考えを改めさせようとしたのである。

問五＜古文の内容理解・漢文の内容理解＞〈甲〉では，元啓の父は，妻の言葉に従い，元啓の祖父を手輿に乗せて山へ捨てようとした。しかし，山から戻るときに元啓が，父が年老いたときに父を捨てるために手輿を持ち帰ると言ったため，父は考えを改めた。〈乙〉では，原谷の父は，自分の親が死なないことをうとましく思ったために，原谷の祖父を山へ捨てようとした。しかし，祖父を捨てた後，原谷が山へ戻り，子は年老いた親を捨てるものだと学んだので，自分もいずれ親を手輿に乗せて捨てようと思うが，もう一度これをつくることもできないのでと言って手輿を持ち帰ってみせたことで，父は考えを改めた。

問六＜古文の内容理解・漢文の内容理解＞〈甲〉の元啓と〈乙〉の原谷はいずれも，自らの年老いた親を捨てようとする父親の行動をいさめ，考えを改めさせた。父親の不徳を正し，祖父の命を救うことができたために，元啓(＝原谷)は「孝孫」と呼ばれたのである。

Memo

Memo

Memo

2021年度 桐光学園高等学校

【英　語】（50分）〈満点：100点〉

注意　記述問題において句読点と数字は１字扱いとします。

1

次の(a)～(e)の文の［　　］に入れるのに最も適切な語をそれぞれ答えなさい。ただし，［　　］に与えられた文字で始めること。

(a) February 10th is my［ b　　］. I was born on that day.

(b) What's the［ m　　］with you?　Are you feeling bad?　You look sick.

(c) Your［ c　　］is the child of your aunt or uncle.

(d) To［ s　　］is to find the correct answer to a problem or the explanation for something difficult.

(e) If you are［ b　　］, you are working hard and have a lot of things to do.

2

次の(a)～(e)の文で，（　　　）に入れるのに最もふさわしいものを１～４の中から１つずつ選び，番号で答えなさい。

(a) He（　　　）Japan many times when he was young.

1. visited　　2. has visited　　3. went　　4. has gone

(b) May I have something（　　　）?

1. drinking　　2. to drinking　　3. drunk　　4. to drink

(c) How far（　　　）from Kyoto Station to Hiroshima Station?

1. it is　　2. it takes　　3. is it　　4. does it take

(d) The sudden death of the king ( ) us.

1. surprising 2. surprised 3. surprise 4. was surprised

(e) I remember ( ) him at his office yesterday.

1. see 2. to see 3. seeing 4. saw

3

次の(a)～(e)の会話文で，( )に入れるのに最もふさわしいものを１～４の中から１つずつ選び，番号で答えなさい。

(a) A：What time do you have?

B：( )

A：Thanks.

1. I don't have enough time.
2. I have a watch.
3. It's half past ten.
4. I'm free tonight.

(b) A：How's your cold today?

B：( )

A：That's good.

1. It's not so cold.
2. No, thank you.
3. It's cloudy today.
4. Much better, thanks.

(c) A：May I help you?

B：Yes. I want a black jacket.

A：Fine. Look at this one. It's very popular. ( )

B：Sure.

1. That white one is mine.
2. Would you like to try it on?
3. May I have the same one?
4. Can I try it on?

(d) A：Do you want to go skating with me?

B：Great. But I have to finish this report before we go.

A：(　　　　　　　　　　) I'll wait until you finish.

B：OK.

1. No problem.　　2. How about skiing?
3. Tell me why.　　4. Excuse me.

(e) A：Have you met my friend Lisa?

B：(　　　　　　　　　　)

A：So you know each other.

1. Who is she?　　2. Why do you know me?
3. I know your name is Lisa.　　4. We met at John's party.

4 次の(a)～(c)の日本文の意味に合うように英文をつくるとき，（ イ ）（ ロ ）に入れるのに最もふさわしい語をそれぞれ答えなさい。

(a) ジャックは一日中テレビゲームばかりやって，勉強を全然しませんでした。
Jack played video games all day（ イ ）, and didn't study（ ロ ）all.

(b) とても多くの店が閉店の危機にあります。
A large（ イ ）of shops are in（ ロ ）of being closed.

(c) 大雪のために，飛行機は時間通りに離陸できませんでした。
The plane couldn't take off（ イ ）time because（ ロ ）the heavy snow.

5 次の(a)～(c)の１～７の語(句)を並べかえたとき，(　イ　)(　ロ　)に入れるものをそれぞれ番号で答えなさい。ただし，文頭にくる語(句)も小文字にしてあります。

(a) I (　　) (　　) (　　) (　イ　) (　ロ　) (　　) (　　).

1. him　　2. me　　3. asked　　4. the station
5. to　　6. to tell　　7. the way

(b) (　　) (　　) (　イ　) (　　) (　　) (　ロ　) (　　)?

1. will　　2. do　　3. she　　4. how soon
5. know　　6. you　　7. come

(c) (　イ　) (　　) (　　) (　　) (　　) (　ロ　) (　　) England.

1. in　　2. gave　　3. of　　4. this book
5. me　　6. life　　7. some idea

6 次の日本文を英語に直しなさい。ただし，(　　　)内に与えられた語をそのままの形で順に用いること。

彼女は親切にも私の宿題を手伝ってくれました。
(enough / me / with)

7 次の英文を読み，設問に答えなさい。

One year it didn't rain. There wasn't much food or water, and all the animals living in the forest were very hungry and thirsty.

In the middle of the forest, there was a field. In this field, there was a large *pear tree. It was full of big, yellow pears. They were ready to eat. But (イ) <u>none of the animals could eat the pears</u> because there was a tiger under the pear tree. He didn't want to eat the pears because, of course, tigers don't eat fruit! But he also didn't want the other animals to eat the pears. When the monkeys tried to come near the tree, the tiger made a terrible sound. "Stay away or (ロ)!" he shouted.

The animals could not eat the fruit. Then Rabbit came along. "Oh, Rabbit, you're so clever. What should we do? We're so hungry and thirsty, but we can't eat the pears," said the animals.

Rabbit thought for a while and then he had an idea. "Come close, my friends. Listen to me and I'll tell you what to do."

Very early the next morning, all the animals were in the forest near the field. The birds and the monkeys sat in the trees. [A] The tiger was still sleeping.

Soon Rabbit came along, and carried a large, thick rope. [B] Tiger opened one eye and said angrily, "Why are you making so much noise? Can't you see I'm sleeping?"

"Tiger!" shouted Rabbit. "You must run! A big wind is coming. It will blow everything and everyone off the earth."

At that moment, all the animals in the forest began to make noise. The birds and the monkeys jumped around the tops of the trees. The elephants and other big animals shook and moved the trees. [C] It sounded like the end of the world.

Tiger was (ハ). "What should I do?" he cried.

"You must run," said Rabbit. "I can't help you now. I have to go and tie down the other animals with this rope. If I don't, the wind will blow them away."

"(ニ)," said Tiger.

But Rabbit said, "No, I must help the other animals. You are big and strong. You can run far and get away."

"No!" shouted Tiger. "You must do it now."

"Okay, okay," said Rabbit. "I will tie you down now."

And so he tied Tiger to a tree near the field.

"More rope, more rope!" said Tiger. "I don't want to blow away!"

Rabbit got more rope and tied it around and around Tiger.

When he finished, he called to his friends in the forest.

"Come on out!" he called. "Look at this. Look at Tiger. Now（ホ）he can't keep us away from the tree."

Then all the animals came out of the forest. They sat happily together under the pear tree and ate all the pears.

【注】 pear 梨

［設問］

(a) 下線部(イ)の理由として最もふさわしいものを１～４の中から１つ選び，番号で答えなさい。

1. Tiger liked the pears and ate all of them.
2. Tiger took care of the pear tree and had the right to eat the pears.
3. A lot of animals were scared of Tiger and couldn't come near the tree.
4. All the animals respected Tiger and gave him the pears.

(b) 空所（　ロ　）に入れるのに最もふさわしいものを次の１～４の中から１つ選び，番号で答えなさい。

1. come near
2. I'll eat you up
3. I'll sit there and do nothing
4. help me

(c) 空所［　A　］～［　C　］に入る組み合わせとして最もふさわしいものを１～６の中から１つ選び，番号で答えなさい。

ア．Soon the whole forest was shaking and moving.

イ．The other animals hid behind the trees.

ウ．Rabbit ran across the field and made a lot of noise.

1. A ア　B イ　C ウ
2. A ア　B ウ　C イ
3. A イ　B ア　C ウ
4. A イ　B ウ　C ア
5. A ウ　B ア　C イ
6. A ウ　B イ　C ア

(d) 空所(ハ)に入れるのに最もふさわしいものを次の1～4の中から1つ選び，番号で答えなさい。

1. dangerous　　2. afraid　　3. safe　　4. relaxed

(e) 空所(ニ)に入れるのに最もふさわしいものを次の1～4の中から1つ選び，番号で答えなさい。

1. I'll run far and get away　　2. I'll tie you down
3. You must help the other animals　　4. You must tie me down

(f) 下線部(ホ)を日本語に直したものとして最もふさわしいものを次の1～4の中から1つ選び，番号で答えなさい。

1. トラは私たちやその木から離れることができない。
2. トラは私たちやその木に近づくことができない。
3. トラは私たちをその木に近づけることはできない。
4. トラは私たちをその木から遠ざけておくことはできない。

(g) 本文の内容と一致するものを次の1～7の中から2つ選び，番号で答えなさい。

1. The big tree had a lot of pears though there wasn't any rain.
2. Tiger shouted to the monkey because he had a terrible pain in his stomach.
3. Rabbit knew the big wind would soon come and damage the animals.
4. Rabbit carried out a plan to get the pears very early in the morning.
5. Rabbit told Tiger that a strong animal should help poor animals.
6. Tiger was too tired and sleepy to run any more in the field.
7. Rabbit tied Tiger down to the pear tree so that he wouldn't blow away.

8 次の英文を読み，設問に答えなさい。

Special sale! Low, low prices! Shop now! You have probably seen many signs like these. Most people love sales because they can buy products they want at low prices. They are happy because they feel they got good *value, *that is, they paid less than they thought. But did they really get good value? *Experts who understand the *psychology of price say maybe they did not.

Businesses are very careful about how they set prices for their products and services. They understand how to use price as a *strategy. At the heart of most price strategies you find a *fundamental principle called *the anchor*. The anchor is the first idea you have about how much a product is *worth. This number is very important because it stays in your memory. For example, you look at the price tag on a coat. It says $100, but that price is crossed out. There is a second price written in red on top of the original price. It says $79! The $100 *figure is the anchor. It was the first price you saw, and (イ). You believe it is worth $100, so the lower $79 price *seems like a bargain. *Studies show (ロ) that a product that has a higher original price of $100 but is then reduced to $50 will sell much faster than the same product if it is simply marked $50 from the beginning.

Occasionally, but not always, the anchor price is not shown directly. It is only in the buyer's mind. Shoppers are more *likely to buy a pen that costs $3.99 than one that costs $4.00. Four dollars is the anchor in their (ハ). They think: This pen is worth $4.00, but I am paying less than that. *Even though they know the difference is only one cent, $3.99 seems closer to $3.00 than $4.00 because it begins with the number 3. (ニ) has a powerful *effect on shoppers because it is always *compared to the anchor number that is just above it. Studies have also shown that shoppers are more likely to buy products that cost $39 than products that cost $34. They believe that the $39 products are worth $40, and, *therefore they are a better value.

The psychology of price is at work in all kinds of places, *including on menus. A menu is not just a list of food that a restaurant *offers. Many are carefully designed and use anchor pricing. When you open a menu, the first place you usually look at is on the top right side. On that place of the menu you will find the food that is most *profitable for the restaurant. However, *nearby you will also find the most expensive food, like a big steak or lobster. The restaurant does not really believe a lot of people will order the most expensive dish; however, (ホ) it is an anchor. The high anchor price helps all the other dishes to look like good value, including the dish that is profitable for the restaurant, perhaps a chicken or pasta dish. Restaurant owners have other *tricks. They have found if they do not use money symbols like €, $, or ¥, people *spend more money. So many restaurants just write the number (へ) the symbol.

There are many strategies for pricing, but anchor pricing is probably the most powerful. Even when you know about it, it is sometimes difficult to *resist the effect of the anchor on your shopping.

【注】

value 価値（のあるもの）	that is つまり	expert 専門家
psychology 心理学	strategy 戦略	fundamental principle 基本原理
worth （～の）価値がある	figure 数字	seem ～(のよう)に思える
study 研究	(be) likely to do ～する可能性がある	
even though たとえ～であっても		effect 影響
compare ～と比べる	therefore したがって	including ～を含めて
offer ～を提供する	profitable 利益になる	nearby その近くに
trick しかけ	spend ～を費やす	resist the effect 影響を受けない

［設問］

(a) 空所(イ)に入れるのに最もふさわしいものを次の１～４の中から１つ選び，番号で答えなさい。

1. it is not worth $79 to you
2. most of you will find it too expensive
3. everyone understands it is the anchor
4. it sets the value of the coat in your mind

(b) 下線部(ロ)の内容として最もふさわしいものを次の１～４の中から１つ選び，番号で答えなさい。

1. 売る値段が同じでも，値下げされた後の方が売れ行きがよいということ。
2. 値段を操作するよりも，同じ商品を早く売った方が高く売れるということ。
3. 売れ行きのよい商品を最初から100ドルで売れば50ドルもうかるということ。
4. 元の値段が値下げ後の値段に近いほど，売れ行きがよいということ。

(c) 空所(ハ)に入れるのに最もふさわしい1語を，同じ段落の中より抜き出して書きなさい。

(d) 空所(ニ)に入れるのに最もふさわしいものを次の1～4の中から1つ選び，番号で答えなさい。

1. Anchor price　　2. The number 9
3. One cent　　4. The difference

(e) 下線部(ホ)に関して，レストランはメニューに対してどのような工夫をしているか。30字～40字の日本語で説明しなさい。

(f) 空所(ヘ)に入れるのに最もふさわしいものを次の1～4の中から1つ選び，番号で答えなさい。

1. on　　2. as　　3. without　　4. with

(g) 本文の内容と一致するものを次の1～7の中から2つ選び，番号で答えなさい。

1. People try to buy as many products as possible to feel happy.
2. Special sales do not always offer good value.
3. The lowest price for a product is called an anchor price.
4. If a product has an original price written in red on its tag, it sells well.
5. Customers are less likely to pay $39 than $34 for the same product.
6. Anchor pricing is one of the ways to sell more products.
7. You should know what anchor pricing is so that you become a smart shopper.

【数　学】（60分）〈満点：100点〉

注意　1．定規とコンパスは使用してはいけません。
　　　2．分数は最も簡単な分数で答えなさい。
　　　3．根号を用いた数は最も簡単な式で答えなさい。
　　　4．円周率は π とします。

1

次の問いに答えなさい。

(1)　$2x^4y^2\times\left(-\dfrac{3}{2}xy^2\right)^3\div\left(-\dfrac{5}{4}x^3y^5\right)^2$ を計算せよ。

(2)　$\left(2+\sqrt{6}\right)^2-\left(\sqrt{2}+2\sqrt{3}\right)\left(2\sqrt{2}+\sqrt{3}\right)$ を計算せよ。

(3)　$ax^2-2x^2-ay^2+2y^2$ を因数分解せよ。

(4)　連立方程式 $\begin{cases}2x:(y+4)=3:1\\5x+6y=3\end{cases}$ を解け。

(5)　2次方程式 $\dfrac{x^2+2x}{2}-\dfrac{4x+5}{6}=\dfrac{x^2-2}{3}$ を解け。

2

次の問いに答えなさい。

(1)　$\sqrt{126-9n}$ が整数となるような最も小さい自然数 n を求めよ。

(2)　2次関数 $y=ax^2$ と1次関数 $y=-5x+4$ は，x の値が -3 から 2 まで増加するときの変化の割合が等しい。このとき，a の値を求めよ。

(3)　0，1，2，3，4の数字が1つずつ書かれたカードが合計5枚ある。これらのうち4枚を並べて4桁の整数を作る。2000より大きい4桁の偶数は何個作れるか。

(4)　図で，点Oは円の中心である。$\angle x$の大きさを求めよ。

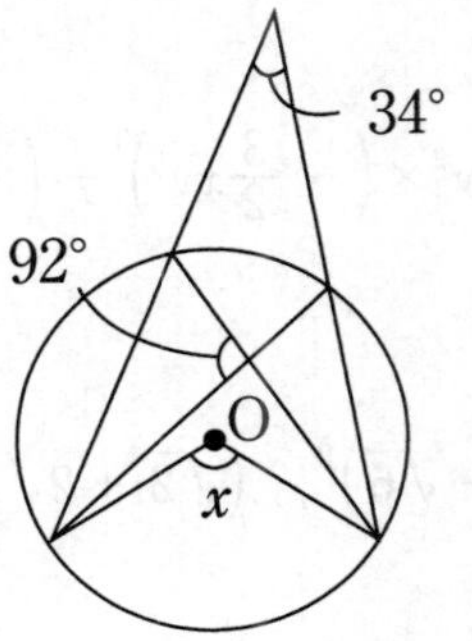

(5)　図のように，△ABCの辺AB，AC上にそれぞれ点D，Eがあり，

AD＝EC＝3，DB＝1，AE＝2

とする。△ADEと四角形BCEDの面積の比を最も簡単な整数の比で答えよ。

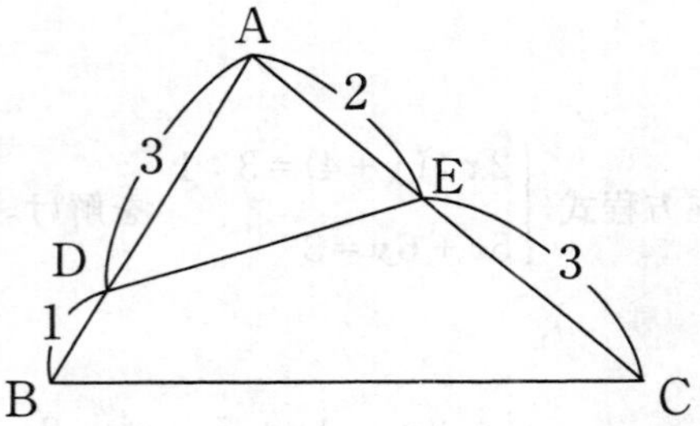

(6)　1辺の長さが2，対角線BDの長さが$2\sqrt{2}$である正八面体の体積を求めよ。

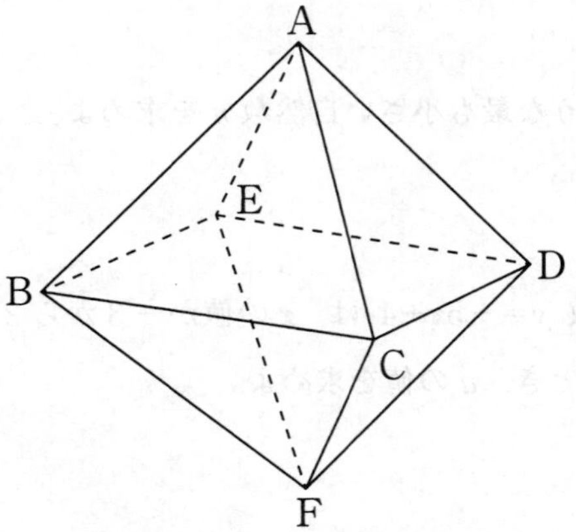

3　AB＝2，AC＝1，BC＝$\sqrt{5}$ である直角三角形ABCがある。図1のように，辺AB上の点Pと辺AC上の点Qを結んでできる線分PQを折り目として点Aが辺BC上に重なるように折り返し，Aが重なる点をRとする。

点Pと頂点Bが重なる状態（図2）のときの点RをR_1とし，点Qが頂点Cと重なる状態（図3）のときの点RをR_2とする。図2の状態から始めて，図3の状態まで点Rが辺BC上に常にあるように点P，Qを動かすとき，次の問いに答えなさい。

図1

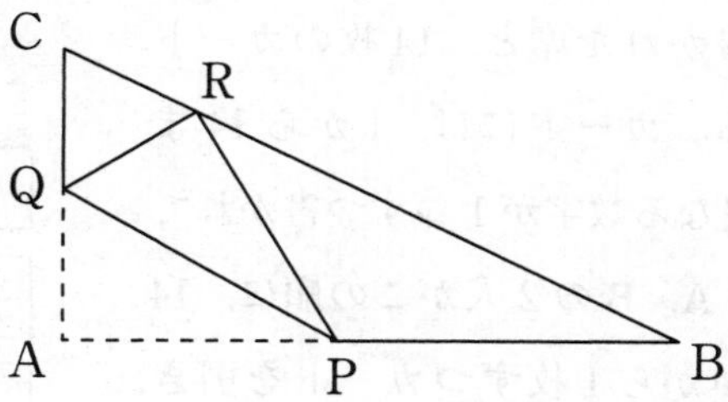

図2

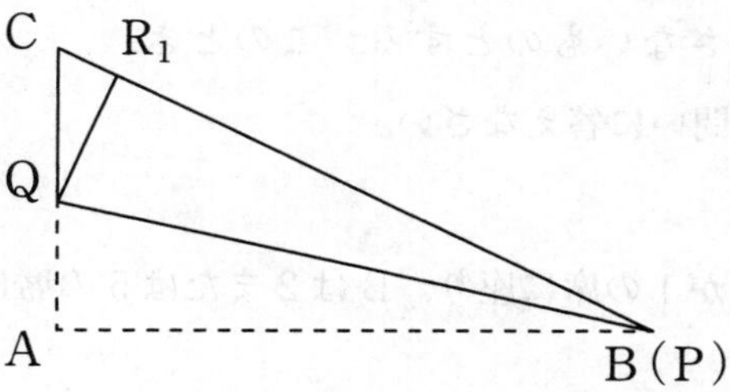

図3

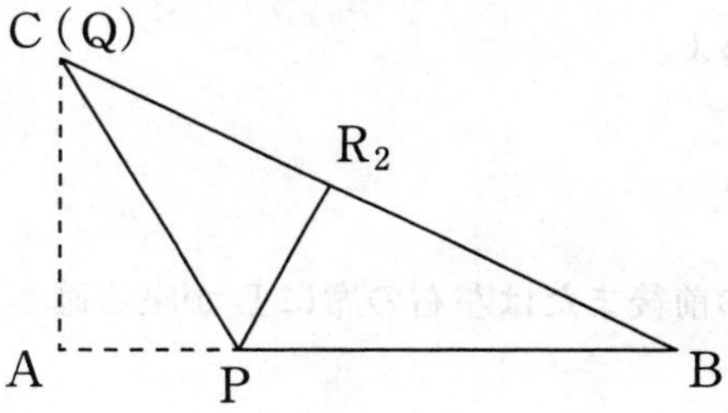

(1)　線分R_1R_2の長さを求めよ。

(2)　線分PRが辺ACと平行になるとき，線分APの長さを求めよ。

(3)　線分PQが辺BCと平行になるとき，線分CRの長さを求めよ。

4 図のように1から14までの番号が書かれた席と，14枚のカードがある。カードには，1から14までの異なる数字が1つずつ書かれている。A，Bの2人がこの順に，14枚の中から1枚ずつカードを引き，そのカードの数字と同じ番号の席に座る。ただし，引いたカードはもとに戻さないものとする。このとき，次の問いに答えなさい。

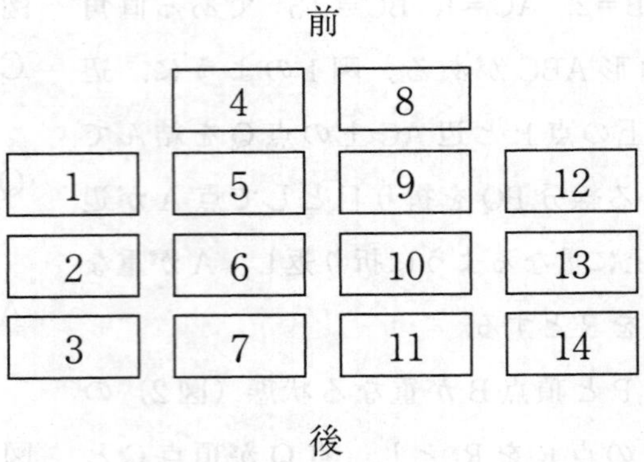

(1) Aが1の席に座り，Bは2または5の席に座る確率を求めよ。

(2) Aが5，6，9，10のいずれかの席に座り，Bはその前後または左右の席に座る確率を求めよ。

(3) Aの前後または左右の席にBが座る確率を求めよ。

5 図のように，放物線 $y=x^2$ と2点 A$(1,\ 6)$，B$(-2,\ 4)$ がある。放物線上に点 P$(a,\ a^2)$ をとる。ただし，$-2<a<\frac{8}{3}$ とする。このとき，次の問いに答えなさい。

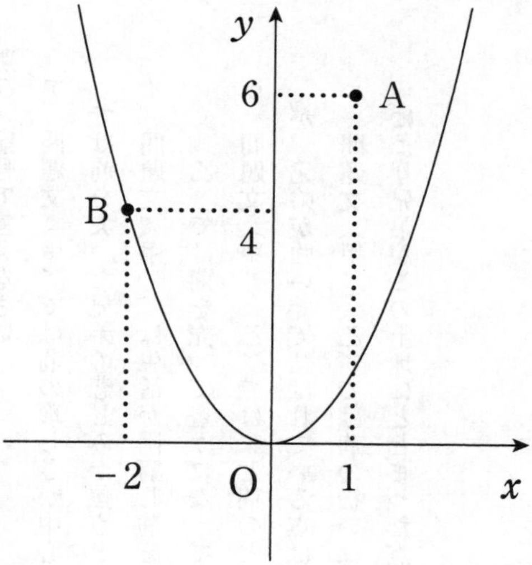

(1) △OAB の面積を求めよ。

(2) 四角形 ABPQ が平行四辺形になるように放物線上に点 Q をとる。このとき，a の値を求めよ。

(3) 四角形 ABPR が平行四辺形になるように座標平面上に点 R をとる。直線 $y=2x+2$ によって平行四辺形 ABPR の面積が2等分されるとき，a の値をすべて求めよ。

(4) 四角形 ABOP の面積が10のとき，a の値を求めよ。

問三　――線3「共 議 分 居 家 之 資 産」は、「共に居家の資産を分かつことを議す」と訓読します。これを参考にして、解答欄に返り点をつけなさい。なお、送り仮名は不要です。

問四　――線5「不㆑如㆓樹 木㆒也。」とありますが、その解釈として最も適当なものを次の中から選び、記号で答えなさい。

ア　この木を大切にしなければならない。

イ　この木を譲り渡すことなどできない。

ウ　この木には及ばない。

エ　この木は元に戻らない。

問五　この話について述べたものとして最も適当なものを次の中から選び、記号で答えなさい。

ア　問題文〈甲〉では荊の珍しさが中心であるが、問題文〈乙〉では荊を失った兄弟の悲しみが焦点となっている。

イ　問題文〈甲〉では生活が困窮し荊を売ろうとしたが、問題文〈乙〉では荊を売って豊かになっている。

ウ　問題文〈甲〉・〈乙〉では家と荊のどちらを売るかは異なるが、兄弟が強い絆で結ばれている点は同じである。

エ　問題文〈甲〉・〈乙〉では荊の扱いに違いがあるものの、荊により兄弟がこの土地にとどまった点は同じである。

四　問題文〈甲〉・〈乙〉を読んで、後の問いに答えなさい。なお、問題文〈乙〉については設問の都合上、送り仮名や返り点を省略した部分があります。

〈甲〉

昔、中国に三人兄弟がいた。その親の家の庭には赤・白・紫の花を咲かせ、人々がうらやむような、一年を通して花を咲かせる荊《うばら》（＝薔薇《ばら》）があった。

即ち父母亡《う》せて後に、この三人、身きはめて貧し。相語《あひ》らひていはく、「吾が家を売りて他国に移住せむ」と。時に隣国の人、三荊《けい》を買ふ。すでにこれを売りて直《あたひ》を得つ。その明旦《みやうたん》※1に、三荊、花落ち葉枯れたり。三人これを見て嘆ず。いまだ1かくのごときことをば見ず、と。呪して※2いはく、「吾が三荊、2別れを惜しむがために枯れたり。吾らとどまるべし。また返りて栄《はなさ》かむや」と。即ち直を返す。明くる日にしたがひてもとのごとく盛りなり。故に去らず。

（『注好選』上）

〈乙〉

田真ハ※3前漢ノ京兆ノ人也。兄弟三人アリ。二親並《ビニ》没シ、3共議分居家之資産。分カツコトレ之ヲ悉《ことごと》ク訖《をは》リテ※4、唯《ただ》有リ二庭前ニ三株ノ紫《し》荊《けい》一、華葉美茂ス。真ノ兄弟等《ら》議シテ欲シレ分ケントレ之ヲ、明旦《みやうたん》即チ伐《ばつ》‐斫《しやく》セントス二其ノ荊ヲ一。経テレ宿ヲ華葉枯レ萎《しぼ》ミ、根茎ハ燋《せう》顇《すい》ス。真、旦《あした》ニ携ヘテレ鋸《のこぎり》ヲ而往キテ見レ之ヲ、大イニ驚キ謂《い》ヒテ二諸弟ニ一曰ハク、「樹木ノ無キスラレ情、尚《な》ホ怨ム二4分別セラルルヲ一。況《いは》ンヤ人ノ兄弟ノ※5孔《こう》懐《かい》スルヲヤ。何ゾ可ケンレ離ルレ哉。是レ人ハ5不ルレ如カ二樹木ニ一也《なり》ト。」因《よ》リテ対《むか》ヒテ悲泣シ、不二復《ま》タ解カレ樹ヲ。樹即チ応ジテレ声ニ、青《せい》萃《すい》如《ごと》シレ故《もと》ノ。兄弟相感ジ、便チ合シテ二財産ヲ一、遂ニ成ル二※6純孝之門ト一也。

（『琱玉集』）

※1　明旦《みやうたん》…翌朝。
※2　呪して…祈願して。
※3　前漢京兆…紀元前にあった、中国（＝前漢）の地名。
※4　訖…「終」に同じ。
※5　孔懐《こうかい》…兄弟や肉親などの、相手への深い情愛。
※6　純孝之門…真心を尽くして孝行する一族。

問一　――線1「かくのごときこと」とありますが、どのようなことを指しますか。その内容について簡潔に説明しなさい。

問二　――線2「別れ」・4「分二別」とありますが、それはどのようなことを指しますか。最も適当なものを次の中からそれぞれ選び、記号で答えなさい。

ア　荊が株分けされてしまうこと。
イ　三人兄弟がそれぞれ独立すること。
ウ　荊が三人兄弟に切り倒されること。
エ　三人兄弟が遺産を分割相続すること。
オ　三人兄弟が他国へ移住してしまうこと。

成功するであろう。

エ　信長は自分の言動を大げさに評価することで、自分のことを確実に取り込もうとしているようだが、あえて抵抗を見せることで、あの男を焦らしてやろう。

問五　――線5「源三郎に返す言葉はない」とありますが、この時「源三郎」はなぜこのような意識を持ったのですか。その理由として最も適当なものを次の中から選び、記号で答えなさい。

ア　自分が天下を取るために、家臣の心理を巧みに利用しようとする信長の能力に感服したから。

イ　堕落する可能性をはらんだ集団を、必死に一つにまとめようとしている信長の努力に感心したから。

ウ　近日中に崩《くず》れ去っていくであろう家臣団について、まじめに語る信長が滑稽に思えたから。

エ　これまでなかったような、新しい集団を作ろうとしている信長の革新性について感嘆したから。

問六　――線6「源三郎は唖然《あぜん》とした」とありますが、この時「源三郎」が「唖然とした」理由として、最も適当なものを次の中から選び、記号で答えなさい。

ア　親としての愛情におぼれ、敵として織田家の中にいる自分に気づくことなく、自分を重用しようとする信長の愚かさにあきれたから。

イ　信忠を差し置いて、自分に家督を譲るという信長の言葉にこれまでの恨みの気持ちがぐらつき始め、冷静に物事を考えられなくなったから。

ウ　危害を加えようとしている敵であることを承知で、自分に家督を譲ろうとしている信長の心の広さに驚き、天下人としての人間性を感じ驚嘆したから。

エ　信長への恨みを抱き続けることが、信長の評価を得、自分が天下を率いていける可能性につながっていることを初めて知り、あまりの意外さに驚いたから。

問七　本文における「信長」と「源三郎」との関係について述べたものとして、最も適当なものを次の中から選び、記号で答えなさい。

ア　信長も源三郎も、お互いの真意がわからないまま対面を続けるうち、相手のすべてがわかりあえるようになっている。

イ　信長は源三郎に対して寛容な態度で接しているが、源三郎はそのような信長の態度を信用できず、深く思い悩んでいる。

ウ　源三郎にとっての信長は、思いもよらないような考え方や行動をとる人間であるが、その考え方に感心する面もある。

エ　会話を続ける中で、信長と源三郎の対立は一層激しくなり、お互いの関係はもはや修復できないほどになりつつある。

ア　新しい時代を目前にして、強大な権力を握る機会が自分にも巡ってきたと考えられるが、それよりも、父である信長の殺害を優先すべきだ、ということを強く意識している。

イ　父である、信長の殺害を遂行せざるを得なくなってしまった状況に対する悔恨の念を捨て去り、現状を積極的に受容しようとしている。

ウ　光秀という、権力を維持できるかどうかもわからない男を利用してしまったことで、光秀に従わざるを得なくなってしまった自分の安易さを、何とか忘れようとしている。

エ　一つの時代が終わることへの寂しさを感じたため、自分にも強大な権力を持つ資格があることを意識しながらも、その野心を当面は自重しよう、という思いを抱いている。

問二　――線2「源三郎は〜に向かった」とありますが、ここからうかがえる「源三郎」について述べたものとして最も適当なものを次の中から選び、記号で答えなさい。

ア　急な信長からの呼び出しに驚いたものの、いつもの通り信長と対面することで、信長を油断させ、計画の成功を確実なものにしようと思っている。

イ　信長からの急な呼び出しに焦り、今後の身の振り方について迷いが出てしまったが、すぐに信長の前に出向くことで、信長に対する殺害計画を隠し通そうとしている。

ウ　信長からの急な呼び出しではあったものの、自分たちの計画を隠し通せる自信があったので、何食わぬ顔で信長の所に出向こうとしている。

エ　急な信長からの呼び出しによって、自分たちの計画が露見したことを危ぶんだが、そうではないと冷静に判断した結果、何事もなかったかのように対面しようとしている。

問三　――線3「信長が余裕の笑みを浮かべる」とありますが、この時の「信長」について述べたものとして適当でないものを次の中から一つ選び、記号で答えなさい。

ア　源三郎は自分の跡を継ぐべき人間として、最適であるという思いを新たにしている。

イ　源三郎が抱いている激情こそ、天下を狙う集団には不可欠のものであり、むしろ、望ましいと考えている。

ウ　源三郎には自分に対する恨みはあろうが、まさか自分を本当に殺害するとは思ってもいない。

エ　源三郎の自分に対する思いは当然であり、源三郎の言葉は期待通りのものであるととらえている。

問四　――線4「源三郎は『勝った』と思った」とありますが、この時の「源三郎」の気持ちを述べたものとして最も適当なものを次の中から選び、記号で答えなさい。

ア　信長を喜ばせる言動によって話題を逸らすことができ、殺害計画が露見せずに済んだのだから、この計画は成功するし、自分は勝てるだろう。

イ　疑い深いにもかかわらず、息子である自分の言動を信じて疑わないような信長を殺害することは、本来ならば許されないことであろう。

ウ　自分の本心を隠し、斬《き》られる覚悟で信長に臨んだ結果、信長からの信頼を得ることもできたので、今回の計画はきっと猜疑心《さいぎしん》の塊で、決して人を信じず、誰にも騙されない信長だが、自らの息子にだけは、隙を見せたのだ。

「ありがたきお言葉」

「実はな――」

信長が、口端を歪《ゆが》めるような笑みを浮かべた。誰もがぞっとするほど冷たい笑みである。

「そなたが『恨んでおらぬ』と答えたら、この場で斬るつもりだった」

「えっ」

「わしは嘘をつく者が嫌いだ。嘘をつく者は、いつか裏切る。それなら芽のうちに断っておいた方がいい」

源三郎の背筋に戦慄《せんりつ》が走る。

「そなたは、わしを恨んでおる。それでいいのだ。※6惟任《これとう》もわしを恨み、権六《ごんろく》（柴田勝家）もわしを憎んでおる。藤吉郎や左近将監《さこんのしょうげん》（滝川一《かず》益《ます》）に至っては、隙あらば、わしに取って代わろうとしておる。だが、それでよいのだ。仲のよい主従などに天下が取れるか。憎悪でも野心でも、煮えたぎるような感情なら何でもいい。そうしたものを持つ軍団でなければ、天下など獲れぬ」

――この男は尋常ではない。しかし、その通りだ。

源頼朝の鎌倉幕府も、足利尊氏の室町幕府も、どちらも憎悪と野心をたぎらせた親族や家臣たちが、互いに憎しみ合いながら敵と戦っていた。

――だからこそ、彼らは幕府を開けたのだ。

天下を取れる軍団の強さは、こうした鬱積《うっせき》した感情の爆発によると、信長は気づいていた。

「わしが惟任にああした仕打ちをしたのも、惟任めの切っ先が鈍くなり始めたからだ。人は年を取ると、『もう、この程度でよい』と、つい思ってしまう。惟任もそうだった。彼奴《きゃつ》は、わが家臣になった頃のような、ぎらつくような野心を失いつつあった。佐久間（信盛《のぶもり》）や林（通勝《みちかつ》）のように失脚させてもよかったのだが、あいにく彼奴の知恵は衰えておらず、また家臣たちの人望が篤《あつ》いこともあり、明智の兵は強い。それゆえ彼奴の切っ先を再び鋭くすべく、何かのきっかけを捉えて、わしへの憎悪をかき立てねばならぬと思うたのだ」

「恐れ入りました」

5源三郎に返す言葉はない。

「わしを恨む気持ちを失わない限り、そなたは城介に次ぐわが息子だ」

「それは真《まこと》で――」

「ああ、城介に万が一のことがあれば、天下はそなたにくれてやる」

6源三郎は唖然《あぜん》とした。

――そこまで買われていたのか。

（『決戦！本能寺』講談社所収　伊東《いとう》潤《じゅん》「覇王の血」より）

※1　能興行…「能」の会を行うこと。
※2　右府…織田信長のこと。
※3　城介…織田信忠のこと。
※4　おつやの方…源三郎の育ての母で信長によって殺されている。
※5　武田のこと…源三郎は再三、武田家の存続を信長に頼んでいたが、かなえられなかった。
※6　惟任《これとう》…明智光秀のこと。

問一　――線1「胸底から〜ねじ伏せた」とありますが、この時の「源三郎」についての説明として最も適当なものを次の中から選び、記号で答えなさい。

ば、呼び出しなどせず、兵を派して、その場で捕らえるはずである。

――心配には及ばぬ。

2 源三郎は顔色一つ変えず、信長の待つ常の間に向かった。

信長は、何かの書き物をしながら源三郎を待っていた。

「源三郎、まかり越しました」

信長が筆を擱《お》く。

「あと半刻もすれば、本因坊算砂《ほんいんぼうさんさ》が囲碁を打ちに来る。それまで話の相手をせい」

信長は寝つきが悪い。それゆえ夜は、囲碁や将棋を打つことが多い。せっかく京都に来たこともあり、当代随一の名人と囲碁を打ちたくなったに違いない。

――深夜まで起きているということは、信長の朝方の眠りは深くなる。

夜明け頃、信長がぐっすりと眠っていれば、この変の成功率は高まる。

「そなたが戻ってきてから、一年と二月《ふたつき》か」

「はい。月日の経つのは早いものです」

「その間、※3城介の言い付けをよく守り、忠勤に励んでいると聞く」

「至りませぬが、何とか――」

「もう武田に未練はないのか」

――己が滅ぼしておいて、今更、何を言う。

さすがに源三郎は鼻白《はなじろ》んだが、そんな感情をおくびにも出してはならない。

「武田はすでに過去のもの。いまだ血脈が続いているのなら、小なりとも家を再興いただけるよう、父上に嘆願したかもしれませぬが、もはや滅んでしまったものは、どうにもなりませぬ」

「※4おつやの方のことといい、※5武田のことといい、わしを恨んではおらぬのか」

「恨んでおります」

源三郎は勝負に出た。

「恨んでおる、とな」

3 信長が余裕の笑みを浮かべる。

「はい。だが、恨んだところで何になるというのです。父上と刺し違えれば、なるほど仇を取ったことにはなります。しかし、それにより天下は乱れ、この世は再び群雄割拠となります。戦乱は続き、多くの民に迷惑が掛かります。それならばいっそのこと――」

信長の視線が痛い。しかし源三郎は、あえて強い視線でにらみ返した。

「織田家の天下平定に力を尽くし、民の苦しみを和らげたいと思っております」

「恨みは恨みとして胸にしまい、大義のために働くというのだな」

「仰せの通り。それがしは父上が憎い。殺したいほど憎く思うております。だが父上以外の誰が、天下を静謐《せいひつ》に導けましょう。それを思えば、恨みなど些細《ささい》なもの。それがしは大義のために生きたいのです」

「そうか」

黙って源三郎の話を聞いていた信長が、脇息《きょうそく》から身を起こした。次の瞬間、信長は立ち上がり、背後の小姓から太刀を受け取るや、源三郎を袈裟《けさ》に斬り捨てるかもしれない。

――その覚悟はできている。

しかし信長は、穏やかな笑みを浮かべて言った。

「立派になったな」

その瞬間、源三郎は4「勝った」と思った。

問七　本文から読み取れる事柄として、最も適当なものを次の中から選び、記号で答えなさい。

ア　すでに確定、承認されている出来事を、人為的に変更させようと行動してしまう側面が、人間にはある。

イ　人間は、ある出来事が望ましい過去として社会的に認められるために、祈るということがある。

ウ　「真偽不明」として入ってくる情報を、過去物語りのネットワークから引き離すことで、それは事実となる。

エ　試験後に合格を祈るという行為は、迷信であり、過去を語るにあたって意味をなすとは言えない。

三　次の文章を読んで、後の問いに答えなさい。

織田源三郎《げんざぶろう》勝長（信房）は、織田信長の五男である。彼は生母の死後、武田側の人質となり、そこで成長した。彼は様々な経験をする中で、次第に信長を恨むようになっていった。後に、織田家に復帰した彼は、信長から家督を譲られた織田信忠に預けられ、織田家に溶け込むように見せかけながら、信長の殺害を目論《もくろ》むようになった。信長はある宴会のさなか、些細《ささい》なことから家臣である明智光秀に暴力を振るい、けがを負わせた。その現場を見た源三郎は、敵のみならず家臣に対しても容赦のない信長の姿を見て、明智光秀に近づき、信長を討つ密約を結んだ。

五月十九日、安土での能興行※1をもって家康一行の饗応《きょうおう》を終わらせた信長は、翌日、家康一行を京都見物に送り出すと、出陣の支度に掛かった。

そして二十七日、安土を出陣した信長は二十九日、京都に入る。

源三郎も、信忠に随行して妙覚寺に着陣した。

この年は和暦上、五月が小の月にあたるので二十九日までになる。

翌六月一日、信忠と一緒に本能寺に赴《おもむ》いた源三郎は、「名物開き」の茶会に参座した。

信長は、いつになく穏やかな面持ちで茶を喫し、居並ぶ公家や豪商たちの間にも、和やかな雰囲気が漂っていた。

一刻余に及ぶ茶会が終わり、信忠は妙覚寺に戻っていった。

一方、源三郎は信忠に命じられて道具類の片付けを指揮すべく、本能寺に残っていた。

――この名物が、明日には灰燼《かいじん》に帰すのだな。

名物中の名物として名高い九十九《つく》茄子《もなす》の茶入を木箱に収めながら、源三郎は感慨にふけった。こうした茶道具と共に一つの時代が終わり、新たな時代が始まる。その新たな時代を率いていくのが光秀なのか、ほかの誰なのか、今のところ分からない。

――わしにも、その資格があるというわけか。

一瞬、そう思ったが、今は一つの時代を終わらせることに集中すべきである。1胸底から頭をもたげようとする何かを、源三郎は力ずくでねじ伏せた。

片付けも終わり、妙覚寺に引き揚げようとしていた時である。

「源三郎様、右府様※2がお呼びです」

小姓の一人が源三郎を呼びに来た。

――まさか露見したのか。

背筋に焼串を刺されたような衝撃が走る。しかし露見したのであれ

※5　ア・プリオリ…先験的、先天的。

問一　**[A]～[D]に入る言葉として最も適当なものを次の中からそれぞれ選び、記号で答えなさい。（ただし、同じ記号を二度使ってはいけません。）**

ア　もちろん
イ　しかし
ウ　それゆえ
エ　では

問二　**――線1「われわれ現代人もこの酋長を笑えないだろう」とありますが、なぜ「笑えない」のですか。その理由をわかりやすく説明しなさい。**

問三　**――線2「『後の祭り』を祈る」とありますが、それはどのようなことですか。最も適当なものを次の中から選び、記号で答えなさい。**

ア　祈ることによって、目の前の不幸な状況に対して精神を安定させようとすること。
イ　過去の変更が不可能であると知りつつも、祈ることで自分の社会的な立場を示そうとすること。
ウ　不都合な結果を周囲に受け入れてもらうために、祈ることで自身の努力を周囲に訴えようとすること。
エ　祈るという行為を通して、すでに起きた過去を改変しようとすること。

問四　**[X]・[Y]に入る言葉の組み合わせとして最も適当なものを次の中から選び、記号で答えなさい。**

ア　X　過去を変えよう
　　Y　未来において望ましい過去が実現されること
イ　X　未来を望ましいものにしよう
　　Y　幸運を得ること
ウ　X　祈りの非現実性に目をつぶろう
　　Y　心の平静が実現すること
エ　X　成否不明の過去について考えよう
　　Y　現在のこの瞬間を無駄にしないこと

問五　**〰〰線a～eを内容の上で二つのグループに分けた場合の組み合わせとして最も適当なものを次の中から選び、記号で答えなさい。**

ア　b・c・e／a・d
イ　a・e／b・c・d
ウ　d・e／a・b・c
エ　a・b・c／d・e

問六　**本文全体を通して、筆者は「過去」とはどのようなものだと言っているのですか。最も適当なものを次の中から選び、記号で答えなさい。**

ア　人間から独立し、そのもの自体として客観化されているもの。
イ　語られたものが、周知されることで事実とされていくもの。
ウ　人間との関係性はあるが、事実という点で絶対化されるもの。
エ　現在の視点に立って構成され、作り上げられていくもの。

初めに述べたダメットの酋長が、すでに過去になっているライオン狩りの成功をいま祈るのは、過去自体という錯覚のもとでは確かにパラドックスである。しかし、そのライオン狩りはその時点ではまだ公認された過去物語りにはなっていないのである。つまり、まだ過去ではないのである。だから好意的な酋長が祈っているのは、ライオン狩りの成功が真理条件をパスして、公認公定の過去となって部族全員に受け入れられることなのである。そこには酋長の善意と好意こそあれ、パラドックスじみたものは何もない。／飛行機事故を知った時点で家族が搭乗していなかった（過去形）ことを願い祈るのも、いまさら[2]「後の祭り」を祈るのではなくて、家族非搭乗の過去物語りが公認されて制作されるように願い祈るのである。答案を提出した後に、合格の採点が出る物語りの公式制作をはらはらしながら待つのは受験生すべてだろう。
（『時は流れず』七四頁）

要するに、この世に生じた出来事は「過去物語り」すなわち「間主観的記憶」のネットワークの中に整合的に組み入れられてはじめて、[b]「過去にあった」出来事となるということです。したがって、酋長が踊り続ける最後の二日間、家族の生死が判明する数時間、合格発表までの数週間、この期間はライオン狩りの成功も家族の生存も志望校への合格もいまだ「過去」にはなっていません。彼らのもとに一定の情報が届けられてはじめて、その事実は「過去物語り」へと編入されるわけです。 C 、その「編入」は過去の時点に遡《さかのぼ》ってなされます。そのことから、あたかも過去の事実が「編入」以前にすでに「確定」していたかのような錯覚を与えるのです。しかし、[c]過去の「確定」が「編入」の手続きと不可分であることを忘れるべきではありません。

量子力学の観測問題になぞらえるならば、過去は成否不明、生死不明、合否不明といった「重ね合わせ」の状態から、観測を通じて「波束の収縮」が生じることによって確定される、と言ってもよいかもしれません。その限りで、酋長の踊りや家族の祈りは決して無意味な行為ではありません。つまり、彼らは祈りによって X としているわけではなく、 Y を祈っているわけです。

そこから一つの重要な帰結が導かれます。それは、過去命題の真偽は[d]「過去物語り」の制作以前に※5ア・プリオリに決まっているわけではない、ということです。事故に遭った家族の無事を祈る人にとって、飛行機事故が生じたことは「真なる」過去命題であるにしても、家族の生存はいまだ「真偽不定」の過去命題であり、過去物語りのネットワークに編入されてはおりません。それは、事故で行方不明になった人が「生死不定」であることに似ています。 D 、行方不明者を捜索することに意味があるように、家族の生存を祈るという行為が意味をもつのです。それに対して、事故が起こった時点で家族の生死は決定されているはずだと主張することは、再び[e]「過去自体」や「神の眼」を想定することにほかなりません。しかし、神ならぬ身のわれわれにとっては、その「決定」は内容のない空虚な決定にすぎません。

（野家啓一《のえけいいち》『歴史を哲学する――七日間の集中講義』岩波書店より）

※1　マイケル・ダメット…イギリスの哲学者（一九二五～二〇一一）。
※2　『時は流れず』…哲学者の大森荘蔵（一九二一～一九九七）が著した『時は流れず』という書物のこと。
※3　パラドックス…逆説、矛盾。
※4　遡及《そきゅう》…過去にさかのぼること。

二〇二一年度
桐光学園高等学校

【国語】（五〇分）〈満点：一〇〇点〉

注意　本文の表現については、作品を尊重し、そのままにしてありますが、設問の都合上、省略した部分、表記を改めた部分があります。
また、特に指示のないかぎり、句読点等も一字に数えます。

一

――線㋐～㋔のひらがなを漢字に直しなさい。

1　友達が㋐えんぽうからやって来た。
2　人間は㋑げんこうの一致を目指すべきだ。
3　諸外国と㋒きょうちょうして取り組むべき課題。
4　努力が㋓とろうに終わった。
5　プレゼントを㋔ふんぱつする。

二

次の文章はある大学で行われた講義を書き起こしたものです。よく読んで、後の問いに答えなさい。

英米哲学界では有名なマイケル・ダメット※1の「酋長《しゅうちょう》の踊り」という謎解きがある。ある部族で青年が成人するにはライオン狩りでその力を証明せねばならないので、狩り場に二日かけて行き、狩りの後二日かけてもどる。酋長は彼らの成功を祈ってその間踊り続けるが、問題は、狩りが終わった日から青年たちが帰路にある間も踊り続けるというのである。そのとき狩りはすでに終わって事の成否は定まっているのに、その幸運を祈るとはどうしてだ、というのがダメットの問いである。1われわれ現代人もこの酋長を笑えないだろう。列車や飛行機の事故の報を聞いた後でそれに乗り合わせた家族の無事を祈り、入学試験の合否はすでに決定済みであることを承知しつつ、なお一縷《いちる》の望みをかけて祈りはしないだろうか。（※2『時は流れず』七〇頁）

なかなか手強《てごわ》い※3パラドックスですが、ダメットはこれを「逆向き因果（backwards causality）」ないしは※4「遡及《そきゅう》的祈り（retrospective prayer）」と呼んでいます。逆向き因果と呼ばれるのは、酋長の踊りが現在の行為を原因として過去を変え、望ましい結果をもたらそうとすることだからです。またダメットが伝えるところによれば、正統的ユダヤ教神学では「遡及的祈り」を行うことは禁じられているそうです。その理由は「過去を変えることは論理的に不可能なことである。したがって、遡及的な祈りを口にすることは、神に論理的不可能事を求めて、神を愚弄《ぐろう》することである」（M・ダメット『真理という謎』[1978] 藤田晋吾訳、勁草書房、一九八六年、三四三頁）というところにあります。［A］、大森さんが述べていますように、どこかの部族の酋長のみならず、われわれもまた、すでに起こった事故に対して家族の無事を祈り、すでに提出した答案に対して合格を祈ることを当然のごとくやっています。［B］、そのときわれわれは逆向き因果を引き起こし、遡及的祈りで神を冒瀆《ぼうとく》するという無意味な行為をしているのでしょうか。事故の場合は無意味と言うにはあまりにも深刻な祈りですし、受験生が試験の終わった後で合格を祈るのはごく自然な行為に見えます。問題は、aいまだ誰にも知られていない過去が果たして決定しているのかどうか、というところにあります。それに対するダメットの回答は少々複雑なものですので、ここでも大森さんの簡明な回答の方を引いておきましょう。再び資料を見てください。

英語解答

1 (a) birthday (b) matter
(c) cousin (d) solve (e) busy

2 (a) 1 (b) 4 (c) 3 (d) 2
(e) 3

3 (a) 3 (b) 4 (c) 2 (d) 1
(e) 4

4 (a) イ…long ロ…at
(b) イ…number ロ…danger
(c) イ…on ロ…of

5 (a) イ…2 ロ…7
(b) イ…5 ロ…1
(c) イ…4 ロ…6

6 She was kind〔nice〕 enough to help me with my homework.

7 (a) 3 (b) 2 (c) 4 (d) 2
(e) 4 (f) 4 (g) 1，4

8 (a) 4 (b) 1 (c) mind
(d) 2
(e) 最も利益になる商品のそばに，最も高価な商品を載せておくこと。
(30字)
(f) 3 (g) 2，6

1〔適語補充〕

(a)「2月10日は私の誕生日です。私はその日に生まれました」 be born「生まれる」

(b)「どうしたの(←何があなたの問題なの)？ 気分が悪いの？ 具合が悪そうだね」 What's the matter with you?「どうしたの？」は，相手を心配するときの定型表現。このmatterは「問題，困難」という意味の名詞。

(c)「いとこはおじまたはおばの子どもである」

(d)「解決することとは，問題の正解や難しいことに対する説明を見出すことだ」

(e)「もしあなたが忙しいのなら，あなたは一生懸命働いていて，やることがたくさんある」

2〔適語(句)選択〕

(a)when以降から過去の出来事とわかるので，過去形を選ぶ。visitは後ろに目的語を直接とるが，goは前置詞toが必要になるので，ここでは不適。 「彼は若いとき，日本を何度も訪れた」

(b)something to drinkで「何か飲むための物」→「飲み物」(to不定詞の形容詞的用法)。 「何か飲み物をもらえますか」

(c)'How far is it from *A* to *B*?'で「*A*から*B*までどれくらい離れていますか」となる。 *cf.* How long does it take to ～?「～するのにどのくらい時間がかかりますか」 「京都駅から広島駅までどのくらいありますか」

(d)動詞surpriseは「～を驚かす」という意味なので，ここでは受け身にする必要はない。また，「王の死」はすでに起きたことなので過去形が適切。なお，主語は3人称単数なので，現在形の場合はsurprisesとなる。 「王の突然の死は私たちを驚かせた」

(e)'remember＋動名詞(～ing)'で「～したことを覚えている」という意味。'remember＋to不定詞'「忘れないで～する」との違いに注意。 「昨日彼の会社で彼を見かけたことを覚えている」

3〔対話文完成─適文選択〕

(a)A：今何時ですか？／B：10時半です。／A：ありがとう。//What time do you have?は「(あなたの時計では)今何時ですか」という意味。この他，Do you have the time?も時間を尋ねるときの表現。

(b)A：今日，風邪の具合はどう？／B：ずいぶんいいよ，ありがとう。／A：それはよかった。//

yourに着目し，ここでのcoldは「寒い」という形容詞ではなく，名詞の「風邪」だと判断する。

(c)A：何かお探しですか？／B：はい。黒い上着が欲しいのですが。／A：承知しました。こちらの上着をご覧ください。とても人気があるんですよ。試着されますか？／B：ええ。//Would you like to ～？は「～なさいますか」という，ていねいな‘提案’の表現。 try ～ on〔try on ～〕「～を試着する」

(d)A：一緒にスケートに行かない？／B：いいね。でも行く前にこのレポートを終わらせないといけないんだ。／A：大丈夫だよ。終わるまで待っているから。／B：わかった。//No problem. は，相手の要望や依頼に対して，「いいですよ」と了承するときにも用いる。

(e)A：僕の友達のリサに会ったことはある？／B：ジョンのパーティーで会ったよ。／A：じゃあ，お互い知ってるんだね。//Have you met ～？「～に会ったことがありますか」は現在完了の‘経験’用法。

4〔和文英訳─適語補充〕

(a)all day longで「一日中」という意味を表す。「全然～ない」はnot ～ at allで表せる。

(b)「とても多くの～」はa large number of ～，「～の危機にある」はbe in danger of ～で表せる。

(c)「時間通りに」はon timeで表せる。２つ目の空所はその後が名詞(句)になっているので，‘原因・理由’を表す「～のために」はbecause ofとする。

5〔整序結合〕

(a)Iに続く動詞はaskedに決まる。語群にhimとto tellがあるので，‘ask＋人＋to ～’「〈人〉に～するように頼む」の形でI asked him to tellとし，tell以下を‘tell＋人＋物事’「〈人〉に〈物事〉を教える」の形にまとめる。 I asked him to tell me the way to the station.「私は彼に駅までの道を教えてくれるように頼んだ」

(b)Will you ～？やHow soon ～？では後がうまく続かないので，Do you know ～？で始める。knowの後はhow soonを疑問詞とする間接疑問になると考え，‘疑問詞＋主語＋動詞 …’の語順にまとめる。 Do you know how soon she will come?「あとどのくらいで彼女が来るか知っていますか」

(c)動詞はgaveしかないことと，語群にmeがあることに着目し，「(何かが)私に(何かを)与えた」という文になると推測する。toがないので，‘give＋物＋to＋人’ではなく，‘give＋人＋物’の形になると判断する。「本が私にアイデアを与えた」とすると意味の通る文になる。some ideaの後は残りの語句で何についてのアイデアかを示す。 This book gave me some idea of life in England.「この本は私にイギリスでの生活についてのアイデアを与えてくれた」

6〔和文英訳─完全記述〕

「親切にも～する」はenoughが与えられているので「～するほど十分に親切で」と考え，‘形容詞〔副詞〕＋enough to ～’「～できるほど〔～するほど〕十分…」の形で表す。「宿題を手伝う」は，‘help＋人＋with＋物事’「〈人〉の〈物事〉を手伝う」で表せる。過去の出来事なので「親切だった」となるように，be動詞はwasとする。

7〔長文読解総合─物語〕

≪全訳≫❶ある年，雨が降らなかった。食べ物も水も少なく，森に生息している動物全てがとても空腹で，のどが渇いていた。❷森の中央には野原があった。この野原には，１本の大きな梨の木があった。大きな黄色い梨がたわわに実っていた。それらは食べ頃だった。しかし，その梨の木の下には１頭のトラがいたので，いずれの動物も梨を食べることができなかった。当然ながらトラは果物など食べないので，そのトラは梨を食べたいとは思わなかった。しかし，トラは他の動物たちにもその梨を食べさせたくなかった。サルたちが木に近づこうとすると，トラは恐ろしい声をあげた。「近づくな。さもないと，ロお前たちみんな食ってしまうぞ！」と叫んだ。❸動物たちはその果物を食べることができなかった。するとウサギがやってきた。動物たちはこう言った。「やあ，ウサギ君，君はとても賢い。私たちはどうすればいい？　おなかがペコペコで，のどがカラカラなのに，梨を食べることができないんだ」❹ウサギはしばらく考えると，ある考えを思いついた。「君たち，そばに来て。よく聞いてくれ，どうしたらいいか教えるから」❺次の日の明け方，動物たちは全員，森の中の野原の近くにいた。トリとサルは木の上に座っていた。A他の動物たちは木々の陰に隠れた。トラはまだ眠っていた。❻まもなくウサギがやってきて，大きく太いロープを運んだ。Bウサギは野原を横切って走り，大きな音をたてた。トラは片目を開け，怒って言った。「なぜそんなに騒いでいるんだ？　俺が寝ているのがわからないのか？」❼「トラさん！」　ウサギは大声で呼んだ。「逃げるんだ！　嵐がやってくるぞ。地上から何もかも，誰もかも吹き飛ばしてしまうぞ」❽その瞬間，森にいた全ての動物たちが騒ぎ始めた。トリとサルは木のてっぺん辺りで飛び跳ねた。ゾウや他の大きな動物たちは木々を揺り動かした。Cまもなく森全体が揺れ動いていた。この世の終わりのような音だった。❾トラは恐れた。「どうすればいいんだ？」と叫んだ。❿「逃げるんだ」とウサギは言った。「今は君を助けることができないんだ。このロープで他の動物たちをくくりつけに行かないと。そうしないと彼らは風で吹き飛ばされてしまうんだ」⓫「俺をくくりつけろ」とトラは言った。⓬しかしウサギはこう言った。「だめだよ。他の動物たちを助けなければいけないんだ。君は大きくて強い。遠くまで走って脱出できる」⓭「だめだ！」　トラは叫んだ。「今すぐ俺をくくりつけろ」⓮「わかった，わかった」とウサギは言った。「今，くくりつけてあげるから」⓯そしてウサギは野原の近くにある１本の木にトラをくくりつけた。⓰「もっとロープを，もっとロープを！」とトラは言った。「吹き飛ばされたくないんだ！」⓱ウサギはさらにロープを持ってきて，トラをぐるぐる巻きにした。⓲くくり終えると，ウサギは森にいる仲間たちに呼びかけた。⓳「出てきなよ！」とウサギは言った。「ほら，見て。このトラを。トラはもう僕たちを梨の木から遠ざけておくなんてできない」⓴すると全ての動物たちが森から出てきた。彼らは幸せそうに梨の木の下に座り，その実を食べ尽くした。

(a)＜文脈把握＞下線直後の because 以降に，木の下にはトラがいたとある。また，同段落最後の２文からトラが近づく動物たちを威嚇《いかく》していたことがわかるので，３．「多くの動物たちがトラを恐れ，木に近づくことができなかった」が適切。

(b)＜適語句選択＞空所を含む文は，‘命令文, or ～’「…しなさい。さもないと～」の形。直前の文にトラが恐ろしい声を出したとあるので，サルをおどす内容が入る。

(c)＜適文選択＞A．直前にはトリとサルの様子，この後にはトラの様子に続き，ウサギがやってきたことが述べられていることから，「他の動物たち」の様子を述べている文が入る。　B．ウサギが来た後，トラが目を覚まして怒っているので，その原因となる内容が入る。make a noise は「騒音をたてる」という意味。　C．トリやサルが木の上で飛び跳ね，ゾウたちが木を揺らしたとあることから，その結果を示す文が入る。

(d)＜適語選択＞直前の段落には，森全体が揺れ，この世の終わりのようだとある。さらに，空所の直後でウサギに助かる方法を尋ねていることから，トラは怖がっていると判断できる。

(e)＜適文選択＞直後にウサギが，他の動物を助けるからできないと答えているので，トラは助けを求めたのだとわかる。風に吹き飛ばされないように自分をロープで木にくくりつけろ，と要求したのである。

(f)＜英文解釈＞'keep ～ away from …'「～を…から遠ざけておく，～を…に近づけない」

(g)＜内容真偽＞1．「雨は全く降らなかったものの，その大木にはたくさんの梨が実っていた」…○　第1段落第1文および第2段落第3文に一致する。　2．「トラはおなかがひどく痛かったので，サルに向かって叫んだ」…×　第2段落最後の3文参照。トラはサルに梨を食べさせたくなかったので威嚇した。　3．「ウサギは嵐がもうすぐやってきて，動物を傷つけるだろうとわかっていた」…×　第7，8段落から，嵐がくるというのは嘘で，トラを怖がらせるために動物たちが木を揺すって強風を演出していたとわかる。　4．「ウサギは梨を手に入れる計画を明け方に実行した」…○　第4段落第1文にウサギがある考えを思いついたとあり，第5段落以降の内容から，それを明け方に実行に移したことがわかる。　5．「ウサギはトラに強い動物はかわいそうな動物を助けるべきだと話した」…×　第12段落参照。ウサギはトラに，あなたは強いので自分で逃げられると言った。　6．「トラはあまりに疲れて眠かったので，もはや野原を走ることができなかった」…×　トラが疲れていたという記述はない。　7．「ウサギはトラが吹き飛ばされないように梨の木にくくりつけた」…×　第15段落参照。トラは野原の近くの木にくくりつけられた。

8〔長文読解総合─説明文〕

≪全訳≫❶特売！　大安売り！　今すぐお買い求めを！　おそらくこのような看板を何度も見た経験があるだろう。欲しい商品が安値で買えるので，ほとんどの人は安売りが大好きだ。得をした，つまり支払いが思っていたよりも安く済んだと感じるので，幸せな気分になる。しかし本当に得をしたのだろうか？　価格の心理学に詳しい専門家は，得をしていないかもしれないと言う。❷会社は，商品やサービスの価格設定をとても慎重に行う。売る側は価格を戦略としてどう使うかを心得ている。ほとんどの価格戦略の中心には「アンカー」と呼ばれる基本原理がある。アンカーとは，ある商品の価値について，あなたが最初に得る知識である。この数字はあなたの記憶に残るのでとても重要だ。例えば，コートの値札を見る。100ドルと書いてあるが，その価格が線で消されている。当初の価格の上に赤い字で別の価格が書かれている。79ドルと書かれているのだ。この100ドルという数字がアンカーである。それはあなたが目にした最初の価格であり，イそれがコートの価値をあなたの頭の中に設定するのだ。あなたはコートの価値が100ドルだと信じるので，それより安い79ドルという価格が安売りのように思えるのだ。研究によれば，同じ製品でも最初から50ドルとだけ書かれたものよりも，当初の価格はそれより高い100ドルで後から50ドルに値下げしたものの方がずっと売れ行きがよい。❸いつもではないが，ときおり，アンカー価格が直接には示されないことがある。買い手の頭の中にのみ存在する。買い物客は4ドルのペンよりも3ドル99セントのペンを買う可能性が高い。この4ドルが買い物客の頭の中にあるアンカーである。彼らはこう考える。このペンは4ドルの価値があるが，私の支払いはそれより少ない。たとえその違いがたったの1セントだとわかっていても，3で始まるので，3ドル99セントは4ドルよりも3ドルに近い感じがするのだ。9という数字は常にそのすぐ上のアンカー数字と比較されるので，買い物客に絶大な影響を与える。研究ではまた，買い物客は34ドルの商品よりも39ドルの商品を買う可能性が高いことがわかっている。39ドルの商品は40ドルの価値があり，それゆえお値打ちだと思い込むのだ。❹価格の心理学はメニューなど，あらゆる種類の場所で作用する。メニューはレストランが提供する食べ物の単なるリストではない。その多くは念入りにつくられていて，アンカーによる価格設定を採用している。メニューを開くとき，最初に見るところはたいてい右側の上だ。メニューのその場所には，そのレストランで最も利益が出る料理が載っているだろう。しかし，その近くにはジャンボステーキやロブスターのような最も高価な料理も載っているだろう。レストラン側はそれらの高価な料理を頼む人は実際のところ多くはないと思っているが，それはアンカーなのだ。高いアンカー価格のおかげで，おそらくチキンやパスタといったレストランにとって利益が出る料理を含む他の全ての料理が，お値打ちに見えるのだ。レストランの経営者は他のしかけも持っている。彼らは€や$，¥といった通貨記号を使わない方が，客はより多くのお金を費やすことに気づいている。通貨記号をつけずに数字だけを書いているレストランは多い。❺価格設定には多くの戦略があるが，アンカーを使った価格設定はおそらく最も影響力が強いだろう。たとえアンカーについて知っていたとしても，その影響を受けずに買い物をするのはときとして難しい。

(a)＜適文選択＞文頭のItはアンカーである100ドルという数字を指す。同段落第4，5文より，アンカーとは商品の価値について最初に得る知識で記憶に残るものであることがわかるので，アンカーであるこの数字がコートの価値として頭に残る，と考えられる。

(b)＜英文解釈＞このthat節の主語はa productで，2つ目のthatから$50まではa productを修飾する関係代名詞節。ここでのsellは自動詞で「売れる」という意味。比較級があるので，a productとthe same productの比較文であることを押さえる。100ドルから50ドルに値下げした商品の方が，if以降の条件，つまり最初から50ドルで売っている同じ商品よりも早く売れると述べている。

(c)＜適語補充＞直前のtheirは前の文にあるShoppersを受けているので，4ドルというアンカーが買い物客のどこにあるのかを考える。さらにその前の文にIt(＝the anchor) is only in the buyer's mindとある。shopper＝buyerの言い換えを読み取る。

(d)＜適語句選択＞空所を含む文のbecause以降の理由を参考に，買い物客に強い影響を与えるものは何か考える。すぐ上にあるアンカー数字と比較されるものであり，また，3.99ドルや39ドルのものがよく売れるという空所前後の内容から，数字の9が入ると判断できる。

(e)＜指示語＞メニュー上の何がアンカーなのかを考える。アンカーとは，客にお得感を感じさせるために提示される高い価格のこと。直前の2文で説明されている「レストランに利益が出る料理のそばに，高価な料理を載せる」ということがメニュー上の工夫なのでこの内容をまとめる。

(f)＜適語選択＞the symbolとは直前の文にある，€や$などの通貨記号のこと。これらの記号を使わない方が売り上げがよいとあるので，レストランの多くは通貨記号「なし」で価格を表示していると考える。

(g)＜内容真偽＞1.「人は幸せを感じるために，できるだけ多くの商品を買おうとする」…×　そのような記述はない。　2.「特売が必ずしも得だとはかぎらない」…○　第1段落最後の2文に一致する。　3.「商品の最も低い価格がアンカー価格と呼ばれる」…×　第2段落参照。アンカー価格とは，その商品にいくらの価値があるかを消費者に最初に印象づける価格のこと。　4.「当初の価格が赤字で値札に書かれている商品はよく売れる」…×　第2段落後半参照。よく売れるのは，当初の価格が線で消され，安い価格が赤字で書かれた商品である。　5.「同じ製品に対して客が39ドル支払う可能性は34ドル支払う可能性よりも低い」…×　第3段落最後の2文参照。人は39ドルの方がお値打ちだと感じる。　6.「アンカーを利用した価格設定は，商品をより多く売る方法の1つである」…○　最終段落第1文に一致する。　7.「賢い買い物客になるために，アンカーを利用した価格設定がどんなものであるかを知るべきだ」…×　最終段落最終文参照。アンカーに関する知識があっても，その影響から逃れるのは難しい。

数学解答

1 (1) $-\dfrac{108x}{25y^2}$ (2) $-\sqrt{6}$

(3) $(a-2)(x+y)(x-y)$

(4) $x=3,\ y=-2$ (5) $x=-1\pm\sqrt{2}$

2 (1) 5 (2) 5 (3) 42個

(4) 122° (5) 3：7 (6) $\dfrac{8\sqrt{2}}{3}$

3 (1) $3-\sqrt{5}$ (2) $\dfrac{2}{3}$ (3) $\dfrac{\sqrt{5}}{5}$

4 (1) $\dfrac{1}{91}$ (2) $\dfrac{8}{91}$ (3) $\dfrac{20}{91}$

5 (1) 8 (2) $-\dfrac{7}{6}$ (3) 0，2

(4) $3-\sqrt{5}$

1 〔独立小問集合題〕

(1)＜式の計算＞与式 $=2x^4y^2\times\left(-\dfrac{27}{8}x^3y^6\right)\div\dfrac{25}{16}x^6y^{10}=2x^4y^2\times\left(-\dfrac{27x^3y^6}{8}\right)\times\dfrac{16}{25x^6y^{10}}=-\dfrac{2x^4y^2\times27x^3y^6\times16}{8\times25x^6y^{10}}=-\dfrac{108x}{25y^2}$

(2)＜平方根の計算＞与式 $=(4+4\sqrt{6}+6)-(2\times2+\sqrt{6}+4\sqrt{6}+2\times3)=10+4\sqrt{6}-(4+\sqrt{6}+4\sqrt{6}+6)=10+4\sqrt{6}-(10+5\sqrt{6})=10+4\sqrt{6}-10-5\sqrt{6}=-\sqrt{6}$

(3)＜因数分解＞与式 $=(a-2)x^2-(a-2)y^2$ とし，$a-2=A$ とおくと，与式 $=Ax^2-Ay^2=A(x^2-y^2)=A(x+y)(x-y)$ となる。A をもとに戻して，与式 $=(a-2)(x+y)(x-y)$ である。

(4)＜連立方程式＞$2x:(y+4)=3:1$……①，$5x+6y=3$……②とする。①より，$2x\times1=(y+4)\times3$，$2x=3y+12$，$2x-3y=12$……①′ ②＋①′×2より，$5x+4x=3+24$，$9x=27$ ∴$x=3$ これを②に代入して，$15+6y=3$，$6y=-12$ ∴$y=-2$

(5)＜二次方程式＞両辺を6倍して，$3(x^2+2x)-(4x+5)=2(x^2-2)$，$3x^2+6x-4x-5=2x^2-4$，$x^2+2x-1=0$ とし，解の公式を用いると，$x=\dfrac{-2\pm\sqrt{2^2-4\times1\times(-1)}}{2\times1}=\dfrac{-2\pm\sqrt{8}}{2}=\dfrac{-2\pm2\sqrt{2}}{2}=-1\pm\sqrt{2}$ となる。

2 〔独立小問集合題〕

(1)＜数の性質＞$\sqrt{126-9n}=\sqrt{9(14-n)}=\sqrt{3^2(14-n)}$ だから，これが整数となるとき，n が自然数より，$14-n$ は整数の2乗となる。$14-n$ は13以下の整数だから，$3^2=9$，$4^2=16$ より，自然数 n が最も小さくなるのは，$14-n=9$ となるときで，$n=5$ である。

(2)＜関数—比例定数＞関数 $y=ax^2$ で，$x=-3$ のとき $y=a\times(-3)^2=9a$，$x=2$ のとき $y=a\times2^2=4a$ だから，x の値が -3 から2まで増加するときの変化の割合は，$\dfrac{4a-9a}{2-(-3)}=-a$ と表せる。一方，一次関数 $y=-5x+4$ の変化の割合は一定で -5 である。よって，変化の割合が等しいことより，$-a=-5$ が成り立ち，$a=5$ となる。

(3)＜場合の数—カード＞2000より大きい4けたの偶数をつくるので，千の位の数字は2，3，4である。千の位の数字が2のとき，一の位の数字は0，4の2通りある。百の位の数字は，千の位，一の位の数字以外の3通り，十の位の数字は，千の位，百の位，一の位の数字以外の2通りあるから，千の位の数字が2のとき，4けたの偶数は $2\times3\times2=12$(個)つくれる。千の位の数字が4のときも同様に12個つくれる。千の位の数字が3のとき，一の位の数字は0，2，4の3通りあり，百の位の数字は3通り，十の位の数字は2通りあるから，$3\times3\times2=18$(個)つくれる。以上より，2000より大きい4けたの偶数は，$12\times2+18=42$(個)つくれる。

(4)＜図形—角度＞次ページの図1のように，点A～点Fを定める。$\overset{\frown}{\mathrm{CE}}$ に対する円周角と中心角の関係より，$\angle CBF=\angle CDE=\frac{1}{2}\angle COE=\frac{1}{2}\angle x$である。△ACDで内角と外角の関係より，$\angle BCF=\angle CDE-\angle CAD=\frac{1}{2}\angle x-34^\circ$となる。よって，△BCFで，$\angle CBF+\angle BCF+\angle BFC=180^\circ$だから，$\frac{1}{2}\angle x+\left(\frac{1}{2}\angle x-34^\circ\right)+92^\circ=180^\circ$が成り立ち，$\angle x=122^\circ$となる。

図1

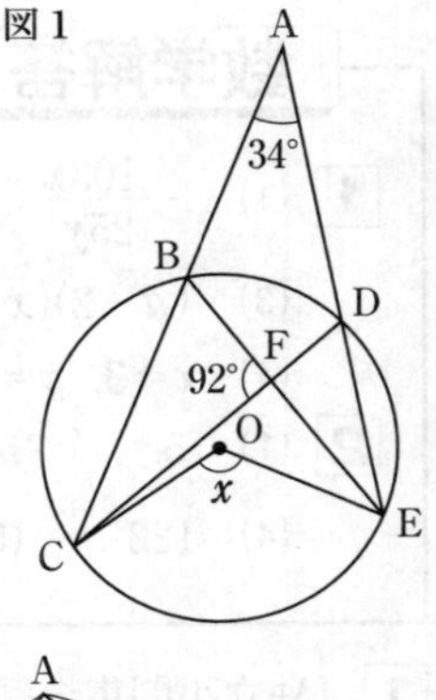

(5)＜図形—面積比＞右下図2のように，点Dと点Cを結ぶ。△ADCと△ABCは，底辺を辺AD，辺ABと見ると高さが等しいので，面積の比は底辺の比と等しくなり，△ADC：△ABC＝AD：AB＝3：(3＋1)＝3：4となる。これより，$\triangle ADC=\frac{3}{4}\triangle ABC$となる。同様に，△ADE：△ADC＝AE：AC＝2：(2＋3)＝2：5より，$\triangle ADE=\frac{2}{5}\triangle ADC$となる。よって，$\triangle ADE=\frac{2}{5}\times\frac{3}{4}\triangle ABC=\frac{3}{10}\triangle ABC$だから，〔四角形BCED〕$=\triangle ABC-\triangle ADE=\triangle ABC-\frac{3}{10}\triangle ABC=\frac{7}{10}\triangle ABC$となり，△ADE：〔四角形BCED〕$=\frac{3}{10}\triangle ABC:\frac{7}{10}\triangle ABC=3:7$である。

図2

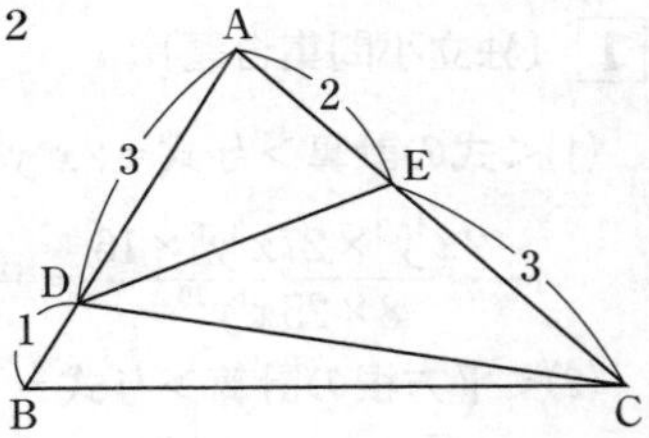

(6)＜図形—体積＞右図3で，対角線BDと面AEFCの交点をHとすると，図形の対称性から，BD⊥〔面AEFC〕，$BH=DH=\frac{1}{2}BD=\frac{1}{2}\times2\sqrt{2}=\sqrt{2}$となる。四角形AEFCは正方形で，四角錐B-AEFCと四角錐D-AEFCは合同な正四角錐となるから，〔正八面体ABCDEF〕＝2〔正四角錐B-AEFC〕$=2\times\left(\frac{1}{3}\times2^2\times\sqrt{2}\right)=\frac{8\sqrt{2}}{3}$である。

図3

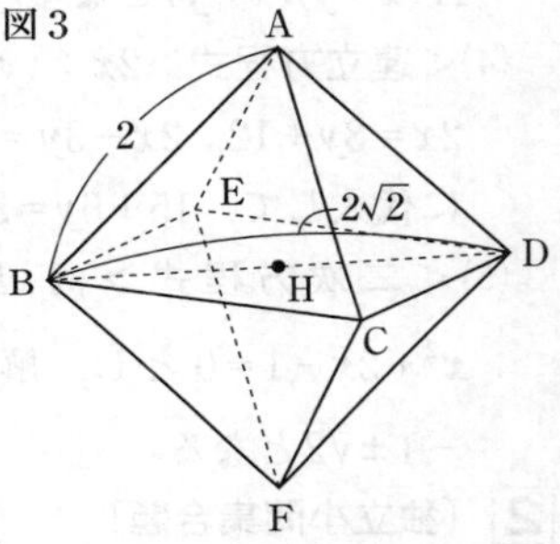

3〔平面図形—直角三角形〕

≪基本方針の決定≫(2)　四角形APRQに着目する。　(3)　AR⊥BCとなることに気づきたい。

(1)＜長さ＞右図1で，点Pが頂点Bと重なったときの2点P，QをP_1，Q_1，点Qが頂点Cと重なったときの2点P，QをP_2，Q_2とする。点R_1は線分$P_1Q_1(BQ_1)$を折り目として折り返したときに点Aと重なる点だから，$R_1B=AB=2$である。同様にして，$R_2C=AC=1$となる。これより，$R_2B=BC-R_2C=\sqrt{5}-1$となるから，$R_1R_2=R_1B-R_2B=2-(\sqrt{5}-1)=3-\sqrt{5}$となる。

図1

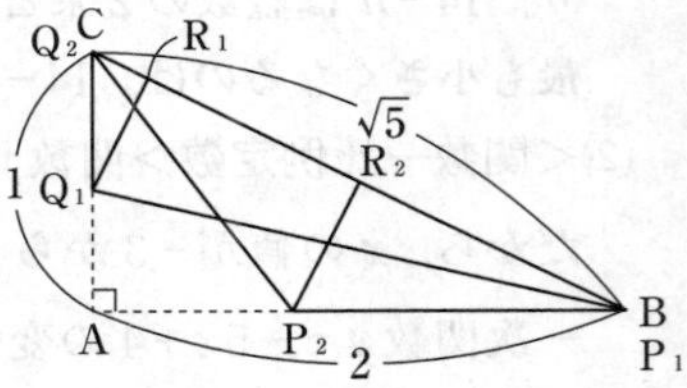

(2)＜長さ—相似＞右図2で，線分PQを折り目として折り返しているので，∠PRQ＝∠PAQ＝90°，RQ＝AQ，RP＝APである。また，PR∥ACより，∠BPR＝∠BAC＝90°だから，∠APR＝90°となる。よって，四角形APRQは正方形だから，AP＝PR＝xとおける。△ABC∽△PBRだから，AB：PB＝AC：PRより，2：$(2-x)$＝1：xが成り立ち，これを解くと，$2\times x=(2-x)\times1$，$2x=2-x$より，$x=\frac{2}{3}$となる。

図2

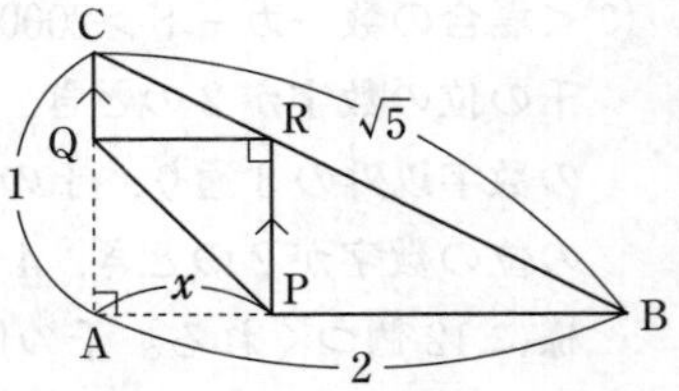

(3)＜長さ—相似＞次ページの図3で，2点A，Rは直線PQについて対称だから，AR⊥PQである。よっ

て，PQ∥BC のとき，AR⊥BC となる。∠ARC＝∠BAC＝90°，∠ACR＝∠BCA より，△RAC∽△ABC となる。したがって，CR：CA＝AC：BC より，CR：1＝1：$\sqrt{5}$が成り立ち，CR×$\sqrt{5}$＝1×1 より，CR＝$\frac{\sqrt{5}}{5}$となる。

図 3

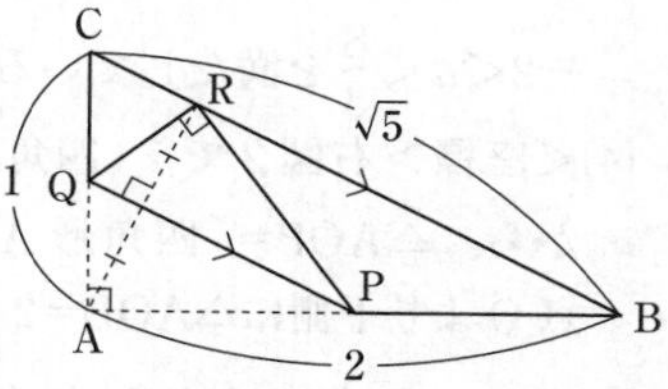

4〔確率—カード〕

(1)＜確率＞A のカードの引き方は 14 通り，B のカードの引き方は 13 通りだから，2 人のカードの引き方は全部で $14\times13=182$(通り)あり，席の座り方も 182 通りある。このうち，A が 1 の席に座り，B が 2 または 5 の席に座るのは，(A，B)＝(1，2)，(1，5)の 2 通りだから，求める確率は$\frac{2}{182}=\frac{1}{91}$となる。

(2)＜確率＞A が 5 の席に座るとき，B が A の前後または左右の席に座るのは，1，4，6，9 の席に座る 4 通りある。A が 6，9，10 の席に座るときも同様にそれぞれ 4 通りあるから，A が 5，6，9，10 のいずれかの席に座り，B がその前後または左右の席に座る場合は，$4\times4=16$(通り)ある。よって，求める確率は$\frac{16}{182}=\frac{8}{91}$となる。

(3)＜確率＞A が 1 の席に座るとき，B が A の前後または左右の席に座るのは，2，5 の席に座る 2 通りあり，A が 3，4，8，12，14 の席に座るときも同様に，それぞれ 2 通りある。また，A が 2 の席に座るとき，B は 1，3，6 の席に座る 3 通りあり，A が 7，11，13 の席に座るときも同様にそれぞれ 3 通りある。よって，(2)の場合も合わせると，A の前後または左右の席に B が座る場合は $2\times6+3\times4+16=40$(通り)あるから，求める確率は$\frac{40}{182}=\frac{20}{91}$となる。

5〔関数—関数 $\boldsymbol{y=ax^2}$ と直線〕

(1)＜面積＞右図 1 のように，点 A，点 B から x 軸に垂線 AA′，BB′を引くと，△OAB＝〔台形 AA′B′B〕－△OA′A－△OB′B である。A(1，6)，B(－2，4)より，AA′＝6，BB′＝4，OA′＝1，OB′＝2，A′B′＝1－(－2)＝3 だから，〔台形 AA′B′B〕＝$\frac{1}{2}$×(AA′＋BB′)×A′B′＝$\frac{1}{2}\times(6+4)\times3=15$，△OA′A＝$\frac{1}{2}$×OA′×AA′＝$\frac{1}{2}\times1\times6=3$，△OB′B＝$\frac{1}{2}$×OB′×BB′＝$\frac{1}{2}\times2\times4=4$ となり，△OAB＝15－3－4＝8 である。

図 1

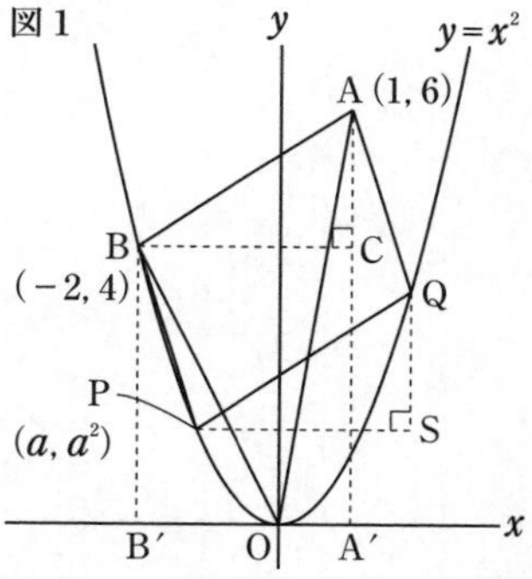

(2)＜座標＞右図 1 のように，点 B を通り x 軸に平行な直線と点 A を通り y 軸に平行な直線の交点を C，点 P を通り x 軸に平行な直線と点 Q を通り y 軸に平行な直線の交点を S とする。四角形 ABPQ は平行四辺形だから，AB＝QP，AB∥QP であり，△ABC≡△QPS となる。よって，PS＝BC＝B′A′＝3，QS＝AC＝6－4＝2 となる。P$(a,\ a^2)$だから，点 Q の x 座標は $a+3$，y 座標は a^2+2 となり，Q$(a+3,\ a^2+2)$である。点 Q は放物線 $y=x^2$ 上の点だから，$a^2+2=(a+3)^2$ が成り立ち，これを解くと，$a^2+2=a^2+6a+9$，$-6a=7$ より，$a=-\frac{7}{6}$となる。

(3)＜座標＞平行四辺形の面積を 2 等分する直線は，その平行四辺形の対角線の交点を通るので，直線 $y=2x+2$ が平行四辺形 ABPR の面積を 2 等分するとき，対角線 AP，BR の交点を通る。対角線 AP，BR の交点は線分 AP の中点だから，P$(a,\ a^2)$，A(1，6)より，対角線 AP，BR の交点の座標は$\left(\frac{a+1}{2},\ \frac{a^2+6}{2}\right)$となる。この点が直線 $y=2x+2$ 上にあればよいから，$\frac{a^2+6}{2}=2\times\frac{a+1}{2}+$

2が成り立つ。これを解くと，$a^2+6=2(a+1)+4$，$a^2-2a=0$，$a(a-2)=0$　∴$a=0$，2　ともに $-2<a<\frac{8}{3}$を満たしているので，適する。

(4)＜座標＞右図2で，〔四角形ABOP〕=10のとき，(1)より△OAB=8だから，△AOP=〔四角形ABOP〕−△OAB=10−8=2である。y軸上の点Oより下側に△AOD=2となる点Dをとると，△AOD=△AOPとなるので，OA∥DPとなる。A(1, 6)より直線OAの傾きは$\frac{6}{1}=6$だから，直線DPの傾きも6である。また，△AODは，底辺をODと見ると，点Aのx座標より高さは1なので，面積について，$\frac{1}{2}\times \mathrm{OD}\times 1=2$が成り立ち，OD=4となる。これより，点Dの$y$座標は−4だから，直線DPの式は$y=6x-4$となる。P($a$, a^2)は直線$y=6x-4$上にあるので，$a^2=6a-4$が成り立ち，$a^2-6a+4=0$より，$a=\frac{-(-6)\pm\sqrt{(-6)^2-4\times1\times4}}{2\times1}=\frac{6\pm\sqrt{20}}{2}=\frac{6\pm2\sqrt{5}}{2}=3\pm\sqrt{5}$となる。$-2<a<\frac{8}{3}$だから，$a=3-\sqrt{5}$である。

図2

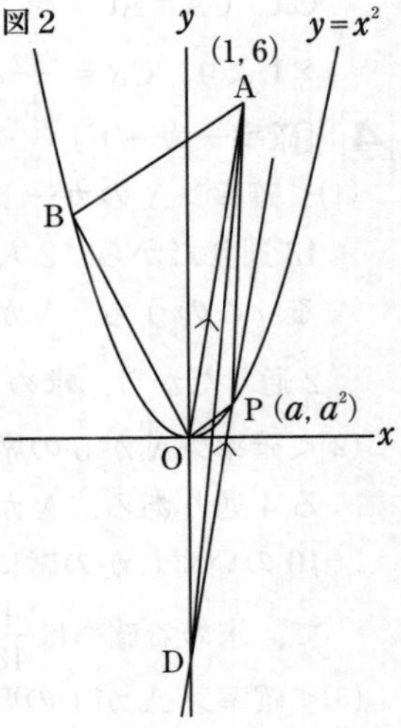

2021年度／桐光学園高等学校

国語解答

一　(あ) 遠方　(い) 言行　(う) 協調
(え) 徒労　(お) 奮発

二　問一　A…イ　B…エ　C…ア　D…ウ
問二　我々も酋長と同様に，すでに決まっているはずのことに対して，祈る場合があるから。
問三　エ　問四　ア　問五　イ
問六　エ　問七　イ

三　問一　ア　問二　エ　問三　ア
問四　ウ　問五　ア　問六　エ
問七　ウ

四　問一　荊の花が落ち，葉が枯れたこと。
問二　2…オ　4…ア
問三　(右参照)
問四　ウ　問五　エ

共議㆑分㆓居家之資産㆒

一〔漢字〕
(あ)遠く離れた所のこと。　(い)発言と行動のこと。　(う)利害の対立する者や，考え方や価値観などの異なる者が，互いに譲り合いながら調和をはかること。　(え)無駄な骨折りのこと。　(お)思いきって多くの金銭を出すこと。

二〔論説文の読解―哲学的分野―哲学〕出典；野家啓一『歴史を哲学する――七日間の集中講義』「過去の実在・再考」。

≪本文の概要≫ある部族の酋長が，狩りに行った青年のために，狩りが終わった後までも，その幸運を祈って踊ることを，ダメットは「逆向き因果」ないしは「遡及的祈り」と呼んだ。しかし，大森氏が述べるように，我々現代人も，列車や飛行機の事故の報を聞いた後で，それに乗り合わせた家族の無事を祈ったり，入学試験の終了後に合格を祈ったりする。大森氏は，このような行為について，狩りや事故や試験は，その時点ではまだ公認された過去物語りにはなっていない，つまり，まだ過去ではないという。酋長や家族や受験生は，望ましい過去物語りが公認され制作されることを祈っているのである。要するに，この世に生じた出来事とは，過去物語りのネットワークの中に整合的に組み入れられてはじめて「過去にあった」出来事となるのである。過去命題の真偽は，過去物語りの制作以前にはじめから決まっているわけではない。いまだ真偽不定の過去命題が，過去物語りのネットワークに編入されることで，過去は，真の過去になるのである。

問一<接続語>A.「過去を変えることは論理的に不可能なこと」であるけれども，「われわれ」も，「すでに起こった事故に対して家族の無事を祈り，すでに提出した答案に対して合格を祈る」などの「遡及的祈り」を「当然のごとくやって」いる。　B.「われわれ」は，「すでに起こった事故に対して家族の無事を祈り，すでに提出した答案に対して合格を祈る」などの「遡及的祈り」を「当然のごとくやって」いるが，それでは，「そのときわれわれは逆向き因果を引き起こし，遡及的祈りで神を冒瀆するという無意味な行為をしている」のだろうか。　C.「彼らのもとに一定の情報が届けられてはじめて，その事実は『過去物語り』へと編入される」わけで，いうまでもなく「その『編入』」が「過去の時点に遡って」なされるのである。　D.「家族の生存」は，「いまだ『真偽不定』の過去命題」であり，「過去物語りのネットワークに編入されて」はいないので，「家族の生存を祈るという行為が意味をもつ」のである。

問二＜文章内容＞酋長は，「狩りはすでに終わって事の成否は定まっている」のに，青年たちが帰路にある間も彼らの幸運を祈る。「われわれ現代人」も，「列車や飛行機の事故の報を聞いた後でそれに乗り合わせた家族の無事を祈り，入学試験の合否はすでに決定済みであることを承知しつつ，なお一縷の望みをかけて」祈る。「われわれ現代人」も，「酋長」と同じように，事がすでに終わって結果が決まっているのに祈るという点で，共通しているのである。

問三＜文章内容＞「『後の祭り』を祈る」とは，すでに終わった「過去」のことについて祈ることである。それは，望ましい「過去物語りが公認されて制作されるように願い祈る」のとは異なり，「過去」のことを祈りによって変えようとする行為である。

問四＜文章内容＞「この世に生じた出来事」は，「『過去物語り』すなわち『間主観的記憶』のネットワークの中に整合的に組み入れられてはじめて，『過去にあった』出来事となる」のであり，確定した情報が届かずに酋長が踊ったり家族が祈ったりしているうちは，まだ出来事は，「過去にあった」出来事とはなっていない。したがって，「酋長の踊りや家族の祈り」は，すでに起きてしまった「過去」を変えようとして行われるものではなく，より望ましい「過去物語りが公認されて制作されるように」と祈っているのである。

問五＜文章内容＞我々は，ある出来事について，情報が届いて，「過去物語り」への「『編入』の手続き」を経ることで，「『過去にあった』出来事」すなわち「確定」された過去となると考える(…b・c・d)。一方，「事故が起こった時点で家族の生死は決定されているはずだ」というように，「『過去物語り』の制作以前」から過去が定まっているとする考え方もあるが，「いまだ誰にも知られていない過去」を知ることは，「神の眼」の視野を得ることと同じであり(…a・e)，人間にとっては無意味な仮定にすぎない。

問六＜主題＞酋長が狩りに行った青年たちのために狩りの終了後も幸運を祈って踊るとき，また，受験生が答案を提出した後に合格を祈るとき，彼らにとっては「狩り」あるいは「試験」は，まだ「過去」ではない。ある出来事についての「過去物語り」が「公認されて制作される」ことではじめて，その出来事は「過去」になる。「過去」は，現在の視点から「制作」されるものなのである。

問七＜要旨＞酋長が，狩りに行った青年たちが帰路にあるときにも，その幸運を祈って踊ることも，受験生が答案を提出した後に合格を祈ることも，すでに「確定」している「過去」を変えようとする行為ではない(ア…×)。「真偽不定」の過去命題が「過去物語り」の制作によって「過去物語り」のネットワークに「編入」されてはじめて，出来事は，「過去」のものになるのである(ウ…×)。酋長や受験生の祈りは，まだ「確定」していない出来事が望ましい「過去物語り」として公認され制作されるように祈る行為であり，決して無意味な行為ではないのである(イ…○，エ…×)。

三 〔小説の読解〕出典；伊東潤『覇王の血』(『決戦！　本能寺』所収)。

問一＜心情＞源三郎は，茶道具を片づけながら，「こうした茶道具と共に一つの時代が終わり，新たな時代が始まる」と「感慨」にふけり，一瞬，自分にも天下を取る資格があると思った。しかし，「今は一つの時代を終わらせることに集中すべきである」と考えて，天下を取るチャンスのことは考えないようにした。「一つの時代を終わらせること」とは，信長を殺害することである。

問二＜文章内容＞信長が自分を呼んでいることを小姓から告げられたとき，源三郎は，信長を殺害するという計画が「露見したのか」と思った。しかし，「露見したのであれば，呼び出しなどせず，兵を派して，その場で捕らえるはずである」と考え直し，「心配には及ばぬ」という結論に達して，源三郎は，何事もなかったように「顔色一つ変えず」に信長のいる場へと向かった。

問三＜文章内容＞信長が源三郎に「そなたは，わしを恨んでおる。それでいい」と言ったのは，信長は源三郎が自分を恨むのは当然だと考えていたということである(エ…○)。そして，信長は，「憎悪でも野心でも，煮えたぎるような感情なら何でもいい。そうしたものを持つ軍団でなければ，天下など獲れぬ」と考えていたため，源三郎が「恨んでおります」と答えたことを望ましいこととして受け取った(イ…○)。信長がそのように言えたのは，一つには，源三郎が自分を殺害しようとしていることなど思い浮かばなかったからである(ウ…○)。しかし，同時に，「わしを恨む気持ちを失わない限り，そなたは城介に次ぐわが息子」で，「城介に万が一のことがあれば，天下はそなたにくれてやる」と言うほど，源三郎を高く評価していたからである(ア…×)。

問四＜心情＞源三郎は，信長のことを恨んでいると言って「勝負に出た」つもりだった。しかし，信長は，恨みを抑えて「大義のために生きたい」という源三郎の話に耳を傾け，その場で斬り捨てられるかもしれないという源三郎の思いとは逆に，「穏やかな笑みを浮かべ」て「立派になったな」と言った。それを聞いて，源三郎は，「猜疑心の塊で，決して人を信じず，誰にも騙されない」信長が，自分のことは信頼していると感じた。それは信長の「隙」であり，そのような「隙」があるのであれば，自分たちの信長殺害の計画はうまくいくだろうと，源三郎は思ったのである。

問五＜心情＞信長は，「憎悪でも野心でも，煮えたぎるような感情なら何でもいい。そうしたものを持つ軍団でなければ，天下など獲れぬ」という考えに基づいて，光秀に意図的に暴力を振るっていた。すなわち，「彼奴の切っ先を再び鋭くすべく，何かのきっかけを捉えて」自分への「憎悪をかき立てねばならぬ」と思ってそうしたのである。信長は，天下を取れる軍団をつくるために，家臣の憎悪や野心といった心理までも利用しようとしているのであり，それを聞いた源三郎は「恐れ入りました」と言うほかなかった。

問六＜心情＞源三郎は，信長を恨み，信長殺害の計画を立てていた。ところが，信長は，源三郎が自分を恨んでいることを好ましいことだと考えていた。のみならず，信長は，源三郎に自分を恨む気持ちがある限り，源三郎は「城介に次ぐわが息子」で，「城介に万が一のことがあれば，天下はそなたにくれてやる」とまで言った。恨むことで信長の評価を得ることは，源三郎には全く想像もつかないことだった。

問七＜文章内容＞源三郎は，父信長を恨み，家臣光秀にまで暴力を振るう信長を見て，光秀と組んで信長を殺害する計画を立てていた。しかし，信長と話をしてみると，信長は，「仲のよい主従などに天下が取れるか」というような，源三郎には思いもつかないような考えを持っていて，源三郎は，「この男は尋常ではない。しかし，その通りだ」と思った。さらに話を聞くうちに源三郎は，光秀に暴力を振るった信長の意図が，光秀の信長への憎悪をかき立てさせるためだと知って，返す言葉もなく「恐れ入りました」としか言えなかった。

四〔古文の読解─説話／漢文の読解〕出典；〈甲〉『注好選』上　第九十七／〈乙〉『琱玉集』。

〈甲〉≪現代語訳≫そこで父母が亡くなった後に，この三人は，大変貧しくなった。相談して，「我が家を売って他国に移住しよう」と言った。そのとき隣国の人が，三つのバラを買う。すでにこれ(＝バラ)を売って代金を得た。その翌朝，三つのバラは，花が落ち葉は枯れた。三人はこれを見て嘆いた。

いまだこのようなことを見たことがない，と。祈願して，「私たちの三つのバラは，別れを惜しむために枯れた。私たちはとどまるべきである。(そうすれば，)またもとどおり花が咲いてくれるだろうか」と言った。そこで(三つのバラの)代金を返した。あくる日(バラは)もとどおり咲いた。そういうわけで(三人はその家を)去らなかった。

〈乙〉≪書き下し文≫田真は，前漢の京兆の人なり。兄弟三人あり。二親並びに没し，共に居家の資産を分かつことを議す。之を分かつこと悉く訖りて，唯庭前に三株の紫荊有り，華葉美茂す。真の兄弟等議して之を分けんと欲し，明旦即ち其の荊を伐斫せんとす。宿を経て華葉枯れ萎み，根茎は燋顇す。真，旦に鋸を携へて往きて之を見，大いに驚き諸弟に謂ひて曰はく，「樹木の情無きすら，尚ほ分別せらるるを怨む。況んや人の兄弟の孔懐するをや。何ぞ離るべけんや。是れ人は樹木に如かざるなり」と。因りて対ひて悲泣し，復た樹を解かず。樹即ち声に応じて，青萃故の如し。兄弟相感じ，便ち財産を合して，遂に純孝の門と成るなり。

≪現代語訳≫田真は，前漢の京兆の人である。兄弟は三人である。両親とも亡くなり，(兄弟は)家の資産を分けることを相談した。分割が全て終わって，ただ庭先に三株の紫のバラがあり，花と葉が美しく茂っていた。田真の兄弟たちは相談してこれを分けようとし，翌朝そのバラを切ろうとした。一夜明けると花も葉も枯れ萎み，根と茎はすっかり元気をなくしていた。田真は，朝にのこぎりを携えて行ってこれを見，大変驚いて弟たちに「樹木のように心のないものでさえ，分けられるのを怨む。ましてや人の兄弟には深い情愛がある。どうして離れることができようか。これは人は樹木に及ばない」と言った。それによって(兄弟たちは)向かい合って悲しみ泣き，二度と樹木を分けなかった。樹木はすぐに(その)声に反応して，もとどおり青々とした樹木になった。兄弟は感動し，すぐに財産をまとめて，最後には真心を尽くして孝行する一族になった。

問一＜古文の内容理解＞兄弟がバラを隣国の人に売って代金を得た翌朝，バラの花は落ちて葉は枯れた。兄弟三人は，今までにバラの花が落ちて葉が枯れたことなどなかったと嘆いた。

問二．2＜古文の内容理解＞兄弟三人は，家を売って他国に移住しようとした。すると，バラは，兄弟との別れを惜しんで枯れた。　4＜漢文の内容理解＞田真は，兄弟らと相談してバラを分けることにし，翌朝，のこぎりを持ってバラを切りに行くと，バラは枯れていた。バラは，切り分けられるのを悲しんだのである。

問三＜漢文の訓読＞「共」→「居家之資産」→「分」→「議」の順に読む。「議分」は，「分」から一字返って「議」を読むため，「議」にレ点をつける。また，「居家之資産」を読んでから「分」に返るため，一・二点を用い，「分」に二点，「産」に一点をつける。

問四＜漢文の内容理解＞「不如也」は，「しかざるなり」と読み，～には及ばない，という意味。

問五＜古文の内容理解・漢文の内容理解＞〈甲〉では，兄弟三人は，家を売って他国に移住しようと考え，隣国の人にバラを売った。一方，〈乙〉では，兄弟三人は，資産を分けようとして，庭の三株のバラも分けることにした。しかし，どちらの文章でも，バラが枯れてしまったことから，兄弟は，同じ場所にとどまることにした。

Memo

Memo

2020年度 桐光学園高等学校

【英　語】（50分）〈満点：100点〉

1　次の(a)〜(e)の文の［　　］に入れるのに最もふさわしい語をそれぞれ答えなさい。ただし，［　　］に与えられた文字で始めること。

(a) You can [b　　] these books from the library for a week.

(b) Most scientists agree that CO_2 influences [g　　] warming.

(c) To [d　　] something is to make pictures with a pencil, pen or chalk.

(d) I think you need to see a [d　　] about the pain in your leg.

(e) In Japan we have to take off our [s　　] when we enter a house.

2　次の(a)〜(e)の文で，（　　　　）に入れるのに最もふさわしいものを１〜４の中から１つずつ選び，番号で答えなさい。

(a) I introduced a friend of (　　　　) to Bob at the party yesterday.

1. I　　2. my　　3. me　　4. mine

(b) Suddenly everybody stopped (　　　　) and there was silence.

1. talking　　2. talk　　3. to talk　　4. they talked

(c) A new convenience store is going to (　　　　) next month.

1. build　　2. be built　　3. be building　　4. building

(d) I had (　　　　) for breakfast.

1. a piece of cheeses　　2. many cheese

3. two pieces of cheese　　4. a lot of cheeses

(e) Mary looked (　　　　) her little sisters while her mother was out.

1. like　　2. after　　3. out　　4. up

3 次の(a)〜(e)の会話文で，(　　　　)に入れるのに最もふさわしいものを１〜４の中から１つずつ選び，番号で答えなさい。

(a) A：Excuse me.　Are you busy now?

B：(　　　　　　　　　　)

A：Thank you.　I would like to ask you some questions.

B：Sure.　Go ahead.

1. Yes.　Can you come back later?
2. No.　Come in.
3. Sorry, but I have a lot of things to do.
4. You must know how busy I am.

(b) A：Hello, this is the Asao Hotel.　May I help you?

B：I'd like to stay at your hotel tonight.

A：What kind of room are you looking for?

B：(　　　　　　　　　　)

1. I hear your hotel is nice.
2. I'd like to stay in the city center.
3. I'm looking for a job at your hotel.
4. I'd like a single room with a bath.

(c) A：Why don't we go for a drive?

B：(　　　　　　　　　　)

A：Well, what would you like to do?

B：Nothing.　I'm just going to stay home.

1. I don't feel like it today.
2. Because I have to visit a friend.
3. I don't want to do my homework.
4. We had better start right now.

(d) A：Let's go out for lunch tomorrow.

B：Great idea.　Let's meet at the coffee shop.

A：OK.　(　　　　　　　　　　)

1. I've already had it.　　2. I'll be there at eleven o'clock.
3. Would you come with us?　　4. I'm still hungry.

(e) A：Hurry.　I don't want to be late for the concert.

B：(　　　　　　　　　　)

A：It starts in 30 minutes, and it takes 20 minutes to get there.

B：Oh, we had better hurry.

1. What time is it now?　　2. Did we miss it?
3. When does it begin?　　4. Where is the concert held?

4

次の(a)～(e)の日本文の意味に合うように英文をつくるとき，(イ)(ロ)に入れるのに最もふさわしい語をそれぞれ答えなさい。

(a) 彼女は平和を求めて，その曲に合わせて踊りました。

She danced (イ) the music to call (ロ) peace.

(b) 18歳未満の人には選挙権がありません。

People (イ) the age of 18 don't have the (ロ) to vote.

(c) 彼は見かけほど年をとっていません。

He (イ) not as old as he (ロ).

(d) 朝一番でこの手紙を出していただけますか。

Would you (イ) mailing this letter (ロ) thing in the morning?

(e) どうぞおくつろぎになって，テーブルのものを自由にとって食べてください。

Please (イ) yourself at home and (ロ) yourself to anything on the table.

5

次の(a)～(c)の１～７の語(句)を並べかえたとき，(イ)(ロ)に入れるものをそれぞれ番号で答えなさい。ただし，文頭にくる語(句)も小文字にしてあります。

(a) Hiroshi is (　)(　)(イ)(　)(ロ)(　)(　) school.

1. which　2. about　3. club　4. at
5. to　6. choose　7. thinking

(b) (　)(イ)(　)(　)(　)(ロ)(　)?

1. think　2. she　3. do　4. old
5. is　6. you　7. how

(c) (　)(　)(イ)(　)(　)(　)(ロ).

1. clean　2. the room　3. you　4. want
5. keep　6. to　7. I

6 次の日本文を英語に直しなさい。ただし，（　　）内に与えられた語をそのままの形で順に用いること。

彼女はその試合に参加するのを楽しみにしています。
（ is / forward / part ）

7 次の英文を読み，設問に答えなさい。

Often children who are successful in school come from rich and middle-class homes while childen who are less successful grow up in *poverty. *Educators are trying to close this (イ) gap, but for a long time researchers weren't able to find the reasons for the difference. Did rich parents have better *genes? Did they value education more? Was it that rich parents bought more books and educational toys for their children? Was it because (ロ) they were more likely to stay married than poor parents? Or was it that rich children ate healthier food? (ハ) Moved less often? Watched less TV? Got more sleep? Without being able to (ニ) the important *factors and remove the unimportant ones, there was no way to begin to close the gap.

The first researchers to find a *specific answer were Betty Hart and Todd R. Risley, child psychologists at the University of Kansas. In 1995 they published the results of a research project on *language acquisition. Ten years earlier, they started visiting 42 families with newborn babies in Kansas City, and for the following three years they visited each family once a month, and recorded everything that occurred between the child and the parent or parents. The researchers then made a written record of each visit and examined each child's language development and each parent's communication style. They found, first, that *vocabulary growth was (ホ) among social classes, and that the gap between the classes opened (ヘ). By age 3, children coming from *professional homes had vocabularies of about 1,100 words, and children coming from *welfare homes had vocabularies of about 525 words.

When Hart and Risley asked what caused that difference, the answer they found was very surprising. They compared the vocabulary scores with their *observations of each child's home life. They found that the size of each child's vocabulary was closely related to (ト)〔 1. the child 2. words 3. spoke 4. of 5. the parents 6. the number 7. to 〕. In the professional homes, parents spoke to their children an average of 487 times each hour.

In welfare homes, the average was 178 times per hour.

Also, (チ) the kinds of words and *statements that children heard *varied by class. The most basic difference was in the number of "discouragements" and "encouragements" a child heard. Discouragements are *negative comments such as "don't do this," "don't do that," and "shut up." Encouragements are words of praise and *approval. By age 3, the average child of a professional heard about 500,000 encouragements and 80,000 discouragements. For the welfare children, the situation was the opposite : they heard, on average, about 75,000 encouragements and 200,000 discouragements. Hart and Risley found that parents who spoke more to their children used more difficult language. Parents talked about the past and future, feelings, *abstract ideas, how one thing causes another — all of them *contributed to mental development.

【注】 poverty 貧困　educator 教育学者　gene 遺伝子
factor 要因　specific 明確な　language acquisition 言語習得
vocabulary 語い　professional 知的専門職の人(の)
welfare 生活保護を受けている　observation 観察
statement 発言　vary 様々である　negative 否定的な
approval 承認　abstract 抽象的な　contribute to ～に影響する

［設問］

(a) 下線部(イ)と同じ意味で使われている語を同じ段落から１語で抜き出して答えなさい。

(b) 下線部(ロ)の内容を説明した文として最もふさわしいものを次の１～４の中から１つ選び，番号で答えなさい。

1. 裕福な家庭では，貧しい家庭よりも子どもが早く結婚する傾向にある。
2. 裕福な家庭の子どもは，貧しい家庭の子どもよりも結婚願望が強い。
3. 裕福な家庭では，貧しい家庭よりも離婚率が低い傾向にある。
4. 裕福な家庭の母親は，貧しい家庭よりも専業主婦である割合が高い。

(c) 下線部(ハ)より推測できることとして最もふさわしいものを次の１～４の中から１つ選び，番号で答えなさい。

1. Poor families change their homes more often than rich families.

2. Rich families tend to travel by train or bus, not in their own car.

3. Rich people don't get angry so often and usually keep calm.

4. Poor children don't express their feelings as well as rich children.

(d) 空所(ニ)に入れるのに最もふさわしいものを次の1～4の中から1つ選び，番号で答えなさい。

1. ask　　2. discover　　3. invite　　4. create

(e) 空所(ホ)(ヘ)に入る組み合わせとして，最もふさわしいものを次の1～4の中から1つ選び，番号で答えなさい。

1. (ホ)the same　(ヘ)early　　2. (ホ)very different　(ヘ)again

3. (ホ)the same　(ヘ)again　　4. (ホ)very different　(ヘ)early

(f) 下線部(ト)が本文の内容に合う英文になるように，〔　　　〕内の1～7の語(句)を並べかえ，番号で答えなさい。

(g) 以下は下線部(チ)の内容を説明した文です。空所(A)～(D)に入れるのに，最もふさわしいものを1～8の中から1つずつ選び，番号で答えなさい。

「調査によると，裕福な家庭では親が子どもに対して(A)言葉よりも(B)言葉を使うことが多いのに対し，貧しい家庭では結果は(C)ものとなった。子どもにたくさん話しかける家庭では，時間，感情，因果関係といった(D)言葉を使うことが多く，それが子どもの知能の発達に役立っている。」

1. 未来の　　2. 過去の　　3. 平易な　　4. 難解な

5. 肯定的な　　6. 否定的な　　7. 同じ内容の　　8. 逆の内容の

(h) 本文の内容と一致するものを次の1～8の中から3つ選び，番号で答えなさい。

1. Children who grow up in poor families tend to be less successful in school.

2. According to the research, one of the main reasons some children have poor vocabulary is that their parents don't have good genes.

3. Hart and Risley found children who were successful in school watched less TV.

4. The research done by Hart and Risley shows that the number of books children read influences their mental development.
5. Hart and Risley finished collecting the data about the families with newborn babies in 1988.
6. Hart and Risley found social classes depended on vocabulary growth in childhood.
7. One of the ways Hart and Risley chose for their research was studying parents talking with their children.
8. Children who can understand abstract ideas always belong to rich families.

8 次の英文を読み，設問に答えなさい。

In 1971 when Larry Stewart was 22 years old, he lost his job. For weeks he drove from city to city and looked for [A]. He found nothing. In a small town in Mississippi, his car *ran out of gas and he ran out of money. He couldn't pay for a hotel room, so he slept in his car. He had no money to buy food, so he got really (イ). For two days, he ate nothing at all.

Early in the morning, Larry went to a small restaurant. Only one man was working there; he was the restaurant's owner. Larry ate a big breakfast. When the owner gave him the *bill, Larry *reached into his back pocket. "Oh, no!" he said. "I lost my wallet!" Of course (ロ) that wasn't true; Larry's wallet was in his car, but there was no money in it.

The owner *bent down and reached under Larry's table. When he stood up, he had a $20 bill in his hand. "I think you dropped this," he said. He put the money in Larry's hand. "Yes, I think I (ハ) did," Larry said. He paid for his breakfast, then pushed his car to a gas station and filled the tank.

Larry decided to drive to Kansas City, Missouri, because he had a cousin there. "Maybe my cousin can help me to find work," Larry thought. On the way to Kansas City, Larry thought about the restaurant owner. "He didn't really find that $20 under my table," Larry decided. "He gave me his money."

In Kansas City, Larry found a job. Later he started a cable TV business, and it was a [B]. Nine years after he arrived in Kansas City, Larry was a rich man.

One day Larry went to a restaurant in Kansas City and ordered a hamburger for lunch. (ニ)〔 1. tired 2. order 3. the waitress 4. his 5. took 6. who 7. looked 〕and sad.

Larry thought back to 1971, *when he was tired, hungry, and out of work. He thought about the small restaurant in Mississippi and the owner. When the waitress brought the bill, Larry gave her $20. "Keep the [C]," he told her. The waitress started to cry. "Thank you, sir," she said. "Thank you very much."

When Larry left the restaurant, he went to his bank and got some $100 bills. All day he walked around Kansas City with the money. When he saw people who looked sad or poor, he gave them a $100 bill. At the end of the day, he felt wonderful.

Larry had a new hobby：[　ホ　]. Sometimes he gave $100 bills to people on the street. Sometimes he went to fast-food restaurants or *laundromats and gave money to people there. He returned to the restaurant in Mississippi and gave the owner an envelope with $10,000 in it. When the man opened the envelope, he tried to hand it back. "No, sir," Larry told him. "I came to pay you back." *Altogether, Larry gave away more than one million dollars.

"We are here on earth to help one another," Larry said. "Help the people who helped you. Help others, too. Don't just pay it back. (へ) Pay it forward."

【注】 run out of ～を使い果たす　bill 請求書・紙幣　reach 手を伸ばす
bend down かがむ　when その当時　laundromat コインランドリー
altogether 全部で

[設問]

(a) 空所[A]～[C]に入れるのに最もふさわしい語の組み合わせを次の1～4の中から1つ選び，番号で答えなさい。

1. [A] change　[B] work　[C] success
2. [A] work　[B] success　[C] change
3. [A] success　[B] work　[C] change
4. [A] work　[B] change　[C] success

(b) 空所(イ)に入れるのに最もふさわしいものを次の1～4の中から1つ選び，番号で答えなさい。

1. busy　2. sleepy　3. poor　4. hungry

(c) 下線部(ロ)が示す内容として最もふさわしいものを次の1～4の中から1つ選び，番号で答えなさい。

1. お腹いっぱい朝食を食べたこと。　2. ポケットの中に手を入れたこと。

3. 自分の財布を無くしたこと。　4. 財布を車の中に忘れたこと。

(d) 下線部(ハ)の内容を10字以上20字以内の日本語で具体的に答えなさい。

(e) 下線部(ニ)が本文の英文の内容に合う英文になるように，〔　　〕内の1～7の語(句)を並べかえ，番号で答えなさい。ただし，文頭にくる語(句)も小文字にしてあります。

(f) 空所［　ホ　］に入れるのに最もふさわしいものを次の1～4の中から1つ選び，番号で答えなさい。

1. giving money away　2. meeting new people

3. eating at restaurants　4. putting money in a bank

(g) 下線部(へ)が示す内容として最もふさわしいものを次の1～4の中から1つ選び，番号で答えなさい。

1. 見返りを期待しなさい。
2. 借金はできるだけ早く返しなさい。
3. 受けた恩を他の人にも分け与えなさい。
4. 人生を前向きに生きていきなさい。

(h) 本文の内容と一致するものを次の1～8の中から3つ選び，番号で答えなさい。

1. When Larry was young, he used up all his money, so he lost his job.
2. Larry had to sleep in his car because there was no hotel in the small town in Mississippi.
3. Larry paid for his breakfast and gas with the money given to him by the restaurant owner.
4. Larry drove to Kansas City to see his cousin who worked at a cable TV company.
5. In Kansas City, Larry's cable TV business made him rich.
6. Larry became so rich that he began to run a restaurant and a bank.
7. Finally Larry paid more than one million dollars to the restaurant owner.
8. Larry discovered an important thing in life, thanks to the restaurant owner.

【数　学】 (60分) 〈満点：100点〉

注意　1．定規とコンパスは使用してはいけません。
　　　2．分数は最も簡単な分数で答えなさい。
　　　3．無理数は根号を用い，最も簡単な式で答えなさい。
　　　4．円周率は π とします。

1　次の問いに答えなさい。

(1)　$3x - \dfrac{4x-3y}{3} - \dfrac{5x+6y}{4}$ を計算せよ。

(2)　$\dfrac{(x^2y^3)^2}{8} \div (-6y^2) \times \dfrac{3}{y^2} \div \left(-\dfrac{1}{2}xy\right)^2$ を計算せよ。

(3)　$16x^2 - y^2 - 4y - 4$ を因数分解せよ。

(4)　$\left(\sqrt{200}+\sqrt{300}\right)\left(\sqrt{0.03}-\sqrt{0.02}-\sqrt{0.01}\right)$ を計算せよ。

(5)　等式 $4(a-2b) = -5(a-2b) + 9$ を a について解け。

2　次の問いに答えなさい。

(1)　$5+\sqrt{3}$ の整数部分を x，小数部分を y とするとき，$\dfrac{y^2+2y+1}{x+y-5}$ の値を求めよ。

(2)　x の2次方程式 $2x^2+ax-2a-5=0$ の1つの解が整数 a のとき，他の解を求めよ。

(3)　正の整数 m，n について，$3 < \dfrac{m}{n} < 5$ を満たす m の値がちょうど9個となるように，n の値を定めよ。

(4)　A，B，Cの3人がいっしょにじゃんけんを1回だけするとき，少なくとも1人は勝つ確率を求めよ。

(5)　図の直角三角形ABCにおいて，線分比AD：DCを求めよ。ただし，∠DAB＝∠DBAとする。

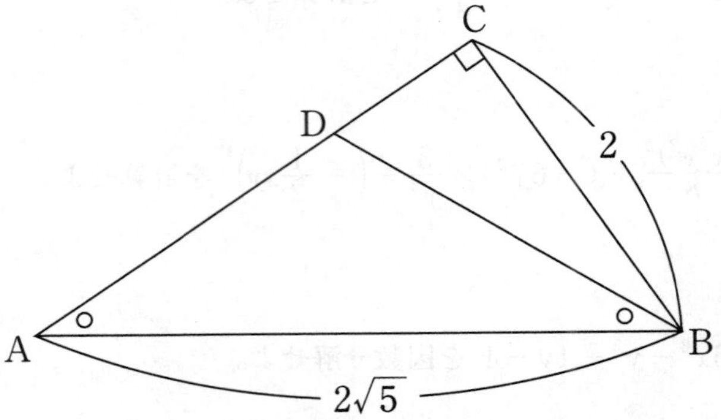

(6)　図のように，BC＝4，∠BAC＝60°の直角三角形ABCと，BCを直径とする半円がある。点Pが弧BC上を動くとき，△ACPの面積の最大値を求めよ。

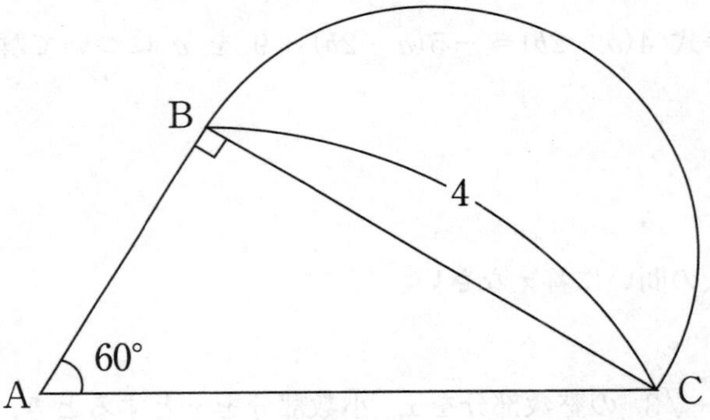

3 図のように，放物線 $y=x^2$ と直線 $y=x+k$ の2つの交点を x 座標の小さい順にP，Qとする。さらに，点Sを y 軸上，点Rを放物線上にとり，平行四辺形PQRSをつくる。このとき，次の問いに答えなさい。

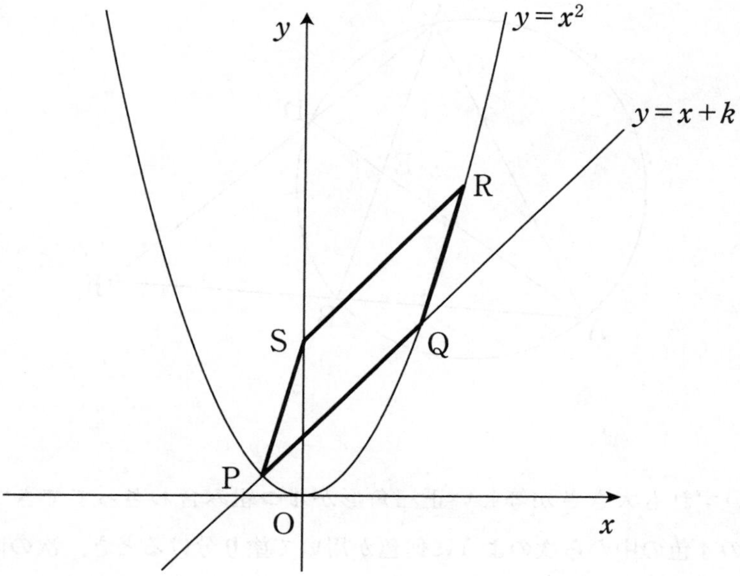

(1) $k=2$ のとき，

① 点Rの座標を求めよ。

② 点Sの座標を求めよ。

(2) 点Sの座標が(0，20)のとき，点Pの座標を求めよ。

4　図のように△ABC は円に内接しており，∠BAC の二等分線と円との交点のうち A でない方を D，線分 AD と BC の交点を E，2直線 AB，CD の交点を F とする。DC＝4，DE＝2，BE＝3のとき，次の線分の長さを求めなさい。

(1)　線分 BD

(2)　線分 AB

(3)　線分 BC

(4)　線分 BF

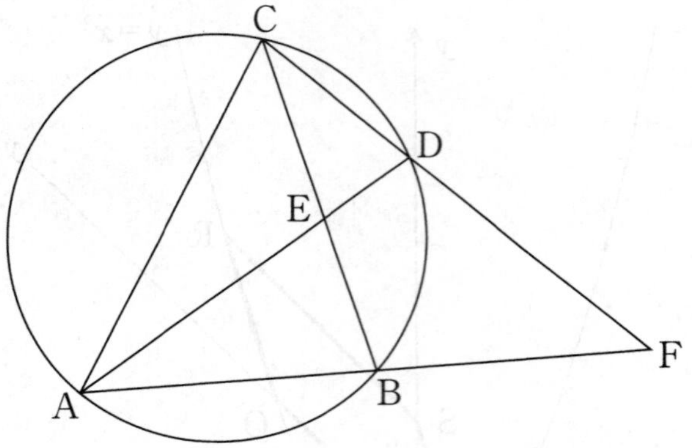

5　図1，図2はいずれも大きさが等しい正三角形が4つ組み合わさってできている。赤，青，緑，黄の4色の中から次のように何色か用いて塗り分けるとき，次の問いに答えなさい。ただし，同じ色は隣り合わないとする。

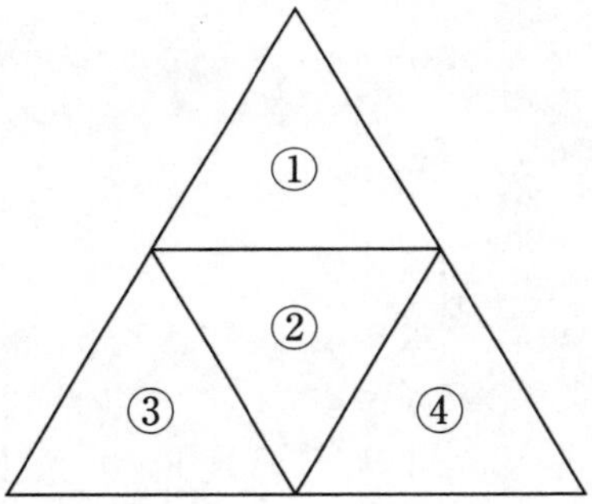

図1

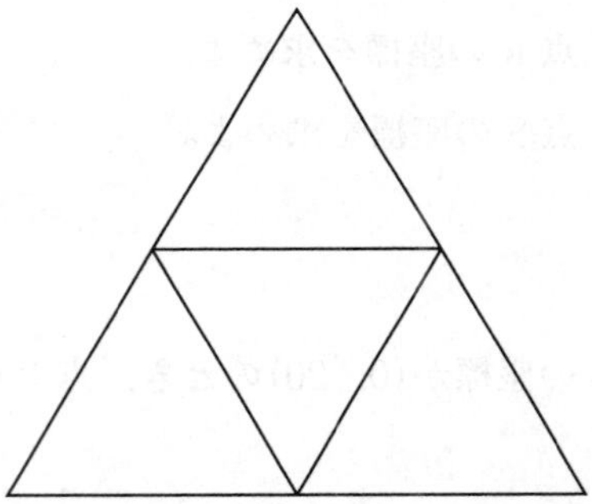

図2

(1)　図1の①～④を4色すべてを用いて塗り分ける方法は何通りあるか。

(2)　図1の①～④を4色のうち3色選び，その3色すべてを用いて塗り分ける方法は何通りあるか。

(3)　図2で4色のうち3色選び，その3色すべてを用いて塗り分ける方法は何通りあるか。ただし，回転して同じになる塗り方は，同じものとみなす。

問五 ——線4「不顧其後之有患也」は、「其の後の患へ有るを顧みざるなり」と訓読します。これを参考にして、解答欄に返り点をつけなさい。なお、送り仮名は不要です。

問六 問題文〈甲〉の話の内容として正しいものには「1」を、そうでないものには「2」を、それぞれ解答欄に書きなさい。

A 襄王は晋の国を攻めるつもりでいた。

B 孫叔敖は襄王に幼少期の体験談を話した。

C 童子は命と引き換えに黄雀を守りぬいた。

D 襄王は孫叔敖によって自らの短慮に気づかされた。

三

問題文〈甲〉・〈乙〉を読んで、後の問いに答えなさい。なお、問題文〈乙〉については設問の都合上、送り仮名や返り点を省略した部分があります。

〈甲〉

楚《そ》の襄王《じやうわう》、晋《しん》の国をうたむとす。※1孫叔敖《そんしゆくがう》、これを1いさめ申していはく、「園の※2楡《にれ》の上に、蟬《せみ》、露を飲まむとす。うしろに※3蟷螂《たうらう》のをかさむとするを知らず。蟷螂、また蟬をのみ2まもりて、うしろに※4黄雀《くわうじやく》のをかさむとするを知らず。黄雀、また蟷螂をのみまもりて、楡のもとに弓を引いて、童子《どうじ》のをかさむとするを知らず。童子、また黄雀をのみまもりて、前に深き谷、後《しりへ》に堀株《ほりかぶ》のあることを知らずして、身をあやまてり。これみな、［ X ］をのみ思ひて、後害《こうがい》をかへりみざるゆゑなり」と申せり。王、この時、悟《さと》りを開きて、晋を攻《せ》むといふこと、とどまりたまひぬ。

（『十訓抄』第六　忠正を存すべき事）

〈乙〉

「園中ニ有リレ樹。其ノ上ニ有リレ蟬。蟬高居シ悲鳴シテ飲ミレ露ヲ、不ルレ知ラ三螳螂ノ在ルヲ二其ノ後ロニ一也。螳螂委《ゆだネテ》レ身ヲ曲附シ、欲シレ取ラントレ蟬ヲ、而モ不ルレ知ラ三黄雀ノ在ルヲ二其ノ傍ラニ一也。黄雀延《べ》レ頸《くびヲ》、欲シレ啄《ついばマント》二螳螂ヲ一、不ルレ知ラ三弾丸ノ在ルヲ二其ノ下ニ一也。3此ノ三者ハ、皆務メテ欲シレ得ント二其ノ前利ヲ一、而モ4不顧其後之有患也ト。」

（『説苑』）

※1　孫叔敖《そんしゆくがう》…楚の襄王《じやうわう》の家臣。
※2　楡《にれ》…木の種類。
※3　蟷螂《たうらう》…かまきり。問題文〈乙〉の「螳螂」も同じ。
※4　黄雀《くわうじやく》…雀の一種。

問一　――線1「いさめ」とありますが、その漢字表記と意味の組み合わせとして最も適当なものを次の中から選び、記号で答えなさい。

ア　勇め（後押しをする）
イ　諫め（意見する）
ウ　諍め（言い合いになる）
エ　諷め（非難する）

問二　――線2「まもりて」とありますが、本文における意味として最も適当なものを次の中から選び、記号で答えなさい。

ア　保護して
イ　見つめて
ウ　逃がして
エ　攻撃して

問三　［ X ］に入る言葉として最も適当なものを問題文〈乙〉の中から探し、抜き出しなさい。

問四　――線3「此　三　者」とありますが、何を指しますか。その組み合わせとして正しいものを次の中から選び、記号で答えなさい。

ア　樹・蟬・露
イ　螳螂・黄雀・弾丸
ウ　蟬・螳螂・黄雀
エ　樹・露・弾丸

ウ　試合前の自分の言葉のせいで、調子の悪いアネゴに多くのプレッシャーをかけたことを理解しながらも、チームメイトの思いを背負うことのできる存在として、アネゴを信じて任せることにした。

エ　アネゴが肩の不調について自分に何も相談してくれなかったことが残念であったが、ずっとエースピッチャーとして投げ続けてきたアネゴの経験と力量を信じて、このまま続投させることにした。

問五　――線4「うちのエースにして〜なりなさい」とありますが、この言葉に込められた「監督」の思いの説明として最も適当なものを次の中から選び、記号で答えなさい。

ア　ピッチャーで四番バッターも務めるという非凡な才能を持っているだけでなく、ピンチの時でも強い言葉でみんなを励ます、精神力の強さも兼ね備えた人間になってほしい。

イ　肩の調子が悪くても相手打線を抑えられる優れたピッチャーであるというだけではなく、劣勢の試合中でも穏やかな表情で打席に立つ、平常心を持っている人間になってほしい。

ウ　ささいな仕草でも相手に圧力をかけられる大きな存在であるだけでなく、エラーをした仲間に挽回するチャンスを与えることも忘れない思いやりのある人間になってほしい。

エ　選手としてチームを勝利に導く力量があるだけではなく、みんなのさまざまな思いを背負いながら責任を引き受けることができる、器の大きな人間になってほしい。

問六　――線5「私の口調は〜ものになった」・6「アネゴの口調は〜いなかった」とありますが、この時の「私」と「アネゴ」の説明として最も適当なものを次の中から選び、記号で答えなさい。

ア　私は、葬儀屋の娘としての経験から友人の父の命日を覚えていないのが普通だと思っていた。一方アネゴは、自分自身の活躍で試合には勝利できたが、仲間であるサキの父の命日だけは覚えておかなくてはいけなかったと自分のことしか責めていなかった。

イ　私は、命日を忘れるのは仕方ないと言いながらも他の先輩たちをつい責めてしまった。一方アネゴは、自分を情けないと言いながらも、友達としてエースとしてやるべきことをやり、チームメイトも一丸となって勝利したのだから誰を責める気持ちもなかった。

ウ　私は、監督の言葉を聞いても気づかずに結果としてアネゴ一人に多くのものを背負わせてしまった他の先輩たちを責めた。一方アネゴは、監督の言い方では気が付かない仲間たちの素直さを思い自分があの時はっきりと言うべきであったと自分を責めていた。

エ　私は、チームメイトの父親の命日に関する事ならば葬儀屋の娘である自分がまず気づくべきであったと後悔した。一方アネゴは、調子が悪いながらも自分自身で活躍することが出来、さらにみんなで協力して試合に勝ったのだから誰も責めなかった。

問七　〰〰線「決めちゃいなさい」とありますが、この時の「監督」の気持ちを分かりやすく説明しなさい。

※1　サークル…ソフトボールのピッチャーが投球する場所に書いてある円。

※2　監督のお父さんなら〜…試合開始直前に監督は笑いながら、「今日は私の父の命日（亡くなった日）だから絶対勝ってよね」と選手に声をかけた。

※3　クローザー…最終局面に登場し、試合を締めくくる切り札的な投手。ソフトボールは七回で試合終了となる。

※4　詭弁《きべん》…理屈に合わない事をこじつけること。

※5　ゲッツー…攻撃側のチームからアウトを取る戦術的方法の一つ。後に出てくる「フォースアウト」も同じ。

※6　だみ声…にごった感じの声。

※7　法事…死者を祈るために行う仏事。

問一　次の文は、本文の[ア]〜[エ]のどこに入りますか。最も適当なものを選び、記号で答えなさい。

[ギアが一つ、上がった。]

問二　――線1「監督はしばらく考え、首を振った」とありますが、この時の「監督」の気持ちの説明として最も適当なものを次の中から選び、記号で答えなさい。

ア　肩を痛めているというアネゴが、サキのミスを帳消しにするため頑張っているので、このまま様子を見ようと思った。

イ　自分が「絶対、勝ってよね」といったために、アネゴが無理をしているので、怪我をしないうちに交代させようと思った。

ウ　どうしても勝ちたいので、最後までアネゴに投げさせたいが、本人の希望通り次の回で交代させようと思った。

エ　肩の調子が悪いことを知ったが、アネゴはサキの事情を理解して投げているとわかり、そちらを優先しようと思った。

問三　――線2「試合の事情が〜変わりません」とありますが、この時の「私」の心情の説明として最も適当なものを次の中から選び、記号で答えなさい。

ア　相手が予想外に手ごわいからといって、急に試合前の計画を変えたりせずこの回でピッチャーを交代させてほしい。

イ　予想外に苦戦しているからといって、個人的な理由で、肩の調子が悪いアネゴにこれ以上無理をさせないでほしい。

ウ　アネゴは肩を痛めながらも一年生に負けたくないと意地になっているが、大事を取って交代させてほしい。

エ　アネゴはサキのために投げているが、五回で交代するつもりだったので初めの予定どおり交代させてほしい。

問四　――線3「それがエースなの」とありますが、この時の「監督」の説明として最も適当なものを次の中から選び、記号で答えなさい。

ア　アネゴの肩の調子を心配して交代を要求する私の言葉にも一理あるとは思いつつも、父の命日でもあり県大会前の練習試合でもあるので、信頼のおけるアネゴにかけてみることにした。

イ　個人的な理由で絶対に勝ってよねと言ったことで、アネゴに無理をさせていることを反省しながらも、こういうピンチを乗り越えて、真のエースになってほしいと思い交代しないことにした。

「先輩たちなんかさ、親父さんの姿がないのを見て、その日、サキが休みだって気づくぐらいだった。まあ、もっとも」とアネゴは苦笑しながら教えてくれた。「その後、一人で現れたけどね。風邪を引いた娘は家で寝ているのに、その親父だけ、応援にやってきた。娘の分までってんで、気張ったんだろうね。いつもよりいっそう、熱の入った応援でさ。その日は、負けてた試合を、たまたま親父さん登場の直後の回に逆転しちゃった。で、誰からともなく言い出した。そういや、一年のサキのお父さんが応援にくると、必ず試合に勝ってたんじゃなかったっけって。それで、サキの親父不敗伝説なんてのができちゃった。実際には、そんなことないんだよ。だって、毎試合、見にきてるんだから。だったら、うちらのチーム、不敗かよって話さ」

　その親父さんがぱったりと応援にこなくなったのは、年が明けようとするころだった。

　ちょっと病気で……。

　サキ先輩はそう説明した。

「サキも知らされていなかったらしい。それほど深刻なものだとはね」

　親父さんが亡くなったのは、先輩たちが二年に上がって、すぐのことだった。

「それをね、忘れたんだよ」

　アネゴは苦しそうに言った。

「あれほど一生懸命応援してくれたサキの親父さんの命日を、私たちは、誰一人覚えてなかった。みんなでお葬式にも出たのに。みんな、あんなに泣いたのに。誰も覚えてなかった」

　友人の父親の命日。葬儀に出たのならば季節くらいは覚えているだろうが、正確な日付まで覚えているというのは、むしろ稀《まれ》なケースだろう。忘れた先輩たちに非があるとは思えなかった。

葬儀屋の娘としての意見を言わせてもらうなら。

頭にそう付け足して私がそのことを言うと、アネゴは微笑《ほほえ》んだ。

「そうだね。そうかもしれない」

「それでも自分を責めるんですか？」

　私はそう聞いた。

「責めちゃいない。ただ情けないだけ」

　アネゴはそう答えた。

「誰もわかってなかったんだ。あの日、サキが試合にきた意味を。命日なんだから、きっと法事[※7]だってあったはずなんだ。でも、サキは試合を優先した。ただの練習試合でも、親父さんが喜ぶのは自分がそっちに出ることだって思ったから、だからサキはやってきた。私たちはその思いをちゃんと受け止めてやらなきゃいけなかった。チームメイトなんだから。友達なんだから。でも、誰も気づきすらしなかった。監督以外は誰もね」

　今日は私の父の命日だから。

　監督はそう言って、先輩たちに気づかせようとした。そして、ようやくアネゴは気づいた。

5「アネゴだけだったんですか？」

　私の口調はわずかにそれを責めるものになった。

「ああ見えて、結構、みんな素直だから。そう言われれば、そのまんま受け取っちゃう。中には、そう言えばサキの親父さんが亡くなったのも、去年のこの頃じゃなかったっけと思った人はいただろうけどね」

6アネゴの口調は誰も責めていなかった。

（『短編学校』集英社　所収　本多孝好《ほんだたかよし》「エースナンバー」より）

うだった。視線を戻すと、すでにアネゴは打席に入っていた。相手ピッチャーに向ける凛《りん》とした視線とは裏腹に、その頬《ほお》が少し緩んでいる気がした。

「はーい。ヒヨッコの一、二年生諸君。よく見ておいて。あれがうちのエース」と監督が言った。4「うちのエースにして、うちのキャプテン。ああいう、いい女になりなさい」

動揺したわけではないだろう。ギアの上がったうちのチームとの地力の違いを見せつけられ、最後に頼ったのが自分の渾身《こんしん》の力だったということだ。コースを狙わず、力任せに放たれたストレート。アネゴの体が力みなく動いた。すっと空間を切り裂いた鮮やかな軌跡が、ボールを高々と青空に飛ばした。センターは一歩だけ後ろに下がり、すぐに諦《あきら》めた。

ホームランゾーンとして設置されたフェンスの上をボールは軽々と越えていった。

「まったくねえ」

ベースを一周したアネゴが、本塁のところで、二塁ランナーだったサキ先輩とハイタッチをかわしていた。

「今年はともかく、来年は怖いわね。頼むわよ、ヒヨッコちゃんたち」

明らかに球威は衰えたものの、アネゴがコントロールを乱すことはなかった。ラストイニングの七回、緩い球を効果的に使い、二つのアウトを重ねた。

最後の打者もツーストライク。遊び球はなかった。三球目。力強く振り抜いたバットはただ空《くう》を切った。乾いた音を立ててミットにボールを収めたキャッチャーが、バッターアウトの主審の声に押し出されるように、アネゴに向かって駆け出した。飛びついてきたキャッチャーを抱き止め、よっしゃーとアネゴは拳を突き上げた。

よっしゃー。

サークルの中に集まった他の八つの拳が、それに続いて空を突き上げた。

先にグラブを差したバットを肩に担ぎ、小学生の男の子が駅前の広場を駆けていった。

「あのときはすみませんでした」と私は頭を下げた。

「何のこと？」

監督は私に聞き返した。

「何も知らないで、生意気なこと言いました」

「知ったこっちゃないです、って？」

「あ、覚えてましたか」

「うん。覚えてた。しっかりと」

私たちは目を合わせて、ちょっとだけ笑った。

あとで知った話だ。

あの日、命日だったのは、監督の父親ではなく、サキ先輩の父親だった。

もともとサキ先輩がソフトボールを始めたのは野球好きの父親の影響だったという。サキ先輩がまだレギュラーではなかった一年生のときから、父親は必ず試合を見にきてくれていたらしい。上の学年の人たちは、だから、みんなサキ先輩の父親のことを知っていた。

「最初はどこの酔っぱらいかと思ったよ。サキも何にも言わないし。まあ、恥ずかしかったんだろうけどさ」

およそ高校女子ソフトの応援には相応《ふさわ》しくない※6だみ声で、それでも野次《やじ》は一切なしで懸命に応援してくれるその姿は、いつしかうちの部の試合にはなくてはならない名物になっていった。

笑い声が上がった。

「勝つよ」

アネゴの言葉に、おう、とみんなが応じた。[イ]

相手の一年生エースはよく投げたと思う。いやらしく粘られて四球を選ばれても、セイフティバントで揺さぶられても、崩れることなく自分の投球を続けた。

一点を返して同点。なお一、三塁。荒いプレーの一つでもあれば、もう一点入っていてもおかしくなかった。そうさせないのは、一年生エースの気合いの入った投球のせいだろう。投球につられて、野手たちが堅い守りを見せていた。もう一つ取れたかもしれない先の塁が取れない。[ウ]

粘られながらも、次の打者を三振に取り、一年生エースがガッツポーズをした。

「まずいね」

奈美《なみ》が呟き、私は、うん、と頷《うなず》いた。[エ]一気に畳みかけておきたい場面だった。

エラーを繰り返したサードのサキ先輩が打席に入った。

相手のキャッチャーはきわどい球を二球続けて要求した。きわどかったが、ストライクを取りに行く気がないのは見ていてわかった。一点勝負。二塁はあいている。歩かせるつもりだろう。一つアウトを取れた今、塁を埋めてあわよくばゲッツー※5。悪くともバックホームでフォースアウト。もう相手がただの練習試合などと考えていないのは明らかだった。最初は力試しのつもりだっただろう。けれど、勝てば、その自信はチームにとって何物にも代え難い財産になる。相手は本気で勝ちにきていた。

一度、打席を外したサキ先輩がふうと長く息を吐いて、グリップを握り直した。

「届かない距離じゃないわよ」

私の隣で監督が呟いた。

相手が投げた三球目。その手からボールが離れたとき、ピッチャーの顔が小さく歪《ゆが》むのがわかった。大きく外へ外すはずのボールが、何でもないストレートとしてホームベース上にすっと投げ込まれた。

「決めちゃいなさい」

「今年はともかく、来年は怖いわね」

監督が苦笑しながら呟いたとき、ファーストの頭上を鋭く抜けたライナーはフェアーグラウンドに落ち、追いかけてくるライトを避けるようにファールグラウンドに転がっていた。

「あのピッチャー、まだまだ伸びそう」

三塁ランナーはボールの行方を確認してから、ゆっくりホームを駆け抜け、一塁ランナーも余裕を持ってホームに滑り込んだ。生還した二人のランナーが手をパチンと合わせ、おーと拳を突き上げて大きく叫んだ。二塁上の打者に向けて、おどけたガッツポーズを送る。

「サキ先輩、泣いてる?」

私の隣で奈美が呟いた。塁上を見ると、おどけたガッツポーズに、それ以上のふざけたガッツポーズを返していた先輩の目は光っているように見えた。お尻を突き出したポーズを解いたサキ先輩は、やがて次の打者に向けて、小さく頷いた。それに頷き返したアネゴが、帽子のつばに手を当てて、軽く頭を下げた。何だろう、と私は思った。打席に入りながらやれば、通常の、打席に入る際の意味のない挨拶になるだろう。が、打席に入る前に、自軍のベンチの端に向かってやる意味がわからなかった。つられて目線で追ったが、そこには誰もいなかった。逆転劇の直後の興奮で、誰もアネゴの仕草に気づいてはいないよアネゴは打席に入り、一年生ピッチャーを睨《にら》みつけた。一年生に負けるわけにはいかない。アネゴの意地だろう。
その回、アネゴは塁に出たが、後続があっさりと断たれた。
六回、アネゴは簡単に先頭打者を打ち取ってから九番と一番に連打を浴びた。肩をかばうような仕草は微塵《みじん》もなかったが、球威の衰えは明らかだった。
「まだばてる球数でもないでしょうに」
監督が呟《つぶや》いた。
「私に行かせてください」
監督がちょっと驚いたように私を見た。
「珍しいわね。うちのクローザー※3が登板直訴《じきそ》なんて」
クローザーが冗談であることくらい私にもわかった。私はただ、すでにゲームの勝敗が決まったあとで、アネゴを休ませるためだけに投げる控え投手だ。
「アネゴ、肩に違和感があるそうです」
監督の眉根《まゆね》が寄せられた。
「森野にそう言ったの？　いつ？」
「試合前です。今日は五回まで。六回、七回は任せると言われました」
[1]監督はしばらく考え、首を振った。
「じゃ、事情が変わった」
確かにそうだろう。試合前、五回が終わったころには、悪くとも五対〇、あわよくば七対〇、十対〇だってあり得たはずの試合だった。
[2]「試合の事情が変わっても、アネゴの事情は変わりません。球がいってません。明らかにおかしいです」
快音が鳴った。グラウンドを見ると、高く上がった打球を懸命に追いかけたセンターがスライディングキャッチしていた。これでツーアウト。
「負けたくないのは監督の勝手です。そんなものを生徒に背負わせないでください。お父さんの命日なんてそんなこと、私たちの知ったことじゃありません」
監督がきっとなって私を見た。何かを言いかけ、そしてまた首を振った。[ア]
「生徒になんて背負わせてない。エースに背負わせただけよ」
「詭弁《きべん》※4です」
思わずかっとなった私の温度に合わせるように、監督の言葉の温度も上がった。
「詭弁でも何でも、[3]それがエースなの」
ストライク。
上がった主審の声に振り返ると、相手の三番を三振に仕留めたアネゴがゆっくりとこちらに歩いてくるところだった。
「勝つよ」
ベンチに戻ったアネゴが言った。
「もう一点もやらない。だからあと二点。死ぬ気で取って。お願い」
延長はなしと試合前に取り決めた。あと二回の攻撃で二点。勝つなら取るしかない。
言葉にこもっていたアネゴの気迫に、みんながしんとなった。
「取る。取るよ」
やがてキャッチャーが言った。
「当たり前だよ。あんな一年坊にいつまでも舐《な》められててたまるか」
「お姉様の怖さを教えてやんなきゃ」
「そう、そう。うちら、ドSの集まりだしね」
いやん、私、Mよ、と誰かが言い、あんたが一番Sでしょうが、と戻ってタライに移し、どのようにしようかと考えることができて嬉しかった、ということ。

ウ　嵐によって流されてきた生き物たちを、食べるためではなく、流線形の背中を眺めるために掬い上げて、夢中で観察していた、ということ。

エ　水面に見える種類も定かではない魚の影が、暗がりに見え隠れする様子を見て、魚の向こう側に感じられる未知の世界に興奮していた、ということ。

問四　**——線３「出初式もその一つです」とありますが、「その」の指す内容は何ですか。簡潔に書きなさい。**

問五　**〰〰線「天然知能は、〰知性なのです」とありますが、それはどういうことですか。その説明として最も適当なものを次の中から選び、記号で答えなさい。**

ア　天然知能とは、外部の価値判断に依存しながら、自分にとっての外部を受け容れ創造し続けることによって、自分が自分であることの証明を可能とするものである。

イ　天然知能とは、一般的な評価や他者の意見に依存せずに、既に自分の中にある世界観を具現化することで、自らの存在を自ら認めることを可能とするものである。

ウ　天然知能とは、未知のものとの接触から世界を広げ、刻一刻と変化していく自己を受け入れることによって、外部との差を認めることを可能とするものである。

エ　天然知能とは、周りの目を気にせず、未知の世界をありのままに受け入れ、新たな自己をつくり上げてゆくことを可能とするものである。

二　**次の文章を読んで、後の問いに答えなさい。**

現在は社会人となっている「私（＝森野《もりの》）」は高校時代のソフトボール部監督と駅前で偶然に会いコーヒーを飲みながら、一番思い出に残っている試合について話し合っている。その日の練習試合ではサードの「サキ」のエラーが重なり五回の時点で〇対一で負けていた。

続く打者を三者連続三振。その回の守備が終わっても、アネゴの投球に「ナイスピッチ」※1と声をかける人はいなかった。もう前にすら飛ばさせない。孤高のサークルからベンチへと引き上げてくるアネゴからは、そんな気迫を感じた。

「次から、私、行きます」

やってきたアネゴのグラブを受け取り、バットを渡しながら、私は囁《ささや》いた。

「いいよ。投げ切る」

先頭打者として打席に向かいかけたアネゴの腕を私はつかんだ。

「練習試合ですよ。今日は、ここまで。本番の県大会でやっちゃってください」

アネゴはちらりとベンチの方を見た。

「負けるわけにはいかない試合だ」

※2「監督のお父さんなら大丈夫です。もう死んでるらしいですから。たぶん文句も言いません。言ったとしたって聞こえません」

「監督の親父《おやじ》は関係ない」とアネゴは言った。「私が負けるわけにはいかないんだよ」

一瞬ごと、時々刻々と、創られるわけですから。

あなたは、創るということに対して、アーティストを思い浮かべ、「何かを創るなんてことは、そういうイメージを持っているアーティストだけの仕事だろう」、と思ったかもしれません。しかし、アーティストの頭の中にイメージが存在するとき、それは既に存在するものになってしまいます。自分の内なるイメージを外に出して形にするだけなら、それは創造ではありません。なかったものを創るとは、自分の知らない向こう側からやってくることを待つしかないのです。

自分からは感じることもできない、自分の知らない向こう側、これを**外部**と言うことにします。創造とは、外部からやってくるものを受け容れること、なのです。アーティストがイメージするものは、外部からやってくるものが降臨する場所、やってくるきっかけに過ぎない。アーティストとは、平凡な私たちよりほんの少し、外部への感度がいいだけで、創造についてやっていることは同じ、外部を受け容れること、なのです。

（郡司《ぐんじ》ペギオ幸夫《ゆきお》『天然知能』講談社より）

※1　マメコガネ…コガネムシ科の昆虫。光沢のある緑色の体を持つ。

※2　出初式《でぞめしき》…日本の消防関係者によって、一月初旬に行われる仕事始めの行事。はしごに登り、ポーズをとる。

※3　いなせさ…男気があり、粋《いき》であり、心意気のあること。江戸における美意識のひとつ。

※4　博物学的、分類学的…ここでは「収集や分類をとおして事物の理解を深める学問のように」という意味。

※5　恣意的《しいてき》…気ままで自分勝手な様子。必然性のない様子。

問一　――線（あ）～（お）のひらがなを漢字に、漢字をひらがなに直しなさい。

問二　――線1「世界に対する～大別されるでしょう」について。

(1)　ここで筆者の言う「人工知能」は、どのような「対処の仕方」をするでしょうか。その説明として最も適当なものを次の中から選び、記号で答えなさい。

ア　外部からの指令を忠実に実行する。

イ　自分にとって価値があるか否かによって行動を決める。

ウ　利害の有無にとらわれず柔軟に判断を下す。

エ　あらゆるものを受け容れる。

(2)　次のA～Dで、「自然知能」の例にあたるものには「1」を、「天然知能」の例にあたるものには「2」を、それぞれ解答欄に書きなさい。

A　虫の名前を覚え、昆虫を採り、標本を作る。

B　自作の動物図鑑を作る。

C　道端の茂みから突如現れたマメコガネに興奮する。

D　岩や石を拾い集め、鉱物の種類ごとに分ける。

問三　――線2「子供の頃、ドブ川で～天然知能でした」とありますが、その説明として最も適当なものを次の中から選び、記号で答えなさい。

ア　大雨の翌日に迷い込んできた魚の水面に映る姿の一部をじっと見つめることで、その魚の種類を特定することに熱中していた、ということ。

イ　ひやかす大人の声も気にせず、必死に捕まえた魚を家ににとって有益か有害か、という判断に帰着すると考えていいでしょう。

自然知能は、目の前の甲虫がマメコガネであることの確認に躍起になるでしょう。腹部を覆う羽は茶色でメタリックグリーンに縁取られていますが、頭部と胸部も緑色。腹は焦げ茶色ですが白い毛がたくさん生えています。こういった分類上の基準を満たすか否かで、マメコガネか否か判定されます。目の前の甲虫がマメコガネであったなら、世界に関する知識は再確認されますが、そうでない場合、新種の可能性さえ出てくる。こうしてマメコガネは、世界にとっての知識に寄与する材料となるのです。

天然知能は、目の前の甲虫を見て、知識としてマメコガネかもしれないと思いながら、マメコガネが、自分の知らないところからやってきた点に興奮します。マメコガネは、自分の知らないことを担いできたに違いない。[3]出初式もその一つです。天然知能は、マメコガネと自分の出会いの中に、自分の知らない向こう側から、何かがやってくることを感じるのです。

世界の真理としての自然知能、個の経験に依拠した素早い判断である人工知能。これらに対して、天然知能には、「てんねん」という音の感じからも、論理的ではない、愚直な感じがありますが、しかし同時に、底抜けに明るい、楽天的な、生きることへの無条件な肯定が感じられます。論理的に評価し、判断する能力としては、低いかもしれない。しかし本書では、天然知能だけが、自分で見ることのできない向こう側、徹底した自分にとっての外側、を受け容れる知性であり、創造を楽しむことができる知性である、ということを、示していきます。結果、天然知能は、**自分が自分らしくあることを、肯定できる、唯一の知性**なのです。

人工知能や自然知能には創造性がなく、天然知能だけが創造性を持つのです。なぜそう言えるのでしょうか。人工知能や自然知能は、知覚したものだけを自分の世界に取り込み、知覚できないものの存在を許容できません。そこには外部を取り込み、世界を㋔刷新する能力がないのです。天然知能は、知覚できないものの存在を感じ、それを取り込もうと待ち構えている。この意味で天然知能は、自らの世界の成立基盤を変えてしまうのです。

人工知能と人間に、何か題材を決めて絵画を制作させ、一般にアンケートを取ってどちらがいいか選んでもらう。このようにして、創造性を評価しようものなら、人工知能はたちどころに、一般の人がいいと感じる絵画の傾向を学習し、それをもって、アンケート調査で勝つ限りでの、人間が描いたよりずっと「創造的な」絵画を描けるでしょう。優劣は、優劣の基準を決めない限り、存在しないのです。逆に決めたが最後、人工知能の一人勝ちです。

このような創造性は、外部から勝手に評価基準を与えた、擬似的創造性に過ぎません。当事者にとっては何の意味もない。多くの人が投票によって「創造的」と考える作品は、それを制作した当事者にとって、創造的ではないのです。人工知能や自然知能は、だから、創造性を楽しむことができない。

天然知能だけが、「創造を楽しむ」ことができるのです。だからこそ、天然知能は、自分が自分らしくあることを、肯定できるのです。ちょっと説明しましょう。

創造とは、今までなかったものを創ることです。別にあなたはアーティストでもないだろうし、創造なんて、と思うかもしれません。しかし、ただ毎日生きるだけでも、創造です。今までなかったあなたが、す。

第三に天然知能です。第一の人工知能が「自分にとっての」知識世界を構築する対処、第二の自然知能が「世界にとっての」知識世界を構築する対処であったのに対し、天然知能はただ世界を、受け容れるだけです。誰にとってのものでもなく、知識ですらない。或る場合には評価をすることがあっても、別の場合には一切無意味であるものも受け容れる。評価じく(え)が定まっておらず、場当たり的、※5恣意《しい》的で、その都度《つど》知覚したり、知覚しなかったり。これが天然知能です。

2 子供の頃、ドブ川でナマズを捕っていた私は、天然知能でした。近所には里山が広がり、草深い土手に区切られた用水路で、フナやドジョウを捕っていた私は、食べるためでも、博物学的興味からでもなく、ただ魚を捕り、しばらく飼っては、近くの沼に逃しに行っていました。その地方では梅雨の終わりに大雨が降り、近隣の沼に棲息する大型のナマズ、ライギョ、五十センチにはなるだろう、コイが、近所の、江戸時代に作られた堀に流されてきました。

大雨の翌日は決まって快晴で、水の引いた堀の淀みに、ナマズやコイが、背びれを見せながら潜んでいました。それを小さなタモ網で掬い上げることの無上の喜び。堀の上から冷やかす大人の声も気にせず、当時は自転車さえ捨てられていた堀の中で、ただ魚を捕り続けました。帰宅するとタライに魚を放し、その背中をひたすら眺めました。

自然知能は、博物学的に魚を同定しようとしますから、ナマズやコイのイメージは常に図鑑に示されたような、横から見たイメージになります。人工知能では、自らの経験が作り出した用途でイメージが決まります。食べ物として利用するとき、ナマズやコイは三枚おろしや切り身であり、インテリアとして利用されるときには、水槽《すいそう》の中で水草と一体になったイメージとなり、その都度、それ以上でもそれ以下でもないイメージが確定します。

天然知能が見るナマズやコイのイメージは、水面から見る影であり背中です。それは常に上から見た黒々とした流線型で、奥の暗がりからフッと現れ、また奥へと消えて行っては、天然知能を興奮させます。天然知能は、自分には見えない暗がり、どうなっているのかわかるはずもない**向こう側**からやってくるもの、向こう側へ行くものに興奮するのです。魚が向こう側との接点であるとき、自然の中で生きている姿を見るしかない。すなわち、私たちは、水中の魚を、上から見るしかないのです。

向こう側は、他人に聞いても誰にもわかりません。客観的に意味のないものです。だから自然知能は無視します。自然知能は、問題や謎として知覚されたものだけに興奮するのです。人工知能は、知覚できたデータだけを問題にしますから、まずはデータを見せてくれ、と言うでしょう。**見えないものに興奮するのは、天然知能だけの特権なのです。**

マメコガネに対して三つの知能はどう反応するでしょうか。人工知能は、この甲虫がマメやブドウに対する害虫となり得るものの、日本では海外ほど暴走しない、だから自分の畑もさほど荒らさない、その程度の害虫と判断するでしょう。もちろん、それは一つの人工知能の判断で、別の経験を持った人工知能は、別の判断をするはずです。色の綺麗なものは何でも収集する人工知能なら、マメコガネの羽を自分のコレクションに収めるべき、と判断するでしょう。人工知能に共通するのは、自らの経験によって鍛えあげられた一元的価値観で、全ての知覚されたものを評価するという点です。それは一般的には、自ら

二〇二〇年度　桐光学園高等学校

【国　語】（五〇分）〈満点：一〇〇点〉

注意　本文の表現については、作品を尊重し、そのままにしてありますが、設問の都合上、省略した部分、表記を改めた部分があります。
また、特に指示のないかぎり、句読点も一字に数えます。

一　次の文章を読んで、後の問いに答えなさい。

夏の初めになると、道路脇の小さな崖に繁茂《はんも》したマメ科の植物、そこに乗っていた※1マメコガネを思い出します。学生時代の通学路、職場に通った道と、場所は様々なのですが、いつも夏の崖は、（あ）縦横無尽《じゅうおうむじん》に蔓《つる》を広げ、大きな分厚い、野生のマメ類に特徴的な緑の葉に覆われていました。そういった葉を見つけると、必ず葉の端や、蔓上の小さな芽などに、マメコガネを探したものでした。

マメコガネは、光沢のある茶色の背中（羽）が、やはりメタリックの緑色に縁取られた、大人の爪ほどのコガネムシです。何より魅惑的なのはそのポーズで、前から三対目の脚は、大きく上に持ち上げられたり、横にまっすぐ突き出されたりしているのです。前二対の脚で、葉や、他のマメコガネの背中にしがみつきながら、後ろの脚はしっかりと、華麗なポーズをキメている。

マメコガネは※2出《で》初式《ぞめしき》をやっているに違いないのです。江戸の火消しは、※3いなせさと度胸を示すパフォーマンス、それに訓練を兼ね備えた形で、出初式をやっていたのでしょう。何よりそれは人に見せるものだったはずです。マメコガネの出初式は、誰も見るものがいない。抜けるような青空のもと、暴力的な緑の繁茂の上で、誰に見せるでもなく、いつまでも（い）じまんのポーズをキメ続けている。いや私だけが、それをじっと見ていたのでした。出初式を真似するマメコガネ、だからそれはいつも、マネコガネだったのです。

さて、1世界に対する対処の仕方は、三つに大別されるでしょう。人工知能の対処の仕方、自然知能の対処の仕方、天然知能の対処の仕方です。これを、身近な虫や魚に対する向き合い方において考えてみます。

第一に、人工知能です。食べるためとか、害虫として駆除するとか、自分にとっての用途、評価が明確に規定され、その上で対処するという向き合い方が、人工知能の対処に相当します。それは一昔前の日本ではよく見られた風景の一部であり、むしろ動物的な気さえして、未来的な人工知能とはソリが合わないようにも思えます。しかし私はこれを、人工知能の思考様式に対応させたいと思います。なぜならそれは、自分にとって有益か有害かを決め、その評価のみで自分の世界に帰属させるか（食べて取り込む、益虫として利用するか）、有害なものとして排除するか（有毒なものを無視する、害虫として駆除するか）、いずれかに決め、自分にとっての世界を広げるものだからです。

第二に、自然知能です。ここでは、自然科学が規定する知能という意味で、自然知能という言葉を使います。自然知能という言い方は、様々ありますが、本書で言う自然知能とは、自然科学的思考一般の事です。昆虫少年の思考様式が、自然知能の対処の（う）てんけいとなります。自然知能に従う昆虫少年は、世界を理解するために、※4博物学的、分類学的興味から虫や魚に対処していきます。学名は無理としても、正式な和名を覚え、捕虫網を持って昆虫採集し、毒瓶で虫を殺して標本を作る。こうして世界に対する知識を蓄積していく。これが自然知能で

英語解答

1 (a) borrow　(b) global
(c) draw　(d) doctor　(e) shoes

2 (a) 4　(b) 1　(c) 2　(d) 3
(e) 2

3 (a) 2　(b) 4　(c) 1　(d) 2
(e) 3

4 (a) イ…to　ロ…for
(b) イ…under　ロ…right
(c) イ…is　ロ…looks
(d) イ…mind　ロ…first
(e) イ…make　ロ…help

5 (a) イ…1　ロ…5
(b) イ…4　ロ…2
(c) イ…3　ロ…1

6 She is looking forward to taking part in the game.

7 (a) difference　(b) 3　(c) 1
(d) 2　(e) 4
(f) 6→4→2→5→3→7→1
(g) A…6　B…5　C…8　D…4
(h) 1，5，7

8 (a) 2　(b) 4　(c) 3
(d) (例)(テーブルの下に)20ドル札を落としたこと。
(e) 3→6→5→4→2→7→1
(f) 1　(g) 3　(h) 3，5，8

1〔適語補充〕

(a)「あなたはこれらの本を図書館から1週間(　)ことができる」— borrow「借りる」

(b)「大部分の科学者たちは二酸化炭素が(　)温暖化に影響していると意見が一致している」— global「地球上の，全世界の」　global warming「地球温暖化」

(c)「何かを(　)とは，鉛筆やペン，チョークで絵を描くことだ」— draw「描く」

(d)「君は脚の痛みのことで(　)に診てもらう必要があると思う」— doctor「医者」

(e)「日本では家に入るときに(　)を脱がなくてはならない」— shoes「靴」　複数形にする。

2〔適語(句)選択〕

(a)a/an と代名詞の所有格(my, your など)は並べて使えないので，'a/an＋名詞＋of＋所有代名詞' の形にする。a friend of mine で「私の友人の1人」。　「私は昨日のパーティーでボブに私の友人の1人を紹介した」

(b)stop ～ing「～するのをやめる」　*cf.* stop to ～「～するために立ち止まる」　「不意に皆が話すのをやめ，静かになった」

(c)コンビニエンスストアは「建てられる」ので，'be動詞＋過去分詞' の受け身にする。　build－built－<u>built</u>　「来月新しいコンビニエンスストアが建てられる予定だ」

(d)cheese は '数えられない名詞'。数えるときは，a piece〔slice〕of cheese「チーズ一切れ」，two pieces〔slices〕of cheese「チーズ二切れ」のように数える。　「私は朝食にチーズを二切れ食べた」

(e)look after ～「～の世話をする」≒take care of ～　「メアリーは母親がいない間，妹たちの世話をした」

3〔対話文完成―適文選択〕

(a)A：すみません。今忙しいですか？／B：<u>いいえ，入りなさい。</u>／A：ありがとうございます。質問があるのですが。／B：いいですよ。どうぞ。∥Bはこの後，質問を受けつけているので，入室を許す2が適切。

(b)A：はい，アサオホテルです。ご用件をお伺いします。／B：今夜そちらに泊まりたいのですが。／A：どのようなお部屋をお探しでしょうか？／B：風呂つきのシングルルームがいいです。∥What kind of room ～？と尋ねられているので，希望する部屋のタイプを告げる4が適切。

(c)A：ドライブに行かない？／B：今日はそういう気分じゃないな。／A：じゃあ何がしたいの？／B：何も。ただ家にいることにするよ。∥AはBをドライブに誘ったが，返事を聞いた後で「じゃあ何がしたいの？」ときいていることから，Bは誘いを断ったのだとわかる。 feel like ～「～したい気がする」

(d)A：明日はランチを食べに出かけよう。／B：いい考えね。コーヒーショップで待ち合わせましょう。／A：うん。僕は11時にそこへ行くよ。∥提案された待ち合わせ場所のthe coffee shopをthereで受け，自分がそこに行く時刻を伝える2が適切。

(e)A：急いで。コンサートに遅れたくないのよ。／B：いつ始まるの？／A：30分後よ，それにそこに着くのに20分かかるわ。／B：えっ，急がなきゃ。∥「30分後に始まる」という答えから，いつ始まるのかを尋ねる3が適切。

4〔和文英訳―適語補充〕

(a)dance to the musicで「曲に合わせて踊る」。「～を求める」はcall for ～で表せる。

(b)「～未満」はunder ～で表せる。「選挙権」は「投票する(ための)権利」なので，right to voteと表す。

(c)‘not as〔so〕～ as …’「…ほど～ではない」の形。oldは形容詞なので，最初の空所にはbe動詞が入る。「見かけほど」は「彼がそう見えるほど」ということなので，as he looksとなる。

(d)「～していただけますか」は，空所イの後のmailingに着目し，Would you mind ～ing? で表す。first thing in the morningで「朝一番で」という意味。

(e)「くつろぐ」はmake ～self at homeで，「…を自由にとって食べる」は‘help ～self to …’でそれぞれ表せる。

5〔整序結合〕

(a)空所の前にbe動詞のisがあるので，thinking aboutを続けて「～について考えているところだ」という現在進行形の文にする。残りの語から，‘疑問詞＋to不定詞’の形で，which club to choose「どのクラブを選ぶべきか」とまとめ，最後にatを置いてat schoolとする。which clubでひとまとまりなのでこれで1つの疑問詞と見なす。 Hiroshi is thinking about which club to choose at school.「ヒロシは学校でどのクラブを選ぶべきか考えているところだ」

(b)語群から，do you thinkとhow old is sheというまとまりができるので，「あなたは彼女が何歳だと思いますか」という文だと推測できる。「何歳だと思いますか」のようなYes/Noで答えられない疑問文は疑問詞から始め，‘疑問詞＋do you think＋(主語＋)動詞’という語順になる。How oldを1つの‘疑問詞’としてHow old do you thinkとまとめ，この後は‘主語’のshe，‘動詞’のisの順に置く。 How old do you think she is?

(c)‘want＋人＋to ～’「〈人〉に～してほしい」の形でI want you to ～とし，‘～’の部分を‘keep＋目的語＋形容詞’「～を…(の状態)に保つ」の形でkeep the room cleanとまとめる。 I want you to keep the room clean.「私は君に部屋をきれいに保ってほしい」

6〔和文英訳─完全記述〕

「〜するのを楽しみにしています」は，look forward to 〜ing を現在進行形で用いて is looking forward to 〜ing とする。「〜に参加する」は，take part in 〜で表せる。「その試合」は，the game〔match〕。

7〔長文読解総合─説明文〕

≪全訳≫1学校で成績のいい子どもたちは富裕層や中間層の家庭出身で，成績があまり良くない子どもたちは貧困のうちに育っているというのはよくあることだ。教育学者たちはこの格差を埋めようとしているが，研究者たちは長い間その差の理由を見つけることができなかった。裕福な親はより優れた遺伝子を持っていたのか。彼らはより教育に価値を置いていたのか。裕福な親は子どものためにより多くの本や教育玩具を買ったということなのか。貧しい親よりは結婚したままでいる可能性が高いからなのか。あるいは，裕福な子どもはより健康にいい食事をとったということか。引っ越しがより少なかったのか。テレビを見る時間がより少なかったのか。よりたくさん睡眠をとったのか。重要な要因を発見して重要でないものは除外するということができなくては，格差を埋め始める方法はなかった。2明確な答えを見つけた最初の研究者たちは，カンザス大学の児童心理学者ベティ・ハートとトッド・R・リズリーだった。1995年，彼らは言語習得に関する研究プロジェクトの結果を発表した。その10年前，彼らはカンザスシティーの新生児のいる42の家庭を訪問し始め，その後３年間，各家庭を月１回訪問し，子どもと親または両親の間に起きた全てのことを記録した。研究者たちは，それから各訪問について記録し，子どもたち一人ひとりの言語の発達とそれぞれの親のコミュニケーションの仕方を調べた。まず彼らは，社会的階層間で語彙の伸びが非常に異なることと，階層間での格差が早い時期に広がることを発見した。３歳までに，知的専門職の家庭の子どもには約1100語の語彙があり，生活保護を受けている家庭の子どもには約525語の語彙しかなかったのだ。3ハートとリズリーが，何がその差を引き起こしたのかを尋ねたとき，彼らが得た答えは実に驚くべきものだった。彼らは，語彙の得点をそれぞれの子どもの家庭生活の観察と比較した。彼らは，それぞれの子どもの語彙の量は，(ト)親がその子に話しかけた言葉の数と密接に関係することを発見した。知的専門職の家庭では，親は子どもに１時間当たり平均487回話しかけていた。生活保護を受けている家庭では，その平均は１時間当たり178回だった。4また，子どもが耳にした言葉や発言の種類も階層によってさまざまだった。最も基本的な違いは，子どもが耳にした「やる気を失わせる言葉」と「やる気を引き出す言葉」の数にあった。やる気を失わせる言葉とは「これをするな」「あれをするな」，そして「黙れ」というような否定的な発言だ。やる気を引き出す言葉とは，ほめたり承認したりする言葉だ。３歳までに，知的専門職の家庭の平均的な子どもは約50万のやる気を引き出す言葉と，８万のやる気を失わせる言葉を聞いていた。生活保護の子どもについては，状況は逆だった。彼らは平均して約７万5000のやる気を引き出す言葉と，20万のやる気を失わせる言葉を聞いていた。ハートとリズリーは，子どもにより多く話しかけていた親がより難しい言葉を使っていたことを発見した。親は過去や未来，感情，抽象的な概念，あることがどのように他のことを引き起こすかについて話しており，それらの全てが精神の発達に影響していたのだ。

(a)<単語の意味>gap は「隔たり，格差」という意味。これと同じ意味で使われているのは，同じ文の最後にある difference「違い，差」。

(b)<英文解釈>stay married「結婚したままでいる」とは，「離婚しない」ということ。 be likely

to ～「～しそうである」

(c)＜英文解釈＞下線部は，前の文と共通する部分が省略されていると考えられるので，その部分を補うと，Was it that rich children moved less often?「裕福な子どもはより引っ越しが少なかったということなのか」となる。「裕福な家庭は引っ越しが少ない」ということから推測できることは，1．「貧しい家庭は裕福な家庭より引っ越しが多い」。

(d)＜適語選択＞生まれた家庭によって生じる成績の差を埋めるために研究者たちがするべき内容が書かれている部分。(　) the important factorsが，直後のremove the unimportant ones (＝factors)と対になっていることを読み取る。差を生み出す重要な要因を見つけ，重要でないものは取り除く必要があるという文脈。

(e)＜適語(句)選択＞次の文が空所を含む文の具体的な内容になっている。3歳までに知的専門職家庭の子どもが獲得する語彙は約1100語で，生活保護家庭の子どもは約525語という内容から，社会的階層によって語彙の伸びは「非常に異なり」，その格差は「早い時期に」広がるとわかる。

(f)＜整序結合＞次の文の内容と与えられた語群から，「子どもの語彙数は，親が話しかける言葉の数に関係する」という意味の文になると推測できる。related toの後にthe number of wordsと続けて「言葉の数に関係する」とし，残りをthe parents spoke to the childとまとめてwordsを後ろから修飾する形にする(wordsとthe parentsの間に目的格の関係代名詞が省略された‘名詞＋主語＋動詞 ...’の形)。be related to ～「～に関係がある」

(g)＜要旨把握＞下線部(チ)は第4段落の内容をまとめた文となっており，その具体的な内容はこの後に書かれている。第5～8文より，知的専門職家庭の子どもはより多くの肯定的な言葉を聞いて育つこと，生活保護家庭の子どもの状況は逆で，より多くの否定的な言葉を聞いて育つこと，より多く話しかける親は，より難しい言葉を使うことがわかる。

(h)＜内容真偽＞1．「貧しい家庭で育った子どもたちは，学校の成績がより良くない傾向がある」…○　第1段落第1文に一致する。　2．「研究によると，一部の子どもたちの語彙が少ない主な理由の1つは，親がいい遺伝子を持っていないことだ」…×　第1段落第3文に遺伝子が出てくるが，語彙数との関連については述べられていない。　3．「ハートとリズリーは，学校の成績がいい子どもたちはテレビを見る時間がより少ないことを発見した」…×　第1段落終わりから3文目にテレビが出てくるが，成績との関連については述べられていない。　4．「ハートとリズリーによって実施された研究は，子どもが読む本の数が彼らの精神的な発達に影響すると示している」…×　このような記述はない。　5．「ハートとリズリーは，新生児のいる家庭に関するデータ収集を1988年に終えた」…○　第2段落第2，3文に一致する。1995年に研究結果を発表したが，その10年前に訪問を開始し，3年間続けてその記録をつけている。　6．「ハートとリズリーは，社会的階層は子ども時代の語彙の伸び次第だということを発見した」…×　第2段落終わりの2文参照。親の社会的階層が低いと，子どもの語彙が少ないという関係。　7．「ハートとリズリーが研究のために選んだ手法の1つは，子どもと話す親を調べることだった」…○　第3，4段落に一致する。　8．「抽象的な概念を理解できる子どもたちは常に裕福な家庭の子だ」…×　第4段落終わりの2文の内容から，抽象的な概念を理解できる子どもたちは裕福な家庭の子である確率が高いが，always「常に」とまではいっていない。

8〔長文読解総合―物語〕

≪全訳≫❶1971年，ラリー・スチュアートは22歳のときに失業した。何週間もの間，彼は街から街へと車で移動し，仕事を探した。何も見つからなかった。ミシシッピ州の小さな町で，彼の車はガソリンを，彼はお金を使い果たした。ホテルの部屋代が払えなかったので，彼は車で寝た。食べ物を買うお金がなかったので，本当に空腹だった。２日間，全く何も食べなかった。❷朝早く，ラリーは小さなレストランへ行った。そこで働いているのは１人だけで，レストランの店主だった。ラリーは朝食をたっぷり食べた。店主が伝票を持ってきたとき，ラリーは尻ポケットに手を入れた。「あっ，大変だ！」と彼は言った。「財布をなくした！」　もちろんそれは本当ではなかった。ラリーの財布は車にあったが，その中にお金はなかった。❸店主はかがんでラリーのテーブルの下に手を伸ばした。立ち上がったとき，彼は手に20ドル札を持っていた。「これを落としたんじゃないかね」と彼は言った。彼はそのお金をラリーに渡した。「そう，きっとそうだ」とラリーは言った。彼は朝食代を払い，ガソリンスタンドまで車を押していってタンクをいっぱいにした。❹ラリーはミズーリ州のカンザスシティーまで運転していくことにした。そこにいとこがいるからだ。「もしかしたら仕事を見つけるのをいとこが助けてくれるかもしれない」とラリーは思った。カンザスシティーに向かう途中，ラリーはレストランの店主のことを考えた。「本当はテーブルの下で20ドルを見つけたんじゃないな」とラリーは結論づけた。「彼は自分のお金をくれたんだ」❺カンザスシティーでラリーは仕事を見つけた。後に彼はケーブルテレビの会社をおこし，それは成功した。カンザスシティーにやってきた９年後，ラリーは金持ちになっていた。❻ある日，ラリーはカンザスシティーのレストランへ行き，昼食にハンバーガーを注文した。(ニ)彼の注文を受けたウェイトレスは疲れていて悲しそうに見えた。ラリーは1971年のことを振り返った。その当時，彼は疲れていて空腹で失業中だった。彼はミシシッピの小さなレストランとその店主のことを思った。ウェイトレスが伝票を持ってきたとき，ラリーは彼女に20ドル渡した。「お釣りは取っておきな」と彼は彼女に言った。ウェイトレスは泣き出した。「ありがとうございます」と彼女は言った。「本当にありがとうございます」❼ラリーはレストランを出て，銀行へ行き，数枚の100ドル札を引き出した。１日中，彼はそのお金を持ってカンザスシティーを歩き回った。悲しそうな人や貧しそうな人を見かけると，100ドル札を１枚あげた。その日の終わりには，彼はすばらしい気持ちだった。❽ラリーには新しい趣味ができた。お金をあげることだ。ときには路上の人々に100ドル札をあげた。ときにはファストフード店やコインランドリーへ行き，居合わせた人々にお金をあげた。彼はミシシッピのレストランへ戻り，店主に１万ドルの入った封筒を渡した。封筒を開けたとき，店主はそれを返そうとした。「いや，ご主人」とラリーは彼に言った。「僕はあなたにお返しをしに来たんです」　ラリーは全部で100万ドルを超える金額を人にあげた。❾「私たちは互いに助け合うためにこの地球にいるのです」とラリーは言った。「あなたを助けてくれた人を助けなさい。他の人も助けなさい。単に返すだけではありません。他の人にも与えなさい」

(a)＜適語選択＞Ａ．look for ～「～を探す」　前文にhe lost his jobとあるので，「仕事を探す」とする。　Ｂ．次の文に金持ちになったとあるので，彼の事業は「成功」したのである。　Ｃ．前後の内容から，ウェイトレスに「釣り銭」をあげたのだと判断できる。changeには「釣り銭」という意味がある。

(b)＜適語選択＞so「だから，その結果」とあるので，直前の「食べ物を買うお金がなかった」結果，どうなったかを考える。‘get＋形容詞’「～(の状態)になる」の形。

(c)＜指示語＞前に出ている内容でここに当てはめて意味が通るものを探すと，直前のセリフ“I lost

my wallet!”の内容が当てはまる。このように，that は前に出ている名詞だけでなく，文の内容を受けることもできる。

(d)＜語句解釈＞この did は，繰り返しを避けるために前に出ている一般動詞(＋語句)の代わりに使われる代動詞。ここでは２文前にある店主の言葉の I think you dropped this (＝a $20 bill) を受けて I think I did と言っているので，I think I dropped that $20 bill ということ。店主はテーブルの下を探しているので，「テーブルの下に」をつけてもよい。

(e)＜整序結合＞文末の and sad から，sad と and で結べる形容詞の tired を前に置く。語群に looked があるので，‘look＋形容詞’「～に見える」の形で looked tired and sad「疲れて悲しそうに見えた」とまとめる。この主語に the waitress を置くと，残りは who took his order とまとまり，これが waitress を修飾する関係代名詞節になる。　The waitress who took his order looked tired and sad.

(f)＜適語句選択＞第７，８段落を通して，ラリーは出会う人々にお金をあげている。　give ～ away〔give away ～〕「～をただであげる，寄付する」

(g)＜英文解釈＞最終段落後半のラリーの言葉は，pay it back「恩を返す」が help the people who helped you に，pay it forward「恩を前進させる」が help others に対応している。よって，助けてくれた人以外の人にも与えなさいという意味になる。

(h)＜内容真偽＞１．「ラリーは若いときにお金を使い果たしたので失業した」…×　第１段落第１，４文参照。失業した後でお金を使い果たした。　２．「ミシシッピの小さな町にはホテルがなかったので，ラリーは車で寝なくてはならなかった」…×　第１段落第５文参照。車で寝ざるをえなかったのはホテル代がなかったから。　３．「ラリーは，レストランの店主からもらったお金で朝食代とガソリン代を払った」…○　第３段落および第４段落最後の２文に一致する。　４．「ラリーは，ケーブルテレビ会社で働くいとこに会うためにカンザスシティーまで運転していった」…×　第４，５段落参照。いとこに会いにカンザスシティーに行くことにしてはいるが，ケーブルテレビの会社はラリーが立ち上げたものである。　５．「カンザスシティーで，ラリーのケーブルテレビ会社は彼を金持ちにした」…○　第５段落に一致する。　６．「ラリーはとても金持ちになったので，レストランと銀行を経営し始めた」…×　このような記述はない。　７．「最終的にラリーはレストランの店主に100万ドルを超えるお金を支払った」…×　第８段落最終文参照。Altogether「全部で」とあるので，more than one million dollars は，店主個人ではなく出会った人や困っている人たちにあげた総計である。　８．「ラリーはレストランの店主のおかげで人生における大切なことに気づいた」…○　第６段落で疲れたウェイトレスを見たとき，ラリーは昔の自分の姿を重ね，助けてくれたレストランの店主を思い出した。その後，出会った人や困っている人にお金をあげ始めたラリーの行動は全て，レストランの店主に助けてもらったことがきっかけになっているといえる。

2020年度／桐光学園高等学校

数学解答

1 (1) $\frac{5x-6y}{12}$　(2) $-\frac{x^2}{4}$
(3) $(4x+y+2)(4x-y-2)$
(4) $1-\sqrt{2}-\sqrt{3}$　(5) $a=2b+1$

2 (1) $\sqrt{3}$　(2) $\frac{3}{2}$　(3) 5　(4) $\frac{2}{3}$
(5) 5：3　(6) $4\sqrt{3}$

3 (1) ① (3, 9)　② (0, 6)
(2) (−2, 4)

4 (1) 4　(2) 6　(3) 7　(4) $\frac{14}{3}$

5 (1) 24通り　(2) 72通り
(3) 24通り

1〔独立小問集合題〕

(1)<式の計算>与式 $=\frac{12\times3x-4(4x-3y)-3(5x+6y)}{12}=\frac{36x-16x+12y-15x-18y}{12}=\frac{5x-6y}{12}$

(2)<式の計算>与式 $=\frac{x^4y^6}{8}\div(-6y^2)\times\frac{3}{y^2}\div\frac{x^2y^2}{4}=\frac{x^4y^6}{8}\times\left(-\frac{1}{6y^2}\right)\times\frac{3}{y^2}\times\frac{4}{x^2y^2}=-\frac{x^4y^6\times1\times3\times4}{8\times6y^2\times y^2\times x^2y^2}$ $=-\frac{x^2}{4}$

(3)<因数分解>与式 $=16x^2-(y^2+4y+4)=16x^2-(y+2)^2$ と変形し，$y+2=A$ とおくと，与式 $=(4x)^2-A^2=(4x+A)(4x-A)$ となる。A をもとに戻して，与式 $=\{4x+(y+2)\}\{4x-(y+2)\}=(4x+y+2)(4x-y-2)$ である。

(4)<平方根の計算>与式 $=(\sqrt{10^2\times2}+\sqrt{10^2\times3})\left(\sqrt{\frac{3}{100}}-\sqrt{\frac{2}{100}}-\sqrt{\frac{1}{100}}\right)=(10\sqrt{2}+10\sqrt{3})\left(\frac{\sqrt{3}}{10}-\frac{\sqrt{2}}{10}-\frac{1}{10}\right)=10\sqrt{2}\left(\frac{\sqrt{3}}{10}-\frac{\sqrt{2}}{10}-\frac{1}{10}\right)+10\sqrt{3}\left(\frac{\sqrt{3}}{10}-\frac{\sqrt{2}}{10}-\frac{1}{10}\right)=\sqrt{6}-2-\sqrt{2}+3-\sqrt{6}-\sqrt{3}=1-\sqrt{2}-\sqrt{3}$

(5)<等式の変形> $4a-8b=-5a+10b+9$，$4a+5a=10b+9+8b$，$9a=18b+9$　$\therefore a=2b+1$

2〔独立小問集合題〕

(1)<式の値> $\sqrt{1}<\sqrt{3}<\sqrt{4}$ より，$1<\sqrt{3}<2$ だから，$\sqrt{3}$ の整数部分は1である。よって，$5+\sqrt{3}$ の整数部分 x は $x=5+1=6$，小数部分 y は $y=5+\sqrt{3}-6=\sqrt{3}-1$，$x+y=5+\sqrt{3}$ であるから，与式 $=\frac{(y+1)^2}{x+y-5}$ $=\frac{(\sqrt{3}-1+1)^2}{5+\sqrt{3}-5}=\frac{(\sqrt{3})^2}{\sqrt{3}}=\sqrt{3}$ となる。

(2)<二次方程式の応用> x の二次方程式 $2x^2+ax-2a-5=0$ に解の $x=a$ を代入すると，$2a^2+a\times a-2a-5=0$，$3a^2-2a-5=0$ となるから，解の公式を利用して，$a=\frac{-(-2)\pm\sqrt{(-2)^2-4\times3\times(-5)}}{2\times3}$ $=\frac{2\pm\sqrt{64}}{6}=\frac{2\pm8}{6}=\frac{1\pm4}{3}$ より，$a=\frac{1+4}{3}=\frac{5}{3}$，$a=\frac{1-4}{3}=-1$ となる。a は整数だから，$a=-1$ である。よって，この二次方程式は，$2x^2-x+2-5=0$，$2x^2-x-3=0$ となる。これを解くと，$x=\frac{-(-1)\pm\sqrt{(-1)^2-4\times2\times(-3)}}{2\times2}=\frac{1\pm\sqrt{25}}{4}=\frac{1\pm5}{4}$ より，$x=\frac{1+5}{4}=\frac{3}{2}$，$x=\frac{1-5}{4}=-1$ となり，$a=-1$ だから，a 以外の解は $\frac{3}{2}$ である。

(3)<数の性質> n が正の数なので，$3<\frac{m}{n}<5$ のとき，$\frac{3n}{n}<\frac{m}{n}<\frac{5n}{n}$ より，$3n<m<5n$ となる。m，n は整数なので，$3n$，m，$5n$ はいずれも整数である。つまり，$3n<m<5n$ を満たす m は，整数 $3n$ より大きく，整数 $5n$ より小さい整数だから，その個数は $5n-3n-1=2n-1$(個)となる。よって，その個数が9個のとき，$2n-1=9$ より，$n=5$ となる。

(4)<確率―じゃんけん>A，B，Cの3人がじゃんけんを1回するとき，それぞれの手の出し方はグー，チョキ，パーの3通りあるから，3人の手の出し方は $3\times3\times3=27$(通り)ある。このうち，少なくとも1人は勝つ場合はあいこにならない場合である。よって，あいこになる場合を考える。あいこになる場合は，ⅰ)3人の手が全て異なる場合とⅱ)3人の手が全て同じ場合がある。ⅰ)の場合，手の出し方は，Aが3通り，BはAが出した以外の2通り，Cは残りの1通りだから，$3\times2\times1=6$(通り)ある。ⅱ)の場合は，3人が全員グーを出す場合，チョキを出す場合，パーを出す場合で3通りある。したがって，あいこになる場合は $6+3=9$(通り)あり，少なくとも1人は勝つ場合は $27-9=18$(通り)あるから，求める確率は $\frac{18}{27}=\frac{2}{3}$ となる。

(5)＜図形—長さの比＞右図1の△ABCで三平方の定理より，$\mathrm{AC}=\sqrt{\mathrm{AB}^2-\mathrm{BC}^2}=\sqrt{(2\sqrt{5})^2-2^2}=\sqrt{16}=4$ となる。∠DAB＝∠DBAより，△DABは二等辺三角形だから，AD＝BDである。よって，DC＝x とおくと，BD＝AD＝$4-x$ と表せるから，△BCDで三平方の定理 $\mathrm{BD}^2=\mathrm{DC}^2+\mathrm{BC}^2$ より，$(4-x)^2=x^2+2^2$ が成り立つ。これを解くと，$16-8x+x^2=x^2+4$，$x=\frac{3}{2}$ となるので，$\mathrm{AD}=4-\frac{3}{2}=\frac{5}{2}$ より，$\mathrm{AD}:\mathrm{DC}=\frac{5}{2}:\frac{3}{2}=5:3$ である。

図1

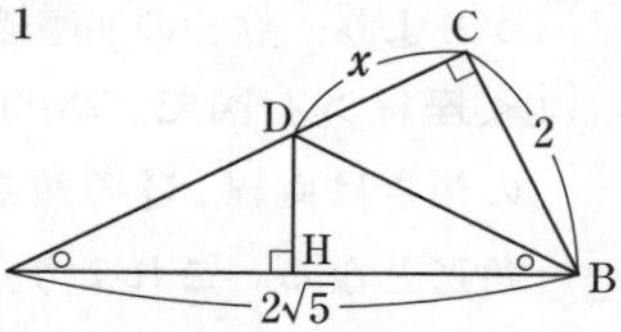

≪別解≫上で求めたように，AC＝4である。△DABは二等辺三角形だから，点Dから辺ABに垂線DHを引くと，$\mathrm{AH}=\frac{1}{2}\mathrm{AB}=\frac{1}{2}\times2\sqrt{5}=\sqrt{5}$ となる。△ADHと△ABCで，∠AHD＝∠ACB＝90°，∠DAH＝∠BACより，2組の角がそれぞれ等しいから，△ADH∽△ABCである。よって，AD：AB＝AH：ACより，$\mathrm{AD}:2\sqrt{5}=\sqrt{5}:4$，4AD＝10，$\mathrm{AD}=\frac{5}{2}$ となる。したがって，$\mathrm{AD}:\mathrm{DC}=\frac{5}{2}:\left(4-\frac{5}{2}\right)=5:3$ である。

(6)＜図形—面積＞右図2で，△ACPの面積が最大となるのは，底辺を辺ACと見たときの高さが最大のときである。つまり，点Pから辺ACに引いた垂線をPHとすると，線分PHの長さが最大になるときである。半円の中心をOとし，点Oを通る辺ACの垂線と $\overset{\frown}{\mathrm{BC}}$，辺ACとの交点をそれぞれD，Eとする。点Pが点Dと異なる位置にあるとき，PE＜PO＋OEであり，PO＋OE＝DO＋OE＝DEだから，PE＜DEとなる。さらに，PH＜PEだから，PH＜DEである。よって，高さPHが最大となるのは，点Pが点Dにあるときである。∠BAC＝60°より，△ABCは3辺の比が $1:2:\sqrt{3}$ の直角三角形だから，$\mathrm{AC}=\frac{2}{\sqrt{3}}\mathrm{BC}=\frac{2}{\sqrt{3}}\times4=\frac{8\sqrt{3}}{3}$ である。また，△ABC∽△OECより△OECも3辺の比が $1:2:\sqrt{3}$ の直角三角形で，$\mathrm{OC}=\frac{1}{2}\mathrm{BC}=\frac{1}{2}\times4=2$ だから，$\mathrm{OE}=\frac{1}{2}\mathrm{OC}=\frac{1}{2}\times2=1$ となる。したがって，DE＝DO＋OE＝2＋1＝3より，△ACPの面積の最大値は $\triangle\mathrm{ACP}=\frac{1}{2}\times\frac{8\sqrt{3}}{3}\times3=4\sqrt{3}$ である。

図2

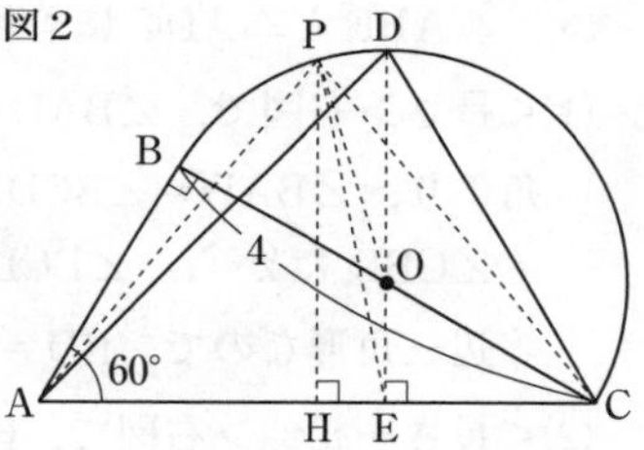

3 〔関数—関数 $y=ax^2$ と直線〕

≪基本方針の決定≫線分PQ，SRを斜辺とする直角三角形をつくって考える。

(1)＜座標＞①次ページの図で，$k=2$ のとき，点P，Qは放物線 $y=x^2$ と直線 $y=x+2$ の交点である。2式から y を消去して，$x^2=x+2$ より，$x^2-x-2=0$，$(x+1)(x-2)=0$　$\therefore x=-1,\ 2$　$x=-1$ のとき，$y=-1+2=1$，$x=2$ のとき，$y=2+2=4$ だから，P$(-1,\ 1)$，Q$(2,\ 4)$ となる。ここで，図

のように，点P，Sを通りx軸に平行な直線と，点Q，Rを通りy軸に平行な直線をそれぞれ引き，△PTQと△SURをつくると，四角形PQRSは平行四辺形だから，PQ∥SR，PQ＝SRであり，△PTQ≡△SURとなる。よって，2点P，Qのx座標よりPT＝2－(－1)＝3となるから，SU＝PT＝3となる。したがって，点Rは，x座標は3で，放物線$y=x^2$上の点なので，$y=3^2=9$より，R(3，9)である。　②2点P，Qのy座標より，RU＝QT＝4－1＝3となる。よって，点Rのy座標が9より，点Sのy座標は9－3＝6となるから，S(0，6)である。

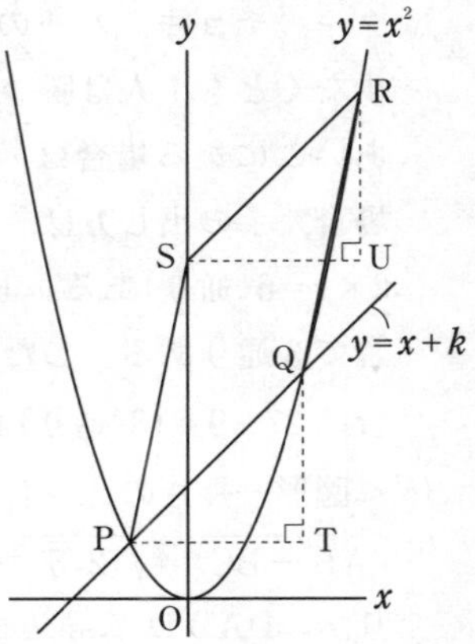

(2)＜座標＞右図で，△PTQ≡△SURである。SR∥PQより，直線SRの傾きは直線PQの傾きと等しく1だから，△SURは直角二等辺三角形となる。これより，点Rのx座標をrとおくと，RU＝SU＝rとなるので，S(0，20)のとき，R(r，20＋r)と表せる。これが放物線$y=x^2$上にあるから，$20+r=r^2$が成り立つ。これを解くと，$r^2-r-20=0$，$(r+4)(r-5)=0$　∴$r=-4$，5　$r>0$より，$r=5$である。よって，RU＝SU＝5となり，△PTQ≡△SURだから，PT＝TQ＝5となる。さらに，点Pのx座標をpとおくと，P(p，p^2)より，Q($p+5$，p^2+5)と表せる。これが放物線$y=x^2$上にあるから，$p^2+5=(p+5)^2$が成り立つ。これを解くと，$p^2+5=p^2+10p+25$，$-10p=20$，$p=-2$となるので，$p^2=(-2)^2=4$より，P(－2，4)である。

4〔平面図形―円と三角形〕

≪基本方針の決定≫(1)　△BCDの形状を考える。　(2)　△ABEと△CDEの関係を考える。
(3)　△ABEと△ADCに着目する。　(4)　△ADFと△CBFに着目する。

(1)＜長さ＞右図で，∠BAD＝∠CADである。また，$\overset{\frown}{BD}$に対する円周角より，∠BAD＝∠BCDであり，$\overset{\frown}{CD}$に対する円周角より，∠CAD＝∠CBDだから，∠BCD＝∠CBDとなる。よって，△BCDは二等辺三角形なので，BD＝DC＝4である。

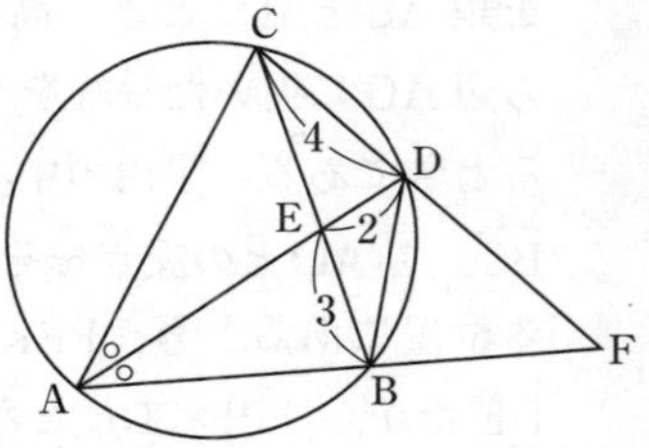

(2)＜長さ―相似＞右図で，$\overset{\frown}{BD}$に対する円周角より，∠BAE＝∠DCE，対頂角より∠AEB＝∠CEDだから，2組の角がそれぞれ等しく，△ABE∽△CDEである。よって，AB：CD＝BE：DEより，AB：4＝3：2となるから，AB×2＝4×3，AB＝$\frac{4\times3}{2}$＝6である。

(3)＜長さ―相似＞右上図で，∠BAE＝∠DAC，$\overset{\frown}{AC}$に対する円周角より∠ABE＝∠ADCだから，△ABE∽△ADCとなる。よって，AB：AD＝BE：DC＝3：4より，6：AD＝3：4となるから，AD＝$\frac{6\times4}{3}$＝8である。これより，AE＝AD－DE＝8－2＝6となり，AB＝AEだから，△ABEは二等辺三角形である。したがって，△ABE∽△CDEより，△CDEも二等辺三角形で，CE＝CD＝4だから，BC＝CE＋BE＝4＋3＝7である。

(4)＜長さ―相似＞右上図で，$\overset{\frown}{BD}$に対する円周角より，∠DAF＝∠BCF，∠AFD＝∠CFBだから，△ADF∽△CBFとなり，DF：BF＝AF：CF＝AD：CB＝8：7である。よって，BF＝$7x$，DF＝$8x$とおくと，AF＝$6+7x$，CF＝$4+8x$となるから，$(6+7x):(4+8x)=8:7$が成り立ち，これを解くと，$8(4+8x)=7(6+7x)$より，$x=\frac{2}{3}$となる。よって，BF＝$7x=7\times\frac{2}{3}=\frac{14}{3}$である。

≪別解≫前ページの図の△BCDで，∠BDF＝∠BCD＋∠CBD＝∠BAD＋∠CAD＝∠CAFだから，△BFD∽△CFAとなり，BF：CF＝FD：FA＝BD：CAである。(3)より，△ABEはAB＝AE＝6の二等辺三角形であり，△ABE∽△ADCだから，△ADCも二等辺三角形となり，CA＝DA＝8である。よって，BD：CA＝4：8＝1：2だから，CF＝2BFであり，BF＝yとすると，CF＝$2y$より，FD＝CF－DC＝$2y-4$となる。また，FA＝BF＋AB＝$y+6$となるから，FD：FA＝1：2より，$(2y-4):(y+6)=1:2$が成り立ち，これを解くと，$2(2y-4)=y+6$より，$y=\frac{14}{3}$となる。

5〔場合の数―色の塗り分け〕

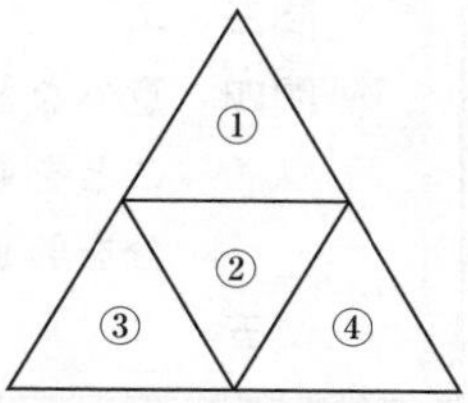

(1)＜場合の数＞右図の①～④を，4色全てを用いて塗り分けるとき，①の色は赤，青，緑，黄の4通りある。そのそれぞれについて，②の色は①で用いた以外の3通り，③の色は①，②で用いた以外の2通り，④の色は残った1通りとなるから，塗り分ける方法は$4\times3\times2\times1=24$(通り)ある。

(2)＜場合の数＞4色から3色を選ぶ選び方は(赤，青，緑)，(赤，青，黄)，(赤，緑，黄)，(青，緑，黄)の4通りある。また，右上図の①～④を塗り分けるとき，②は他の部分と隣り合うので，②に塗った色は他の部分に塗ることはできない。よって，(赤，青，緑)の3色を用いる場合，②に赤を塗ると，①，③，④は青，緑の2色を両方用いて塗ることになる。①に青を塗るとき，③と④に塗る色の組合せは(青，緑)，(緑，青)，(緑，緑)の3通りあり，①に緑を塗るときも同様に3通りある。したがって，(赤，青，緑)を全て用いる場合のうち，②に赤を塗るときの塗り分け方は$3+3=6$(通り)あり，②に青，緑を塗るときの塗り分け方も6通りずつあるから，(赤，青，緑)を全て用いて塗り分ける方法は$6\times3=18$(通り)ある。他の3色の組の場合も18通りずつあるから，求める場合の数は，$18\times4=72$(通り)ある。

(3)＜場合の数＞(赤，青，緑)を全て用いて塗り分ける場合，②に赤を塗ると，①，③，④は青，緑の2色で塗り分けるが，回転して同じになる塗り方は同じものとするので，青を1か所，緑を2か所に塗る塗り方は全て同じとなり，青を2か所，緑を1か所に塗る塗り方も全て同じとなる。よって，(赤，青，緑)を全て用いる場合のうち，②に赤を塗る塗り方は2通りとなり，②に青，緑を塗る塗り方も同様に2通りずつだから，塗り分ける方法は$2\times3=6$(通り)ある。よって，求める場合の数は，$6\times4=24$(通り)となる。

国語解答

一 問一 (あ) おお (い) 自慢 (う) 典型 (え) 軸 (お) さっしん

問二 ⑴…イ

⑵ A…1 B…1 C…2 D…1

問三 エ

問四 意外なところから来て，知らないことをもたらし，それによって自分を興奮させるもの。

問五 エ

二 問一 イ 問二 エ 問三 イ

問四 ウ 問五 エ 問六 イ

問七 亡き父の供養のために出場した試合なのだから，サキ自身の手で勝利を決定づけてほしいという気持ち。

三 問一 イ 問二 イ

問三 前利 問四 ウ

問五 （右参照）

不レ顧二其後之有レ患也

問六 A…1 B…2 C…2 D…1

一〔論説文の読解―自然科学的分野―人類〕出典；郡司ペギオ幸夫『天然知能』。

≪本文の概要≫世界に対する対処の仕方は，人工知能，自然知能，天然知能の三つがある。人工知能は，自分にとっての用途や評価をもとに判断を下し，「自分にとっての」知識世界を構築する。自然知能は，自然科学的な思考によって「世界にとっての」知識世界を構築する。天然知能は，ただ世界を受けいれるだけである。どうなっているかわからない向こう側から来るもの，向こう側へ行くものに興奮するのは，天然知能だけの特徴である。人工知能と自然知能は，知覚できないものの存在を認めて取り込むことができないため，世界を創造する力がない。天然知能だけが，自分にとって外側にあるものを受けいれ，創造を楽しむことができる知能である。創造とは，今までなかったものを創ることだから，毎日生きるだけでも創造であり，天然知能は，新しくつくり上げられていく自分を一瞬ごとに肯定し楽しむことができる。また，外部から来るものを受けいれることが創造であるから，創造という点では，アーティストも普通の人もやっていることは同じなのである。

問一＜漢字＞(あ)音読みは「覆面」などの「フク」。 (い)自分や自分に関係のあることを自分でほめ他人に誇ること。 (う)同種のものの中で，その特徴や性格をよく表しているさま。 (え)物事の要となるもの。 (お)悪いことを取り除いて全く新しくすること。

問二＜文章内容＞⑴人工知能とは「自分にとって有益か有害か」という評価だけで「自分の世界に帰属させるか」または「排除するか」を判断し，「自分にとっての世界」を広げようとするのである。⑵自然知能に従う昆虫少年は「世界を理解するために，博物学的，分類学的興味」から，虫の「和名を覚え」たり「昆虫採集」や「標本」作製を行ったりするのであり（A…1），自然知能は，目の前のものを観察し「博物学的に」それが何であるか「同定」し，「図鑑」のような「世界に対する知識」を構築する（B・D…1）。一方，「どうなっているのかわかるはずもない向こう側からやってくるもの」に興奮するのが，天然知能である（C…2）。

問三＜文章内容＞子どもの頃の「私」は，食べるためでもインテリアとするためでも，また博物学的興味からでもなく，ただ魚を捕ってはひたすらその泳ぐ姿を眺めていた。それは，魚の「奥の暗がりからフッと現れ，また奥へ消えていく」様子に興味を感じたからであり，「見えないものに興奮」するという天然知能により，魚が見えない向こう側との「接点」であったためである（エ…○）。

問四＜指示語＞マメコガネは，「どうなっているのかわかるはずもない向こう側」からやってきたことで興奮させる。「出初式」のように見えるマメコガネの「華麗なポーズ」も，「自分の知らないこと」をもたらすという点で,「私」を興奮させるものなのである。

問五＜要旨＞天然知能は，人工知能と違って「外部から勝手に評価基準を与え」られて偽物の「創造的」な作品を制作することがないように，外部の価値判断に依存せず,「ただ世界を，受け容れる」のである(ア…×)。天然知能は,「評価軸が定まって」おらず,「優劣の基準を決め」ることもないから，そもそも「外部との差」を認識しない(ウ…×)。また，天然知能は，知覚できないものの存在を取り込もうとする点で,「自らの世界の成立基盤を変えて」しまうのであり,「なかったものを創る」という創造性を持っている(イ…×)。「自分の知らない向こう側」や「自分にとっての外側」を受けいれるから，天然知能は，今までなかった新しい自分を「一瞬ごと，時々刻々と」創造することを楽しめるのである(エ…○)。

二〔小説の読解〕出典；本多孝好『エースナンバー』。

問一＜文脈＞「ギアを上げる」とは，自動車の変速機(ギア)を上げてスピードを出すように，さらに上の技術や能力を出す，という意味。試合は負けていたが，あと二回の攻撃で二点を取って勝つ，と言ったアネゴの気迫に，チームのメンバーが「おう」と応え，士気がさらにいっそう上がった。

問二＜心情＞「私」から聞いてアネゴの肩の調子が悪いことを知った監督だったが，アネゴを続投させることに決めたので「首を振った」のである。監督は,「もう前にすら飛ばさせない」という気迫で投げ続けるアネゴを見て，父の命日にもかかわらず試合に出たサキの父への思いをアネゴが理解して投げ続けていることに気づき，サキを思いやるアネゴの気持ちを大事にしたいと思った。

問三＜心情＞「私」は，サキの事情も，それを知っていた監督やアネゴの気持ちも知らなかった。そのため,「私」は，監督の言う「事情」とは思いがけず試合に苦戦していることだと思い，また，監督の自分の父の命日だから勝ちたいという言葉もそのまま信じていたため，純粋にアネゴの肩の調子が悪いことを心配し,「監督の勝手で」アネゴを続投させないでほしいと思ったのである。

問四＜文章内容＞監督は，サキの父の命日であることをメンバーに気づかせようとして，わざと「自分の父の命日だ」と言った。監督には，アネゴが自分の言葉を聞いてサキの事情に気づき，絶対に勝つという気迫で投げ続けていることがわかった。監督は，自分の言葉でアネゴに無理をさせてしまっていることを知りながらも，サキの思いを受け止め試合に勝とうとしているアネゴを信頼し，続投させたのである。

問五＜心情＞アネゴは，ピッチャーとして相手打線を抑え，バッターとしても四番でヒットを飛ばすなど，選手としての能力が高くチームの要の存在である。そして，アネゴは,「自軍のベンチの端に」向かって「軽く頭を下げ」，いつも応援してくれていたサキの父へ敬意を示したように，亡き父のために試合を優先させたサキの思いを受け止め，チームを勝利に導くためエースとしての自分の責任をしっかり果たす人物である。監督は，一，二年生の生徒に，アネゴのような，人格的にも優れた人間になってほしいと思っている。

問六＜文章内容＞「私」は，葬儀屋の娘としての経験から，友達の父の命日を正確に覚えていなくてもしかたないと思いつつも，監督の言葉を聞いたのなら思い出すべきだったと先輩たちを責めてしまった。一方アネゴは，監督に言われるまで気づかなかった自分を「情けない」と感じ，仲間もチームメイトとしてサキの「思いをちゃんと受け止めてやらなきゃいけなかった」と思っていた。しかし，そうはいっても，自分は友達としてサキの思いを理解し，エースとしての責任を果たし，チーム一丸となって試合に勝ったので，アネゴは，自分のことも仲間のことも責める気持ちにはならなかったのである。

問七＜心情＞亡くなったサキの父はいつも試合に来て応援してくれていたので，サキは父が生きていたら自分が試合に出ることをきっと喜んでくれただろうと思い，出場を決めた。そんなサキの父への思いを知っていた監督は，サキの父とサキの思いのためにも，アネゴや仲間の援護で同点まで追い上げてきた試合の情勢を，サキ自身の力で逆転勝利に導いてほしいと願ったのである。

三 〔古文の読解―説話／漢文の読解〕出典；〈甲〉『十訓抄』六ノ一／〈乙〉『説苑』。

〈甲〉≪現代語訳≫楚の襄王が，晋国を討とうとした。孫叔敖が，これをおいさめ申し上げて言うことには，「庭園の楡の上に，蟬がいて，露を飲もうとしています。(蟬は)後ろにかまきりが(いて蟬を)捕らえようとしているのに気づきません。かまきりは，また蟬だけを見つめて，後ろに黄雀が(いてかまきりを)捕らえようとしているのに気づきません。黄雀は，またかまきりだけを見つめて，楡の木の根元で子どもが弓を引いて(黄雀を)捕らえようとしているのに気づきません。子どもは，また黄雀だけを見つめて，前に深い谷，後に掘り出した木の根があることに気づかず，身を危険にさらしています。これは皆，〈目先の利益〉だけを思って，後ろにある災難を顧みないからです」と申し上げた。王は，この時，(孫叔敖の言葉の)真意を理解し，晋を攻めるということを思いとどまられた。

〈乙〉≪書き下し文≫「園中に樹有り。其の上に蟬有り。蟬高居し悲鳴して露を飲み，螳螂の其の後ろに在るを知らざるなり。螳螂身を委ねて曲附し，蟬を取らんと欲し，而も黄雀の其の傍らに在るを知らざるなり。黄雀頸を延べ，螳螂を啄まんと欲し，弾丸の其の下に在るを知らざるなり。此の三者は，皆務めて其の前利を得んと欲し，而も其の後の患(うれ)へ有るを顧みざるなり。」と。

≪現代語訳≫「庭園の中に木があった。その上に蟬がいた。蟬は高いところに止まり鳴きながら露を飲んでいて，後ろにかまきりがいることに気づかない。かまきりは身をかがめて足を縮め，蟬を取ろうとして，そばに黄雀がいることに気づかない。黄雀は首を伸ばし，かまきりをついばもうとして，自分の下に(はじき弓につけて飛ばす)弾丸があることに気づかない。この三者は，皆ひたすら目の前の利益を得ようとし，後ろから災難が迫っていることを気にかけないのである。」と。

問一＜古文の内容理解＞孫叔敖は，蟬やかまきりのたとえ話をすることで，晋を攻めることに夢中になっている間に背後から敵に狙われる，と襄王に忠告したのである。

問二＜古語＞「まもりて」は，動詞「目《ま》守《も》る」の連用形「まもり」に接続助詞「て」がついたもので，目を離さずに見て，という意味になる。かまきりは蟬だけを見つめていたため，後ろに黄雀がいて自分を狙っていることに気づかなかったのである。

問三＜古文の内容理解＞蟬は露，かまきりは蟬，黄雀はかまきり，子どもは黄雀と，それぞれ目先の利益に気を取られて，後ろにある危険を顧みなかった。

問四＜漢文の内容理解＞蟬，かまきり，黄雀は，目の前の利益に気を取られ，それぞれ近くにかまきり，黄雀，弾丸があることを気にかけなかったのである。

問五＜漢文の訓読＞「其後之」→「患」→「有」→「顧」→「不」→「也」の順に読む。「患へ有る」と一字返っているので，「有」にレ点をつけ，「顧みざる」より先に読む部分が二字以上なので「顧」に二点，「有」に一点をつける。また「顧みざる」と一字返っているので，「不」にレ点をつける。「有」には一レ点がつくことになる。

問六＜古文の内容理解＞襄王は，晋国を攻めようとしていたが(Ａ…１)，孫叔敖が，目先の利益に夢中になっている蟬や子どものたとえ話をして(Ｂ・Ｃ…２)襄王に忠告したため，襄王は，晋国を攻めること(＝目先の利益)に夢中になっていた自分の浅はかさに気づき，晋国を攻めるのをやめたのである(Ｄ…１)。

2019年度 桐光学園高等学校

【英　語】（50分）〈満点：100点〉

1　次の[A]・[B]の問いに答えなさい。

[A]　次の(a)〜(c)の各組で，下線部の発音が他の３つと異なるものを１〜４の中から１つずつ選び，番号で答えなさい。

(a)　1. h<u>o</u>bby　　2. m<u>o</u>nkey　　3. ab<u>o</u>ve　　4. w<u>o</u>nder

(b)　1. r<u>ea</u>lize　　2. Kor<u>ea</u>n　　3. tr<u>ea</u>sure　　4. th<u>ea</u>ter

(c)　1. decrea<u>se</u>　　2. confu<u>se</u>　　3. disea<u>se</u>　　4. advi<u>se</u>

[B]　次の(a)・(b)の各組で，与えられた語の第一アクセント（第一強勢）の位置が他の３つと異なるものを１〜４の中から１つずつ選び，番号で答えなさい。

(a)　1. col-lect　　2. sur-vive　　3. cus-tom　　4. in-vent

(b)　1. ac-tiv-i-ty　　2. math-e-mat-ics　　3. en-vi-ron-ment　　4. im-pos-si-ble

2　次の(a)〜(e)の文の[　　]に入れるのに最もふさわしい語をそれぞれ答えなさい。ただし，[　　]に与えられた文字で始めること。

(a)　A [v　　] is a long journey, especially by sea or in space.

(b)　A [l　　] is a flat green part of a plant.　It grows from a branch.

(c)　A [r　　] sometimes appears in the sky when the sun shines through rain.

(d)　"What subject do you like best?"
"My [f　　] subject is English, of course."

(e)　To [f　　] is to come or go after a person or a thing.

3 次の(a)～(e)の会話文で，（　　　　）に入れるのに最もふさわしいものを１～４の中から１つずつ選び，番号で答えなさい。

(a) A：What would you like to order, sir?

B：I'll have steak and lobster.

A：How would you like your steak?

B：(　　　　　　　　　　)

1. That would be nice.
2. Well-done, please.
3. They were delicious, thanks.
4. No, thank you.

(b) A：Why don't we have dinner together next Tuesday?

B：That's a good idea.

A：(　　　　　　　　　　)

B：Yes, I think I can.

1. You can stay home in the morning.
2. Where is the restaurant?
3. Because it's a good restaurant.
4. Can you come about six o'clock?

(c) A：How long are you going to be in Kyoto?

B：(　　　　　　　　　　) So we have two more days.

A：Enjoy your stay!

1. A tour by taxi in Kyoto must be interesting.
2. The bus tour leaves soon.
3. We went by airplane from Osaka.
4. We came here two days ago.

(d) A：Excuse me.　Could you tell me how to get to Omotesando Hills from here?
B：(　　　　　　　　　　　　)
A：Which line should I take?
B：Take the Chiyoda Line to Omotesando Station.　It's near the station.

1. Shall I call a taxi?
2. I'm sorry, but I don't know where it is.
3. Well, the best way is to go by train.
4. It is about twenty minutes from here on foot.

(e) [on the phone]
A：Dr. White's office.　Can I help you?
B：Yes, my daughter has a terrible stomachache.　Can she see the doctor today?
A：I'm afraid he's very busy today, (　　　　　　　　　　　　)
B：I don't think she can wait so long.　I'll try another doctor.　Thanks, anyway.

1. but he can see her at 9:00 tomorrow morning.
2. but we can give you some medicine.
3. but he will see your daughter as soon as you come here.
4. but we can come and wait in our office if you like.

4　次の(a)～(e)の日本文の意味に合うように英文をつくるとき，(　イ　)(　ロ　)に入れるのに最も ふさわしい語をそれぞれ答えなさい。

(a) 日本文化に興味があるなら，歌舞伎を観てはどうですか。
What (　イ　) watching Kabuki if you are interested (　ロ　) Japanese culture?

(b) はるばるカナダから来てくれてありがとう。
It is very nice (　イ　) you to come all the (　ロ　) from Canada.

(c) 今後は何でも一人でできるように努力します。
In the (　イ　), I'll try my best (　ロ　) that I can do anything by myself.

(d) ほとんど毎朝，起きるのがつらい。

I have a hard (イ) getting up (ロ) every morning.

(e) 近頃，非常に多くの人がインターネットで買い物をします。

A great (イ) of people buy something on the Internet (ロ) days.

5

次の(a)～(c)の１～７の語(句)を並べかえたとき，(イ)(ロ)に入れるものをそれぞれ番号で答えなさい。ただし，文頭に来る語(句)も小文字にしてあります。

(a) (   ) (   ) (イ) (   ) (   ) (ロ) (   ) in the race.

1. looking　2. taking　3. am　4. I
5. to　6. part　7. forward

(b) (   ) (   ) (イ) (   ) (   ) (   ) (ロ).

1. as　2. so　3. it is　4. was yesterday
5. hot　6. not　7. it

(c) You (   ) (   ) (イ) (   ) (   ) (   ) (ロ) now.

1. to　2. had　3. right　4. speak
5. not　6. her　7. better

6

次の日本文を英語に直しなさい。なお，(   )内に与えられた語をそのままの形で順に用いること。

私は，英語だけでなくフランス語も話す少年に偶然会った。

(happened, spoke, but)

7 次の英文を読み，設問に答えなさい。

Most people in Australia live in cities along the coast. Very few people live in the huge middle area. Houses in the area are far away from (イ). Australians call this part of the country "the *Outback." In the past, when people in the Outback had an accident or got very sick, there were no doctors nearby to take care of them. Today, people in the Outback can call a special service called the Royal Flying Doctor Service and get *medical advice in a few minutes. The Royal Flying Doctors use airplanes to reach people in places that don't have doctors.

A *minister, Reverend John Flynn, started the Royal Flying Doctor Service in the 1920s. He often traveled by truck through central and northern Australia for his church. He understood a lot of people died because there was no doctor around them. He thought, "There must be some way to help these people. First, I will build (ロ) for them."

Flynn worked very hard, and by 1927, there were ten small hospitals in central and northern Australia. Nurses took care of the sick and *injured people. But Flynn was not satisfied. He had hospitals and nurses, but he didn't have many doctors. And there was another problem. It was difficult for the doctors to treat people who still lived far away from the hospitals. Then, he had (ハ)an idea! "The doctors can travel by airplane. We will also build a place for a plane to land near every Outback home." Many people laughed at the idea. Airplane travel in 1927 was a new and dangerous thing.

There was one more problem : people so far away couldn't *get in touch with a doctor. Flynn said, "We will use a *radio to send and receive messages." At that time, radios could not work in most of the Outback because there was no (ニ). But an engineer invented a radio that worked with a foot *pedal. With this invention people were able to ask for help from far away.

Everything was ready. The Royal Flying Doctor Service began in May 1928. The Service was a great success, and Flynn was very happy. In the first year, doctors made fifty flights. They flew 18,000 miles, helped 225 people, and saved 4 lives. Flynn now wanted (ホ)〔 1. in all 2. to 3. of 4. the Service 5. parts 6. be 〕 the Outback. His church did not have enough money for this plan, so the different states in Australia agreed to help. Each state built one or two hospitals.

In 1942, the Royal Flying Doctor Service *came up with another good idea. Every home in the Outback got a carefully prepared *first-aid kit. Each kit had the same *drugs, *bandages, and so on. Everything in the kit had its own special number. Later, the kits had a picture of the human body with a number for each different part. When people got sick or injured, they used the (ヘ) to call the medical center. The doctor asked about the problem by number. Then the doctor told the caller to use medicine from the kit by numbers, too. For example, the doctor said, "(ト) Take one pill from number 8 every three hours," or "Put number 22 on your injured leg."

Today there are 3,000 medical kits, 22 hospitals, and 53 Royal Flying Doctor Service airplanes. Each year, the service helps about 274,000 people.

【注】 Outback アウトバック・奥地　medical 医療の　minister 牧師
injured 怪我をした　get in touch with ～と連絡をとる　radio 無線機
pedal ペダル　come up with ～を思いつく　first-aid kit 救急箱
drug 薬　bandage 包帯

［設問］

(a) 空所(イ)に入れるのに最もふさわしいものを次の１～４の中から１つ選び，番号で答えなさい。

1. the one　2. another　3. the other　4. each other

(b) 空所(ロ)に入れるのに最もふさわしい１語を本文中から抜き出してそのままの形で書きなさい。

(c) 下線部(ハ)の内容を35字以上45字以内の日本語で答えなさい。ただし，句読点も１字に数えます。

(d) 空所(ニ)に入れるのに最もふさわしいものを次の１～４の中から１つ選び，番号で答えなさい。

1. airport　2. road　3. electricity　4. telephone

(e) 下線部(ホ)を含む文が本文の内容に合う英文になるように,〔　　　　〕内の１～６の語(句)を並べかえ，番号で答えなさい。

(f) 空所(へ)に入れるのに最もふさわしいものを次の１～４の中から１つ選び，番号で答えなさい。

1. radio　　2. medicine　　3. doctor　　4. airplane

(g) 下線部(ト)の意味として最もふさわしいものを次の１～４の中から１つ選び，番号で答えなさい。

1. ３時間かかるので，８番の薬を１錠持って行きなさい。
2. ３時間以内に，８個の薬から１錠取り出しなさい。
3. ３時間たったら，８種類の薬を１錠ずつ服用しなさい。
4. ３時間おきに，８番の薬を１錠飲みなさい。

(h) 本文の内容と一致するものを次の１～８の中から３つ選び，番号で答えなさい。

1. A lot of people living in the Outback don't want to move to cities along the coast.
2. The Royal Flying Doctor Service provides medical advice for people in the Outback.
3. Flynn was driving a truck and was killed in an accident on the way to his church.
4. In 1927, it was not common to travel by airplane and it was also dangerous.
5. People in the Outback could send and receive messages more easily than now.
6. Flynn's church spent all the money needed to build at least one hospital in each state in Australia.
7. A special first-aid kit was given to every home in the Outback.
8. The Royal Flying Doctor Service has helped about 274,000 people since 1928.

8 次の，Ikey(アイキー)，McGowan(マッゴーワン)，Rosie(ロージー)についての英文を読み，設問に答えなさい。

The Blue Light *drug store was on the East Side of New York, near First Avenue. All the medicines there were made by hand. Ikey worked there at night. A thin, clever man, with a long nose and glasses, he was friendly to all who came for help when they were ill.

Ikey lived in a room in a house not far from the drug store. His *landlady was Mrs Riddle, and she had a daughter, Rosie. Ikey was deeply in love with Rosie, but he never told her about it. (イ) That was strange, because he was very good at talking to people in the drug store.

There was another man living at Mrs Riddle's house. He was in love with Rosie, too. His name was McGowan. Ikey had no hope of winning Rosie's love, but McGowan was very hopeful. He was also Ikey's friend. He often came to the drug store, after a night fighting in the street, for something to put on a black eye or a cut.

One afternoon, he came into the drug store in a hurry, and went straight to speak to his friend Ikey.

"I need some special medicine," he said.

"Take off your coat," said Ikey, "And tell me where it hurts. Were you in a fight again? Someday you'll get a knife in your back."

"It wasn't a fight," said McGowan, with a laugh. "But you're right. It hurts under my coat — in my (ロ). Rosie and I are going to run away tonight to get married."

Ikey was mixing some medicine while he listened, and he tried not to drop it all on the floor.

McGowan's smiling face now looked worried.

"We first thought of the plan two weeks ago. Sometimes Rosie says 'yes' to it and sometimes 'no'. For the past two days she's said 'yes', and we're hoping to leave in five hours. I don't want her to change her plans *at the last minute."

"And (ハ) where does medicine come into it?" asked Ikey.

"Well, you see, old Mr Riddle doesn't like me. For a week now he's told Rosie not to come out with me. I'm worried that she won't want to leave tonight because of him."

"Isn't there a medicine that you can give to a woman to get her deeper love for you? I had a friend, Tim Lacy. He gave a *potion like that to his girlfriend and they got married two weeks later."

McGowan didn't notice Ikey's *knowing smile at these words of his, and he went on.

"If I can just give a love-potion to Rosie at dinner tonight, I'm sure that (ニ)."

"And when are you running away?"

"Nine o'clock. Dinner's at seven. At eight, Rosie goes to bed with a bad head. At nine, I come round the back of the house and then she comes down the *fire escape from her window. Then we're going straight to church to get married."

"We have to be careful about selling love-potions. But because you're my friend, I'll make it for you, and you'll see (ホ)〔 1. Rosie's 2. you 3. it 4. for 5. feelings 6. how 7. changes 〕," said Ikey.

Then he carefully made a sleeping-potion. Anyone who took it surely slept for many hours without waking up.

(ヘ) He gave the potion to his friend, and told him to put it into a drink if possible. McGowan thanked him, and left.

After that, Ikey sent a note to Mr Riddle, and told him about McGowan's plans.

Mr Riddle came to the drug store that afternoon. He was a strong, red-faced, angry man.

"Thanks for telling me, Ikey," he said. "That *lazy man. My room is just over Rosie's room. After dinner, I'll wait up there with my gun. If McGowan comes this evening, he'll go straight to hospital — and not to church — tonight."

"Rosie falls asleep in her room, and old Riddle waits upstairs with his gun. So McGowan's chances aren't looking good," thought Ikey happily after Mr Riddle left.

Next morning, at 8 o'clock, Ikey finished work and started walking to Mrs Riddle's house (ト) to learn the latest news. There in the street he met McGowan. McGowan shook Ikey's hand, and thanked him warmly.

"It worked," he said with a smile. "Rosie and I are now married. You must come for dinner over at our place some time soon."

"But the potion?!" asked Ikey.

"Oh, that!" laughed McGowan. "In the end I felt bad about *questioning Rosie's love, but old Riddle was not friendly to me at dinner. I felt that it wasn't right for him to be so hard on the man who wanted to marry his daughter. So I put the potion in his coffee!"

【注】 drug store 薬局　landlady 下宿屋の女主人　at the last minute 土壇場で
potion（不思議な力のある）薬　knowing smile 意味ありげな笑い
fire escape 避難用のはしご　lazy だらしない　question ～を疑う

［設問］

(a) 下線部(イ)の内容を30字以上40字以内の日本語で答えなさい。ただし，句読点も1字に数えます。

(b) 空所(　ロ　)に入れるのに最もふさわしいものを次の1～4の中から1つ選び，番号で答えなさい。

1. back　　2. arm　　3. heart　　4. eye

(c) 下線部(ハ)の表す意味として最もふさわしいものを次の1～4の中から1つ選び，番号で答えなさい。

1. 君の頼んだ薬はどこから薬局に入荷するの。
2. 君の飲んだ薬は体のどこの部位に効くの。
3. 君の必要な薬はどのように作られているの。
4. 君の欲しい薬はその計画にどのように関わるの。

(d) 空所(　ニ　)に入れるのに最もふさわしいものを次の1～4の中から1つ選び，番号で答えなさい。

1. she'll come with me　　2. she'll change her mind
3. she won't love me　　4. she won't run away with me

(e) 下線部(ホ)が本文の内容に合う英文になるように，〔　　　〕内の1～7の語を並べかえ，番号で答えなさい。

(f) 下線部(へ)の行動をアイキーがとった理由として最もふさわしいものを次の1～4の中から1つ選び，番号で答えなさい。

1. ロージーを眠らせ，マッゴーワンと結婚させないようにするため。
2. ロージーの父を眠らせ，ロージーとマッゴーワンを結婚させないようにするため。
3. ロージーの気持ちを固め，マッゴーワンと駆け落ちができるようにするため。
4. ロージーの父を落ち着かせ，ロージーとマッゴーワンに教会で式を挙げさせるため。

(g) 下線部(ト)の表す意味として最もふさわしいものを次の1～4の中から1つ選び，番号で答えなさい。

1. ニューヨークの最新の情報を得るために
2. ロージーの父の最新の考えを確認するために
3. マッゴーワンの計画の結果を知るために
4. ロージーとマッゴーワンの幸福な顔を見るために

(h) 本文の内容と一致するものを次の1～8の中から3つ選び，番号で答えなさい。

1. Ikey worked for the drug store from morning till late at night.
2. Ikey and McGowan lived in the same house near the drug store.
3. Ikey thought it impossible to win Rosie's love because he was not good-looking.
4. McGowan wanted to get married to Rosie as soon as possible.
5. Mr and Mrs Riddle didn't want their daughter to love McGowan.
6. Though Tim gave a love-potion to his girlfriend, she didn't like him better at all.
7. Mr Riddle didn't shoot McGowan because he found McGowan to be honest.
8. As Mr Riddle took the sleeping-potion, Rosie and McGowan were able to get married.

【数　学】　(60分)　〈満点：100点〉

注意　1．定規とコンパスは使用してはいけません。
　　　2．分数は最も簡単な分数で答えなさい。
　　　3．無理数は根号を用い，最も簡単な式で答えなさい。
　　　4．円周率は π とします。

1

次の問いに答えなさい。

(1)　$x-\frac{2x-y}{4}-\frac{x-2y}{6}$ を計算せよ。

(2)　$x=3\sqrt{5}+2$，$y=3\sqrt{5}-2$ のとき，x^2+xy+y^2 の値を求めよ。

(3)　x^3+x^2-x-1 を因数分解せよ。

(4)　方程式 $\frac{x-1}{3}=\frac{y+1}{4}=\frac{x-y}{5}$ を解け。

(5)　a，b は定数とする。2次方程式 $x^2+ax+b=0$ の2つの解が $x=-3$，2 のとき，2次方程式 $bx^2+ax+1=0$ の解を求めよ。

2

次の問いに答えなさい。

(1)　2次関数 $y=ax^2$ について，x の変域が $-2\leqq x\leqq 4$ のときの y の変域が $-8\leqq y\leqq b$ であるとき，定数 a，b の値を求めよ。

(2)　3個のさいころを同時に投げたとき，出た目が連続した3つの数である確率を求めよ。

(3)　対角線の長さが4 cm，6 cm であるひし形に内接する円の面積を求めよ。

(4)　図の正四角すいの体積を求めよ。

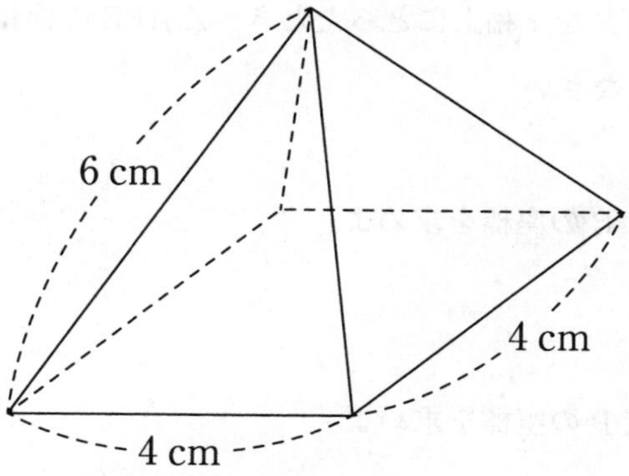

(5)　図のように，点 O を中心とし，線分 AB を直径とする半径 2 cm の円がある。∠ ABC＝30° となるような点 C を円周上にとり，線分 BC の中点を M とする。直線 AM と円の交点のうち，点 A と異なる点を D とするとき，線分 CD の長さを求めよ。

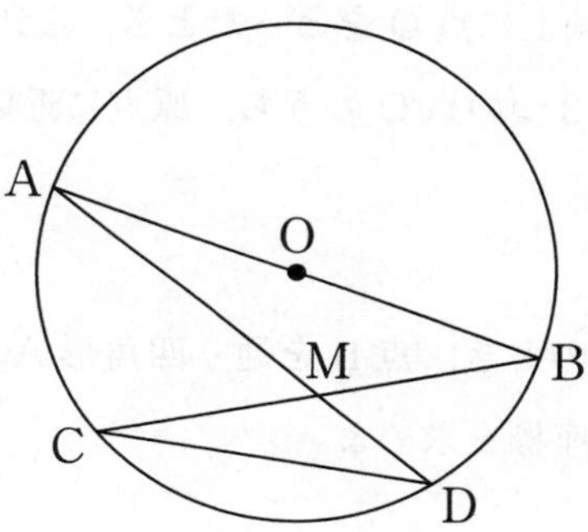

3　2点A，Bは放物線 $y=x^2$ と直線 $y=2x+3$ の交点である。また，x座標が正である点Pをx軸上にとったとき，△APBの面積は14となった。このとき，次の問いに答えなさい。

(1)　点Bの座標を求めよ。

(2)　点Pの座標を求めよ。

(3)　y軸上に点Qをとったとき，△PQBの面積が△APBの面積の$\frac{1}{2}$となった。考えられる2つの点Qのうち，原点に近い方の点の座標を求めよ。

(4)　(3)のとき，点Bを通り四角形AQPBの面積を2等分する直線と，直線AQとの交点の座標を求めよ。

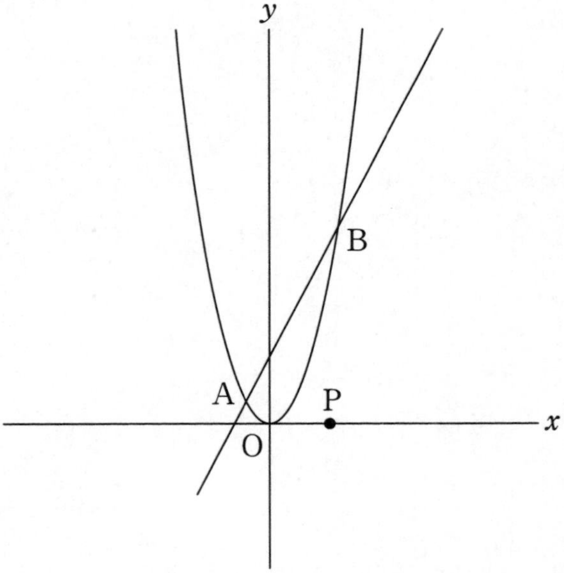

4 図のように，△ABCの辺AB，AC上にそれぞれ点D，EをAD：DB＝1：3，AE：EC＝1：1となるようにとる。また，辺BC上に点Fをとり，DEとAFの交点をPとする。△APEの面積と四角形BFPDの面積が等しいとき，次の問いに答えなさい。

(1) △ADEの面積と△ABCの面積の比を求めよ。

(2) △ADEの面積と△FDEの面積の比を求めよ。

(3) △ADPの面積と四角形CEPFの面積の比を求めよ。

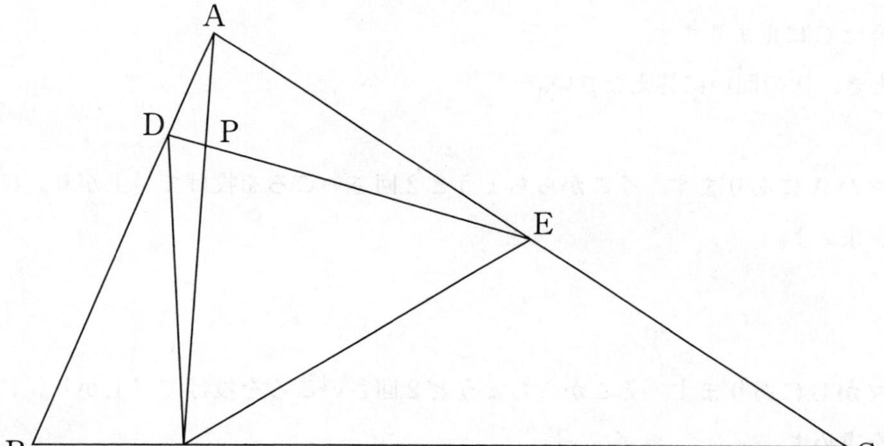

5　下の図のようなゴールへ向かってコマを進めるすごろくがあります。さいころを１個投げて１，２，３の目が出た場合は，その目の数だけコマを進め，４，５，６の目が出た場合は，コマはその場所から動かないものとします。ちょうどゴールのマスに止まったときのみ『上がり』とします。２，３の目が出て，出た目の数がゴールまでのマス目の数より大きい場合は，ゴールのマスまで進み，出た目の数から，ゴールまで進んだ数を引いた数だけ戻ります。次にさいころを投げたときは，ゴールに向かってコマを進めます。

	A	B	C	D	ゴール

例えば，Ｃのマスにいて，さいころを１回投げ，３の目が出た場合はＤに止まります。Ｄのマスにいて，さいころを１回投げ，２の目が出た場合はＤに止まり，３の目が出た場合はＣに止まります。
このとき，次の問いに答えなさい。

(1)　コマがＡにあります。そこからちょうど２回さいころを投げて『上がり』になる確率を求めよ。

(2)　コマがＢにあります。そこからちょうど２回さいころを投げて『上がり』になる確率を求めよ。

(3)　コマがＡにあります。そこからちょうど３回さいころを投げて『上がり』になる確率を求めよ。

問五　——線4「寡 人 徳 薄（＝わたくしは徳の少ない者だ）。」とありますが、このように荘王が臣下に対して謙遜した態度をとるのを、問題文〈甲〉の語り手はなぜだと捉えていますか。その理由の説明にあたる部分を問題文〈甲〉から二十字で探し、最初の四字を抜き出しなさい。

問六　——線5「有 陰 徳 者 必 有 陽 報 也。」について。

(1) この部分は、「人知れず恩徳を施した（＝陰徳）者は、きっと良い報い（＝陽報）がある」という意味です。これを参考にして、返り点を付けなさい。

(2) 「陰徳」「陽報」とはどのようなことを指していますか。問題文〈甲〉を参考にして、それぞれ解答欄に合う形で書きなさい。

れて、あやふきほどにおはしけるを、この人ひとり身をすてて戦ひければ、主勝たせたまひにけり。この事を思はずにあやしくおぼして、その故を尋ね問はせたまふに、この人申していはく、「昔、后に纓を取られたてまつりて、思ひやるかたなくおぼえし時、たれとなくまぎらはしたまひし事、我今に忘れ侍らず」と泣く泣く申しけり。

（『唐物語』）

〈乙〉

晋※3与《と》レ楚戦《フ》。有《リテ》二一臣一、常《ニ》在《リ》レ前《ニ》、五《タビ》合《シテ》五《タビ》獲《とリ》レ首《ヲ》、却《しりぞケテ》レ敵《ヲ》卒《つひニ》得《タリ》レ勝《ツヲ》レ之《ニ》。荘王怪《シミテ》而問《ヒテ》曰《ハク》、「4寡《くわ》人《じん》徳薄《シ》。又未《ダ》二嘗《かつテ》異《ニセ》レ子《しヲ》《まだあなたを特別に扱ってはいない。》。子何《ノ》故《ニ》出《ダシテ》レ死《ヲ》不《ルコト》レ疑《ハ》如《クナルカト》レ是《かクノ》。」対《こたヘテ》曰《ハク》、「臣※4《ハ》当《まさニ べシ》レ死《ス》。往《以前》者《ニ》酔《ヒテ》失《セシニ》レ礼《ヲ》、王隠忍《シテ》不《リキ》レ加《ヘ》レ誅《ヲ》也。臣終《つひニ》不《ル》下敢《ヘテ》以《テシテ》二隠蔽之徳《ヲ》一、而不《ンバアラ》中顕《あきラカニ》報《ゼ》上レ王《ニ》也。常《ニ》願《フコト》下肝脳塗《まみレ》レ地《ニ》、用《もつテ》二頸血《ヲ》一湔《そそガント》上レ敵《ニ》久《シ》矣。臣《ハ》乃《すなはチ》夜絶《タレシ》レ纓《ヲ》者也《ト》。」遂《つひニ》敗《リテ》二晋軍《ヲ》一、楚得《タリ》二以《テ》強《キコトヲ》一。此《レ》5有陰徳者必有陽報也。

（『説苑』復恩）

※1　楚の荘王…古代中国の王国、楚の荘王。後出の「主」も同じ。

※2　纓…冠の後ろに尾のようにつける装飾の具。

※3　晋…楚と同じく、古代中国の王国名。楚と戦を交え、荘王のもとに大敗した。

※4　臣…わたくし。

問一　――線a「思ひ」・b「おぼし」・c「取り」とありますが、それぞれの主語の組合わせとして最も適当なものを次の中から選び、記号で答えなさい。

ア　a 荘王　b 后　c 后

イ　a 臣下　b 荘王　c 后

ウ　a 后　b 臣下　c 荘王

エ　a 荘王　b 臣下　c 臣下

問二　――線1「いかでか」とありますが、その内容の説明として最も適当なものを次の中から選び、記号で答えなさい。

ア　どうして王は宴に興じてばかりいるのだろうか。

イ　なぜかあの臣下の者が気になって仕方がないことだ。

ウ　なんとかして后の気を引きたいものだ。

エ　なんとしても王に取り入ろうではないか。

問三　――線2「かかる事」とありますが、その内容として最も適当なものを次の中から選び、記号で答えなさい。

ア　王の政治に異を唱えようとした臣下がいる、ということ。

イ　后に対する王の態度をたしなめた、ということ。

ウ　何者かが無礼にも后の袖を引いた、ということ。

エ　王が怒りに任せて臣下の纓を取った、ということ。

問四　――線3「その人と見えざりけり」とありますが、その解釈として最も適当なものを選び、記号で答えなさい。

ア　王から宴に招かれる者のようには見えなかった。

イ　后が探し出したい者が誰であるかわからなかった。

ウ　王を非難する者のようには見えなかった。

エ　后が思いを寄せている者が誰であるかわからなかった。

と突然気がついた。

イ　苦手だった相手に気まずさを覚えながらも、自分の大事な本を託すと同時に三崎さんはどう読んでくれるかを知りたいという気持ちが芽生えた。

ウ　「あたし」を嫌っている三崎さんとは話すまいとずっと思っていたが、図書室に本を借りにくるのであれば図書委員としての仕事はしっかりやり遂げようと決断した。

エ　自分の思いを伝えることはためらわれたが、三崎さんに対して親しみを感じ始めたと言うチャンスは今しかないと判断して思い切った行動に出た。

問七　**――線8「あたしは、〜見送っていた」とありますが、この時の「あたし」の説明として最も適当なものを次の中から選び、記号で答えなさい。**

ア　気の利いた返事が上手く言えなかったとの反省はあるものの、それでも自分がやるべきことをやり遂げたという満足感に浸っている。

イ　自分にとっては渾身の一言を放った実感を抱きつつも、人の心は簡単に分かり合えるものでもないので、油断せず今後を見守ろうとしている。

ウ　日頃の自分にはなかなかできなかった思い切った言動に自らの変化を感じ取り、その余韻にひたるとともに、今後の展開に期待をし始めている。

エ　自分が嫌いな人に対して自分の好きな本を紹介する初めての体験に緊張するとともに、大変な疲労感を伴うものだと感慨に耽《ふけ》っている。

三

問題文〈甲〉・〈乙〉を読んで、後の問いに答えなさい。なお、問題文〈乙〉については設問の都合上、送り仮名や返り点を省略した部分があります。

父の死により即位した荘王《そうおう》は全く政治を顧みず、日夜宴《うたげ》を催し、諫言《かんげん》する（＝目上の者へ忠告する）者は全て誅殺《ちゅうさつ》する（＝罪を責めて殺す）と宣言しました。そんなある日の宴の席で、臣下の一人が闇に乗じて后の袖を引き、怒りを買います。王の計らいで幸いにも誅殺を逃れたその臣下は、後に晋から攻められた際、懸命に戦って勝利に貢献します。

問題文〈乙〉は、問題文〈甲〉の話の元となった漢文から、「かたきの国（＝晋）」から攻められるも、勝利を収めた後の荘王と臣下とのやり取りに対応する場面の引用です。

〈甲〉

昔、※1楚《そ》の荘王《さうわう》と申す人、群臣を集めてよもすがらあそびたまひけり。その御かたはらに浅からず[a]思ひ聞こえさせたまひつる后さぶらひたまふを、人知れず[1]「いかでか」と思ひたてまつれる臣下ありけり。ともし火の風に消えたりけるひまに、后の御袖を取りて引きたりけるを、限りなくいきどほり深くや[b]おぼしけん、御手をさしやりてこの男の冠《かうぶり》の※2纓《えい》を[c]取りて、[2]「かかる事なん侍《はべ》る。早く火をともして纓なからん人をそれと知らせ給へ」と申したまふを、主《あるじ》、もとより人をあはれみ情け深くおはしければ、「ともし火消えたるほどに、これに侍《はべ》る人びとおのおの纓を取りてたてまつるべし」とのたまはするに、この男、涙もこぼれてうれしくおぼえけり。かくてともし火あきらかなれど、たれもみな纓なかりければ、[3]その人と見えざりけり。かかれどもこの人、「いかにしてか主のなさけをむくいたてまつらん」と心のうちに思へりけるに、主、かたきの国にせめら

問一　――線1「ゆるふわな思考回路を持ってる子」とありますが、この表現から「あたし」は「三崎さん」に対してどのような印象を持っていると考えられますか。最も適当なものを次の中から選び、記号で答えなさい。

ア　粘り強く物事に取り組みおっとりして真面目な印象。
イ　柔軟で臨機応変に物事を処理してゆくしたたかな印象。
ウ　大した考えもなく周りの雰囲気に流されやすい印象。
エ　場の雰囲気に合わせ気遣いを見せる物腰柔らかな印象。

問二　――線2「ほんのちょっと、〜と思った」とありますが、この時の「あたし」の気持ちを表したものとして最も適当なものを次の中から選び、記号で答えなさい。

ア　三崎さんは大人っぽい趣味の人なのかもしれない。
イ　三崎さんとはもしかしたら趣味が合うのかもしれない。
ウ　三崎さんは本当は私とおしゃべりしたいのかもしれない。
エ　三崎さんにはこの図書室は居心地が悪いのかもしれない。

問三　――線3「いい趣味」・6「ひねくれた趣味」とありますが、これらの表現の違いから「あたし」のどのような一面がわかりますか。次の中から選び、記号で答えなさい。

ア　自分たち読書家は皆友達という仲間意識を持つ一方で、他者の読書傾向に厳しい目を向けている。
イ　自分の本選びのセンスが絶対で、他の人のセンスを認めないという頑固さを持っている。
ウ　自分は読書がいい趣味だと密かに思いながらも、人前では自信を持って言い出せない気弱さがある。
エ　自分は周囲の子には理解し得ない面があるものの、独自のこだわりを持っているという自負もある。

問四　――線4「しおり先生は〜勘違いしたのかもしれない」とありますが、「あたし」がこのように考えた理由として最も適当なものを次の中から選び、記号で答えなさい。

ア　しおり先生の方から本の候補を提案してきたから。
イ　しおり先生があたしの読書傾向とは違うと判断したから。
ウ　あたしの読書傾向とは元々違っていたから。
エ　どう考えてもあたしには答えられない難問だったから。

問五　――線5「ときどき、先生は〜わからないことを言う」とありますが、この時の「あたし」は「しおり先生」をどのように思っていますか。それについて述べたものとして最も適当なものを次の中から選び、記号で答えなさい。

ア　「あたし」の理解を超えた先生の言葉を訝《いぶか》しんでいる。
イ　「あたし」の読書傾向から逸脱した先生の言葉に困惑している。
ウ　「あたし」を困らせる先生の言葉を腹立たしく思っている。
エ　先生が「あたし」に発した子供じみた言葉に動揺している。

問六　――線7「あたしの〜付け足した」とありますが、この時の「あたし」について述べたものとして最も適当なものを次の中から選び、記号で答えなさい。

ア　自分の凝り固まった物の見方で、いつまでも片意地を張って言いたいことも言わないでいるのは、本当に馬鹿馬鹿しい

「えと……。そうじゃなくて」

彼女が持っていた本は、あたしがリクエストに応えて、『おすすめおしえてノート』に記した作品の一つだった。地味なタイトル、地味な装幀《そうてい》※3、地味なあらすじと三拍子揃っていて、この本を自分から手に取ろうと思う人間なんて、まずいないだろうと思える本だった。著者の名前だって『さ行』なのかと思ったら『た行』を探さないとダメだったりして、とにかく探し出すのは難しい。それなら、三崎さんがこの本を手にしている理由は、一つしかない。

「あれ、三崎さんだったの」

「あれ？」

彼女は眉間《みけん》に皺《しわ》を寄せて、少し難しい表情をする。

「えっと、その、あれ」

わたしは、カウンターに置かれているノートに指し示した。すると、気が付いたのか彼女は少し驚いたふうに眼を開いて、それから俯いた。

「えっと、うん」

もしかしたら、恥ずかしかったのかもしれない。せっかく匿名で書いたのに、こうしてバレてしまったら、たぶん気まずくなる。

「あ、ごめん、えっと、これ、勧めたの、あたしで」

「そうなんだ」

彼女は俯いたまま、顔を上げない。会話終了。気まずい沈黙がやってきて、あたしは必死になって続ける言葉を探す。結局、黙ったまま貸し出し手続きをした。本の上に彼女の生徒証を乗せて、それを差し出す。

「はい。期限、二週間だから」

三崎さんは黙ったまま頷いた。彼女が本を受け取って、7あたしの指先からその質量が去っていく瞬間、慌てて付け足した。

「よかったら、感想、聞かせて」

振り絞るみたいにこの喉から出てきた声は、ここが教室だったら、たちまち騒々しさでかき消えてしまうほど弱々しいものだった。けれど、言葉は奇跡的に届いたみたい。

「うん」

三崎さんは、手にした本を胸に押し当てるようにして頷く。心なしか、その口元が笑っているように見えた。

8あたしは、本を受け渡すために立ち上がった姿勢のまま、図書室を去って行く彼女の背中を黙って見送っていた。緊張のせいか、それとも別の原因があるのか、心臓の鼓動がうるさく音を立てて、耳の奥にまで響いている。どきどき、していた。久しぶりの感覚だった。掌《てのひら》に汗が湧き出て、胸が苦しくなり、頬が熱くなる。夢中になって、物語のページを捲《めく》るときのよう。心躍る冒険に、主人公と共に旅立つときみたいな、そういう不思議な感覚がした。

気に入ってくれると嬉しいな、と思った。

「だって、自分が好きな本を、好きになってくれるかもしれないんだよ」

しおり先生の言葉の意味が、ほんの少しだけ理解できた気がした。

（相沢沙呼《あいざわさこ》『その背に指を伸ばして』小説すばる二〇一八年七月号より）

※1　ブッカーがけ…ブッカーと呼ばれる透明のカバーをつける作業。

※2　ラノベ…ライトノベルの略。中高生向けの挿絵が多く入れられた小説。

※3　装幀《そうてい》…本のカバーや表紙のデザイン。

するでしょう、なんて言われても、まったくわからない。

「物語の主人公を幸せにできるかどうかは、わたしたちの心しだい。それはつまり、わたしたち自身を幸せにできるかどうかも、わたしたちしだいってこと」

[5]ときどき、先生はこういうわけのわからないことを言う。あたしの、その不審げな気持ちがありありと表情に出てしまったんだろう。先生は気恥ずかしそうに苦笑いをした。

「ごめんごめん。気にしないで。あくまで、先生の感想だから」

少し席を外すから、お願いね、と言って彼女は図書室を出て行ってしまう。

もう遅い時間なので、図書室に人の姿はほとんどない。ぽつんと放置されてしまったけれど、『おすすめおしえてノート』にペンを走らせるのなら、一人きりの方が集中できる。見当を付けていた中から、二冊を紹介することを決めて、その物語の魅力について簡潔に書き込むことにした。

この、[6]ひねくれた趣味を持った質問者は、どんな子なのだろう。質問する人間も、回答する人間も、名前を記入するかどうかは自由で、この質問者にはもちろん、名前が書かれていなかった。

あまりの睡魔に、あくびを噛み殺す。

昨日、読んだ本があまりにも面白かったので、ついつい夜更かししてしまった。今日は図書委員の当番ではなかったから、こうして放課後にカウンターに居座る必要もなかったのだけれど、なにか面白い本でもないかなぁって本を借りに来たついでに、先生に留守番を任されてしまった。さっきまでブッカー※1がけの作業を手伝っていた図書委員の女子が、カウンターの少し離れたところで読書をしている。書店のカバーが掛かっていたので、私物だ。あの紙の質感は、ラノベ※2に間違いない。どんなのを読んでいるのか、ちょっと気になる。同じ二年生の間宮さんで、あんまり話をしたことがない子だった。趣味が合うのなら、仲良くなりたいなって思うけれど、でも違ったら困っちゃうから、話し掛けることができない。

ちらちらと、間宮さんに眼を向けていたせいで、気が付くのが遅れてしまった。

「あの」

顔を上げると、すぐ目の前に、ここのところよく観察していた人間が立っている。

三崎さんだった。

ぎょっとして、心臓が跳ね上がる。なんなの、いったいなんの用事？ついに宣戦布告にでもやって来たの？　あんたたち陽キャが、陰キャの聖域を占領しようって算段なの？

「本を借りたいんだけれど、どうしたらいいの」

「え、あ、えっと」

混乱気味に、カウンターを振り返る。こういうときに限って、しおり先生の姿はない。間宮さんは読書に夢中で、こっちに気付かないふりでもしているみたいだった。他の一年生も、奥で掲示物を作る作業をして、背中を向けている。

「それじゃ、その、本と生徒証を――」

彼女が持っている本に眼をやって、言葉を途切れさせた。思わず呟《つぶや》いてしまう。

「それ」

あたしの言葉に、三崎さんは不思議そうな顔をした。

「借りられない？」

「あおちゃん、趣味が合いそうじゃない？」
先生の言葉に、あたしは鼻を鳴らす。まぁ、確かにそうかもしれない。これは物語の要素を全否定するような、難しいリクエストと言えるのかもしれなかった。しおり先生は、だいたい図書委員の読書傾向を把握していて、あたしがどんな本が好きなのかも知っていた。これは、あたしが答えるのに最適な質問だろう。
3いい趣味、してるじゃん。
「思いつくものある？」
「うーん」
普通の子だったら答えられないかもしれない。だって、だいたい女の子を主人公にした小説って、ほとんどが恋愛ものだし、そうでなければ部活のこととか友情のことが描かれている。そうでない作品なんて、あったとしても普通の子は読んだりしないだろう。けれど、あたしには何冊か心当たりがあった。ペン立てからシャーペンを取り出し、ノートを広げてカウンターに向き直る。数冊の候補の中から、どの本を、どんなふうに紹介したら、興味を持ってもらえるだろう？　そんなふうに考え込んでいるところを、4しおり先生は候補がまったく思い付かないのだと勘違いしたのかもしれない。
「先週、あおちゃんが借りていったやつはどう？　近くなかった？」
「ああ、あれね……。ううーん、あれは好きじゃなかった」
「あ、そうなんだ。残念」
しおり先生は頬に手を当てて、首を傾げた。わかりやすく眉尻が下がっている。
「でも、どうして？　あおちゃん、好きな本だと思ったのになぁ」
「どうしてって」
そう問われると、首を傾げてしまう。あたしはちょっと考えて答えた。なんだか、しおり先生があまりにも残念そうな表情だったので、きちんと理由を説明しておかないと悪いと思ったのだ。
「なんていうか……、あたし、結末がはっきりしないお話って苦手なんだと思う」
小さく頷《うなず》いて、先生はあたしの隣に腰掛けた。眼鏡の奥の優しい眼差《まなざ》しが、言葉の続きを待つように、あたしのことを見た。
「あの本の短編って、どれも最後はぼかして終わってるでしょ。なんか、卑怯だよ。主人公がどういう行動を取ったのか、その結果はどうなったのか、なんにも書いてない。ハッピーエンドなのかもしれないし、バッドエンドなのかもしれなくて、そういう、丸投げされてる感じが苦手」
手にしたシャーペンを、くるくると回転させながら、読書のときに感じた不満を語る。
すると、先生はくすくすと笑い出した。
「なに」
「ううん。前に似たようなことを言った子がいたなぁって」先生はそう言って、頷いた。「あおちゃんの言う通り、確かにそうかもしれないね」
「先生は、どうしてああいうのが好きなの」
「うーん、そうね。たぶん、それがきっと、本を読むことの魅力の一つ、だからかなぁ」
わけがわからない。思わず眉が寄って、先生を見てしまう。
「だって、そこにどんな結末を描くのかは読み手の自由なのよ。物語がどう終わるのか、そのあとどうなったのか、すべて読み手の価値観に委《ゆだ》ねられていて、わたしたちの心を試しているような感じがするでしょう」

二　次の文章を読んで、後の問いに答えなさい。

「あたし（＝あおちゃん）」は、図書委員の女子生徒で、教室では陽気で無神経な「陽キャ」グループから、陰気な感じの「陰キャ」だと大声で馬鹿にされていました。その頃、信頼する司書の「しおり先生」にお気に入りの本を生徒に貸し出すときに見せる笑顔の理由を質問したところ、「だって、自分が好きな本を、好きになってくれるかもしれないんだよ」と言われたことが今でも心に残っています。二年生になってから、「陽キャ」グループであるはずの「三崎さん」が一人で図書室に来るようになりました。

それからも、連日のように三崎さんは図書室へやって来た。

奇妙な話だった。あたしが一年生だった去年の間、三崎さんの姿を図書室で見かけたことは一度もなかった。それなのに、いったいどんな心変わりがあったのか、お昼休みだけじゃなく、放課後にですら彼女は図書室に姿を現すようになった。

お昼休み、三崎さんはあたしたちが司書室でお弁当を食べ終えたころにやってくる。ふらふらと書架の間を歩き、雑誌の類を手に取って、テーブルでそれを退屈そうに捲《めく》りだす。たいていの場合、それは[1]ゆるふわな思考回路を持ってる子が好きそうなファッション誌だった。そのページを捲り続けて、授業が始まるギリギリの時間に帰っていく。放課後にも、彼女はまっすぐ図書室にやってくる。やっぱり同じ雑誌を捲って、ときどき図鑑の類を眺めたりして、三十分くらい過ごしてから帰っていく。勉強をするわけでも、小説を読むわけでもない。いったいなにをしに来ているのか、本当にわけがわからない。

耳をつんざくような笑い声をあげるわけでもなく、ひとりきりで静かに過ごす三崎さんの姿は、なんだか新鮮で不思議な絵面《えづら》だった。だから、改めて眺めていると気付くこともある。たとえば、三崎さんが黙ったまま、俯《うつむ》き加減に雑誌を眺めているところは物憂《ものう》げで、ツヤツヤとした髪が長いから、黒縁の眼鏡でも掛ければ、文学少女風に見えるかもしれない。[2]ほんのちょっと、しおり先生みたいに見えなくもないと思った。まぁ、読んでる雑誌がファッション誌の時点で文学少女失格なんだけれど。

「あおちゃん」

三崎さんが帰ったあと、受付のカウンターでぼけっと頬杖《ほおづえ》を突いていたら、しおり先生にそう呼びかけられた。

「どうしたの。読書もしないで、珍しいね」

「ちょっと考え事してただけ」

「ふぅん？」先生は眼鏡の奥の眼をまたたいて、不思議そうに首を傾《かし》げた。それから、手にしていたノートを差し出してくる。「あおちゃん、暇ならこれに答えてあげてくれる？」

先生が差し出したのは、『おすすめおしえてノート』だった。なんの変哲もないよくあるノートに、図書委員の先輩が親しみやすい文字とカラーペンで飾り付けたものだ。普段はカウンターに置いてあって、自分がこういう本を探してて読みたいと書くと、しおり先生や図書委員が答えてくれるようになっている。もちろん、図書室の利用者がオススメしたい本のことを書くのもオッケーで、秘《ひそ》やかに文字だけの交流がそこで繰り広げられている。先生は最後のページを開いていた。あたしはそれを受け取って、書かれている内容に眼を通す。少し硬質な印象を受ける丁寧な文字で、こう書かれていた。

『女の子が主人公のお話を読みたいです。でも、恋愛、部活、友情、そういうのは苦手です』

問六　――線4「それ」とありますが、それが指している内容を簡潔に説明しなさい。

問七　――線5「それは、〜似ています」とありますが、どのような点が「似ている」のですか。その説明として最も適当なものを次の中から選び、記号で答えなさい。

ア　言葉によって、それまで直観的に見ていた世界の輪郭がはっきりさせられた点。

イ　世界を、言葉や文字によってではなく、地図や文字盤などのイメージによってとらえている点。

ウ　言葉や文字が意味を持たない状態で、感覚のみで直接、得体の知れない世界をとらえている点。

エ　直観やイメージによってとらえていた世界を、改めて言葉によって抽象的に理解している点。

問八　[X] に入るものとして最も適当なものを次の中から選び、記号で答えなさい。

ア　私がここまで「考える」といってきたのは「感じる」ことと同じだったのです。

イ　私がこれまで「絵（イメージ）で考える」といってきたのは絵で感じることだったのです。

ウ　私がこれまで「絵（イメージ）で考える」と言ってきたことは、決して言葉では伝わらないのです

エ　私がこれまで「絵」と「言葉」で区別していたことには意味がなかったのです。

問九　――線6「この故《ゆえ》に」とありますが、「この」の指示内容に注意して、説明したものとして最も適当なものを次の中から選び、記号で答えなさい。

ア　言葉以前の「絵で考える」ような直接的・感覚的な世界は、私的な内面的な世界なので、第三者が決して入り込むことが出来ない世界であるが故に、ということ。

イ　子どもは、直接的・感覚的な世界で得た複雑な感情を表現する際に、いともたやすく、「詩」に直接つながるような素晴らしい言葉を拾い出せるが故に、ということ。

ウ　幼児教育や初等教育では、「ためになる」本や「知識が豊かになる」本よりも、子どもの無意識に直接作用するような言葉のない絵本が必要であるが故に、ということ。

エ　幼児教育や初等教育が「絵で考える」世界に生きている子どもたちを、「言葉で考える」世界に引き入れ、望ましい方向に導くことが出来る、が故に、ということ。

オ　幼児が「言葉で考える」より「絵で感じる」世界に住んでいるために、その世界に入り込んで、その子の感覚や感情を望ましい方向に働きかける可能性があるが故に、ということ。

幼児は、まだ「ことばで考える」より、「絵で考える」、もしくは「絵で感じる」世界に住んでいるといえます。つまり、第三者が、その世界に入りこんで、その感覚、あるいは感情を望ましい方向に育て得る可能性が残されているといえそうです。

幼児教育や、初等教育が重要な意味をもつのは、まさに、6この故《ゆえ》にです。だから絵本は、この時期に最も大きい働きをするだろうと思うのです。

絵本は「おもしろくてためになる」とか、「知識が豊かになる」といった、単純なもののためにではなく、彼の無意識に直接作用するものでなければならないと思うのです。

（安野光雅『空想工房』平凡社より）

※パラドックス…逆説。一般に、常識的な前提から、受け入れがたい結論が出てしまうこと。

問一　＝＝線あ～おのひらがなを漢字に直しなさい。

問二　――線1「理解している」・2「判断します」とありますが、その主語として適当なものを次の中からそれぞれ選び、記号で答えなさい。

ア　その言葉　　イ　人　　ウ　大人
エ　彼　　オ　コオロギ

問三　――線A「ジレンマ」とありますが、その意味として最も適切なものを次の中から選び、記号で答えなさい。

ア　出発点　　イ　策略　　ウ　解答　　エ　板挟み

問四　次の文は、本文のA～Eのどこに入りますか。最も適当なものをえらび、記号で答えなさい。

> 毎日このようなおまじないごっこにうんざりしたヘレン・ケラーは、突然走り出して方向を失い、とうとう川にはまってしまいます。

問五　――線3「おそろしいことに」とありますが、筆者はなぜ「おそろしい」と述べているのですか。その説明として最も適当なものを次の中から選び、記号で答えなさい。

ア　子どもがコオロギというものを、コオロギという言葉を知る以前に感覚的に知ってしまうことは、普遍的で一般的な世界を知って、成長する過程で何らかの障害をもたらすことになってしまうから。

イ　子どもがコオロギという言葉を覚える前に、その虫に彼にしか通用しない名前や言葉を与えることは、普遍的な世界の把握以前に、独自だが誤った方法で世界を把握することになってしまうから。

ウ　子どもがコオロギという言葉を覚えなければ、その虫を発見出来なかったとするなら、直接的・感覚的な関わりによって、世界を捉える在り方が間違えであることになってしまうから。

エ　子どもがコオロギという言葉を覚えたことで、その虫を理解したと思うことは、初めてその虫に出会ったときに感じた新鮮で感動的な直接的関わり合いを忘れてしまうことになるから。

井戸のポンプから出る水をさわらせて、また water とかきます。[C] 私たちにとってそれは文字であっても、彼女にとっては、変なおまじないのようなものとしか思えなかったでしょう。そもそも、彼女は文字とか、言葉というものがあることを知らないのですから……。[D] サリバン先生は、あとを追っかけて、二人とも川の中でころんでしまいます。そしてずぶぬれになった彼女の手のひらに、また、water とかくのです。[E]

彼女は、コップの中の、あの得体の知れないものも、井戸のポンプから出てくるものも、いま体中を濡らしてしまったそれも、みんな water というものであったかと、この時はじめて雷に打たれたように気がつくのです。

そして、ものには名前があること、名前は文字というもので表わされていることをはじめて知るのです。彼女は㋒きょうきします。昨日まで呪文でしかなかった earth という文字を、はじめて大地にかき記すのです。彼女の両の目からは涙が流れて止まらないのです。4それは彼女の目が開いたのも同じことでした。そして、この時から彼女は、言葉という道を通って、光のある世界へ出ていったのです。

彼女の両親はもちろんサリバン先生にとっても、私たちにとっても、忘れることのできない事件でした。それは、人間にとって言葉が誕生する、あまりにも劇的な場面だからです。

このことから、言葉のもつ大切な意味について理解するだけでなく、言葉や文字が意味をなさなかった時代の彼女の感覚に注目してほしいのです。5それは、先に述べたコオロギという言葉を知らない子どもがコオロギを見た場合の様子に少しだけ似ています。

言葉で考えることが、間接的、知性的であるのに対して、絵で感じるのは、直接的、感覚的だと考えることができます。

言葉で考えたことは、自分で考えるだけでなくそれを人に伝えることができるのにくらべて、絵（イメージ）で考えている内容は人に伝えることができません。しいて人に伝えようとするなら、やはり言葉の力を借りるか、さもなくば絵や図を描くしかないでしょう。つまり、「考える」ためには、「絵（イメージ）で考える」場合でも、それを言葉に置きかえなければならないのです。私はここで前言を多少て㋓いせいしなければなりません。[X]

感じたことを人に伝えようとする場合も、言葉が必要になってきます。道順を教えるとか、数学の解法を伝えるというのなら論理的な言葉を使うことができますが、「感じたこと」の場合は非常にむつかしい、時として絶句することもあるほどです。

例えば、自分が今、悲しんでいるという事情を理路整然と説明されたのでは、その理由は説明できたとしても、悲しいという感情を人に伝えることはできないでしょう。

まして、自然や、芸術品からうける「美しい！」というような複雑な感情を表わす言葉は、自分の知っている言葉の中からは見当らないかもしれない。それでも無理に探していい表わそうとする言葉は、それを〝詩〟とまではいわないまでも、詩の原型だといってもいいのではないでしょうか。

大人は、無理に言葉を探しますが、子どもは、容易に言葉を拾い出します。ほとんど短絡といってもいいほどの子どもの言葉が、時として〝詩〟のように思えてくるのです。

このような言葉以前の直接的、感情的な世界は、第三者がほとんど入りこむことのできない世界です。芸術教育（詩を含めて）はこの世界にタッチしようと試みるのですが、まだ信頼すべき方法が㋔かくりつされたとはいえない状態です。

二〇一九年度　桐光学園高等学校

【国語】（五〇分）〈満点：一〇〇点〉

注意　本文の表現については、作品を尊重し、そのままにしてありますが、設問の都合上、省略した部分、表記を改めた部分があります。
また、特に指示のないかぎり、句読点も一字に数えます。

一　次の文章は「幼児教育・児童教育における絵本とはどうあるべきか」について書かれた文章の一部です。読んで後の問いに答えなさい。

〝人間は言葉でものを考える〟といわれています。言葉がなかったら、頭の中で、記憶し、整理し、順序だてて考えを進めていくことができません。また、言葉の影ともいえる文字によって、その考えや記憶を（あ）たくわえたり、たがいに交換したりして、より広く、大きく考えを展開しているのはいうまでもないことです。

しかし、私は、「人間は絵（イメージ）でものを考える」ということもできる、と考えています。例えば、地図や、文字盤のある時計や、幾何学《きかがく》などは、絵で考える、という範疇《はんちゅう》に属します。

虫という言葉を知らない子どもが、はじめて虫を見たとき何を考えるでしょうか。その子は、直接その得体の知れないものと対決する他ありません。もしその子が積極的であれば、その虫に対して、彼にしか通用しない名前（言葉）を与えるでしょう。そして、その名前を与えるまでの新鮮で大切な体験は、言葉という抽象されたものに置きかえられます。

その言葉が共通語としての虫、あるいはコオロギであることを、やがて、人は教え、彼は学びます。大人は、彼がコオロギを見てコオロギだ、といったとき1「理解している」2と判断します。3おそろしいことに、やがて彼自身も、コオロギという名前を覚えたとき、その虫を理解した、と思いはじめます。

彼が知ったのは、コオロギそのものではなく、たんにコオロギという言葉です。新鮮で感動的でさえあったあの得体の知れないものとの直接的関りあいを忘れたのでは、何にもならないのです。

言葉で考えることが直線的、論理的であるのに対して、絵（イメージ）で考えることは、平面的、直観的です。

絵（イメージ）でものを考える方が、言葉で考えることに勝るなどといっているのではありませんが、今世紀はじめの、ある哲学者たちの迷いを、ここで思い出さぬわけにはいきません。

哲学者は、言葉の世界に住んでいます。その言葉によっていろいろな命題を解いてきました。善とは何か、嘘とは何か、そして言葉とは何か、……と。しかし、彼等は言葉というものを定義づけようとしたときに、やはり言葉を用いるほかない、というAジレンマAにおち入ったのです。

もちろん、このパラドックス※は（い）せんこく解決されているそうですし、もしそうでなかったら、哲学という学問そのものがとっくになくなっているでしょう。ただいえるのは、言葉というものが、実にあいまいなものであることを、哲学者が認めざるを得なかったということです。

私はいま、ヘレン・ケラーのことを思い出します。［A］

彼女は、目も見えず、耳も聞こえず、話すこともできませんでした。彼女の家庭教師であったサリバン先生は、不幸な彼女を教育するために、想像もつかない苦労をします。

あれは、『奇蹟の人』というヘレン・ケラーの伝記映画でした。

［B］サリバン先生は水をさわらせて、手のひらに water とかきます。

英語解答

1 ［Ａ］ (a)… 1　(b)… 3　(c)… 1

［Ｂ］ (a)… 3　(b)… 2

2 (a) voyage　(b) leaf

(c) rainbow　(d) favo(u)rite

(e) follow

3 (a) 2　(b) 4　(c) 4　(d) 3

(e) 1

4 (a) イ…about　ロ…in

(b) イ…of　ロ…way

(c) イ…future　ロ…so

(d) イ…time　ロ…almost〔nearly〕

(e) イ…number　ロ…these

5 (a) イ… 1　ロ… 2

(b) イ… 2　ロ… 4

(c) イ… 5　ロ… 3

6 (例)I happened to see a boy who not only spoke English but (also) spoke French.／It happened that I saw a boy who spoke not only English but (also) French.

7 (a) 4　(b) hospitals

(c) 医者が飛行機で移動できるように奥地の全ての家の近くに飛行機が着陸する場所をつくること。(43字)

(d) 3　(e) 4－2－6－1－5－3

(f) 1　(g) 4　(h) 2，4，7

8 (a) アイキーはロージーを愛していることを彼女に決して言わないこと。(31字)

(b) 3　(c) 4　(d) 1

(e) 6－3－7－1－5－4－2

(f) 1　(g) 3　(h) 2，4，8

1〔音声総合〕

［Ａ］<単語の発音>

(a) 1．hobby [ɑː]　2．monkey [ʌ]　3．above [ʌ]　4．wonder [ʌ]

(b) 1．realize [iə]　2．Korean [iə]　3．treasure [e]　4．theater [iə]

(c) 1．decrease [s]　2．confuse [z]　3．disease [z]　4．advise [z]

［Ｂ］<単語のアクセント>

(a) 1．col-léct　2．sur-víve　3．cús-tom　4．in-vént

(b) 1．ac-tív-i-ty　2．math-e-mát-ics　3．en-ví-ron-ment　4．im-pós-si-ble

2〔単語の定義〕

(a)「(　　)とは長い旅のことで，特に海や宇宙でのものをいう」―「航海」

(b)「(　　)は植物の緑色の平たい部分だ。それは枝から生える」―「葉」

(c)「(　　)はときどき，雨を通して太陽が輝くときに空に現れる」―「虹」

(d)「あなたは何の教科が一番好きなの？」―「私の(　　)教科はもちろん英語よ」―「大好きな」

(e)「(　　)とは人や物の後から来たり，後についていったりすることだ」―「～についていく，従う」

3〔対話文完成―適文選択〕

(a) Ａ：何をご注文なさいますか？／Ｂ：ステーキとロブスターを頂きます。／Ａ：ステーキの焼き加減はどういたしましょうか？／Ｂ：よく焼いてください。 //How would you like your steak？はステーキの焼き加減を尋ねる決まり文句。焼き加減には他に rare「レア」，medium rare「ミディアムレア」などがある。

(b) Ａ：次の火曜日，一緒に夕食を食べない？／Ｂ：いい考えだね。／Ａ：6時頃来られる？／Ｂ：うん，行けると思う。//直後のＢの I think I can. という返答から，6時に来られるかと尋ねる文が適切。

(c)A：京都にはどのくらいいる予定ですか？／B：私たちは2日前にここに来たんです。だからあと2日あります。／A：滞在を楽しんでくださいね！∥滞在期間に関する話をしている文は4のみ。

(d)A：すみません。ここから表参道ヒルズにはどうやって行けばいいか教えていただけますか？／B：ええと，一番いい方法は電車で行くことですね。／A：何線に乗ればいいですか？／B：表参道駅まで千代田線に乗ってください。それは駅の近くですよ。∥道を尋ねられての答えであり，直後で乗るべき路線をきかれているので，電車で行くことを勧めたと判断できる。

(e)(電話で)A：ホワイト診療所です。ご用を承りましょうか？／B：ええ，娘がひどい腹痛なんです。今日先生に診てもらうことはできますか？／A：あいにく先生は今日多忙でして。でも明日の朝9時なら娘さんを診察できますよ。／B：彼女はそんなに長く待てないと思います。他のお医者さんにあたってみます。とにかくありがとうございました。∥直後にBがそんなに待てないから他の医者を探す，と言っているので，今すぐではないが何らかの日時を提案したと判断できる。

4〔適語補充〕

(a)「～はどうですか」は ‘What〔How〕 about＋名詞〔動名詞(～ing)〕...?’ で表せる。「～に興味がある」は be interested in ～。

(b)ここでの nice は「親切だ」という ‘人の性質’ を表す形容詞として使われているので，‘It is ～ of … to ―’「―するとは…は～だ」の形式主語構文にする。「はるばる」は all the way。

(c)「今後は」は「将来は」と読み換えて in the future とする。「～するように」は ‘so that＋主語＋動詞...’ の形で表せる。

(d)「～するのがつらい」は have/has a hard time ~ing「～するのに苦労する」で表せる。「ほとんど」は almost または nearly で表せる。

(e)「(非常に)多くの」は a (great) number of ～ で表せる。「近頃」は these days。 *cf*. those days「当時」

5〔整序結合〕

(a)look forward to ～ で「～を楽しみにする」なので，その現在進行形で I am looking forward to とする。残りは taking part in ～ とまとまる(take part in ～ で「～に参加する」)ので，これを to の後ろに置けばよい。なお，look forward to ～ の to は前置詞なので，直後には名詞または動名詞(～ing)がくることに注意する。 I am looking forward to taking part in the race.「私はその競走に参加するのを楽しみにしている」

(b)まず主語と動詞を It is とする。語群から‘not so〔as〕 ～ as …’「…ほど～でない」の形が考えられるので It is not so hot as とまとめ，残りを it was yesterday とする。was と yesterday の間には繰り返しとなる hot が省略されていると考えられる。つまり，「(暑かった)昨日ほど暑くない」ということ。 It is not so hot as it was yesterday.「昨日ほど暑くない」

(c)語群より had better, speak to her というまとまりができる。また right は文末の now と合わせて right now「ちょうど今は」とする。‘had better＋動詞の原形’「～した方がいい」の否定形は，‘had better not＋動詞の原形’ になるので，had better not speak to her とまとまる。 You had better not speak to her right now.「今は彼女に話しかけない方がいい」

6〔和文英訳―完全記述〕

「偶然～する」は ‘happen to＋動詞の原形’ で表せるので，文の骨組みである「私は少年に偶然会った」は I happened to see a boy と表せる。「少年」を修飾する「英語だけでなくフランス語も話す」

は関係代名詞節で表せばよい。「～だけでなく…も」は，‘not only ～ but (also) …’。また，前半部分は，‘It happens/happened (that)＋主語＋動詞...’「偶然～である〔あった〕」の形でIt happened that I saw a boyとすることもできる。後半のa boyを修飾する部分は，who spoke not only English but (also) Frenchと，who not only spoke English but (also) spoke Frenchのどちらの形でもよい。

7 **〔長文読解総合―説明文〕**

≪全訳≫❶オーストラリアの大部分の人たちは，海岸沿いの都市で生活している。真ん中の広大な地域に住む人はほとんどいない。その地域の家々は，互いの家から遠く離れている。オーストラリア人は国のこの地域を「アウトバック(奥地)」と呼ぶ。過去には，奥地の人々が事故に遭ったり重い病気になったりしたとき，彼らの面倒をみる医者は近くにいなかった。今日，奥地の人々はロイヤル・フライング・ドクター・サービスという特別なサービスに連絡をして，数分以内に医療のアドバイスを受けることができる。ロイヤル・フライング・ドクターは，医師のいない場所の人たちのもとに行くのに飛行機を使う。❷ジョン・フリン師という牧師が，1920年代にロイヤル・フライング・ドクター・サービスを始めた。彼は自分の教会のために，しばしばトラックでオーストラリアの中部と北部を移動していた。彼は，医者が近くにいないために，多くの人たちが亡くなることがわかった。彼は考えた。「これらの人たちを助ける何らかの方法があるはずだ。まずは，彼らのために病院を建てよう」❸フリンは非常に熱心に取り組み，1927年までにオーストラリアの中部と北部に10の小さな病院ができた。看護師が病気やけがの人たちの世話をした。しかしフリンは満足していなかった。病院があり看護師はいたが，医師は多くなかった。それに別の問題もあった。依然として，病院から遠く離れた所で暮らす人々を治療するのは医師たちにとって難しかったのだ。そんなとき，彼はあることを思いついた。「医者は飛行機で移動できる。奥地の全ての家の近くに，飛行機が着陸できる場所もつくろう」　多くの人はその考えを笑った。1927年には飛行機での移動はまだ始まったばかりで危険なことだったのだ。❹もう１つ問題があった。あまりに遠くにいる人たちは，医師と連絡を取ることができなかったのだ。フリンは言った。「メッセージを送受信するのに，無線機を使おう」　当時，無線機は奥地のほとんどの場所では使用できなかった。なぜなら電気が通っていなかったからだ。しかしある技術者が，足こぎペダルで動く無線機を発明した。この発明によって，人々は遠くからでも助けを求めることができた。❺全ての準備が整った。ロイヤル・フライング・ドクター・サービスは1928年５月に始まった。サービスは多大な成功を収め，フリンは非常にうれしかった。初年度，医師たちは50回の飛行をした。彼らは１万8000マイル飛行し，225人を助け，４人の命を救った。フリンは今度は(ホ)サービスを奥地の全ての地域に広げたいと思った。彼の教会にはこの計画のための十分な資金がなかった。そこで，オーストラリアのさまざまな州が援助することに同意した。各州が，１つか２つの病院を建てた。❻1942年に，ロイヤル・フライング・ドクター・サービスはもう１つ名案を思いついた。奥地の全ての家庭が，入念に準備された救急箱を受け取った。それぞれの救急箱には，同じ薬や包帯などが入っていた。その箱の中身の全てに，それぞれ固有の番号がついていた。後に，救急箱には各部位に番号のついた人体図も入れられた。人々が病気になったりけがをしたとき，彼らは医療センターに連絡するのに無線機を使った。医師は問題について番号で尋ねた。それから医師は連絡してきた人に，救急箱の薬を使うようやはり番号で指示した。例えば医師はこう言ったのだ。「３時間おきに，８番の薬を１錠飲みなさい」，あるいは「けがをした足に22番を塗りなさい」というふうに。❼現在，医療セットは3000個，病院は22，そしてロイヤル・フライング・ドクター・サービスの飛行機は53機ある。毎年，そのサービスはおよそ27万4000人もの人を助けている。

(a)＜**適語(句)選択**＞文の主語がhouses「家々」で，それらがfar away from ～「～から遠い」とあるので，each other「お互い」が適切。

(b)＜**適語補充**＞直前に，医者が周囲にいない人たちを助ける方法が何かあるはずだと言っていて，直後の文には10の小さな病院ができたとあるので，「病院」が適切。冠詞がないので複数形にすること。

(c)＜**語句解釈**＞直前にある，病院ができても，依然として病院から遠く離れた所で暮らす人々を治療するのは難しいという問題に対する考え。直後の2文に飛行機を使う方法が説明されている。これを指定された字数の範囲にまとめる。

(d)＜**適語選択**＞これがないために無線機が使用できなかったのだから，3．「電気」が適切。

(e)＜**整序結合**＞want to ～「～したい」，または'want ～ to …'「～に…してほしい」の形が考えられるが，wanted to ～ とすると後が続かない。下線部を含む文の内容は，直後の文にある this plan の具体的な内容だと考えられ，この後，この計画に対して，さまざまな州が援助し病院を建てたと続いていることから，この部分は，このサービスを奥地の全ての地域に広げたかったというような内容になると考えられる。まず wanted the Service to とし，to の後に動詞の原形 be を置く。残りを in all parts of the Outback とまとめると「このサービスが奥地の全ての地域に存在してほしい」という意味になり文が成立する。　Flynn now wanted the Service to be in all parts of the Outback.

(f)＜**適語選択**＞「医療センターに連絡するために」使うのは radio「無線機」。第4段落終わりの2文参照。

(g)＜**英文解釈**＞one pill「1錠」は薬のことで，take には「服用する」の意味がある。from number 8 は「(救急箱の中の) 8番(の薬)から」の意味。'every＋数詞＋名詞' で「～おきに，～ごとに」。

(h)＜**内容真偽**＞1．「奥地に住む多くの人は，海岸沿いの都市に引っ越したくはない」…×　このような記述はない。　2．「ロイヤル・フライング・ドクター・サービスは奥地の人々に医療アドバイスを提供する」…○　第1段落終わりから2文目参照。　3．「フリンは教会へ行く途中，トラックを運転していて事故で亡くなった」…×　「フリンが事故で亡くなった」という記述はない。　4．「1927年には飛行機での旅は一般的ではなく，また危険だった」…○　第3段落最終文参照。　5．「奥地の人々は今よりも簡単にメッセージを送ったり受け取ったりできた」…×　第4段落第1文参照。連絡手段がなかったとある。　6．「フリンの教会は，オーストラリアの各州に最低1つの病院を建てるために必要な全てのお金を使った」…×　第5段落終わりの2文参照。フリンの教会には十分なお金がなかった。　7．「奥地の全ての家庭に特別な救急箱が贈られた」…○　第6段落第2文参照。　8．「ロイヤル・フライング・ドクター・サービスは1928年以来約27万4000人の人を助けている」…×　第7段落最終文参照。27万4000人という数字はこのサービスが1年で助けている人数。

8〔長文読解総合―物語〕

≪**全訳**≫❶ブルーライト薬局はニューヨークの東側，1番街の近くにあった。そこの薬は全て手づくりだった。アイキーはそこで夜間に働いていた。痩せた頭のよい男で，長い鼻にメガネをかけていて，病気になると助けを求めてやってくる全ての人たちに気さくに接した。❷アイキーは薬局からそれほど遠くない一軒家のひと部屋に住んでいた。下宿屋の女主人はリドル夫人で，彼女にはロージーという娘がいた。アイキーはロージーを深く愛していたが，彼女に決してそのことを言わなかった。それは不思議なことだった。なぜなら彼は薬局では人と話すのがとても上手だったからだ。❸リドル夫人の家に暮らす男がもう1人いた。彼もロージーを愛していた。彼の名前はマッゴーワンといった。アイキーはロージーの愛を勝ちえるとは思っていなかったが，マッゴーワンの方は希望に満ちていた。彼はまた，アイキーの友人でもあった。彼はよく，通りで夜中にケンカした後で，目の黒いあざや切り傷につけるものを買いに薬局にやってきた。**4**ある日の午後，彼は急いだ様子で薬局に入ってきて，まっすぐに友人のアイキーの所に話をしにいった。**5**「特別な薬が必要なんだ」と彼は言った。**6**「コートを脱げよ」とアイキーは言った。「そしてどこが痛むのか話してくれ。またケンカしたのか？　いつか背中にナイフを刺されるぞ」**7**「ケンカじゃないさ」とマッゴーワンが笑いながら言った。「だが君は正しいな。俺のコートの下が痛いんだ，胸がね。今夜ロージーと俺は，結婚するため駆け落ちするんだ」**8**アイキーは聞きながら薬を調合していたので，床に全部落としてしまわないよう気をつけた。**9**マッゴーワンの笑顔が今度は心配そうに見えた。**10**「俺たちは2週間前に初めて計画を思いついたんだ。ロージーはこの計画について「いいわよ」と言うときもあれば，「いやよ」と言うときもあるんだ。この2日間彼女は「いいわよ」と言っている。だから5時間後には2人で出発したいと思ってるんだ。土壇場で彼女に計画を変更してほしくないのさ」**11**「それで，薬はそれにどう関係してくるんだい？」とアイキーは尋ねた。**12**「それが，ほら，リドルのじいさんは俺のことを嫌ってるだろう。もう1週間も，ロージーに俺と出かけるなって言い続けてる。あいつのせいで今夜彼女が出発したくなくなるんじゃないかと心配してるんだ」**13**「もっと自分を深く愛させるために女に飲ませることのできる薬ってないのか？　俺にはティム・レイシーって友達がいてさ。彼は恋人にそういう薬を飲ませて，2週間後に結婚したんだぜ」**14**マッゴーワンは，アイキーがこれらの言葉に意味ありげな笑いを浮かべたのに気づかずに続けた。**15**「もし今夜の夕食時にロージーに惚れ薬を飲ませることができたら，きっと(ニ)彼女は俺と一緒に来るだろう」**16**「それでいつ逃げるんだい？」**17**「9時だよ。夕食は7時なんだ。8時にロージーは頭が痛いと言って寝る。9時に俺は家の裏手に回って，そうしたら彼女は窓から避難用のはしごで降りてくる。それから俺たちは結婚するためまっすぐ教会に行くつもりさ」**18**「惚れ薬を売るのには慎重にならなくてはいけないんだ。でも君は僕の友達だから，僕が君のためにつくってあげるよ。そうすれば，(ホ)それがロージーの君への気持ちをどう変えるかわかるだろう」とアイキーは言った。**19**それから彼は慎重に眠り薬をつくった。それを飲んだものは誰でも必ず，目を覚ますことなく何時間も眠るのだった。**20**彼はその薬を友人に与え，できればそれを飲み物に入れるようにと言った。マッゴーワンは彼に礼を言って出ていった。**21**その後，アイキーはリドル氏にメモを送って，マッゴーワンの計画について告げた。**22**リドル氏はその午後，薬局にやってきた。彼は屈強で赤ら顔の，怒れる男だった。**23**「教えてくれてありがとう，アイキー」と彼は言った。「あのだらしない男め。私の部屋はちょうどロージーの部屋の上だ。夕食後はそこで銃を持って待ってやる。もし今晩マッゴーワンが来たら，やつは今夜病院行きだろう。教会ではなくな」**24**「ロージーは部屋で眠ってしまい，リドルのじいさんが銃を持って上の階で待っている。だからマッゴーワンの勝ち目はないだろう」　リドル氏が去った後，アイキーはうれしそうにそう考えた。**25**翌朝8時，アイキーは仕事を終えて，最新の状況を知るためにリドル夫人の家に向かって歩き始めた。その通りで，彼はマッゴーワンに出会った。マッゴーワンはアイキーの手を取って握手し，心から感謝した。**26**「うまくいったよ」と彼は笑顔で言った。「ロージーと俺はもう結婚している。いつか近いうちに，俺たちの家に夕食に来てくれ」**27**「でも，薬は?!」とアイキーは尋ねた。**28**「ああ，あれね！」とマッゴーワンは笑った。「最後になって俺はロージーの愛を疑うのは悪いと感じたんだよ。でも，リドルじいさんは夕食のとき俺に好意的じゃなくてね。自分の娘と結婚したがっている男にそんなにつらく当たるのはよくないと俺は思ったんだ。だから，彼のコーヒーに薬を入れてやったのさ！」

(a)＜**指示語**＞「不思議だった」理由として，この後「人と話すのがとても上手だったから」とあるので，That は直前の文の内容の，大好きなロージーにその気持ちを伝えていないことだと判断できる。

(b)＜**適語選択**＞「コートの下」にある部分であり，そこが痛む理由は直後の文にあるとおり駆け落ちするからなので，heart「胸，心」が適切。　back「背中」

(c)＜**英文解釈**＞下線部は直訳すると「薬はそれのどこに入ってくるの？」という意味。マッゴーワンが薬が必要だとやってきたとき，アイキーはいつものようにケンカの後に必要な薬を買いに来たと思っていた(第５，６段落)が，その後ロージーとの駆け落ちの話になったので，その話と薬がどう関係があるのかと尋ねたのである。

(d)＜**適文選択**＞マッゴーワンは，ロージーが彼と一緒に駆け落ちしてくれるようにするために，アイキーに惚れ薬を頼んでいるのだから，その薬をロージーが飲めば，彼女は一緒に来るだろうとわかる。

(e)＜**整序結合**＞you'll see に続く see の目的語の部分を組み立てる。語群に how があるので，'疑問詞＋主語＋動詞' の間接疑問の形を考える。語群の中で動詞となるのは changes だけで，また，これに対応する主語になれるのは３人称単数の it のみ。この it は文前半の it と同様に「薬」を指していると考えられるので，how it changes Rosie's feelings とまとめると，「それ(薬)がロージーの気持ちをどのように変えるか」という意味になる。残りは for you とまとめて Rosie's feelings for you「ロージーの君への気持ち」とする。　... and you'll see how it changes Rosie's feelings for you

(f)＜**文脈把握**＞マッゴーワンが欲しいと言ったのはロージーに飲ませる惚れ薬だったが，アイキーは眠り薬をつくって渡している。アイキーは，自分もロージーのことが好きなために，その薬でロージーを眠らせ，彼女がマッゴーワンと駆け落ちできないようにしたかったのである。

(g)＜**語句解釈**＞下線部は直訳すると「最新情報を知るために」。向かった先はリドル夫人宅なのだから，眠り薬を渡した結果，マッゴーワンの駆け落ち計画がどうなったか知りたかったとわかる。

(h)＜**内容真偽**＞１．「アイキーは薬局で朝から夜遅くまで働いた」…×　第１段落第３文参照。働いていたのは夜だけ。　２．「アイキーとマッゴーワンは薬局の近くの同じ家に住んでいた」…○　第２段落第１，２文および第３段落第１，３文参照。　３．「アイキーは見た目がよくないので，ロージーの愛を勝ち得るのは不可能だと思っていた」…×　「見た目がよくない」という記述はない。　４．「マッゴーワンはできるだけ早くロージーと結婚したかった」…○　第10段落終わりの２文および第17段落最終文参照。ロージーの気持ちが変わらないうちに結婚したいと焦っているマッゴーワンの気持ちが読み取れる。　５．「リドル夫妻は娘にマッゴーワンを愛してほしくなかった」…×　リドル夫人がどう思っているかに関する記述はない。　６．「ティムは恋人に惚れ薬を飲ませたが，彼女は彼をより好きになることは全くなかった」…×　第13段落第２，３文参照。薬を飲ませた２週間後に結婚している。　７．「リドル氏は，マッゴーワンが正直だとわかったので撃たなかった」…×　第28段落終わりの２文参照。マッゴーワンはロージーにではなく，自分に冷たかったリドル氏に惚れ薬を飲ませた。だが実際にはそれが眠り薬だったため，リドル氏は眠ってしまい，駆け落ちを止めることができなかった。　８．「リドル氏が眠り薬を飲んだので，ロージーとマッゴーワンは結婚できた」…○　第26段落第１，２文および第28段落終わりの２文参照。

2019年度／桐光学園高等学校

数学解答

1 (1) $\dfrac{4x+7y}{12}$　(2) 139

(3) $(x-1)(x+1)^2$　(4) $x=2,\ y=\dfrac{1}{3}$

(5) $x=\dfrac{1}{2},\ -\dfrac{1}{3}$

2 (1) $a=-\dfrac{1}{2},\ b=0$　(2) $\dfrac{1}{9}$

(3) $\dfrac{36}{13}\pi\text{cm}^2$　(4) $\dfrac{32\sqrt{7}}{3}\text{cm}^3$

(5) $\dfrac{4\sqrt{21}}{7}\text{cm}$

3 (1) (3, 9)　(2) (2, 0)

(3) (0, −4)　(4) $\left(-\dfrac{1}{4},\ -\dfrac{11}{4}\right)$

4 (1) 1：8　(2) 4：11　(3) 1：91

5 (1) $\dfrac{1}{12}$　(2) $\dfrac{5}{36}$　(3) $\dfrac{1}{9}$

1〔独立小問集合題〕

(1)＜**式の計算**＞与式$=\dfrac{12x-3(2x-y)-2(x-2y)}{12}=\dfrac{12x-6x+3y-2x+4y}{12}=\dfrac{4x+7y}{12}$

(2)＜**式の値**＞与式$=x^2+2xy+y^2-xy=(x+y)^2-xy$と変形する。これに，$x+y=(3\sqrt{5}+2)+(3\sqrt{5}-2)=6\sqrt{5}$，$xy=(3\sqrt{5}+2)(3\sqrt{5}-2)=(3\sqrt{5})^2-2^2=45-4=41$を代入して，与式$=(6\sqrt{5})^2-41=180-41=139$となる。

(3)＜**因数分解**＞与式$=x^2(x+1)-(x+1)$とし，$x+1=A$とおくと，与式$=x^2A-A=A(x^2-1)=A(x+1)(x-1)$となる。$A$をもとに戻して，与式$=(x+1)(x+1)(x-1)=(x-1)(x+1)^2$である。

(4)＜**連立方程式**＞$\dfrac{x-1}{3}=\dfrac{y+1}{4}$……①，$\dfrac{x-1}{3}=\dfrac{x-y}{5}$……②とする。①×12より，$4(x-1)=3(y+1)$，$4x-4=3y+3$，$4x-3y=7$……①′　②×15より，$5(x-1)=3(x-y)$，$5x-5=3x-3y$，$2x+3y=5$……②′　①′＋②′より，$4x+2x=7+5$，$6x=12$　$\therefore x=2$　これを②′に代入して，$4+3y=5$，$3y=1$　$\therefore y=\dfrac{1}{3}$

(5)＜**二次方程式の応用**＞$x^2+ax+b=0$に解の$x=-3$，2をそれぞれ代入すると，$(-3)^2+a\times(-3)+b=0$より，$-3a+b=-9$……①，$2^2+a\times2+b=0$より，$2a+b=-4$……②となる。①，②を連立方程式として解くと，②−①より，$2a-(-3a)=-4-(-9)$，$5a=5$　$\therefore a=1$　これを①に代入して，$-3+b=-9$　$\therefore b=-6$　これより，二次方程式$bx^2+ax+1=0$は，$-6x^2+x+1=0$，$6x^2-x-1=0$となる。よって，解の公式より，$x=\dfrac{-(-1)\pm\sqrt{(-1)^2-4\times6\times(-1)}}{2\times6}=\dfrac{1\pm\sqrt{25}}{12}=\dfrac{1\pm5}{12}$となり，$x=\dfrac{1+5}{12}=\dfrac{1}{2}$，$x=\dfrac{1-5}{12}=-\dfrac{1}{3}$である。

2〔独立小問集合題〕

(1)＜**関数一変域**＞yの最小値が−8だから，関数$y=ax^2$のグラフは，右図1のような下に開いた放物線になる。$-2\leqq x\leqq4$のとき，$-8\leqq y\leqq b$だから，$x=4$で，yは最小値−8となり，$x=0$で，yは最大値0となる。よって，$-8=a\times4^2$より，$a=-\dfrac{1}{2}$，$b=0$である。

図1

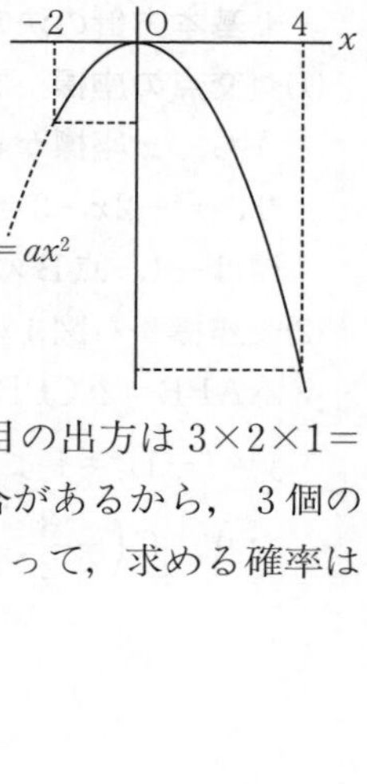

(2)＜**確率—さいころ**＞3個のさいころを同時に投げたときの目の出方は，全部で$6\times6\times6=216$(通り)ある。3個のさいころの出た目が連続した3つの数になるのは，3つの数が(1, 2, 3)，(2, 3, 4)，(3, 4, 5)，(4, 5, 6)の4通りの場合がある。3つの数が(1, 2, 3)のとき，3個のさいころの目の出方は$3\times2\times1=6$(通り)ある。(2, 3, 4)，(3, 4, 5)，(4, 5, 6)のときも同様に6通りの場合があるから，3個のさいころの出た目が連続する3つの数になる場合は$6\times4=24$(通り)ある。よって，求める確率は

$\frac{24}{216}=\frac{1}{9}$ である。

(3)＜図形―面積＞右図２のように，ひし形の各頂点をＡ～Ｄとし，対角線ACとBDとの交点をO，ひし形ABCDに内接する円と辺ABの接点をＥとする。このとき，図形の対称性より，ひし形に内接する円の中心は点Ｏとなる。ひし形の対角線は，それぞれの中点で垂直に交わるので，$AO=4\div2=2$，$BO=6\div2=3$，$\angle AOB=90^\circ$ である。また，$\angle ABO=\angle OBE$，$\angle AOB=\angle OEB=90^\circ$ だから，$\triangle ABO \backsim \triangle OBE$ となり，$AO:OE=AB:OB$ が成り立つ。$\triangle ABO$ で三平方の定理より，$AB=\sqrt{AO^2+BO^2}=\sqrt{2^2+3^2}=\sqrt{13}$ だから，$2:OE=\sqrt{13}:3$ となり，$\sqrt{13}OE=2\times3$ より，$OE=\frac{6}{\sqrt{13}}$ である。よって，求める円の面積は $\pi\times\left(\frac{6}{\sqrt{13}}\right)^2=\frac{36}{13}\pi\,(\mathrm{cm}^2)$ となる。

図２

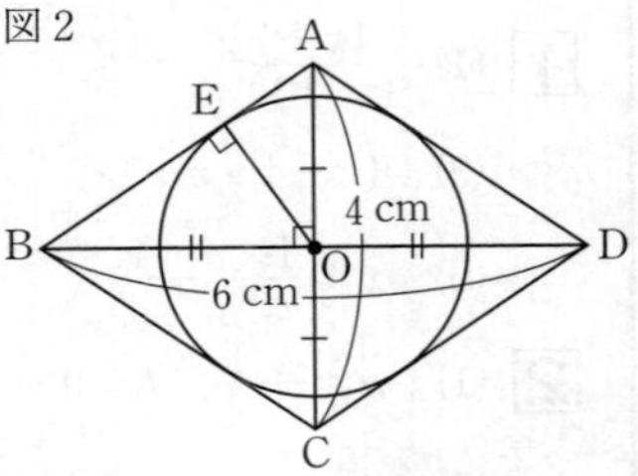

(4)＜図形―体積＞右図３のように，正四角錐の各頂点をＡ～Ｅとし，底面の正方形BCDEの対角線の交点をOとする。図形の対称性より，正四角錐の頂点Aから底面に垂線を引くと，底面との交点は点Ｏと一致する。また，四角形BCDEは正方形より，$\triangle OBC$ は直角二等辺三角形で，３辺の比は $1:1:\sqrt{2}$ だから，$BO=\frac{1}{\sqrt{2}}BC=\frac{1}{\sqrt{2}}\times4=2\sqrt{2}$ である。よって，$\triangle ABO$ で三平方の定理より，$AO=\sqrt{AB^2-BO^2}=\sqrt{6^2-(2\sqrt{2})^2}=\sqrt{28}=2\sqrt{7}$ となるから，求める体積は $\frac{1}{3}\times4^2\times2\sqrt{7}=\frac{32\sqrt{7}}{3}\,(\mathrm{cm}^3)$ である。

図３

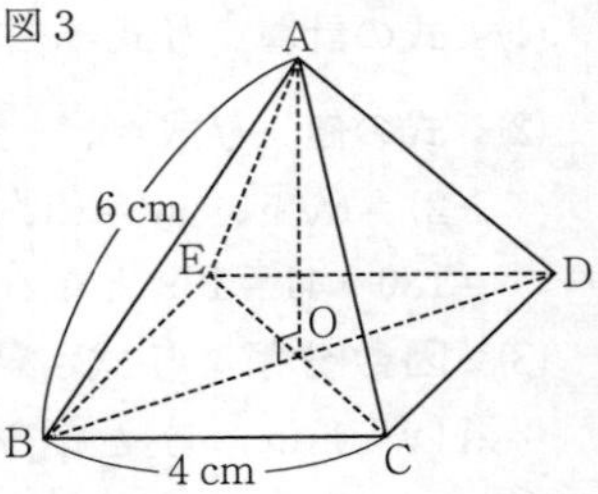

(5)＜図形―長さ＞右図４で，$\overset{\frown}{BD}$ に対する円周角より，$\angle DCM=\angle BAM$ であり，対頂角より，$\angle CMD=\angle AMB$ だから，$\triangle CDM \backsim \triangle ABM$ となり，$CD:AB=CM:AM$ が成り立つ。線分ABは円Oの直径だから $\angle ACB=90^\circ$，また $\angle ABC=30^\circ$ より，$\triangle ABC$ は３辺の比が $1:2:\sqrt{3}$ の直角三角形である。円Oの半径は２cmで，$AB=4\,(\mathrm{cm})$ だから，$AC=\frac{1}{2}AB=\frac{1}{2}\times4=2$，$BC=\sqrt{3}AC=\sqrt{3}\times2=2\sqrt{3}$ となる。点Mは線分BCの中点なので，$CM=\frac{1}{2}BC=\frac{1}{2}\times2\sqrt{3}=\sqrt{3}$ である。よって，$\triangle ACM$ で三平方の定理より，$AM=\sqrt{AC^2+CM^2}=\sqrt{2^2+(\sqrt{3})^2}=\sqrt{7}$ となる。したがって，$CD:4=\sqrt{3}:\sqrt{7}$ より，$CD\times\sqrt{7}=4\times\sqrt{3}$，$CD=\frac{4\sqrt{3}}{\sqrt{7}}=\frac{4\sqrt{21}}{7}\,(\mathrm{cm})$ となる。

図４

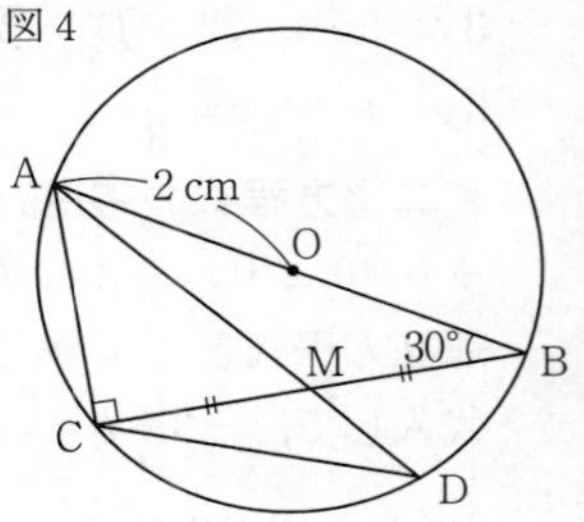

3 〔関数―関数 $y=ax^2$ と直線〕

《基本方針の決定》(4)　$AB /\!/ QP$ であることに着目する。

(1)＜交点の座標＞右図１で，点Bは放物線 $y=x^2$ と直線 $y=2x+3$ の交点のうち，x 座標が正である点なので，２式から y を消去して，$x^2=2x+3$ より，$x^2-2x-3=0$，$(x+1)(x-3)=0$　$\therefore x=-1,\ 3$　よって，点Aの x 座標は -1，点Bの x 座標は３だから，$y=3^2=9$ より，$B(3,\ 9)$ である。

(2)＜座標＞右図１のように，直線 $y=2x+3$ と x 軸との交点をCとすると，$\triangle APB=\triangle CPB-\triangle ACP$ である。(1)より，点Aの x 座標は -1 だから，$y=(-1)^2=1$ より，$A(-1,\ 1)$ である。また，$0=2x+3$ より，$x=-\frac{3}{2}$ となり，$C\left(-\frac{3}{2},\ 0\right)$ である。点Pの x 座標を t とすると，$CP=t-\left(-\frac{3}{2}\right)$

図１

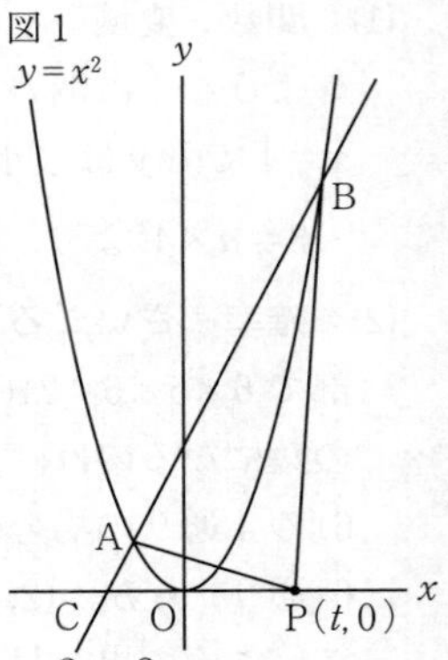

$=t+\frac{3}{2}$ である。これを底辺と見ると，△CPB，△ACPの高さはそれぞれ点B，Aの y 座標より 9，1となる。よって，$\frac{1}{2}\times\left(t+\frac{3}{2}\right)\times9-\frac{1}{2}\times\left(t+\frac{3}{2}\right)\times1=14$ が成り立ち，これを解くと，$t=2$ となるから，P (2, 0) である。

図2

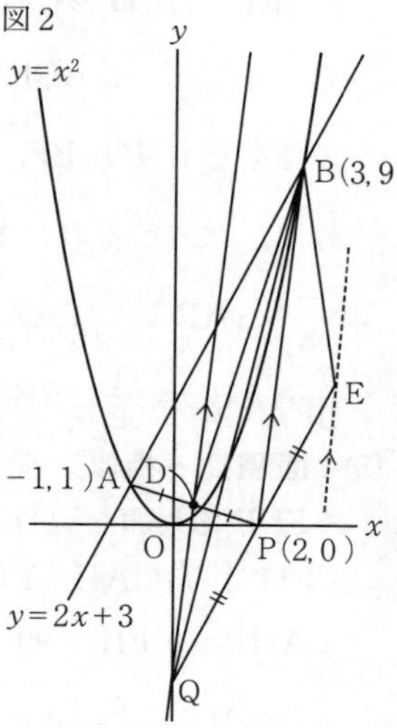

(3)＜**座標**＞右図2で，線分APの中点をDとすると，$\triangle DPB=\frac{1}{2}\triangle APB$ だから，点Dを通り直線BPに平行な直線が y 軸と交わる点がQとなり，$\triangle PQB=\triangle DPB=\frac{1}{2}\triangle APB$ である。直線BPの傾きは $\frac{9-0}{3-2}=9$ となるから，直線DQの式は $y=9x+b$ とおける。また，点Dの x 座標は $\frac{-1+2}{2}=\frac{1}{2}$，$y$ 座標は $\frac{1+0}{2}=\frac{1}{2}$ より，直線DQの式に $x=\frac{1}{2}$，$y=\frac{1}{2}$ を代入すると，$\frac{1}{2}=9\times\frac{1}{2}+b$ より，$b=-4$ となるから，Q (0, −4) である。さらに，図2のように，線分QPの延長上に PQ＝PE となる点Eをとると，$\triangle EPB=\frac{1}{2}\triangle APB$ となるから，点Eを通り直線BPに平行な直線が y 軸と交わる点もQとなる。しかし，この点はQ (0, −4) より原点から遠いので，求める点Qの座標は (0, −4) である。

図3

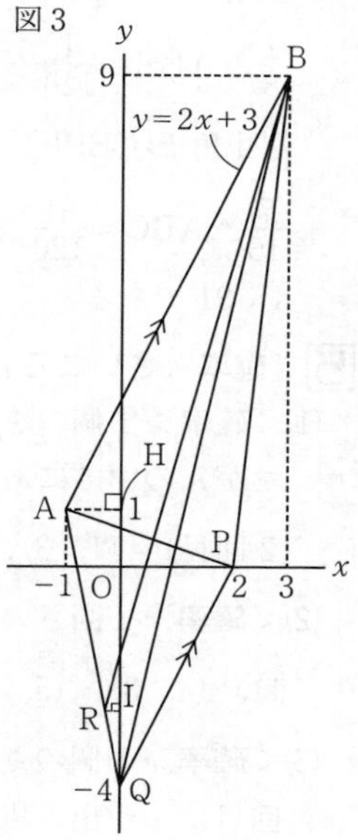

(4)＜**座標**＞右図3で，点Bを通り四角形AQPBの面積を2等分する直線と直線AQとの交点をRとする。P (2, 0)，Q (0, −4) より，直線PQの傾きは $\frac{0-(-4)}{2-0}=2$ だから，直線PQと直線ABは平行である。これより，$\triangle PQA=\triangle PQB=\frac{1}{2}\triangle APB=\frac{1}{2}\times14=7$ となり，〔四角形AQPB〕＝△APB＋△PQA＝14＋7＝21 である。よって，$\triangle ARB=\frac{1}{2}$〔四角形AQPB〕$=\frac{1}{2}\times21=\frac{21}{2}$，△AQB＝△APB＝14 で，△ARB＜△AQB より，点Rは線分AQ上にあるから，$\triangle RQB=\triangle AQB-\triangle ARB=14-\frac{21}{2}=\frac{7}{2}$ となり，$AR:RQ=\triangle ARB:\triangle RQB=\frac{21}{2}:\frac{7}{2}=3:1$ である。2点A，Rから y 軸に垂線AH，RIを引くと，AH：RI＝AQ：RQ＝(AR＋RQ)：RQ＝(3＋1)：1＝4：1であり，点Aの x 座標よりAH＝1だから，$RI=\frac{1}{4}AH=\frac{1}{4}\times1=\frac{1}{4}$ となり，点Rの x 座標は $-\frac{1}{4}$ である。また，HI：IQ＝AR：RQ＝3：1で，2点A，Qの y 座標より，HQ＝1−(−4)＝5 だから，$HI=\frac{3}{3+1}HQ=\frac{3}{4}\times5=\frac{15}{4}$ となり，点Iの y 座標，つまり点Rの y 座標は $1-\frac{15}{4}=-\frac{11}{4}$ である。したがって，$R\left(-\frac{1}{4},\ -\frac{11}{4}\right)$ となる。

4 〔平面図形―三角形〕

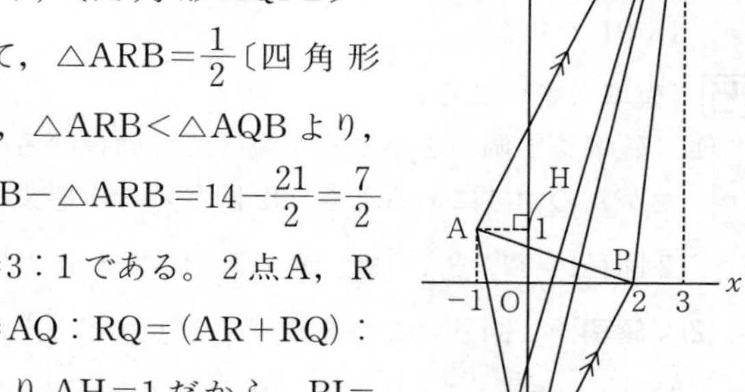

(1)＜**面積比**＞右図のように，2点B，Eを結ぶと，AE：EC＝1：1より，$\triangle ABE=\frac{1}{2}\triangle ABC$ である。また，AD：DB＝1：3より，$AD=\frac{1}{1+3}AB=\frac{1}{4}AB$ だから，$\triangle ADE=\frac{1}{4}\triangle ABE=\frac{1}{4}\times\frac{1}{2}\triangle ABC=\frac{1}{8}\triangle ABC$ である。よって，

$\triangle ADE : \triangle ABC = \frac{1}{8}\triangle ABC : \triangle ABC = 1 : 8$となる。

(2)＜**面積比**＞前ページの図で，△FDE＝△ABC－△ADE－△DBF－△EFCと考える。ここで，△ABF＝〔四角形BFPD〕＋△ADP，△ADE＝△APE＋△ADPで，〔四角形BFPD〕＝△APEなので，△ABF＝△ADEであり，(1)より，$\triangle ABF = \frac{1}{8}\triangle ABC$となる。よって，△ABFと△ABCの底辺をそれぞれBF，BCと見ると，高さは等しいので，$BF : BC = \frac{1}{8}\triangle ABC : \triangle ABC = 1 : 8$である。これより，$\triangle DBF = \frac{3}{4}\triangle ABF = \frac{3}{4} \times \frac{1}{8}\triangle ABC = \frac{3}{32}\triangle ABC$，$\triangle EFC = \frac{1}{2}\triangle AFC = \frac{1}{2} \times \frac{8-1}{8}\triangle ABC = \frac{7}{16}\triangle ABC$となる。したがって，$\triangle FDE = \triangle ABC - \frac{1}{8}\triangle ABC - \frac{3}{32}\triangle ABC - \frac{7}{16}\triangle ABC = \frac{11}{32}\triangle ABC$となるから，$\triangle ADE : \triangle FDE = \frac{1}{8}\triangle ABC : \frac{11}{32}\triangle ABC = 4 : 11$である。

(3)＜**面積比―相似**＞前ページの図で，2点A，Fから線分DEに垂線AH，FIを引く。△ADEと△FDEで共通な辺DEを底辺と見ると，高さはそれぞれ線分AH，FIだから，△ADE：△FDE＝4：11より，AH：FI＝4：11となる。ここで，△APHと△FPIにおいて，∠APH＝∠FPI，∠AHP＝∠FIP＝90°より，△APH∽△FPIなので，AP：FP＝AH：FI＝4：11となる。これより，$AP = \frac{4}{4+11}AF = \frac{4}{15}AF$となるから，$\triangle ADP = \frac{4}{15}\triangle ADF = \frac{4}{15} \times \frac{1}{4}\triangle ABF = \frac{4}{15} \times \frac{1}{4} \times \frac{1}{8}\triangle ABC = \frac{1}{120}\triangle ABC$である。また，$\triangle FDP = \frac{11}{4}\triangle ADP = \frac{11}{4} \times \frac{1}{120}\triangle ABC = \frac{11}{480}\triangle ABC$だから，〔四角形CEPF〕＝△PFE＋△EFC＝(△FDE－△FDP)＋△EFC＝$\left(\frac{11}{32}\triangle ABC - \frac{11}{480}\triangle ABC\right) + \frac{7}{16}\triangle ABC = \frac{91}{120}\triangle ABC$となる。よって，△ADP：〔四角形CEPF〕＝$\frac{1}{120}\triangle ABC : \frac{91}{120}\triangle ABC = 1 : 91$である。

5 〔確率―さいころ〕

(1)＜**確率**＞1個のさいころを続けて2回投げるときの目の出方は，全部で6×6＝36(通り)ある。コマがAのマスにあるとき，2回さいころを投げてちょうど『上がり』になる目の出方は，(1回目，2回目)＝(1，3)，(2，2)，(3，1)の3通りある。よって，求める確率は$\frac{3}{36} = \frac{1}{12}$である。

(2)＜**確率**＞2回さいころを投げてちょうど『上がり』になるのは，(1回目，2回目)＝(1，2)，(2，1)，(4，3)，(5，3)，(6，3)の5通りあるから，求める確率は$\frac{5}{36}$である。

(3)＜**確率**＞1個のさいころを続けて3回投げるとき，目の出方は全部で6×6×6＝216(通り)ある。1回目に1が出る場合，コマはBに止まるので，残りの2回で『上がり』になる目の出方は，(2)より5通りある。1回目に2が出る場合，コマはCに止まるので，残りの2回で『上がり』になる目の出方は，(2回目，3回目)＝(1，1)，(3，1)，(4，2)，(5，2)，(6，2)の5通りある。1回目に3が出る場合，コマはDに止まるので，残りの2回で『上がり』になる目の出方は，(2回目，3回目)＝(2，1)，(3，2)，(4，1)，(5，1)，(6，1)の5通りある。1回目に4，5，6が出たとき，コマはAに止まったまま動かないので，残りの2回で『上がり』になる目の出方は，(1)より3通りある。以上より，さいころを3回投げてちょうど『上がり』になる場合は5×3＋3×3＝24(通り)あるので，求める確率は$\frac{24}{216} = \frac{1}{9}$である。

国語解答

一 問一 (あ) 蓄 (い) 先刻 (う) 狂喜 (え) 訂正 (お) 確立
問二 1…エ 2…ウ 問三 エ
問四 D 問五 エ
問六 ヘレン・ケラーが言葉を知ったこと。
問七 ウ 問八 イ 問九 オ

二 問一 ウ 問二 イ 問三 エ
問四 ア 問五 ア 問六 イ
問七 ウ

三 問一 ア 問二 ウ 問三 ウ
問四 イ 問五 もとより
問六 (1) (右参照)
(2) 陰徳 [王が]礼を失した臣下の行動を見逃してやった[こと。]
陽報 [臣下が]王のために常に最前線で戦ってくれた[こと。]

有㆓陰徳㆒者必有㆓陽報㆒也。

一〔論説文の読解—教育・心理学的分野—教育〕出典；安野光雅『空想工房』。

《本文の概要》人間は，言葉だけではなく絵(イメージ)でものを考えることもできる。言葉で考えることが間接的，論理的であるのに対し，絵で考えることは直接的，直観的である。子どもが名前を知らない虫に出会ったときや，言葉を知る前のヘレン・ケラーは，感覚だけを使って，直接得体の知れない世界をとらえている。絵で「考える」ときには，言葉を使わなければならないから，絵の場合は「考える」というよりは，絵で「感じる」といえる。絵で感じたことを，人に伝えるのは難しい。子どもの住む言葉以前の直接的，感情的な世界に，第三者はほとんど入り込めないが，その世界に入り子どもの感覚や感情を望ましい方向に育てうる可能性は残されているため，幼児教育や初等教育は，重要な意味を持つ。

問一＜漢字＞(あ)音読みは「蓄積」などの「チク」。 (い)(副詞的に用いて)すでに，という意味。 (う)喜びが大きいこと。 (え)誤りを正しく直すこと。 (お)制度や計画をしっかり定めること。

問二＜文の組み立て＞彼(＝子ども)がコオロギを見てコオロギだ，と言うのを聞いた大人は，彼(＝子ども)がその虫をコオロギであると「理解している」と判断するのである。

問三＜語句＞ジレンマとは，したいと思っている二つの事柄のうち，一方を思いどおりにすると他の一方が不都合な結果になり，どちらの事柄も選ぶことができない様子を表す。

問四＜文脈＞そもそも文字や言葉があることを知らないヘレンには，サリバン先生が水をさわらせて手のひらにwaterと書いても，意味のわからない「おまじない」にしか思えなかった。先生とのやり取りは，ヘレンにとっては「おまじないごっこ」でしかなく，繰り返すうちに飽きたため，彼女は逃げ出して川に落ちた。そのヘレンの後を追った先生も，川に落ちてしまった。

問五＜文章内容＞子どもは，ものの名前を覚えたことで，そのものを理解したと思ってしまうが，理解したのは単なる言葉である。新鮮で感動的だった「あの得体の知れないものとの直接的関わりあい」を忘れ，「言葉という抽象されたものに置きかえられ」てしまうことが，「おそろしいこと」なのである。

問六＜指示語＞ヘレンにとって，ものには名前があり，名前は文字で表されているということを初めて知ったことは，今まで知らなかったことが突如わかり新しい世界を得たということであり，「目が開いたのも同じこと」であった。

問七＜文章内容＞言葉や文字があることを知らなかったときのヘレンは，感覚だけを頼りに，物事を個々に経験しており，コップの水とポンプの水が同じものであるとはわからなかった。感覚を使って「直接その得体の知れないものと対決」して「直接的関りあい」をしているという点で，ヘレンと，コオロギという名前を覚える前の子どもは共通しているのである。

問八＜文章内容＞「私」は，「人間は絵(イメージ)でものを考える」こともできると主張した。しかし，絵で「考えている」とすれば，その内容を人に伝えるには，言葉に置き換えなければならない。「私」が本当に言いたかったのは，絵で論理的に「考える」ことではなく絵で直観的に「感じる」ことだったため，前言を「訂正しなければなりません」と述べたのである。

問九＜文章内容＞幼児が住んでいる「言葉以前の直接的，感情的な世界」には，第三者がほとんど入り込めないため，幼児に対しては，効果的な芸術教育の方法がほとんどない。だからこそ，幼児の世界に入り込めれば，「その感覚，あるいは感情を望ましい方向に」育てうる余地が残されている。したがって，「幼児教育や，初等教育が重要な意味をもつ」のである。

二〔**小説の読解**〕出典；相沢沙呼『その背に指を伸ばして』。

問一＜文章内容＞「あたし」は，「耳をつんざくような笑い声を」あげる，陽気で無神経な「陽キャ」な人たちを，ゆるくてふわっとした，頭を使っていない人たちだととらえているのである。

問二＜心情＞「ひとりきりで静かに過ごす」三崎さんは，「あたし」が信頼しているしおり先生に似ているように見え，「あたし」は，思っていたよりも，三崎さんが自分の感性に近い人なのかもしれないと感じたのである。

問三＜文章内容＞「物語の要素を全否定するような，難しいリクエスト」は，普通とは違うという意味で「ひねくれた」趣味であり，「普通の子は読んだりしない」本しか当てはまらない。しかし，「あたし」は，普通の子からは理解してもらえなくても，自分なりの好みの傾向があることに自信を持っているため，そのリクエストを「いい趣味」で，自分が「答えるのに最適」だと思った。

問四＜文章内容＞思いあたる小説の候補から「どの本を，どんなふうに紹介」しようか考えていた「あたし」を見たしおり先生は，本が思いつかず困っていると誤解し，お勧めの本を提案したのである。

問五＜心情＞「最後はぼかして終わってる」小説に対し，しおり先生は，「どんな結末を描くのかは読み手の自由」と話すが，先生の言葉の意味や，先生がそのように話す理由が「まったくわから」ず，「あたし」は，「不審げな気持ち」を顔に出してしまったのである。

問六＜心情＞「あたし」は，「いい趣味」の本をリクエストしたのが三崎さんだったとわかり思わず声をかけたが，三崎さんは，驚いてうつむき，二人の間に気まずい空気が流れてしまった。「あたし」は，何も続けて言えなかったが，自分が選んだお気に入りの本を読んだ三崎さんが，どんな感想を持ち，自分と同じように気に入ってくれるかを，知りたいと思った。

問七＜心情＞「あたし」は，三崎さんに声をかけた。思いきった行動だったので「どきどき」したが，「あたし」は，「夢中になって，物語のページを捲るとき」や「心躍る冒険」に旅立つときのような高揚感を感じていた。彼女が去った後も「気に入ってくれると嬉しい」と，「あたし」は，三崎さんとのこれからの関係に希望を感じている。

三〔**古文の読解―説話／漢文の読解**〕出典；〈甲〉『唐物語』第二十二。〈乙〉『説苑』「復恩」。

〈甲〉≪現代語訳≫昔，楚の荘王という人が，群臣を集めて一晩中遊びに打ち興じなさった。王のお側には(王が)深くご寵愛申し上げなさっていた后がお控えなさっていたところを，ひそかに「なんとかして后の気を引きたいものだ」と慕い申し上げる臣下があった。灯火が風で消えてしまった間に，(その臣下が)后のお袖をつかんで引っ張ったところ，(后は)この上なく深いいきどおりをお感じになったのだろう，お手を差し伸ばしてこの男の冠の纓をつかみ取り，「このようなことがございます。早く火をともして纓のない人をお探しになってください」と申し上げたのを，王は，元来人に対する慈悲がおありで思いやりの心が深くていらっしゃったので，「灯火が消えている間に，ここに控えている者はそれぞれ自分の纓を取りなさい。その後で火をともしなさい」とおっしゃったので，この男は，涙を流しうれしく思った。こうして灯火がついたけれども，どの人もみな纓がなかったので，后が探し出したい者が誰であるかわからなかった。そうではあるがこの男は，「どうにかして王の慈悲に報い申し上げたい」と心の中で思っていたところ，王が，敵の国に攻められ，危ない状態でいらっしゃったのを，この男が一人で我が身も顧みず戦ったため，王は勝利をお収めになられた。（王は）このことを意外であり怪訝に思われて，その理由を（男に）お尋ねになられたところ，この男が申し上げて言うことには，「昔，（王の）后に纓を取られ申し上げて，どうしたらいいかわからず困っていたとき，誰だかわからないように紛らわせてくださいましたこと，私は今でも忘れることができません」と涙を流しながら申し上げた。

〈乙〉≪書き下し文≫晋，楚と戦ふ。一臣有りて，常に前に在り，五たび合して五たび首を獲り，敵を却けて卒に之に勝つを得たり。荘王怪しみて問ひて曰はく，「寡人徳薄し。又未だ嘗て子を異にせず。子何の故に死を出だして疑はざること是くの如くなるか」と。対へて曰はく，「臣は当に死すべし。往者に酔ひて礼を失せしに，王隠忍して誅を加へざりきなり。臣終に敢へて隠蔽の徳を以てして，顕らかに王に報ぜずんばあらざるなり。常に肝脳地に塗れ，頸血を用て敵に湔がんと願ふこと久し。臣は乃ち夜纓を絶たれし者なり」と。遂に晋軍を敗りて，楚以て強きことを得たり。此れ隠徳有する者は，必ず陽報有するなり。

≪現代語訳≫晋が楚と戦った。（楚の）一人の臣下が常に軍の先頭に出ていて，五回戦えば五回とも相手の首を獲り，敵を退け，ついに（楚は）晋を倒し勝利した。荘王は怪訝に思い（その臣下に）尋ねて言うことには，「わたくしは徳の少ない者だ。またまだあなたを特別に扱ってはいない。あなたはなぜあのように疑うこともなく死力を尽くすことができたのか」。（臣下が）答えて言うことには，「私はまさに死ぬところでした。以前酔って礼儀を欠いたとき，王は心の中にとめて罰をお与えにならなかった。私はとうとう（王の）隠れた徳に対して，はっきりとした形で王に報いないことは決してない（と決意しました）。いつも，肝臓や脳を地面にさらけ出し，自分の首から流れた血を敵に浴びせたいと長いこと願っていました。実は私は，あの夜纓を取られた者なのです」。とうとう晋軍は破れ，楚は力の強さを見せつけることができた。このように，人知れず恩徳を施した者には必ず良い報いがあるものである。

問一＜古文の内容理解＞ａ．荘王の側には，王が寵愛していた后が控えていたのである。　ｂ．后は，暗闇の中で袖を引っ張られたことに，非常に深いいきどおりを感じた。　ｃ．后は，とっさに，袖を引っ張った相手の冠の纓を取って，誰が袖を引っ張った犯人かがわかるようにした。

問二＜古文の内容理解＞「いかでか」は，副詞「いかで」に係助詞「か」がついたもので，反語，疑問，願望を表す。臣下は后に関心があり，人知れずどうにかして后に思いを伝えたいと思っていたため，火が消えた暗闇に乗じて后に近づき，袖を引っ張ってしまったのである。

問三＜古文の内容理解＞后は，無礼なことをされたために怒って，袖を引っ張った者の冠の纓を取ったという一部始終を荘王に告げたのである。

問四＜古文の内容理解＞その場にいた者はみな纓をはずしたため，后の袖を引いて纓を取られた者が誰なのかわからなくなってしまったのである。

問五＜漢文の内容理解＞荘王は，もともと人に対し慈悲深く，思いやりの心を持っている人物であったために，臣下に対しても尊大な態度では接しなかったのである。

問六⑴＜漢文の訓読＞「陰徳」→「有」→「者」→「必」→「陽報」→「有」→「也」の順に読む。有するの目的語が二字なので，返り点は一二点を用いる。　**⑵＜漢文の内容理解＞**荘王は陰ながら，無礼な行動をした臣下の罪を見逃してやるという徳を施した。臣下は，晋との戦争の際，最前線に出て必死に戦うことで荘王の恩に報いたのである。

Memo

当社発行物の無断使用は固くお断りいたします。御使用の前はまずご相談ください。

当社発行物には500点余の首都圏中・高過去問をはじめ、6点の学校案内、そのほかいくつかの情報誌などがございます。その多くが年度版で、限られたスタッフが来るべき受験シーズン前に余裕を持って受験生へ届けられるよう、日夜作業にあたり出版を重ねております。

最近、通塾生ご父母や塾内部からの告発によって、いくつかの塾が許諾なしに当社過去問を複写（コピー）し生徒に配布、授業等にも使用していることが発覚し、その一部が紛争、係争に至っております。過去問には原著作者や管理団体、代行出版等のほか、当社に著作権がございます。当社としましては、著作権侵害の発覚に対しては著作権を有するこれらの著作権関係者にその事実を開示して、マスコミにリリースする場合や法的な措置を取る場合がございます。その事例としましては、毎年当社過去問の発行を待って自由にシステム化使用していたA塾、個別教室でコピーを生徒に解かせ指導していたB塾、冊子化していたC社、生徒の希望によって書籍の過去問代わりにコピーを配布していたD塾などがあります。

当社発行物の全部もしくは一部を無断使用することは固くお断りいたします。

当社コンテンツの中にはリーズナブルな設定で紙面の利用を許諾している塾もたくさんございますので、ご希望の方は、お気軽にご相談くださいますようお願いします。同時に、当社発行物を無断で使用している会社などにつきましての情報もお寄せいただければ幸いです。

株式会社 声の教育社

2025年度用

高校スーパー過去問

■編集人　声の教育社・編集部

■発行所　株式会社　声の教育社

〒162-0814 東京都新宿区新小川町8-15

☎03-5261-5061㈹ FAX03-5261-5062

https://www.koenokyoikusha.co.jp

公立高校過去問シリーズ

- 東京都立高校
- 神奈川県公立高校
- 千葉県公立高校
- 埼玉県公立高校
- 茨城県公立高校
- 栃木県公立高校
- 群馬県公立高校

掲載全問に
わかりやすい解説つき
各教科の
出題傾向と対策

定価1100円(税込)

都立独自高校 公立高校過去問シリーズ

251 都立日比谷高校
252 都立西高校
253 都立八王子東高校
254 都立国立高校
255 都立戸山高校
256 都立国分寺高校
257 都立立川高校
258 都立新宿高校
259 都立青山高校

定価2090円(税込)

高校ベスト10シリーズ

出題形式別、入試によく出る順!!

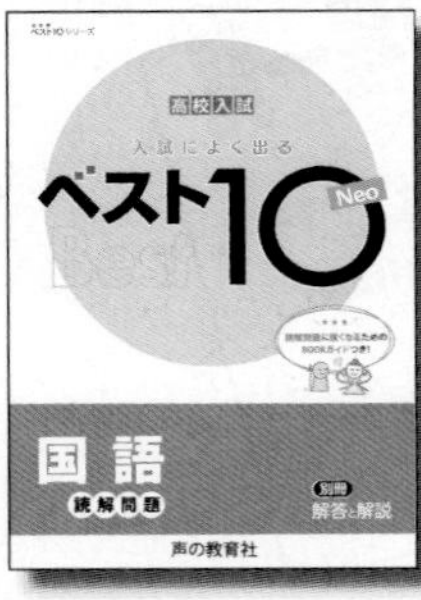

ベスト10Neo **国語** 読解問題

ベスト10Neo **数学** 図形問題

英語 文法問題ベスト10

定価990～1100円(税込)

高校受験面接ブック

別冊がウリ!! 首都圏の各高校の面接内容

本 体 質問回答例ベスト150
面接ワークシート
自己PR書の書き方とワークシート

別 冊 首都圏の私国立高校などの面接方法、時間、質問具体例
推薦・一般入試の面接内容
主要校の面接会場のようす
(各校図示)

小冊子 試験場に持って行ける
チェックBOOK
など面接対策がつまった1冊

定価1320円(税込)

図解でわかる!! 作文・小論文

本 体 (88P) **合格作文の書き方**
①7日間で仕上げる基礎編
②4日間で仕上げる応用編

別 冊 (52P) 首都圏の各高校の作文課題、制限時間、文字数の具体例調査
①首都圏の作文課題2000例を代表的な15パターンに分類(書き易くするため)
②着眼点、キーワード、ポイントを各パターンごとにコメント
③推薦と一般入試の作文出題校と課題例を一挙公開!!
④首都圏公立高校4年間課題調査

定価1100円(税込)

公立の漢字

公立高校の試験によく出る漢字

1 漢字は全都道府県で出題!!
2 公立の漢字の配点は高い!!
3 10年間の頻度をデータ化!!
4 最頻出漢字を5段階評価!!

定価748円(税込)

声の教育社 〒162-0814 東京都新宿区新小川町8-15
TEL.03(5261)5061 FAX.03(5261)5062

カコを追いかけ
ミライをつかめ

桐光学園高等学校

別冊解答用紙

丁寧に抜きとって、別冊としてご使用ください。

			2024年	2023年	2022年	2021年	2020年	2019年
満　点			300	300	300	300	300	300
合格者最低点	ＳＡ	男	153点	172点	186点	187点	186点	161点
		女	148点	170点	173点	188点	185点	167点

注意

○ 解答用紙は、収録の都合により縮小したものや、小社独自に作成したものもあります。
○ 学校配点は学校発表のもの、推定配点は小社で作成したものです。
○ 無断転載を禁じます。
○ 解答用紙を拡大コピーする場合、表示した拡大率に対応する用紙サイズは以下のとおりです。
101%～102%＝B5　103%～118%＝A4　119%～144%＝B4　145%～167%＝A3
（タイトルと配点表は含みません）

2024年度　桐光学園高等学校

英語解答用紙

番号		氏名		評点	／100

1 ①　②　③　④　⑤

2 (a)　(b)　(c)　(d)　(e)

3 (a)　(b)　(c)　(d)　(e)

4 (a) イ　ロ　(b) イ　ロ
(c) イ　ロ

5 (a) イ　ロ　(b) イ　ロ　(c) イ　ロ

6

7 (a)　(b)　(c) 1番目　5番目　(d)

(e) 神が,

25　30

(f)　(g)

8

(a)

25　40

(b)　(c)　(d)　(e)　(f) 3番目　5番目

(g)

(注) この解答用紙は実物を縮小してあります。Ｂ４用紙に143%拡大コピーすると、ほぼ実物大で使用できます。（タイトルと配点表は含みません）

学校配点		計
	1～3　各２点×15　4　各１点×6　5　各３点×3　6　４点 7　(a)～(d)　各３点×4　(e)　５点　(f), (g)　各３点×3 8　(a)　４点　(b)～(g)　各３点×7〔(f)は完答〕	100点

２０２４年度　　桐光学園高等学校

数学解答用紙

番号		氏名		評点	／100

1	(1)	
	(2)	
	(3)	$x=$, $y=$
	(4)	$x=$
	(5)	

2	(1)	個	
	(2)	$n=$	
	(3)	個	
	(4)	cm^2	
	(5)	cm	
	(6)	間違っている値	正しい値
	(7)		

3	(1)	$y=$
	(2)	
	(3)	(,)

4	(1)	
	(2)	
	(3)	

5	(1)	cm^3
	(2)	cm^3
	(3)	cm^3

（注）この解答用紙は実物を縮小してあります。Ａ３用紙に149％拡大コピーすると、ほぼ実物大で使用できます。（タイトルと配点表は含みません）

学校配点		計
	1　各４点×５　　2　各５点×７ 3　⑴　４点　⑵　５点　⑶　６点 4　⑴　４点　⑵　５点　⑶　６点 5　⑴　４点　⑵　５点　⑶　６点	100点

二〇二四年度　桐光学園高等学校

国語解答用紙

番号		氏名		評点	/100

一

あ へいせつ　い ひょうしょう　う かんだい　え せいぎょ　お てんか

二

問一　問二　問三 (1)　(2)　問四 (1)

問四 (2)

問五　問六 X　Y　Z　問七

三

問一　問二　問三　問四　問五

問六

問七

四

問一　問二　問三　問四

問五　問六 (1)　・　・

(2)

(注) この解答用紙は実物を縮小してあります。A３用紙に156%拡大コピーすると、ほぼ実物大で使用できます。(タイトルと配点表は含みません)

学校配点		計
	一 各２点×５ 二 各３点×９〔問六は完答〕 三 問一～問五 各３点×５　問六 15点　問七 ３点 四 問一～問五 各４点×５　問六 各５点×２	100点

２０２３年度　桐光学園高等学校

英語解答用紙

番号		氏名	

評点	／100

1 ①　②　③
④　⑤

2 (a)　(b)　(c)　(d)　(e)

3 (a)　(b)　(c)　(d)　(e)

4 (a) イ　ロ　(b) イ　ロ
(c) イ　ロ

5 (a) イ　ロ　(b) イ　ロ　(c) イ　ロ

6

7 (a)　(b)

(c)
25　35

(d) 3番目　5番目　(e)　(f)　(g)

8 (a)　(b)　(c)　(d)　(e)

(f)
15　30

(g)

(注) この解答用紙は実物を縮小してあります。Ｂ４用紙に143％拡大コピーすると、ほぼ実物大で使用できます。（タイトルと配点表は含みません）

学校配点		計
	1～3　各２点×15　4　各１点×６　5　各３点×３　6　５点 7　(a), (b)　各３点×２　(c)　４点　(d)～(g)　各３点×５〔(d)は完答〕 8　(a)～(e)　各３点×５　(f)　４点　(g)　各３点×２	100点

2023年度　桐光学園高等学校

数学解答用紙

番号		氏名	

評点	／100

1	(1)	
	(2)	
	(3)	
	(4)	
	(5)	$a=$　　　　, $b=$

2	(1)	
	(2)	$a=$
	(3)	
	(4)	点
	(5)	
	(6)	

3	(1)	
	(2)	
	(3)	

4	(1)	$a=$
	(2)	
	(3)	
	(4)	

5	(1)	
	(2)	AE＝
	(3)	

(注) この解答用紙は実物を縮小してあります。Ａ３用紙に149%拡大コピーすると、ほぼ実物大で使用できます。(タイトルと配点表は含みません)

学校配点		計
	1　各４点×５　2　各５点×６ 3　(1)　４点　(2)　５点　(3)　６点 4　(1)　４点　(2), (3)　各５点×２　(4)　６点 5　(1)　５点　(2)　４点　(3)　６点	100点

二〇二三年度　桐光学園高等学校

国語解答用紙

番号　　氏名　　評点 /100

一

あ くちく
い とくい
う かくとく
え とうじょう
お かいもく

二

問一　問二　問三　問四　問五

問六

問七　問八 ・

三

問一 a　b　問二　問三

問四　問五　問六

問七 X　Y

四

問一 a　b　問二　問三

問四 (1)

(2) 欲以身当之

問五 ・

（注）この解答用紙は実物を縮小してあります。Ａ３用紙に164％拡大コピーすると、ほぼ実物大で使用できます。（タイトルと配点表は含みません）

学校配点	
一	各2点×5
二	問一～問五 各3点×5　問六 6点　問七 3点　問八 各4点×2
三	問一 各2点×2　問二～問五 各3点×4　問六、問七 各4点×3
四	問一 各3点×2　問二～問五 各4点×6
計	100点

２０２２年度　桐光学園高等学校

英語解答用紙

番号		氏名		評点	／100

1　①　②　③　④　⑤

2　(a)　(b)　(c)　(d)　(e)

3　(a)　(b)　(c)　(d)　(e)

4　(a) イ　ロ　(b) イ　ロ

(c) イ　ロ

5　(a) イ　ロ　(b) イ　ロ　(c) イ　ロ

6

7　(a)　(b)　(c)　(d)

(e)　30　50

(f)　(g)

8　(a) 3番目　5番目　(b)　(c)　(d)

(e)

（注）この解答用紙は実物を縮小してあります。Ｂ４用紙に143%拡大コピーすると、ほぼ実物大で使用できます。（タイトルと配点表は含みません）

学校配点		計
	1～3　各２点×15　4　各１点×６　5　各３点×３　6　４点 7　(a)～(d)　各３点×４　(e)　６点　(f), (g)　各３点×４ 8　各３点×７〔(a)は完答〕	100点

2022年度　桐光学園高等学校

数学解答用紙

番号		氏名	

評点	／100

1	(1)	
	(2)	
	(3)	
	(4)	$x=$ 　, $y=$
	(5)	$x=$

2	(1)	$n=$
	(2)	
	(3)	個
	(4)	$\angle x=$ 　度
	(5)	
	(6) ア	
	(6) イ	

3	(1)	
	(2)	
	(3)	

4	(1)	$y=$
	(2)	
	(3)	$a=$

5	(1)	∠ACB＝　度
	(2)	∠APB＝　度
	(3)	AP＝
	(4)	

(注) この解答用紙は実物を縮小してあります。Ａ３用紙に149%拡大コピーすると、ほぼ実物大で使用できます。(タイトルと配点表は含みません)

学校配点		計
	1 各４点×５　2 各５点×６ 3 (1) ４点 (2) ５点 (3) ６点 4 (1) ４点 (2) ５点 (3) ６点 5 (1) ４点 (2), (3) 各５点×２ (4) ６点	100点

二〇二二年度 桐光学園高等学校

国語解答用紙

番号　　氏名

評点 /100

一

あ せいこう

い きかん

う しんぎ

え しゅっぱん

お ありゅう

二

問一 Ⅰ Ⅱ Ⅲ

問二　問三　問四

問五

問六

三

問一　問二　問三　問四

問五 ・　問六　問七

四

問一 a b　問二

問三 不能更作

問四　問五

問六 ・

(注) この解答用紙は実物を縮小してあります。A３用紙に164%拡大コピーすると、ほぼ実物大で使用できます。(タイトルと配点表は含みません)

学校配点	計
一 各２点×５ 二 問一 各２点×３ 問二～問四 各３点×３ 問五 12点 問六 ３点 三 問一、問二 各３点×２ 問三、問四 各４点×２ 問五 ８点 問六、問七 各４点×２ 四 問一 各３点×２ 問二 ４点 問三～問六 各５点×４	100点

２０２１年度　桐光学園高等学校

英語解答用紙

番号		氏名	

評点	／100

1 (a) (b) (c)

(d) (e)

2 (a) (b) (c) (d) (e)

3 (a) (b) (c) (d) (e)

4 (a) イ ロ (b) イ ロ

(c) イ ロ

5 (a) イ ロ (b) イ ロ (c) イ ロ

6

7 (a) (b) (c) (d) (e) (f)

(g)

8 (a) (b) (c) (d)

(e)

30 40

(f) (g)

(注) この解答用紙は実物を縮小してあります。Ｂ４用紙に143%拡大コピーすると、ほぼ実物大で使用できます。(タイトルと配点表は含みません)

学校配点		計
	1～3 各２点×15　4 各１点×６　5 各３点×３　6 ４点 7 (a), (b) 各３点×２　(c) ４点　(d)～(g) 各３点×５ 8 (a)～(d) 各３点×４　(e) ５点　(f), (g) 各３点×３	100点

２０２１年度　　桐光学園高等学校

数学解答用紙

番号		氏名		評点	／100

1	(1)	
	(2)	
	(3)	
	(4)	$x=$ 　　，$y=$
	(5)	$x=$

2	(1)	$n=$
	(2)	$a=$
	(3)	個
	(4)	$\angle x=$ 　　度
	(5)	：
	(6)	

3	(1)	$R_1R_2=$
	(2)	$AP=$
	(3)	$CR=$

4	(1)	
	(2)	
	(3)	

5	(1)	
	(2)	$a=$
	(3)	$a=$
	(4)	$a=$

(注) この解答用紙は実物を縮小してあります。Ａ３用紙に149％拡大コピーすると、ほぼ実物大で使用できます。（タイトルと配点表は含みません）

学校配点		計
	1　各４点×５　　2　各５点×６ 3　(1)　４点　(2)　５点　(3)　６点 4　(1)　４点　(2)　５点　(3)　６点 5　(1)　４点　(2)，(3)　各５点×２　(4)　６点	100点

二〇二一年度　桐光学園高等学校

国語解答用紙

番号　　氏名　　評点　／100

一

あ　えんぼう

い　げんこう

う　きょうちょう

え　とろう

お　ふんぱつ

二

問一　A　B　C　D

問二

問三

問四

問五

問六

問七

三

問一

問二

問三

問四

問五

問六

問七

四

問一

問二　2　4

問三　共議分居家之資産

問四

問五

（注）この解答用紙は実物を縮小してあります。A３用紙に145%拡大コピーすると、ほぼ実物大で使用できます。（タイトルと配点表は含みません）

学校配点	
一 各2点×5 二 問一 各2点×4 問二 4点 問三、問四 各3点×2 問五 5点 問六 3点 問七 4点 三 問一、問二 各4点×2 問三 6点 問四〜問七 各4点×4 四 各5点×6	
計	100点

２０２０年度　桐光学園高等学校

英語解答用紙

番号		氏名		評点	／100

1 (a) (b) (c) (d) (e)

2 (a) (b) (c) (d) (e)

3 (a) (b) (c) (d) (e)

4 (a) イ ロ (b) イ ロ (c) イ ロ (d) イ ロ (e) イ ロ

5 (a) イ ロ (b) イ ロ (c) イ ロ

6

7 (a) (b) (c) (d) (e)

(f) (g) A B C D

(h)

8 (a) (b) (c)

(d)

10 20

(e) (f) (g) (h)

（注）この解答用紙は実物を縮小してあります。Ｂ４用紙に143％拡大コピーすると、ほぼ実物大で使用できます。（タイトルと配点表は含みません）

学校配点	1　各２点×５　2　各１点×５　3　各２点×５ 4　各１点×10　5　各３点×３　6　５点 7　(a)～(e)　各２点×５　(f)　３点　(g)　各１点×４　(h)　各３点×３ 8　(a)～(c)　各２点×３　(d),　(e)　各３点×２　(f),　(g)　各２点×２　(h)　各３点×３	計 100点

2020年度　　桐光学園高等学校

数学解答用紙

番号		氏名		評点	／100

1	(1)	
	(2)	
	(3)	
	(4)	
	(5)	

2	(1)	
	(2)	
	(3)	$n=$
	(4)	
	(5)	AD：DC＝　　：
	(6)	

3	(1)①	R（　　，　　）
	(1)②	S（　　，　　）
	(2)	P（　　，　　）

4	(1)	BD＝
	(2)	AB＝
	(3)	BC＝
	(4)	BF＝

5	(1)	通り
	(2)	通り
	(3)	通り

（注）この解答用紙は実物を縮小してあります。Ａ３用紙に149%拡大コピーすると、ほぼ実物大で使用できます。（タイトルと配点表は含みません）

学校配点	1　各４点×５　　2　各５点×６ 3　(1)　①　４点　②　５点　(2)　６点 4　(1)　４点　(2), (3)　各５点×２　(4)　６点 5　(1)　４点　(2)　５点　(3)　６点	計 100点

二〇二〇年度 桐光学園高等学校

国語解答用紙

番号	
氏名	

評点	/100

一

問一 あ 覆 われ　い じまん　う てんけい　え じく　お 刷新

問二 (1)　(2) A　B　C　D

問三

問四

問五

二

問一　問二　問三

問四　問五　問六

問七

三

問一　問二

問三　問四

問五 不顧其後之有患也

問六 A　B　C　D

学校配点	
	一 問一 各2点×5 問二 (1) 3点 (2) 各2点×4 問三 5点 問四 8点 問五 5点 二 問一 3点 問二～問六 各4点×5 問七 8点 三 問一、問二 各3点×2 問三～問五 各4点×3 問六 各3点×4
計	100点

(注) この解答用紙は実物を縮小してあります。Ａ３用紙に149%拡大コピーすると、ほぼ実物大で使用できます。(タイトルと配点表は含みません)

2019年度　桐光学園高等学校

英語解答用紙

番号		氏名	

評点	／100

1 [A] (a) (b) (c) [B] (a) (b)

2 (a) (b) (c)

(d) (e)

3 (a) (b) (c) (d) (e)

4 (a) イ ロ (b) イ ロ

(c) イ ロ (d) イ ロ

(e) イ ロ

5 (a) イ ロ (b) イ ロ (c) イ ロ

6

7 (a) (b)

(c)

35

45

(d) (e) (f) (g) (h)

8 (a)

30

40

(b) (c) (d) (e)

(f) (g) (h)

(注) この解答用紙は実物を縮小してあります。A３用紙に149%拡大コピーすると、ほぼ実物大で使用できます。(タイトルと配点表は含みません)

学校配点		計
	1 各１点×５　2, 3 各２点×10　4 各１点×10 5 各３点×３　6 ５点　7 (a), (b) 各２点×２ (c) ４点 (d)～(g) 各２点×４ (h) 各３点×３ 8 (a) ４点 (b)～(d) 各２点×３ (e) ３点 (f), (g) 各２点×２ (h) 各３点×３	100点

2019年度　桐光学園高等学校

数学解答用紙

番号		氏名		評点	／100

1	(1)	
	(2)	
	(3)	
	(4)	$x=$　　　, $y=$
	(5)	$x=$

2	(1)	$a=$　　　, $b=$
	(2)	
	(3)	cm^2
	(4)	cm^3
	(5)	cm

3	(1)	B（　　　,　　　）
	(2)	P（　　　,　　　）
	(3)	Q（　　　,　　　）
	(4)	（　　　,　　　）

4	(1)	：
	(2)	：
	(3)	：

5	(1)	
	(2)	
	(3)	

(注) この解答用紙は実物を縮小してあります。Ａ３用紙に149%拡大コピーすると、ほぼ実物大で使用できます。(タイトルと配点表は含みません)

学校配点		計
	1, 2　各５点×10 3　(1)　４点　(2), (3)　各５点×２　(4)　６点 4　(1)　４点　(2)　５点　(3)　６点 5　(1)　４点　(2)　５点　(3)　６点	100点

二〇一九年度　桐光学園高等学校

国語解答用紙

番号　　氏名　　評点　／100

一

問一　㋐ たくわえ　㋑ せんこく　㋒ きょうき　㋓ ていせい　㋔ かくりつ

問二　1　2

問三

問四

問五

問六

問七

問八

問九

二

問一

問二

問三

問四

問五

問六

問七

三

問一

問二

問三

問四

問五

問六 (1)　有陰徳者必有陽報也。

(2)　陰徳…王が　　　　こと。

陽報…臣下が　　　　こと。

学校配点	
一　問一　各2点×5　問二～問六　各3点×6　問七～問九　各4点×3 二　問一～問四　各3点×4　問五～問七　各6点×3 三　問一～問五　各3点×5　問六　各5点×3	計　100点

（注）この解答用紙は実物を縮小してあります。Ａ３用紙に147％拡大コピーすると、ほぼ実物大で使用できます。（タイトルと配点表は含みません）

Memo

声の教育社
〒162-0814 東京都新宿区新小川町8-15
TEL 03（5261）5061 FAX 03（5261）5062
https://www.koenokyoikusha.co.jp

高校後見返し